Franz Kießling

●●●●●●●●●●●●●●●●●●●●●●●●●

Das große Ravensburger Werkbuch

●●●●●●●●●●●●●●●●●●●●●●●●●

Franz Kießling

Das große Ravensburger
Werkbuch

Illustration: Christl Burggraf
Fotos: Ernst Fesseler

Ravensburger Buchverlag

Die Deutsche Bibliothek – CIP-Einheitsaufnahme

Ein Titeldatensatz für diese Publikation ist bei
Der Deutschen Bibliothek erhältlich.

Die Schreibweise entspricht den Regeln
der neuen Rechtschreibung.

Fachberatung:
Alexander Kaufmann, Hugo Fäßler

Die Modelle stammen von Franz Kießling und den Schülern
der Vinzenz-von-Paul-Schule, Schönebürg.
Dank an Gudrun Moser für die Modelle auf der Seite 159.

3 2 1   01 02 03

© 1994, 2001 Ravensburger Buchverlag
Otto Maier GmbH
Layout: Achim Köppel
Umschlaggestaltung: Schmieder & Sieblitz
Umschlagfotos: Ernst Fesseler
Redaktion: Elke Dannecker
Printed in Slovenia

ISBN 3-473-37803-8

www.ravensburger.de/buchverlag

Inhalt

Vorwort

In unserer Gesellschaft sind große Bereiche auf Konsum und Passivität angelegt. Doch jeder Mensch hat das Bedürfnis, sich individuell zu entfalten. Eine Möglichkeit dies zu verwirklichen bietet das praktische Tun, das kreative Gestalten und das freie Formen und Konstruieren.

Dazu gehört aber erst einmal ein gesichertes Grundwissen. Ohne Kenntnissse über Werkstoffe und Werkzeuge ist letztendlich auch schöpferisches Arbeiten erfolglos.

Die Werkvorschläge in diesem Buch fordern oft Genauigkeit und Geschick, sollen aber auch zum freien Gestalten und zum Ausprobieren neuer Werkmaterialien anregen.

Die Werkbeschreibungen werden durch die Konstruktionszeichnungen unterstützt.

Stücklisten und Piktogramme geben einen raschen Überblick über die benötigten Materialien und Werkzeuge. Auf Seite 284 werden die Piktogramme genau bezeichnet. Jedes Werkstück hat einen unterschiedlichen Schwierigkeitsgrad, der durch ein sechsteiliges Punktesystem gekennzeichnet ist:

●	sehr leicht herzustellen
●●	leicht herzustellen
●●●	mittlere Anforderung
●●●●	gute handwerkliche Kenntnisse erforderlich
●●●●●	schwierige Konstruktion
●●●●●●	sehr schwer herzustellen

Viel Spaß und Erfolg beim Werken!

I. Werkstoffkunde

Werkstoff Holz

•••••••••••••••••••••••••••

Zu den bekanntesten und für den Bastler wichtigsten Hölzern gehören folgende Arten:

Fichte

Die Fichte ist der häufigste heimische Nadelbaum. Fichtenholz ist weich und weißlich bis gelb. Es wird als Bauholz, aber auch im Musikinstrumentenbau verwendet. Außerdem ist es zum Werken gut geeignet, weil es trotz seiner Weichheit sehr widerstandsfähig ist. Und es ist das billigste Massivholz, das man bei uns kaufen kann.

Lärche

Lärchenholz ist das beste und schönste Nadelholz, das in unseren Breitengraden wächst. Die Holzstruktur des Lärchen-Schnittholzes ist der Kiefer ähnlich, aber sehr viel ausdrucksvoller. Deshalb wird Lärchenholz gerne im Möbelbau eingesetzt. Aber auch für Fußböden oder Außentüren und auch als Wasserbauholz wird das Holz der Lärche verwendet, weil es sehr wasserbeständig ist.

Buche

Die Buche (Rotbuche) wächst in Mitteleuropa und gehört zu den Harthölzern. Dennoch lässt sich Buchenholz gut bearbeiten, da es eine kurze Faserung hat. Die verschiedensten Holzgebrauchsgegenstände werden aus diesem Holz hergestellt (Löffel, Kleiderbügel, Rollen u. a.), aber auch Möbel und Parkettfußböden.

Eiche

Die Qualität des Eichenholzes übertrifft alle anderen heimischen Holzarten. Besonders berühmt sind die Spessart-Eichen. Aus Eichenholz baut man unter anderem Treppen und Möbel, verwendet es zur Spielzeugherstellung und auch für Schnitzereien eignet es sich gut. Sogar unter Wasser hält das Holz sehr lange. Dort wird es dann schwarz und hart wie Stein.

Linde

Lindenholz ist ein sehr weiches, aber schnittfestes Holz und eignet sich daher ausgezeichnet zum Schnitzen. Seine Farbe ist sehr hell, fast weißlich.

Ahorn

Ahorn ist ein weit verbreiteter Edel-Laubholzbaum. Er liefert hervorragendes Tischlerholz, das auch für Geräte und Holzwaren gut geeignet ist. Darüber hinaus wird es auch für Drechslerarbeiten verwendet.

Balsa / Teak / Mahagoni / Limba

gehören zu den tropischen Hölzern. Um die Tropenwälder vor weiterer Abholzung zu schützen, sollte man auf ihre Verwendung verzichten.

Rosenholz / Ebenholz / Olivenholz / Pockholz

sind weitere bekannte, sehr schöne Hölzer. Für den Bastler eignen sie sich jedoch weniger, weil sie schwierig zu bearbeiten und auch sehr teuer sind. Außerdem sind sie alle gefährdete Edelhölzer, die man nicht verwenden sollte.

Massivholz

Jedes Holz, das wie gewachsen verarbeitet wird, bezeichnet man als Massivholz. Bei der Verarbeitung von Massivholz gilt es, das Wesen des Holzes zu beachten, wenn man gute Ergebnisse bei der Herstellung des Werkstückes erreichen will. Der Fachmann sagt: „Das Holz arbeitet." Durch Austrocknung schwindet das Holz, durch Feuchtigkeitsaufnahme vergrößert es sein Volumen. Je nach Verlauf der Jahresringe verwerfen und verwinden sich Massivholzbretter. Durch unsachgemäße Lagerung oder Verarbeitung entstehen Längsrisse.

Der Aufbau des Holzes wird sichtbar am Querschnitt eines abgesägten Baumstammes. Der Fachmann bezeichnet diese Schnittfläche als *Hirnholz*. Im Gegensatz dazu legt ein Schnitt längs des Stammes *(Radialschnitt / Sehnenschnitt)* das in seiner Wachstumsrichtung liegende *Langholz* frei.

Im Querschnitt fallen vor allem die Jahresringe auf, die durch das periodische Wachstum des Baumes im Jahresablauf entstehen. Man kann aus der Anzahl der Jahresringe das ungefähre Alter eines Baumes ablesen. Was im Hirnholz als Jahresringe sichtbar ist, erscheint im Längsschnitt als *Maserung.* Sie ist in den Seitenbrettern (Sehnenschnitt) eines Stammes sehr viel lebhafter als in den Mittelbrettern, die durch einen Radialschnitt aus dem Herz des Stammes gesägt werden. An einem Hirnschnitt durch einen Kiefernstamm erkennt man auf den ersten Blick zwei farblich deutlich unterschiedliche Zonen: das *Kern-* und das *Splintholz.* Das Splintholz wird von der Bastschicht und der Rinde umschlossen. Das Kernholz ist wegen seiner erhöhten mechanischen Eigenschaften besser zur Verarbeitung geeignet.

Betrachten wir die Stirnseite von Brettern, so erkennen wir an den Jahresringen (Maserung) die Lage der Bretter im ehemaligen Stamm. Die Mittelbretter sind widerstandsfähiger als die Seitenbretter. Man erkennt sie an der stehenden Maserung. Das mittelste der Mittelbretter, in dem das Herz des Baums enthalten ist, heißt *Herzbrett.* Der Fachmann bezeichnet die der Baummitte zugewandte Seite eines Brettes als die rechte

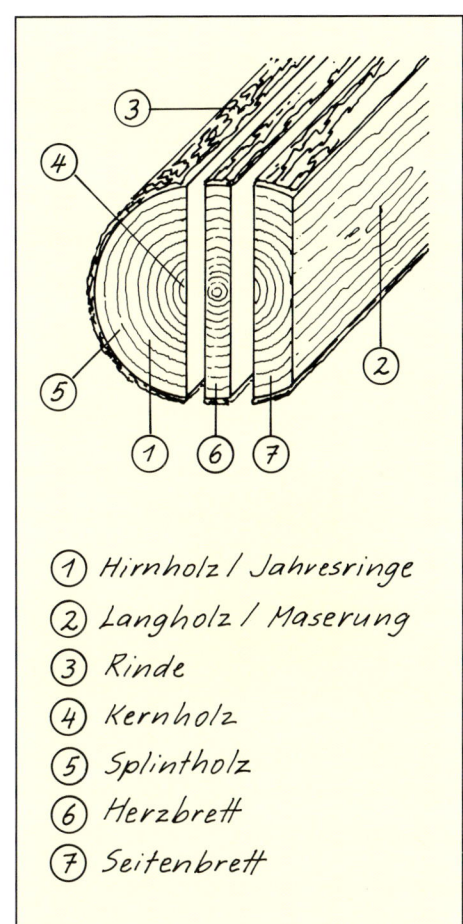

① Hirnholz / Jahresringe
② Langholz / Maserung
③ Rinde
④ Kernholz
⑤ Splintholz
⑥ Herzbrett
⑦ Seitenbrett

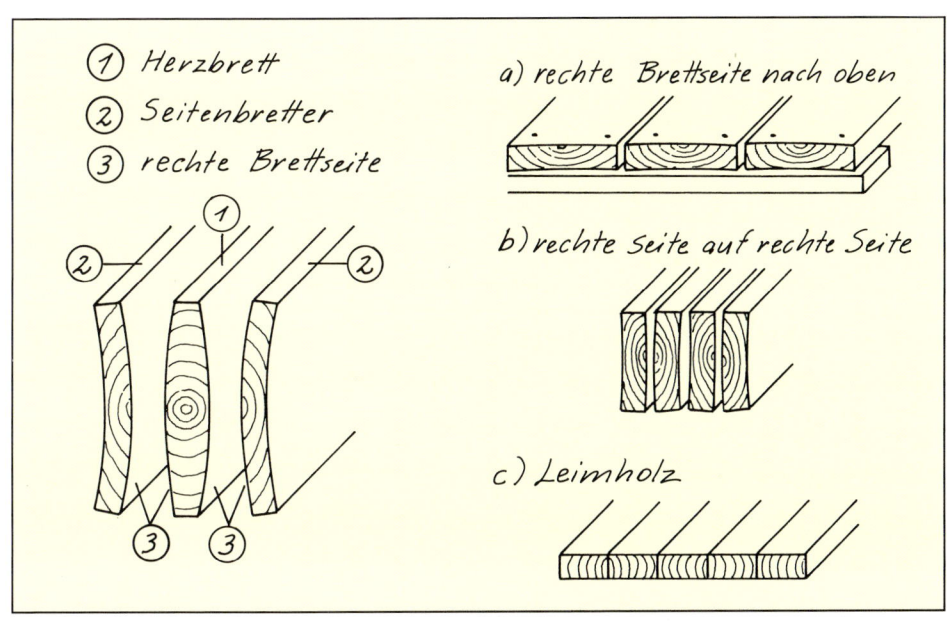

① Herzbrett
② Seitenbretter
③ rechte Brettseite

a) rechte Brettseite nach oben

b) rechte Seite auf rechte Seite

c) Leimholz

Verschiedene Holzarten

① Kanthölzer (massiv)
② Bretter (massiv)
③ Profilstäbe aus
   Massivholz

Seite. Die linke Brettseite weist immer nach außen in Richtung Borke und Rinde. Da nun ein Brett auf der linken Seite mehr schwindet als auf der Herzseite, wölbt es sich beim Trocknen auf der rechten Seite. Dabei werfen sich die Seitenbretter stärker als die Mittelbretter. Das Herzbrett wird linsenförmig nach beiden Seiten gewölbt; es hat also zwei rechte Seiten.

Aus diesem Wissen leiten sich wichtige Verarbeitungsprinzipien für Massivholz ab. Eine erste Grundregel lautet: rechte Brettseite nach oben. So kann es sich am wenigsten werfen, zumindest bleiben die Ränder liegen. Beim Verleimen mehrerer Bretter wird stets rechte Seite auf rechte Seite und linke Seite auf linke Seite geleimt. Außerdem darf Langholz nicht auf Querholz verleimt wer-

den, denn durch die verschiedenen Zugrichtungen des Holzes reißt die Leimung wieder auf. Stabile breitere Bretter erhält man, wenn man mehrere schmale Leisten aneinander leimt. So genanntes *Leimholz* kann man heute zugerichtet in verschiedenen Plattengrößen im Holzfachhandel kaufen. Dieses gebändigte Massivholz ist ein ausgezeichneter Werkstoff für den Bastler.

Eine noch wirksamere Methode, um das Werfen und Arbeiten des Holzes zu unterbinden, fand man in der Konstruktion des *Sperrholzes*. Im Oberflächenbild der Sperrholzplatte ist zwar die Holzstruktur noch weitgehend erhalten, doch unterscheidet sich ihr Gefüge grundsätzlich vom Urzustand des Brettes. Das Absperren des Holzes erreicht man durch das kreuzweise Aufei-

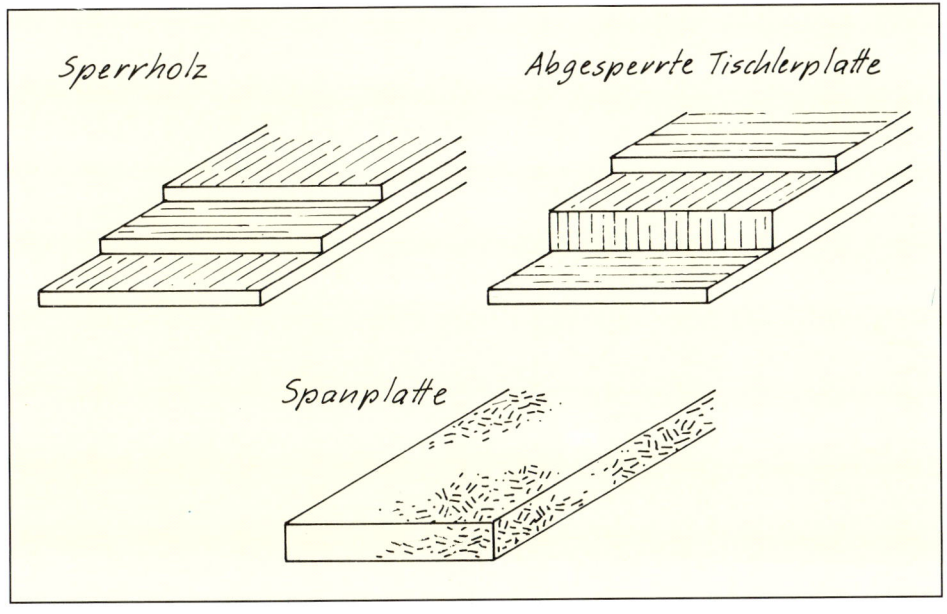

Sperrholz

Abgesperrte Tischlerplatte

Spanplatte

Verschiedene Holzarten

① Massivholzbrett
   (Kiefer)
② Tischlerplatte
③ Spanplatte
④ Spanplatte furniert
⑤ Sperrholz
⑥ Furniere

nanderleimen von mehreren dünnen Massivholzplatten. Die Kräfte der Holzplatten heben sich durch die Leimbindung gegenseitig auf. Bei der Herstellung der *Spanplatten* hat man diese Methode weiter verfeinert. Hierbei werden Holzspäne zusammen mit Leim unter hohem Druck zu Platten gepresst. Jegliches Eigenleben des Holzes wird dabei erstickt. Spanplatten sind praktisch tot. Man kann sie in allen gängigen Brettstärken kaufen. Außerdem gibt es sie mit den verschiedensten Oberflächenstrukturen (Kunststoffbeschichtung bis Edelholzbeschichtung).

Sperrholz und Span- und Tischlerplatten sind preiswerter als Massivholz, formstabil und lassen sich gut verarbeiten. Ein Nachteil dieser Platten ist, dass der verwendete Leim *Formaldehyd* enthält, der nach und nach ausdünstet und eine gesundheitliche Gefährdung darstellt. Neuerdings gibt es aber auch Spanplatten, die eine geringere Formaldehydausdünstung, Emission genannt, haben.

Ein weiteres für den Bastler interessantes Holz-Halbprodukt sind *Profilleisten*. Vor allem im Möbel- oder Innenausbau bieten sie zahlreiche Gestaltungsmöglichkeiten.

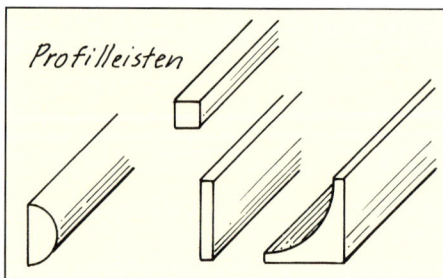

Furniere sind dünne Holzblätter, die zwischen 0,7 bis 2,5 mm dick sind. Je nach Herstellungsart unterscheidet man *Schälfurnier*, *Sägefurnier* und *Messerfurnier*.
Das Furnieren ist ein aufwändiger Klebevorgang. Es empfiehlt sich, fertige Platten zu kaufen oder sich auf kleine Flächen zu beschränken, die man mit einfachen Pressmöglichkeiten bewältigen kann.

Werkstoff Metall
••••••••••••••••••••••••••••••

Gold
Man bezeichnet Gold als Edelmetall, weil es an der Luft nicht oxydiert und von den meisten Säuren nicht angegriffen wird. Nur in Königswasser (das ist eine Mischung aus Salzsäure und Salpetersäure) und Quecksilber ist es löslich. Feingold ist sehr weich und außerdem das dehnbarste Metall. Es lässt sich deshalb in hauchdünnes Blattgold auswalzen. Um Gold zu härten, wird es mit Kupfer oder Silber legiert. Die im Goldschmuck eingeprägte Zahl (z.B. 585) gibt an, wie viel Milligramm reines Gold in einem Gramm der Legierung enthalten sind. Wegen des hohen Preises ist Gold für den Bastler nur in besonderen Fällen interessant.

Silber
Silber ist ein weiß glänzendes Edelmetall, das härter als Gold und weicher als Kupfer ist. Es lässt sich zu dünnster Folie aushämmern und zu feinstem Draht ausziehen. Verwendet wird Silber außer für Schmuck vor allem für industrielle Zwecke, in der Elektrotechnik, in der Filmindustrie und zur Münzherstellung. Der Bastler verarbeitet Silber hauptsächlich in Form von Blech und Draht. Durch Hämmern wird das Metall hart und spröde. Wenn man es erhitzt, bis es sich leicht rötlich färbt, wird es wieder geschmeidig und lässt sich leichter verarbeiten. Der Reinheitsgrad von Silber wird in Tausendstel angegeben. Der Stempel 550 z.B. besagt, dass in 1000 Teilen Legierung 550 Teile Silber enthalten sind.

Kupfer
Kupfer ist ein rötliches und weiches Buntmetall, das sich sehr gut verarbeiten lässt. Kupfer ist ein wichtiger Bestandteil in zahlreichen Legierungen (z.B. Bronze, Messing, Neusilber, Rotguss, Münzmetall, Aluminiumbronze). Durch Überziehen der Oberfläche mit Lack (Zaponlack) bleibt die rötliche Farbe des blanken Metalls erhalten. Mit besonderen Chemikalien kann man die

Oberfläche unterschiedlich färben. Vorsicht: Wenn Kupfer feucht wird, bildet sich giftiger Grünspan.

Zinn

Zinn ist ein weiches Metall, das schon bei 232 Grad Celsius schmilzt. Es oxydiert nicht und ist sehr widerstandsfähig gegen alle verdünnten Säuren. Deshalb wird es zum Verzinnen von Stahlblech genommen (Weißblech). Konservendosen sind mit einer dünnen Zinnschicht ausgekleidet. Durch Auswalzen von Zinn erhält man dünne Folien (Stanniol). Außerdem ist Zinn Bestandteil wichtiger Legierungen (z. B. Bronze, Weichlot zum Verbinden von Metallteilen durch Löten, Hartzinn zur Herstellung von Zinngeschirr). Zum Gießen von Reliefs und Vollplastiken ist Zinn auch für den Bastler sehr gut geeignet. Zinnfiguren sind beliebte Sammlerstücke.

Aluminium

Aluminium wird in einem sehr energieaufwändigen Verfahren aus Bauxit gewonnen. Da seine Herstellung so aufwändig ist, sollte man es sparsam verwenden und die gesammelten Abfälle zum Sondermüll bringen. Aluminium ist sehr leicht und lässt sich mühelos verformen. Daher wird es für praktische und künstlerische Arbeiten benutzt. Auch Aluminium ist ein wichtiger Bestandteil von Legierungen.

Stahl (Eisen)

Roheisen, das als Schmelze aus dem Hochofen kommt, wird technisch nicht bearbeitet. Erst durch Zugabe bestimmter Elemente wie Kohlenstoff, Nickel oder Chrom erhält man die verschiedensten Stahlsorten mit ganz speziellen Eigenschaften. Vor allem der unterschiedliche Gehalt an Kohlenstoff bestimmt die Härte des Stahls. Stahl mit einem Kohlenstoffgehalt von mehr als 2 % bezeichnet man als Gusseisen. Gusseisen ist nicht schmiedbar und kann nur gegossen werden.
Stahldraht, Stahlbleche sowie Rund- und Vierkantprofile und andere Halbzeuge sind Werkmaterialien für den Hobbywerker und Bastler.

Messing

Messing ist eine Kupfer-Zink-Legierung (Tombak, Messing, Schiffsmessing). Messing mit geringem Zinkanteil ist goldgelb; je höher der Zinkanteil, umso heller wird das Metall. Es lässt sich gut verformen und ist somit zur Verarbeitung geeignet. Messingbleche und Messingdraht und auch Profilleisten sind die wichtigsten Halbzeuge.

Bronze

Bronze ist eine Legierung aus Kupfer und Zinn und gehört zu den ältesten Metallen, die der Mensch bearbeitet. Bronze ist ein hartes und sehr widerstandsfähiges Metall, das sich gut zum Gießen eignet (Glockenguss, Plastiken). Kunstbronze hat einen niedrigeren Schmelzpunkt. Dies wird erreicht, indem man 3 % Zink und 3 % Blei der Legierung zugibt.

Wichtige Metallhalbzeuge

Der Hobbywerker verwendet hauptsächlich *Draht-*, *Blech-*, *Band-* und *Profilstabware*. Stärkere Materialien erfordern eine aufwändige Ausstattung zur Bearbeitung (Esse, Amboss u. a.).
In Drahtwalzwerken werden heiße Metalle durch kleine Öffnungen gezogen. Je nach der Größe der Öffnungen erhält man entsprechende Drähte. Zum Werken verwendet man hauptsächlich Drähte aus Silber, Kupfer, Messing und Stahl. Stahldrähte gibt es auch verzinnt, verzinkt, verkupfert und vermessingt.
Flächig ausgewalzte Metalle bezeichnet man als Bleche. Stahl-, Kupfer-, Messing-, Aluminium- und Silberbleche werden in Stärken ab 0,2 mm angeboten. Dünnere Materialien bezeichnet man als Folien. Da Stahl sehr rasch rostet (korrodiert), werden Stahlbleche ebenso wie Stahldrähte mit den unterschiedlichsten Metallen beschichtet (Zinn, Zink, Kupfer, Messing). Ein bekanntes Beispiel sind die verzinnten Konservendosen, die sich auch als billiges Werkmaterial

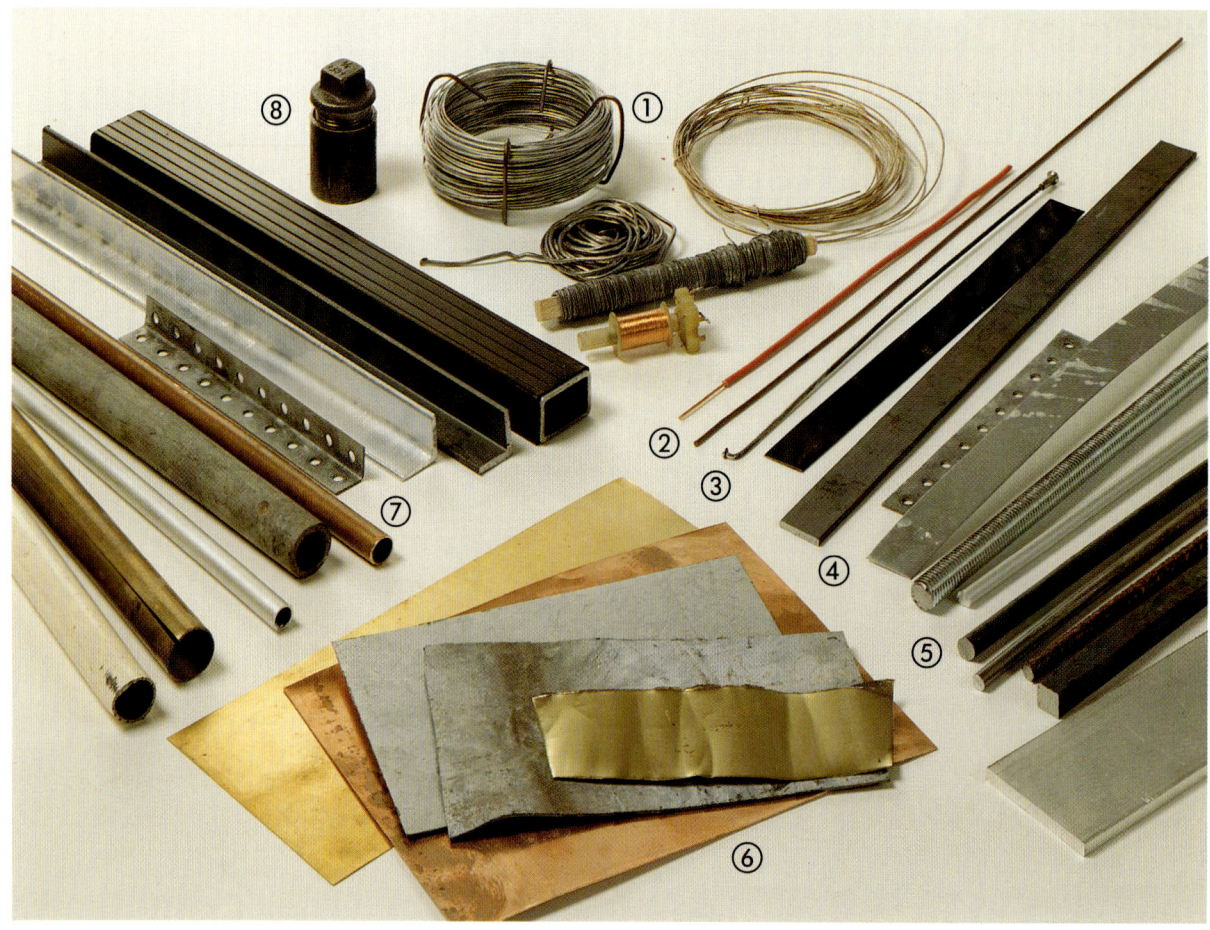

anbieten. Die Verzinnung ermöglicht zudem ein Verlöten von Weißblechen.

Metallbänder und Profilmaterial (Rund- und Kantstäbe) lassen sich biegen, formen und hämmern. Mit den richtigen Werkzeugen ist die Bearbeitung kein Problem.

Die Bearbeitung der Metalloberfläche

Es gibt verschiedene Methoden, um die Oberfläche vor äußeren Einflüssen zu schützen oder um sie schön zu machen. Sie hängen von den Eigenschaften des zu bearbeitenden Metalls ab. Beim Schleifen werden alle Erhöhungen abgetragen. Metalle wie Bronze und Kupfer sehen mit einer matt geschliffenen Oberfläche besonders gut aus. Anschließend wird mit einem wesentlich feineren Poliermittel (z. B. Bims) nachpoliert, um Metallen, wie zum Beispiel Silber,

zu Hochglanz zu verhelfen. Um die besonders vor dem „Anlaufen" gefährdeten Metalle wie Silber und Messing zu schützen, empfiehlt sich ein Überzug aus Lack.

Keine Angst vor Arbeiten mit Metall

Viele Bastler scheuen sich davor, mit Metall zu arbeiten, weil sie glauben, Metalle seien schwer zu bearbeiten. Oft fehlt es nur an den grundlegenden Kenntnissen und Erfahrungen im Umgang mit Metallen. Erste Erfahrungen sammelt man am besten durch die Bearbeitung von NE-Metallen (Nichteisen-Metallen). Dazu gehören Messing, Aluminium und Kupfer in Form von Halbzeugen (Bleche, Profile u. a.).

NE-Metalle sind weicher als Stahl oder Eisen und lassen sich deshalb auch einfacher bearbeiten.

Werkstoff Textilien

• •

Stoffe kann man unterscheiden in solche aus natürlichen Fasern (Baumwolle, Wolle, Seide und Leinen) und synthetischen Fasern (Polyester, Nylon, Acetat usw.). Daneben gibt es die so genannten Mischgewebe, die, wie schon der Name sagt, eine Kombination aus beiden Faserarten darstellen.

Eine weitere Möglichkeit, Stoffe zu unterscheiden, ist die Art der Herstellung: nach Webstoffen, Strickstoffen und Verbundstoffen (z. B. Filz oder Tüll). Die bekannteste und einfachste Webart ist die Leinwandbindung wie bei Baumwollstoffen, Musselin, Popeline oder Taft. Jeansstoffe oder Gabardine haben dagegen eine so genannte Diagonalbindung.

Alle Stoffe haben ihre besonderen Eigenschaften, auf die besonders beim Zuschneiden und Vernähen Rücksicht genommen werden muss:

Strich- und Florstoffe wie Samt, Flanell oder Cord schimmern je nach Strichrichtung hell oder dunkel. Damit das Werkstück nicht zweifarbig gerät, empfiehlt es sich, die Schnittteile so zu legen, dass die oberen Kanten alle in die gleiche Richtung zeigen.

Twillgewebe wie Jeansstoff oder Gabardine haben diagonale Rippen. Wenn diese Rippen extrem auffällig sind, sollten diese Stoffe wie Strichstoffe behandelt werden.

Achtung: Jeansstoff franst sehr stark und sollte nur mit Doppelnähten verarbeitet werden.

Strickstoffe wie Jersey oder Frottee sind dehnbar und verziehen sich leicht. Mit diesen Stoffen sollte man behutsam umgehen und sie möglichst mit besonderen Stich- und Nahtversäuberungen verarbeiten.

Nähgarne unterscheiden sich auch nach natürlichen und synthetischen Fasern. Als Faustregel gilt: Naturfasergarne für Naturfaserstoffe und Synthetikgarne für Synthetikstoffe.

Baumwollumsponnenes Polyestergarn ist ein so genanntes Mehrzweckgarn und eignet sich für Naturfaserstoffe ebenso wie für Synthetiks, für Webstoffe wie für Strickstoffe. Es kann für alle Näharbeiten, von Hand oder mit der Maschine, benutzt werden.

Knopflochseide ist ein dickes Spezialgarn für Knopflöcher (von Hand oder mit der Maschine), das auch für Ziersteppereien verwendet werden kann.

Quiltgarn ist ein starker Handnähfaden, mit dem sich mehrere Stofflagen zusammennähen lassen.

Langfaseriges Polyestergarn ist glatt und weich und lässt sich von Hand oder mit der Maschine gleichermaßen gut verarbeiten.

100 % merzerisiertes Baumwollgarn eignet sich für gewebte Naturfaserstoffe wie Baumwolle, Wolle und Leinen. Für Strickstoffe ist es allerdings nicht elastisch genug.

Auch **Borten** und **Bänder** sollten auf den Stoff abgestimmt werden. Manche können nach der Wäsche einlaufen und sollten deshalb vorsichtshalber vorgewaschen werden.

Einfach gefalztes Schrägband ist 1,5 – 2,5 cm breit und eignet sich für Zugsäume und Besätze.

Doppelt gefalztes Schrägband ist 0,5 – 1,5 cm breit und wird zum Einfassen von Schnittkanten verwendet.

Nahtband ist ungefähr 1 cm breit und aus Baumwolle oder Polyester und eignet sich zur Verstärkung von Nähten, Nahtecken und zur Saumverarbeitung.

Köperband dient zum Unterlegen und Verstärken von Nähten und Säumen.

Zierborten, Soutache und Litzen werden für Kantenbesätze, Steppmotive, Knopfschlingen und Ähnliches verwendet.

Reißverschlüsse gibt es mit Metall- oder Plastikzähnen oder mit einer Polyester- oder Nylonspirale. Die Spiralverschlüsse sind leicht und biegsam. Die Metallverschlüsse eignen sich vor allem für schwere Stoffe.

Werkstoff Papier und Pappe

••••••••••••••••••••••••••

Papier und Pappe sind in der Werkarbeit viel gebrauchte und vielseitig verwendbare Materialien.

Papier gibt es in unterschiedlichen Farben, Sorten und Stärken. Je nach Werkarbeit verwendet man *Zeichenpapier*, *Tonpapier*, *Buntpapier*, *Scherenschnittpapier*, *Transparentpapier*, *beschichtetes Papier*, *Karton*, *Pappe* usw.

Eine übliche Klassifizierung von Papier ist das Quadratmetergewicht. So wiegt z. B. Schreibpapier meistens 80 Gramm pro Quadratmeter. Ab einem Gewicht von 200 Gramm spricht man von Karton. Es gibt ihn je nach Bestandteilen und Verarbeitung in verschiedenen Gütegraden und Stärken. Man sollte wenn möglich *Umweltschutzpapiere* kaufen. Zu seiner Herstellung werden weniger Holz (= Bäume), weniger Wasser, weniger Energie und weniger Chemikalien verbraucht. Stärkere Ware mit einem Mindestgewicht von 600 Gramm pro Quadratmeter nennt man *Pappe*. Sie besteht aus denselben Rohstoffen wie Papier, enthält allerdings oft geringwertige und unreine Fasern. Für den Bastler ist die *Graupappe* (Buchbinderpappe) von besonderer Bedeutung. Graupappen stellt man aus Altpapier in verschiedenen Stärken her. Sie sind sehr fest und zäh und lassen sich knicken und biegen. Ähnlich wie Holz ist auch Papier ein „lebendiges" Material, das sich bei Feuchtigkeit ausdehnt und sich zusammenzieht, wenn es trocknet. Deshalb muss bei der Verarbeitung von Papieren, Kartons und Pappen auf die *Laufrichtung* geachtet werden. Darunter versteht man die Richtung, in der der Papierbrei durch die Herstellungsmaschine gelaufen ist. Die Fasern legen sich dabei in Laufrichtung und werden gestreckt, sodass sie auf Feuchtigkeitsschwankungen nur noch sehr schwach reagieren. In der Querrichtung dagegen ist das Fasergefüge lockerer und reagiert auf Feuchtigkeit, indem es sich wellt und verzieht. Die Laufrichtung kann auf verschiedene Weisen ermittelt werden: Zieht man die Kanten des Papiers kräftig über den Daumennagel, indem man mit dem Zeigefinger dagegenhält, so entsteht eine glatte Längsspur (Laufrichtung) und eine gewellte Querspur. Wird die ganze Fläche des Papiers befeuchtet, so wölbt sich das Blatt in der Laufrichtung. Reißt man das Papier in der Laufrichtung, so wird der Riss gerade; in der Querrichtung ist ein gerades Reißen nicht möglich. Pappen lassen sich in der Querrichtung bedeutend schwerer biegen als in der Laufrichtung. Versucht man ein Stück Pappe zu falten, wird es in der Querrichtung früher einbrechen als in der elastischeren Laufrichtung.

Werkstoff Ton

••••••••••••••••••••••••••

Die Zusammensetzung und Beschaffenheit der Tonmasse ist ausschlaggebend für die Bearbeitung. Sehr feiner *fetter Ton* ist hochelastisch und angenehm glatt zu verarbeiten. Er trocknet aber sehr langsam aus und neigt zum Verziehen und Reißen. *Halbfette Tone* und *magere Tone* eignen sich gut zum Modellieren und für Aufbaukeramiken. Selbst der Laie kann leicht erkennen, ob der Ton mager oder fett ist, wenn er ein wenig Tonmasse zwischen den Fingern zerreibt. Ein magerer Ton fühlt sich sandig und grobkörnig an, fetter Ton ist schmierig. Jeder Ton verliert beim Trocknen und Brennen seine Wasserbestandteile. Dadurch wird die Masse kleiner. Für den Hobbytöpfer genügt es, wenn er anhand einiger Probestücke herausfindet, wie groß der Schwund ist. Das übliche Schwindungsverhältnis beträgt etwa 10–12 %. Magere Tone haben einen geringeren Schwund.

Der Ton soll kühl, feucht und dunkel lagern. Kunststoffwannen oder Eimer, vorausgesetzt sie sind rostfrei, eignen sich dafür sehr

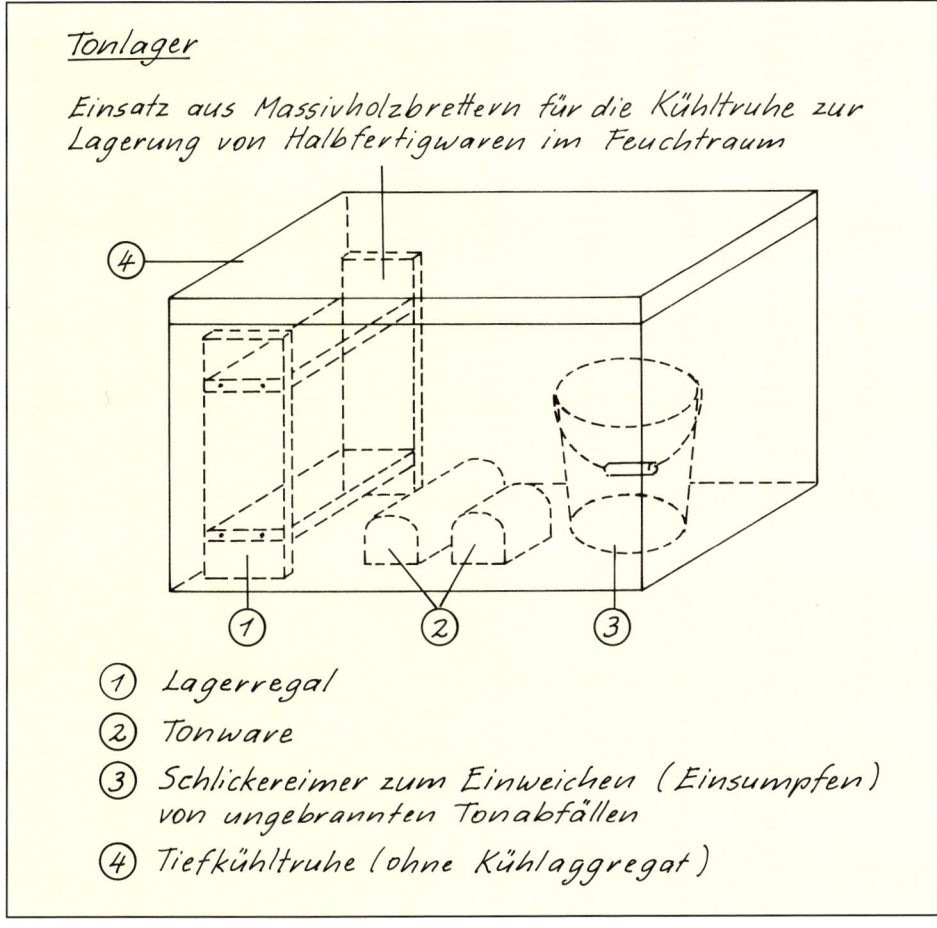

Tonlager

Einsatz aus Massivholzbrettern für die Kühltruhe zur Lagerung von Halbfertigwaren im Feuchtraum

① Lagerregal

② Tonware

③ Schlickereimer zum Einweichen (Einsumpfen) von ungebrannten Tonabfällen

④ Tiefkühltruhe (ohne Kühlaggregat)

gut. Auch eine alte Tiefkühltruhe ohne Kühlaggregat mit luftdicht schließendem Deckel ist ein idealer Lagerplatz. Zum Abdecken des Tones und halbfertiger Gegenstände haben sich Plastikfolien oder nasse Tücher bewährt.

Ungebrannte Stücke und Tonabfälle werden wieder in Wasser eingeweicht und erneut verarbeitet. Dieser eingesumpfte Ton, aber auch frische Tonware, enthält häufig noch *Luftblasen,* die vor der Bearbeitung ausgetrieben werden müssen. Dies ist sehr wichtig, weil die eingeschlossene Luft das spätere Werkstück beim Erhitzen im Brennofen zum Platzen bringen würde. Durch Kneten und Schlagen wird der Ton von den Lufteinschlüssen befreit. Man muss aber darauf achten, dass keine Luft durch Überlappen der Tonteile eingeknetet wird.

Werkstoff Gips

Gips ist ein Werkstoff, der sich verhältnismäßig leicht verarbeiten lässt. Er zeichnet sich dadurch aus, dass er selbst bis in die kleinsten Winkel einer Gussform vordringt und schnell trocken und hart wird. Durch unterschiedliche Brenntemperaturen erhält man verschiedene Arten von Gips:

Stuckgips eignet sich besonders für gröbere Arbeiten (Abgüsse und Formstudien sowie zum Modellieren und Schneiden).
Modellgips ist ein Material mit einer feinen Struktur, das schnell härtet und hauptsächlich zum Gießen verwendet wird.
Die besten Eigenschaften hat der doppelt gebrannte weiße *Alabastergips.* Er hat nach

dem Abbinden ein porenfreies Gefüge und wird sehr hart.

Mit Hilfe von fein gemahlenen Erdfarben kann man Gips auch einfärben. Das Farbpulver und der trockene Gips werden vermischt und erst dann dem Wasser zugesetzt. Man muss jedoch beachten, dass größere Mengen Farbe die Bindekraft des Gipses stark herabsetzen.

Die *Abbindezeit* der Gipsmasse kann man durch die Zugabe von dünnem Kleisterbrei verlängern. Auch Zitronensäure (eine Messerspitze voll je Liter Wasser) verzögert die Aushärtung. Außerdem erhält der erstarrte Gips dadurch eine größere Festigkeit. Fertige Arbeiten lassen sich noch nachträglich härten, indem man sie in eine achtprozentige Alaunlösung taucht oder sie damit bestreicht.

Gips wird mit kaltem Leitungswasser in einem sauberen Eimer (oder Gipspfanne) angerührt. Es wird so lange Gipspulver in das Wasser gestreut, bis sich eine trockene Stelle bildet. Die Mischung soll etwa eine Minute ruhen (sumpfen) und wird anschließend mit einem Spachtel oder einem anderen Rührgerät zu einem klumpenfreien Brei verrührt. Wenn man leicht an den Rand des Rührgefäßes klopft, verhindert man, dass sich Luftblasen bilden. Auch die richtige *Dicke des Breies* ist eine Frage der Erfahrung. Gut angemachter Gips ist etwa so dick wie Jogurt. Will man mit Gips gießen, setzt man etwas mehr Wasser zu.

Da der Werkstoff Gips leicht an anderen Materialien haftet, müssen Gießformen mit einem *Trennmittel* ausgekleidet werden. Sehr gut eignet sich dazu eine Seifenlösung. Flüssige Seife, in Wasser aufgelöst und einen Tag abgestanden, wird mit einem Pinsel in mehreren Schichten aufgetragen. Weitere Trennmittel sind Pflanzenöle (zum Beispiel Salatöl) und Vaseline. Gips bietet nicht nur viele Möglichkeiten der Verarbeitung, sondern vor allem auch der Bearbeitung. Die dazu benötigten Werkzeuge sind nicht teuer; oft genügen die in jedem Werkzeugkasten vorhandenen Werkzeuge. Durch Abschleifen, Meißeln, Raspeln, Feilen, Bohren und Schneiden lassen sich Formänderungen erzielen. Gips kann auch gesägt werden. Dazu eignen sich am besten eine Eisensäge und eine Feinsäge. Noch nicht ganz ausgehärteter Gips (Aushärtungsdauer etwa drei Tage) lässt sich leicht schaben und schneiden.

Da die Arbeit mit Gips viel Staub und Schmutz verursacht, sollte immer in einer Werkstatt oder einem entsprechenden Raum gearbeitet werden. Werkzeuge und Eimer dürfen nicht unter fließendem Wasser in einem Waschbecken gesäubert werden. Die Gipsreste härten im Abfluss aus und verstopfen das Rohr. Deshalb das Gipswasser im Eimer sammeln und austrocknen lassen.

Werkstoff Stein

Für das gestaltende Werken kommen nur wenige Steinarten in Frage, es sei denn, der Stein wird als Ganzes verarbeitet. Eine Sonderstellung nimmt hier der *Speckstein* (Steatit) ein, den wir als Schneiderkreide kennen. Steatit ist ein Magnesiumsilikat mit einer grob- bis feinkörnigen Struktur. Er ist sehr weich und lässt sich deshalb besonders leicht bearbeiten, ist aber stoßempfindlich und neigt zur Rissbildung. Große Brocken kann man mit einer alten Handsäge zuschneiden. Danach sollte man den Stein mit einem Messer, einer Raspel oder einer Feile schabend bearbeiten. Der Stein zeigt dann marmorähnliche weißliche bis grünlich graue Farbe. Das fertige Werkstück erhält einen schönen Glanz, wenn der Stein eingefettet wird. Das Fett bleibt nicht an der Oberfläche haften, sondern wird völlig vom Stein aufgenommen. Auch mit *Kunststeinen* und *Baustoffen* können schöne Werkstücke hergestellt werden. *Kalksandsteine* und *Gasbetonsteine* lassen sich leicht bearbeiten. Mit Beton oder speziellen Zementmischungen werden Formelemente gegossen.

II. Werkzeuge

Die Holzbearbeitung

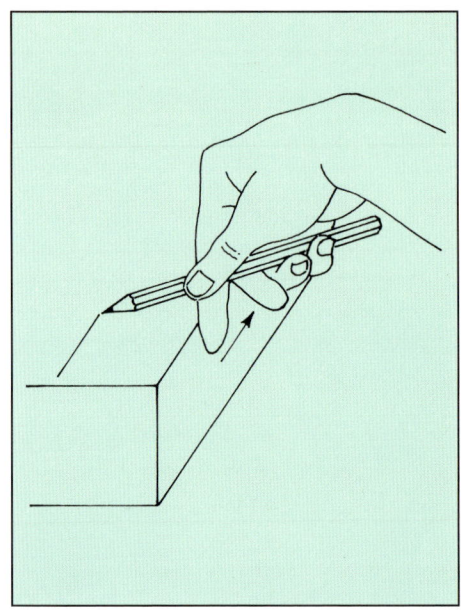

Ein Werkstück kann nur gut gelingen und Freude bereiten, wenn grundlegende Dinge wie materialgerechte Formgebung und Bearbeitung, fachgerechte Konstruktion und Handhabung des Werkzeuges sowie genaue Ausführung beachtet werden. Auch wenn man heute viele Holzteile maßgerecht zugesägt erhält, muss der Bastler dennoch viel Feinarbeit selbst ausführen. Dazu benötigt man vor allem einen stabilen Werktisch. Aus massiven Vierkanthölzern, einigen Leisten und einer dicken Küchenarbeitsplatte kann man schnell eine einfache Werkbank zusammenbauen.

Messen, Anzeichnen, Anreißen

Das wichtigste Werkzeug des Bastlers ist der *Maßstab* (Gliedermaßstab oder Zollstock). Der Abstand zwischen zwei sich gegenüberliegenden Bauteilen ist das lichte Maß. Kann man dieses Maß nicht an der Außenkante abnehmen, schiebt man zwei Maßstäbe gegeneinander und addiert die Werte. So kann man auch Raumhöhen einfach messen.

Ein *Rollbandmaß* eignet sich gut zum Messen von runden oder gewölbten Bauteilen. Neben diesem Universal-Messwerkzeug verwendet der Holzwerker heute auch andere Geräte, die ein genaues Messen ermöglichen.

Mit dem *Messschieber* kann man Holzstärken oder Bohrlochtiefen auf Zehntelmillimeter genau messen.

Mit dem *Streichmaß* werden Linien angerissen, die parallel zu einer Brettkante verlaufen, also auch Dübel- und Schraubenlöcher, die von einer Kante gleiche Abstände haben sollen. Mit etwas Übung kann man ohne Streichmaß mit einem Bleistift parallele Linien zur Brettkante ziehen, wenn man den Zeigefinger als Anschlag benutzt.

Mit einem *Zirkel* kann man Kreislinien anreißen und Maße übertragen. Muss ein Sägeschnitt im rechten Winkel angezeichnet werden, so verwendet man einen *Anschlagwinkel*. Ob der Winkel maßgenau ist, kann man leicht mit folgender Methode überprüfen: Man legt ihn an eine Kante, zieht einen Strich und schlägt ihn dann auf die andere Seite um. Der Schenkel muss dann genau parallel zu dem Strich sein.

Konturen von Papier kann man auf das Holz durchzeichnen. Dazu schwärzt man die Rückseite der Papiervorlage mit einem weichen Bleistift ein und zeichnet dann die Vorlage nach.

Sägen

Um ein Holzstück zu kürzen, benötigt man eine *Säge*. Zwar wird in unserer technisierten Zeit vieles mit Maschinen erledigt. Wer aber Holz perfekt bearbeiten will, kommt um die Arbeit mit der Handsäge nicht herum, zumal ein Handwerker nicht an Massenproduktion denkt. Bei allen Sägearbeiten muss das Werkstück gut fixiert sein (einspannen mit Schraubzwingen oder in eine Hobelbank).

Die Sägeblätter von *Handsägen* haben eine Zahnung, die so ausgerichtet ist, dass die Säge auf Stoß arbeitet. Beim Zurückziehen der Säge gleiten die Zähne ohne Wirkung

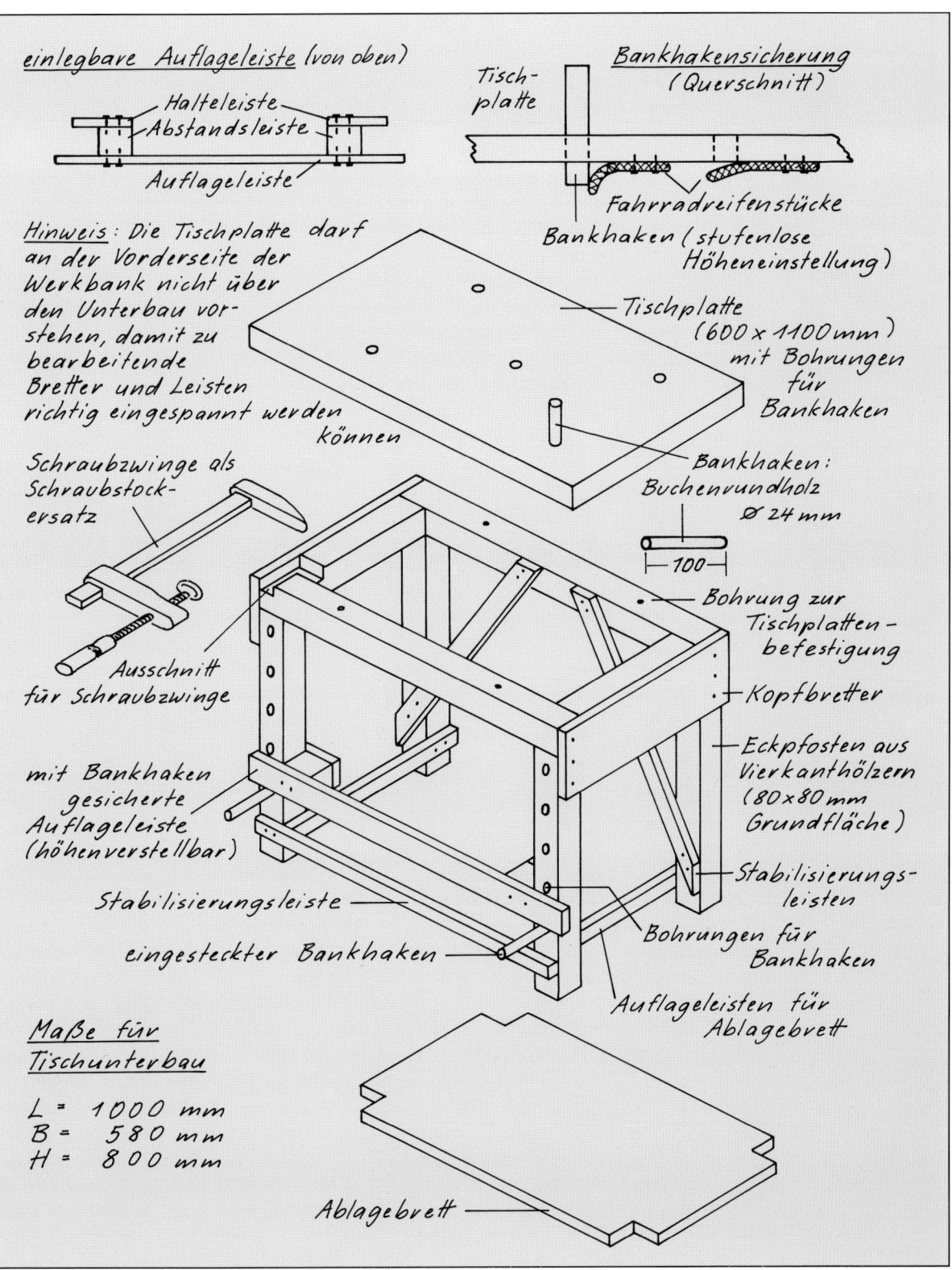

einlegbare Auflageleiste (von oben)

Halteleiste
Abstandsleiste
Auflageleiste

Tisch-
platte

Bankhakensicherung
(Querschnitt)

Fahrradreifenstücke
Bankhaken (stufenlose
Höheneinstellung)

Hinweis: Die Tischplatte darf
an der Vorderseite der
Werkbank nicht über
den Unterbau vor-
stehen, damit zu
bearbeitende
Bretter und Leisten
richtig eingespannt werden
können

Tischplatte
(600 x 1100 mm)
mit Bohrungen
für
Bankhaken

Bankhaken:
Buchenrundholz
Ø 24 mm

Schraubzwinge als
Schraubstock-
ersatz

├─ 100 ─┤

Bohrung zur
Tischplatten-
befestigung

Kopfbretter

Ausschnitt
für Schraubzwinge

Eckpfosten aus
Vierkanthölzern
(80 x 80 mm
Grundfläche)

mit Bankhaken
gesicherte
Auflageleiste
(höhenverstellbar)

Stabilisierungs-
leisten

Stabilisierungsleiste

eingesteckter Bankhaken

Bohrungen für
Bankhaken

Auflageleisten für
Ablagebrett

Maße für
Tischunterbau

L = 1000 mm
B = 580 mm
H = 800 mm

Ablagebrett

über das Holz. Die Zähne des Sägeblattes müssen eine ausreichende Schränkung aufweisen, das heißt sie müssen wechselseitig nach außen gebogen sein. Dadurch kann sich das Blatt im Holz nicht festklemmen. Mit einer speziellen Schränkzange können die Zähne gerichtet werden.

Mit der *Gestellsäge* (Spannsäge) sägt man starke Bretter und Leisten. Für kleinere Holzteile eignet sich der *Fuchsschwanz.* Der Daumen dient als Anschlag beim Ansetzen der Säge, indem er oberhalb der Zähne am Blatt entlanggeführt wird. Ist das Holz leicht eingesägt, nimmt man den Daumen zurück. Auch der richtige Winkel der Säge zum Holz entscheidet über den sauberen Schnitt. Bei einer flach angesetzten Säge reißen kaum Holzfasern aus. Bei Langholzschnitten klemmt das Holz die Säge oft ein. Ein kleiner

Keil in den Anfang des Sägeschlitzes gesteckt, verhindert dies.

Mit der *Feinsäge* (Leistensäge) lassen sich Leisten, Rundhölzer und Brettchen maßgenau absägen. Verwendet man dazu noch eine passende *Gehrungsschneidlade,* so gelingen neben den geraden auch die winkligen Schnitte. Durch den gekröpften Griff ist die Feinsäge ein unentbehrliches Hilfsmittel an unzugänglichen Stellen. Die Zahnung der Feinsäge ist gleichmäßig, sie sägt also in beiden Richtungen. Mit einer speziellen *Gehrungssäge* erreicht man die genauesten Schnitte. Die Säge läuft in stabilen Führungen und kann nicht verlaufen. Sehr feine Schnitte, enge Rundungen und auch Ausschnitte im Sperrholz lassen sich mit der *Laubsäge* ausführen. Damit die Schnitte senkrecht werden und die feinen Sägeblättchen nicht ständig abbrechen, muss man schon einige Übung haben. Beim Einspannen des Sägeblättchens ist darauf zu achten, dass dessen Zähne immer nach unten, in Richtung Griff, zeigen, denn die Laubsäge arbeitet auf Zug. Gelegentliches Einseifen des Sägeblättchens verhindert ein allzu schnelles Reißen.

Eine *Dekupiersäge* ist eine elektrische Laubsäge. Weil sie nicht billig ist, lohnt sich ihre Anschaffung nur für Vielsäger oder Profihandwerker.

Zum Ausschneiden von Kreisen benötigt man eine *Stichsäge.* Mit einer *Lochsäge* für die Bohrmaschine sägt man mit verschiedenen Einsätzen kreisrunde Ausschnitte bis 80 mm Durchmesser.

Bohren

Bohren ist neben Sägen eine der häufigsten Arbeiten in der Hobbywerkstatt.

Schneckenbohrer und *Drillbohrer* sind einfache handgetriebene Bohrer. Mit der *elektrischen Bohrmaschine* wird das Bohren erleichtert. Dazu benötigt man spezielle Bohrer. Den *Spiralbohrer* kann man zum Bohren sowohl von Holz als auch von Metallen verwenden. Der *Holzspiralbohrer* hat eine Zentrierspitze und ist nur für Holz und Holzwerkstoffe geeignet.

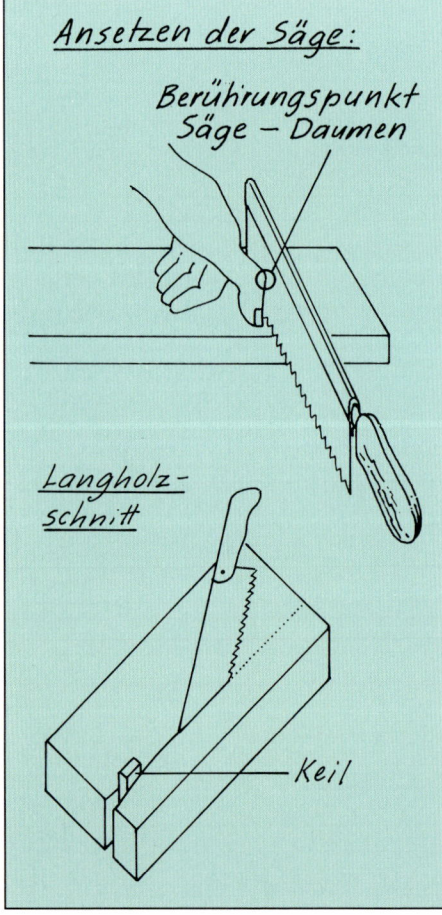

Ansetzen der Säge:

Berührungspunkt
Säge – Daumen

Langholz-
schnitt

Keil

Mit einem *Senker* werden die Bohrlöcher entgratet. Bei normalen Löchern wird die Materialkante nur leicht angefast. Sollen Senkkopfschrauben eingesetzt werden, muss man entsprechend mehr Material abnehmen.

Achtung: Sicherheitsmaßnahmen beim Bohren beachten!

- Lange Haare zurückbinden, weite Kleidung ablegen.
- Kleine Werkstücke mit dem Bohrschraubstock sichern.
- Schutzvorrichtungen verwenden (Brille).
- Spannschlüssel herausnehmen.
- Bei Bohrerwechsel warten, bis der Bohrer abgekühlt ist.
- Nur gut schneidende Bohrer verwenden.

Feilen, Raspeln, Schleifen und Hobeln

Diese Arbeitstechniken dienen der Nachbearbeitung und der Formgebung zugesägter Holzstücke. Die *Holzfeile* hat dicht nebeneinander liegende Schneidekanten, die beim Arbeiten sehr feine Späne wegnehmen. Die Tiefe der meist schräg gesetzten Schneidekanten bezeichnet man als „Hieb". Härteres Holz bearbeitet man mit feinhiebigen Feilen, weicheres und harzreicheres Holz mit grobhiebigen Feilen. Die *Raspel* hat sehr grobe Zähne und reißt tiefe Furchen in die Holzoberfläche. Man verwendet sie deshalb nur für die groben Vorarbeiten. Damit das Holz beim Einsatz der Raspel nicht zu sehr ausreißt, muss entlang der Faserrichtung gearbeitet werden. Feile und Raspel arbeiten auf Schub, das heißt Späne werden nur

Holzwerkzeuge

① *Winkel*
② *Stechbeitel / Hohlbeitel*
③ *Ziehklinge*
④ *Ziehklinge (Schwanenhals)*
⑤ *Gestellsäge*
⑥ *Hobel (Putzhobel)*
⑦ *Feinsäge*
⑧ *Gehrungsschneidelade*
⑨ *Laubsägebogen (mit Schnellspannvorrichtung)*
⑩ *Halbrundraspel*
⑪ *Halbrundfeile*
⑫ *Bildhauerbeitel*
⑬ *Bildhauerbeitel*
⑭ *Schnitzmesser (Finnenmesser)*
⑮ *Kerbschnitzmesser*

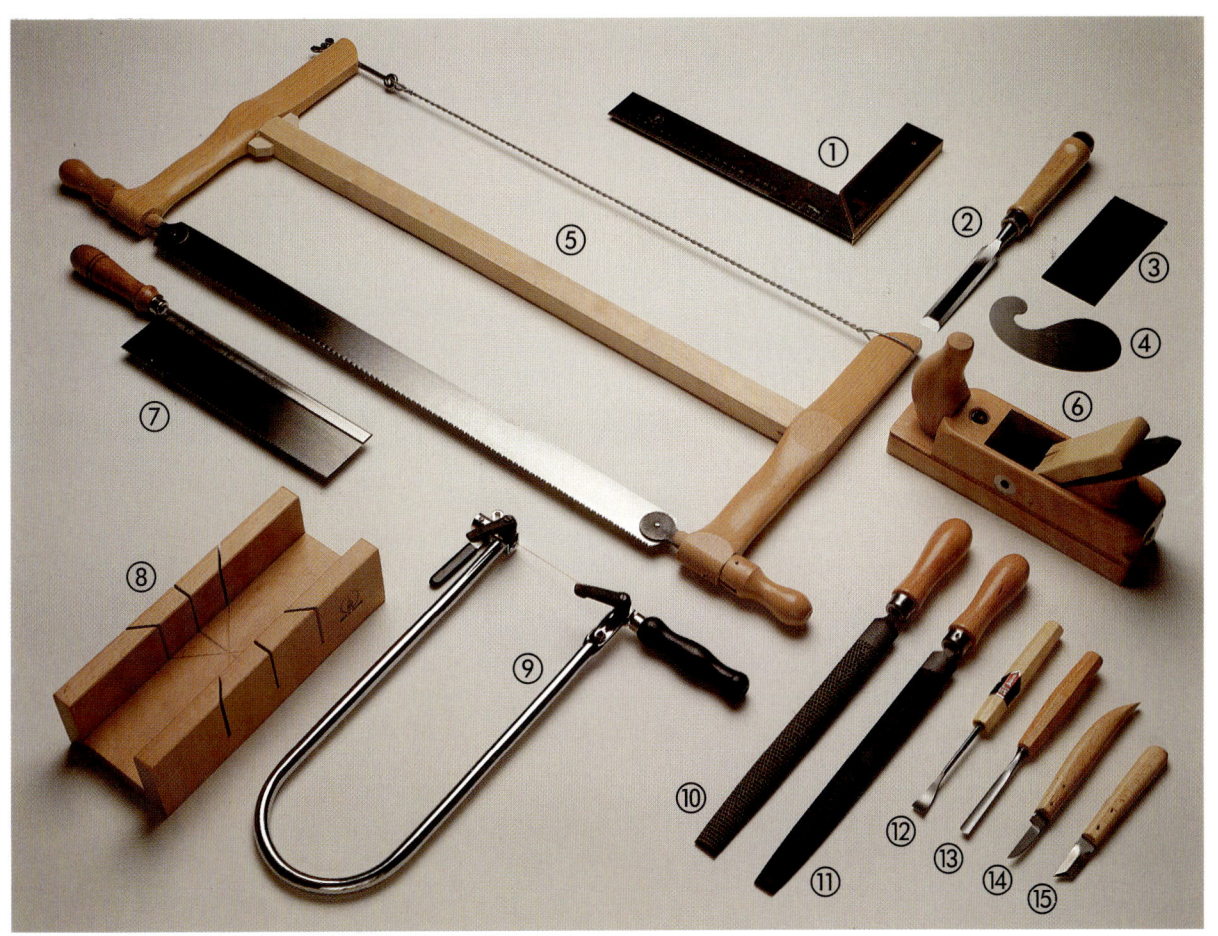

abgehoben, wenn die Werkzeuge über das Holz nach vorn geschoben werden. Holzfeile und Raspel dürfen nicht zur Metallbearbeitung benutzt werden, da die gehärteten Zähne leicht stumpf werden oder sogar abbrechen können. Beim Ablegen werden Feile und Raspel stets nebeneinander gelegt, nicht aufeinander.

Mit dem *Schleifen* bekommt das Werkstück eine glatte Oberfläche und kann mit einem Schutzanstrich versehen werden. Geschliffen wird mit dem *Schleifpapier*. Um eine ebene Fläche zu glätten, benützt man einen *Schleifklotz* (Schleifkorken), um den man das Schleifpapier legt. Die Größe der aufgeleimten Schleifkörper auf dem Papier bezeichnet man als Körnung. Sie wird auf der Rückseite des Schleifpapiers in Ziffern angegeben. Je größer die Zahl, desto feiner ist die Körnung.

Besonders glatte Holzoberflächen erhält man durch Anfeuchten der geschliffenen Teile mit Wasser. Nach dem Trocknen wird nochmals mit einem feinen Schleifpapier nachgeschliffen. Für spezielle Schleifarbeiten (z. B. für Rundungen und Vertiefungen oder zum Polieren) gibt es *Stahlwolle*, *Schleifvlies* u. a. Mit Maschinen wie dem *Bandschleifer*, dem *Schwingschleifer* und *Bohrmaschinenzusatzgeräten* kann man sich die Schleifarbeit erleichtern. Hauptsächlich zum Abrunden von Brettkanten benötigt man einen *Hobel*. Die Arbeit mit diesem altbekannten Werkzeug erfordert einige Erfahrung. Die Schneide des Hobeleisens darf nur wenig über die Hobelsohle vorstehen. Der abgehobelte Span wird umso kleiner, je weniger die Schneide vorsteht. Durch einen Hammerschlag auf das hintere Ende des Hobelkastens lockert sich das Schneideisen. Nach dem Einrichten wird es mit dem Holzkeil wieder fest gestellt. Bei der Bearbeitung von Langholz wird mit der Faserrichtung gehobelt. Beim Bestoßen von Hirnholzkanten splittert das Holz leicht ab. Man verhindert dies, indem die Ecken mit dem Hobel vorher abgestumpft werden. Auch bei Sperrholz ist dies wichtig, um ein Absplittern zu vermeiden.

Eine noch feinere Spanabnahme als der Hobel ermöglicht die *Ziehklinge*. Vor allem in der Form der geschweiften Stahlklinge (Schwanenhals) ist sie von Bedeutung, wenn man aus einem Holzklotz Hohlformen wie Schalen oder Schüsseln herausarbeiten möchte.

Stemmeisen und *Stechbeitel* benötigt man zum Ausstemmen von Nuten, Zapfen und Löchern oder auch zum Absetzen gegebener Holzstärken für Überplattungen. Ein Satz von 8, 12 und 16 mm breiten Eisen ist nahezu für alle Arbeiten ausreichend.

Eisen mit gekrümmter Schneide bezeichnet man als *Hohleisen*. Man benötigt sie zur Ausarbeitung von Innenwölbungen.

Für Linien-, Kerb- und Flachschnitte und kleine Arbeiten aus der Hand sind *Schnitzmesser* mit kurzer, kräftiger Klinge unentbehrlich.

Die Metallbearbeitung

Auch wenn manche Werkzeuge als Hilfsmittel für jede Werkarbeit einzusetzen sind, benötigt man für die Bearbeitung metallener Halbzeuge spezielle Werkzeuge.

Zum *Messen* und *Anreißen* dienen hauptsächlich ein *Maßstab* (Messband, Stahllineal o. A.), mit dem man die gewünschten Längen abmessen kann, und eine *Reißnadel* zum Anreißen (anzeichnen) von Linien. Zum Anreißen gerader Linien benutzt man ein *Stahllineal* oder ein Stück blanken Flachstahl. Anrisse von rechten Winkeln werden mit Hilfe des *Anschlagwinkels* ausgeführt. Für kreisförmige Anrisse verwendet man einen *Zirkel* mit gehärteten Spitzen. Zur Herstellung von abwischbaren Anrissen (z. B. Hilfslinien) ist ein *Fettstift* geeignet.

Zum genauen Messen dienen *Messschieber* (siehe Holz) und *Messschraube*.

Zur weiteren Metallbearbeitung sind ein *Schraubstock* und ein *Amboss* oder eine

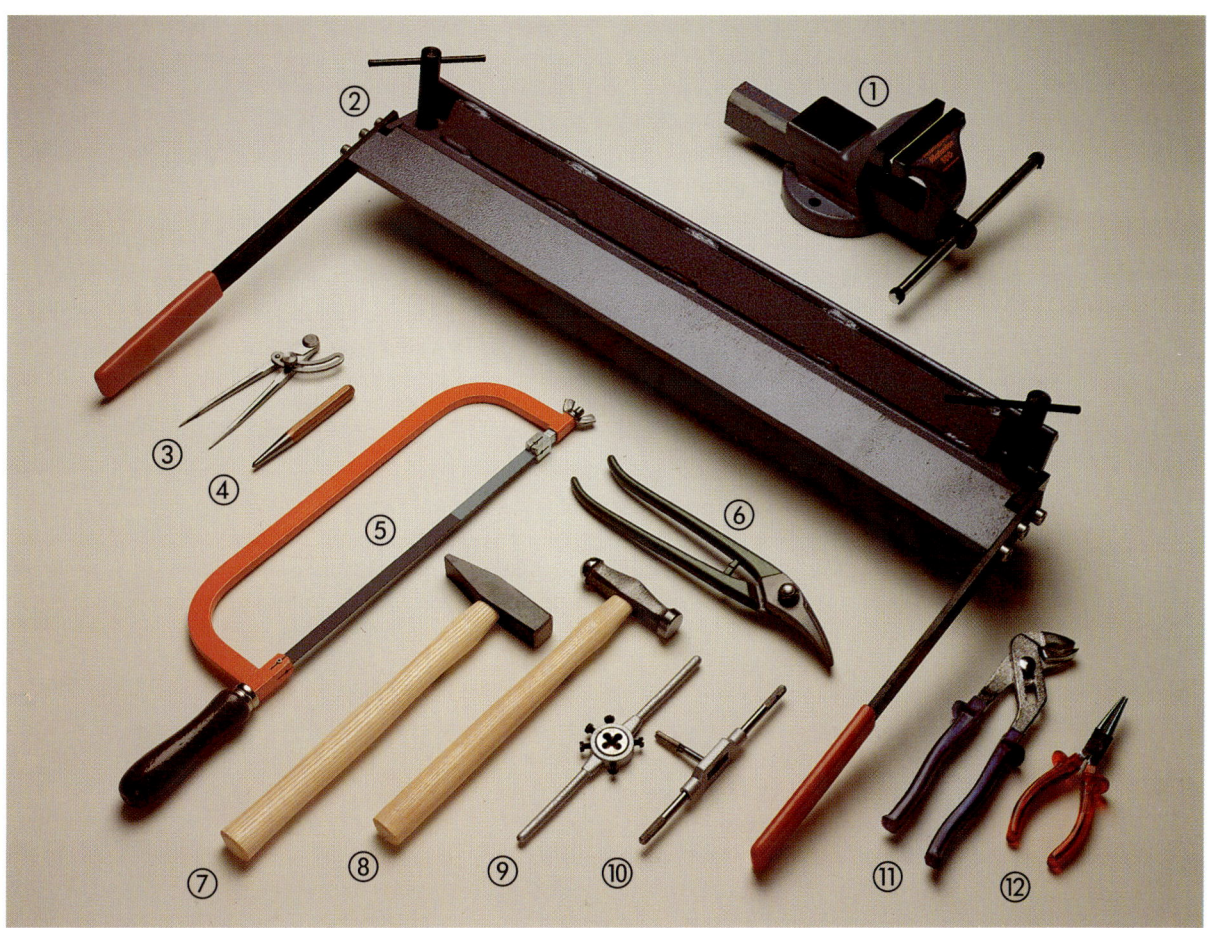

Richtplatte fast unerlässlich. Ein kräftiger Parallelschraubstock, auf der rechten Seite der Werkbank mit durchgehenden Mutterschrauben befestigt, erlaubt ein sicheres Bearbeiten der Werkstücke. Zur Schonung empfindlicher Werkarbeiten sollten Schutzbacken aus Holz bereitliegen und Winkelbleche aus Aluminium oder Kupfer, die über die Schraubstockbacken gehängt werden können. Ferner sind zwei etwa 50 cm lange Winkelstähle sehr nützlich, um zum Beispiel Bleche, die von den Schraubstockbacken nicht voll erfasst werden, einspannen zu können. Der Amboss dient zum Richten und Hämmern von Stäben, Drähten und Blechen, zum Meißeln, Nieten und ähnlichen Arbeiten.

Als billigere Ausstattung für diese Arbeiten genügt auch ein Stück Eisenbahnschiene, ein Eisenträger oder eine starke Stahlplatte vom Schrottplatz.

Mit einem Körner kann man kleine Vertiefungen auf der glatten Metalloberfläche anbringen. Zur Führung der Bohrerspitze beim Anbohren ist dies unerlässlich.

Zum Ablängen (Kürzen) von Metallstäben und Metallrohren verwendet man die Bügelsäge mit auswechselbaren Metallsägeblättern. Für feinere Arbeiten ist die PUK-Säge vorgesehen. Auch für die Laubsäge gibt es spezielle Metallsägeblätter. Besonders schnell und leicht gelingen Sägearbeiten jedoch mit der elektrischen Stichsäge unter Verwendung entsprechender Sägeblätter.

Bleche bis zu 1 mm Dicke werden mit der Handblechschere geschnitten. Mit besonders geformten Blechscheren kann man

Metallwerkzeuge

① *Metallschraubstock*
② *Abkantvorrichtung für Bleche*
③ *Zirkel*
④ *Körner*
⑤ *Metallsäge*
⑥ *Blechschere*
⑦ *Schlosserhammer*
⑧ *Treibhammer*
⑨ *Schneideisen mit Halter*
⑩ *Windeisen mit Gewindebohrer*
⑪ *Wasserpumpenzange*
⑫ *Rundzange*

auch Rundungen problemlos schneiden. Beim Sägen und Schneiden von Metallhalbzeugen entstehen an den Schnittstellen scharfkantige Grate. Zum Beseitigen dieser Grate und auch zum maßgenauen Zurichten von Metallteilen benötigt man verschiedene *Feilen*. Je nach Hieb unterscheidet man Schruppfeilen (grob), Bastardfeilen (mittel) oder Schlichtfeilen (fein). Nach dem Querschnitt unterscheidet man Flach-, Vierkant-, Dreikant-, Halbrund- und Rundfeilen. Für besonders feine Arbeiten gibt es noch die Nadelfeilen. Da die Feile durch Vorwärtsbewegung, also auf Schub arbeitet, muss sie beim Zurückziehen entlastet werden. Mit einer Feilenbürste (Messingdrahtbürste) werden die Feilen regelmäßig gereinigt. Fette und Öle dürfen nicht auf die Feilenflächen gelangen.

Die Sicherheitsmaßnahmen beim Bohren in Holz gelten auch für Bohrungen in anderen Werkstoffen.

In Metall wird mit dem *Spiralbohrer* gebohrt. Einfache Metallbohrer bestehen aus Chrom-Vanadium (CV), qualitativ hochwertigere aus dem härteren Hochleistungs-Schnellschnitt-Stahl (HSS). Neu auf dem Markt sind Spiralbohrer mit Zentrumsspitze, die gratfreies Bohren von Blechen ermöglichen. Auch die Formen der Bohrer sind je nach dem zu bearbeitenden Material unterschiedlich. Die normalen Spiralbohrer sind in einem Winkel von 118 Grad angeschliffen (für Stahl). Bei NE-Metallen (Nichteisen) bringt ein Spitzenwinkel von 130 Grad die besten Ergebnisse.

Auf Grund der großen Festigkeit von Metall kommt es oft vor, dass der Bohrer beim Austritt aus dem Werkstück verhakt und dieses mitreißt. Deshalb muss das Werkstück unbedingt durch einen *Maschinenschraubstock* gesichert werden. Zusammen mit einem *Bohrständer* sind mühelos exakte Bohrungen in jedem Material möglich. Dünne Bleche werden zum Bohren mit einem *Feilkloben* festgehalten. Damit man den Bohrtisch nicht beschädigt, wird das Werkstück auf eine Holzunterlage gelegt.

Beim Bohren in Metall entsteht Reibungswärme, die zu einer starken Erhitzung von Werkstück und Bohrer führt. Deshalb muss während des Bohrens die Bohrstelle regelmäßig mit einer Bohremulsion gekühlt werden.

Metalle sollten nicht auf einer Werkbank bearbeitet werden, auf der anschließend Holzarbeiten anfallen. Metallstaub setzt sich im Holz fest. Wer keinen zusätzlichen Werktisch hat, muss nach jeder Arbeit den Tisch gründlich abkehren.

Gewindebohrer und *Schneideisen* dienen zum Schneiden von Muttergewinden und Bolzengewinden. Das Schneiden eines Muttergewindes erfolgt stufenweise mit mindestens einem Vor- und einem Fertigschneider. Der zusammengehörende Bohrersatz ist jeweils mit Ziffern für den Durchmesser und mit Ringen für die Stufe gekennzeichnet. Mit einem passenden *Windeisen* dreht man den Bohrer in das entsprechend vorgebohrte Loch. Der Gewindebohrer muss mit Gefühl vorgetrieben und immer wieder zurückgedreht werden, damit die Späne gebrochen werden. Damit der Gewindebohrer gleichmäßig gleitet, muss er während des Schneidevorgangs reichlich mit Schneidöl versehen werden. *Außengewinde* (Bolzengewinde), die mit einem Schneideisen und dem dazugehörigen Halter geschnitten werden, benötigen nur einen Schneidevorgang. Damit das Schneideisen zu Beginn besser greift, wird dem Bolzen eine Fase angefeilt. Auch das Backengewinde muss während der Arbeit geölt werden.

Hämmer gibt es für die Metallbearbeitung in verschiedenen Formen und Größen. Ein Universalhammer ist der *Schlosserhammer*. Mit ihm werden zum Beispiel verbogene Bleche und Metallstäbe auf der Richtplatte oder dem Amboss gerichtet (in die ursprüngliche Form gebracht). Dünne Bleche werden mit einem *Holz-* oder *Gummihammer* gerichtet. Zum Herstellen von Treibarbeiten (zum Beispiel Kupferschale) dient der gewölbte *Treibhammer*. Zum Planieren verwendet man das flach gewölbte Ende des Hammers (Tellerbahn).

Zum Richten von gerolltem oder verbogenem Draht benötigt man keinen Hammer. Man erreicht ein besseres Ergebnis, wenn man mit einem Schraubstock das Drahtende festspannt und den Draht anschließend durch zwei Holzstückchen zieht.

Zum Biegen und Abkanten von Blechen und Drähten benutzt der Blechschlosser eine spezielle *Abkantmaschine*. Für den Hobbybastler gibt es kleinere *Abkantvorrichtungen*, die man in einen Schraubstock einspannen oder auf einen Werktisch montieren kann. Man kann jedoch auch mit selbst gefertigten Schutzbacken für den Schraubstock (Hartholz- oder Metallwinkel) Bleche biegen und abkanten. Beim Einspannen des Werkstücks ist darauf zu achten, dass die Anrisslinie der Biegekante und die Oberkante der Schutzbacken übereinstimmen. Breite Bleche werden zum Biegen zwischen entsprechend lange Spann-Winkelschienen eingespannt. Dünne Bleche lassen sich mit der Hand biegen. Damit sich der Biegedruck über die ganze Blechlänge gleichmäßig verteilt, drückt man das Blech mit Hilfe einer passenden Zwischenlage aus Holz nieder. Mit ein paar Hammerschlägen auf das Holzstück erzielt man eine genaue Biegekante. Auch dünne Rundstähle und dickere Drähte lassen sich auf diese Weise im Schraubstock biegen.

Zum Biegen dünnerer Drähte verwendet man Zangen. Kantig biegen wir mit einer *Flachzange*, Drahtösen mit der *Rundzange*. Ein universelles Werkzeug ist die *Kombinationszange*. Sie ist als Flach-, Rohr- oder Beißzange verwendbar. Oft ist jedoch auch eine *Rohrzange* sehr nützlich. Da ihre Maulweite verstellbar ist, können mit dieser Zange Werkstücke mit verschiedenem Durchmesser sicher festgehalten werden. Wichtig ist jedoch das richtige Ansetzen der Rohrzange. Während der Drehbewegung soll der Oberkiefer ziehen, der Unterkiefer drücken. So vermeidet man ein Abrutschen der Zange.

Die Textilbearbeitung

Für das Zuschneiden von Stoffen gibt es spezielle *Schneiderscheren*, deren Klingen nicht vernietet, sondern mit einer Schraube verbunden sein sollten. Wichtig ist, dass diese Scheren von Zeit zu Zeit fachgerecht nachgeschliffen werden. Stumpfe Scheren reißen den Stoff auf und machen das Zuschneiden zu einer langwierigen und ermüdenden Prozedur. Solche Scheren sollten deshalb nie zum Schneiden von Papier usw. verwendet werden.

Für das Handnähen gibt es *Näh- und Stecknadeln* in vielen verschiedenen Größen und Ausführungen:
Die *lange Nähnadel* ist für alle Stoffarten geeignet und die am häufigsten verwendete Nadel.
Die *halblange Nähnadel* eignet sich für feine Näharbeiten in schweren Stoffen.
Dreikantnadeln sind kurze Nadeln mit dreikantiger Spitze zum Nähen von Leder, Kunstleder, Plastik usw.
Stecknadeln gibt es in verschiedenen Längen und Stärken. Dünne und kurze Nadeln sind für feine und empfindliche Stoffe, lange, kräftige Nadeln dagegen für schwere Stoffe. Stecknadeln mit farbigen Köpfen lassen sich leichter handhaben und sind auf dem Stoff besser zu erkennen.
Damit die Nadeln griffbereit und sicher aufbewahrt sind, empfiehlt sich ein Nadelkissen. Besonders praktisch sind Nadelkissen, die sich am Handgelenk befestigen lassen.
Wer viel näht, braucht eine *Nähmaschine*, die es in zahlreichen Modellen und mit vielen Zusatzfunktionen ausgestattet gibt. Wichtig ist, dass man sich vor dem Kauf klar macht, welche Funktionen oft gebraucht werden. Eine einfache Bedienung ist genauso wichtig wie Anzahl und Vielfalt der Sticharten.

Nähen mit der Nähmaschine

Bei der Nähmaschinennaht müssen Ober- und Unterseite gleich aussehen, die Stichverschlingung liegt im Stoffinnern.

Nähte:

Einfache Naht

Stoffteile rechts auf rechts legen und nahtbreit mit der Nähmaschine steppen. Naht ausstreichen, bügeln und die Schnittkanten mit Zickzackstich oder Versäuberungsstich versäubern.

Doppelnaht

Die Stoffteile zuerst links auf links legen, knapp vom Schnittrand entfernt steppen, ausstreichen oder bügeln. Dann die Stoffteile umdrehen, sodass sie rechts auf rechts liegen und in Nahtbreite (5–6 mm tief) noch einmal absteppen.

Das Einfassen von Schlitzen

Für einen Schlitz mit durchgehendem Besatzstreifen den Schlitz einschneiden und ihn so weit auseinander ziehen, dass er eine gerade Linie bildet. Dann wird ein Schrägstreifen rechts auf rechts aufgesteppt. In der Schlitzmitte wird der Stoff nur knapp erfasst, damit sich keine Falten bilden. Den Streifen nach links wenden, einschlagen, kantig absteppen oder von Hand in der Stepplinie gegensäumen.

Knopflöcher

Wenn in einem Werkstück Knopflöcher gebraucht werden, sollten diese nach der Gebrauchsanleitung des jeweiligen Nähmaschinenherstellers genäht werden. Auf Stoffresten kann man erste Knopflöcher gut üben.

Reißverschluss einnähen

Das Einnähen geht leichter, wenn die Stoffränder vorher gut umgebügelt sind. Den geschlossenen Reißverschluss heftet man von rechts so unter die Stoffkanten, dass die Zähnchen von jeder Kante halb bedeckt werden. An der Nähmaschine wird der spezielle Reißverschluss-Steppfuß eingesetzt. Man beginnt bei geöffnetem Reißverschluss und näht einige Zentimeter. Die Nadel bleibt im Stoff stehen, der Nähfuß wird angehoben und der Reißverschluss geschlossen. Den Nähfuß senken und weitersteppen bis kurz vor dem rechten oberen Ende. Dort öffnet man den Reißverschluss wieder. Beim Drehen der Arbeit an der Quernaht bleibt die Nadel ebenfalls im Stoff stecken.

① *Einfache Naht*
② *Doppelnaht*
③ *Das Einfassen von*
   Schlitzen
④ *Knopflöcher*

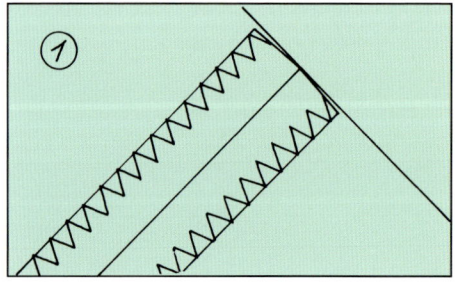

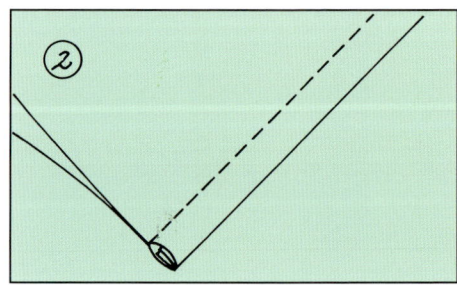

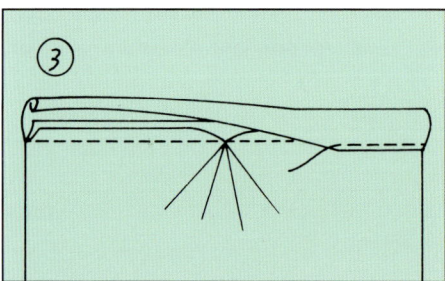

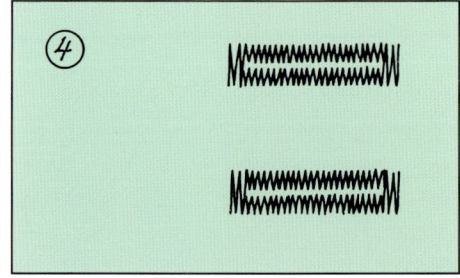

Die Papier- und Pappebearbeitung

Für die Papier- und Pappearbeiten und für die anspruchsvolleren Buchbindearbeiten benötigt man gutes Werkzeug: Für Papier- und leichtere Kartonarbeiten verwendet man eine *Papierschere,* für Pappe- und Buchbindearbeiten die stabilere *Buchbinderschere.* Zum Schneiden und Ritzen der Pappe braucht man außerdem ein scharfes Messer. Ein so genanntes *Universalmesser* mit verstellbarer Klinge (Cutter) ist dazu gut geeignet. Als feste Anlage zum Schneiden nimmt man einen *Eisenwinkel* oder ein *Eisen-* oder *Hartholzlineal.* Für lange und gerade Schnitte wird das Messer an einer Metallschiene entlanggeführt. Die Schnittlinie liegt nicht quer zum Arbeitenden, sondern kommt auf ihn zu. Bei sehr dünnem Papier wird die Klinge „geschleppt", das heißt man zieht das Messer flach über das Papier. Je dicker das Material, desto steiler wird das Messer geführt. Zum Falzen des Papiers benutzt man ein *Falzbein.* Mit einer Feile oder mit Schleifpapier schleift man Pappkanten schräg zu. Für Buchbindearbeiten benötigt man zudem eine *Heftlade* und eine oder mehrere *Buchpressen.* Diese Geräte kann man über den Fachhandel beziehen, aber auch sehr gut selbst herstellen.

Pappe und Papier dehnen sich, wenn sie feucht werden. Wird ein Stück Pappe nur auf einer Seite beklebt, so krümmt es sich auf Grund der Feuchtigkeit. Um das zu verhindern, braucht es auf der anderen Seite einen Gegenzug, indem ein Papier, der „Spiegel", aufgeklebt wird. Wird Papier mit Kleister bestrichen, muss dem Material genügend Zeit zum Ausdehnen gelassen werden. Erst wenn es sich nicht mehr krümmt, darf es aufgeklebt werden.

Die Tonbearbeitung

Die Anschaffung von *Töpferscheibe* und *Brennofen* lohnt sich nur für Profis. In Bastelgeschäften, Töpfereien oder Schulen findet man Hilfe, wenn man mit der Scheibe töpfern oder große Teile brennen will.

Das wichtigste Werkzeug zum Modellieren und Töpfern sind die Hände. Sie fühlen jede kleine Veränderung des weichen Tons, formen und stützen ab. Trotzdem sind einige spezielle Werkzeuge recht hilfreich.

Mit dem *Schneidedraht* lässt sich der Ton bequem zerteilen. Eine *Modellierschlinge* ist hilfreich zum Aushöhlen einer Tonfigur und zum Ausarbeiten von Formen. Verschiedene *Modellierhölzchen* benutzt man zum Aufrauen, Glätten und Verzieren der Tonoberfläche. Mit dem *Tonmesser* können Streifen oder Muster geschnitten werden. *Rundhölzer* (Wellholz) und *Kanthölzer* dienen zur Herstellung von Tonplatten.

Eine wertvolle Hilfe beim Aufbau von Tongefäßen ist die *Modellierscheibe.* Der drehbare Teller erlaubt es, das Werkstück gut zu handhaben.

Tonwerkzeuge

① *Modellierscheibe*
② *Modellierschlinge*
③ *Modellierstäbe*
④ *Tonmesser*
⑤ *Tonabschneider*

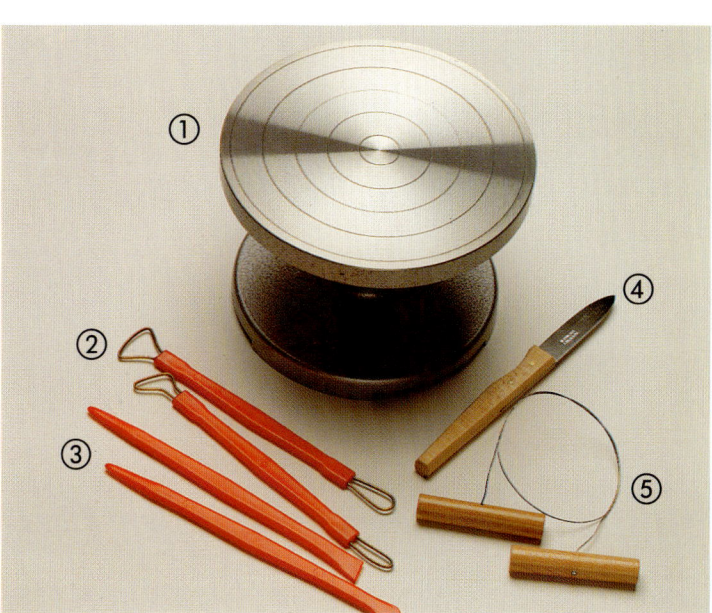

III. Werken mit Holz

Die Zuglöcher müssen, wenn die beweglichen Teile nach unten hängen, immer oberhalb der Gelenklöcher liegen. In dieser Lage werden auch die Zugschnüre verknotet.

Hampeltiere

Es muss nicht immer ein Hampelmann sein. Wer gerne mit der Laubsäge arbeitet und Tiere mag, der sollte einmal versuchen, sein Lieblingstier als Hampelfigur zu gestalten. Folgende Motive dienen zur Anregung:

Eule und Pinguin

Die Einzelteile (Flügel, Beine und Körper mit Kopf) werden auf eine 4 mm starke Sperrholzplatte aufgezeichnet und mit der Laubsäge oder einer Dekupiersäge ausgesägt. Mit feinem Schleifpapier glättet man die Ränder der Teile. Entsprechend der Abbil-

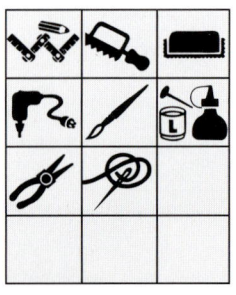

Eule und Pinguin   ●●

Menge	Bezeichnung	Maße in mm	Material	Kenn-Nr.
1	Körperteil mit Kopf	beliebig	Sperrholz 4 mm stark	1
2	Flügel	beliebig	Sperrholz 4 mm stark	2
2	Beinteile	beliebig	Sperrholz 4 mm stark	3

Dünne Schnur / Musterklammern oder Drahtstücke / Glasaugen / Federn / Farben / Lack

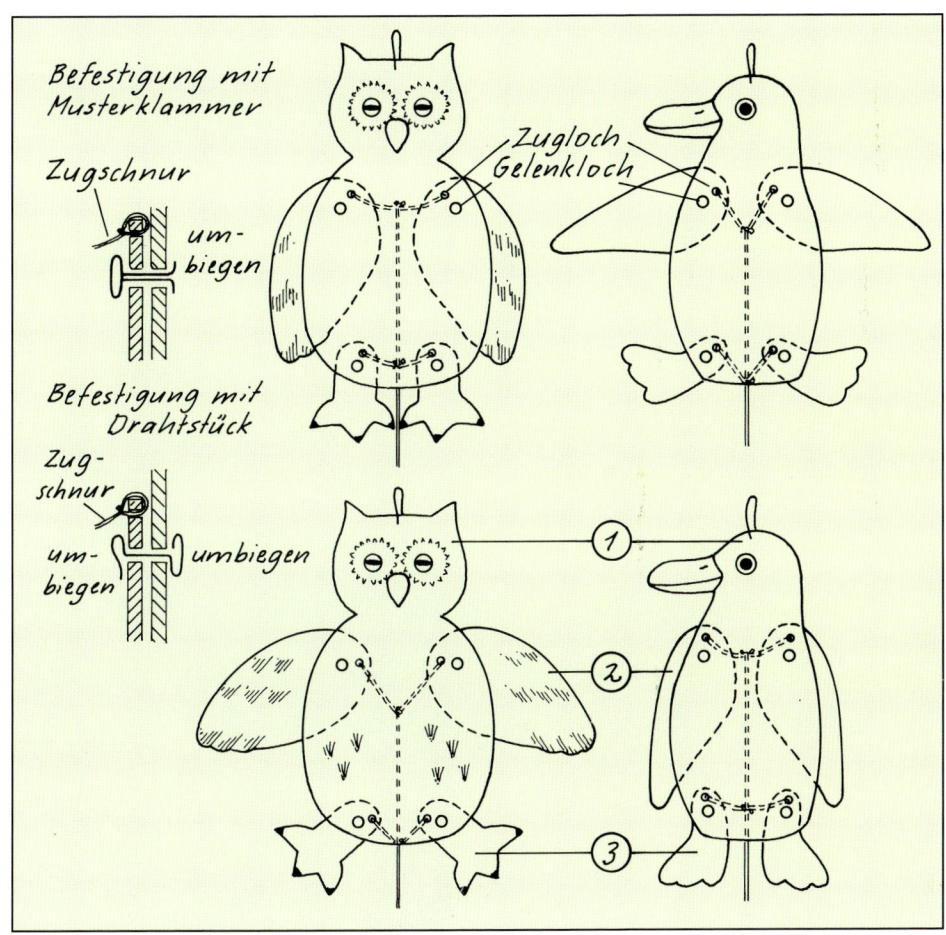

dung werden die Löcher für die Zugschnüre mit einem 3-mm-Bohrer und für die Gelenke mit einem 4-mm-Bohrer gebohrt. Für die Gelenkverbindungen werden Musterklammern oder Drahtstücke benutzt.

Dann geht es an die künstlerische Gestaltung der Vögel. Mit dem Bleistift zeichnet man Einzelheiten wie Augen, Schnabel, Federn, Krallen usw. vor und malt mit Wasser- oder Dispersionsfarben nach. Man kann aber auch das „Federvieh" mit echten Flaumfedern bekleben. Setzt man dazu noch Glasaugen ein, die es in Bastelgeschäften zu kaufen gibt, wirkt der Vogel beinahe lebendig.

Mit Musterklammern oder Drahtstücken, die mit der Zange umgebogen werden, befestigt man die Flügel und die Beine auf der

Rückseite des Körpers und verknotet entsprechend der Abbildung die Zugschnüre. Zum Aufhängen fädelt man ein kurzes Stück Schnur durch die obere Bohrung.

Ein lustiger Vogel

Zieht man diesen Vogel an den Beinen, dann reißt er den Schnabel auf und schlägt mit den Flügeln.

Auf ein 4 mm starkes Sperrholzbrett werden Flügel, Beine und Körper mit Kopf aufgezeichnet und ausgesägt. Das Schnabeloberteil wird aus stärkerem Sperrholz gefertigt, damit die Querbohrung für die bewegliche

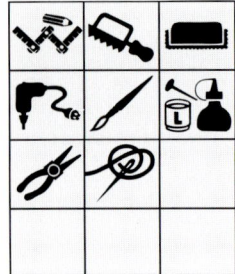

Ein lustiger Vogel ●●●

Menge	Bezeichnung	Maße in mm	Material	Kenn-Nr.
1	Körperteil mit Kopf	beliebig	Sperrholz 4 mm stark	1
2	Flügel	beliebig	Sperrholz 4 mm stark	2
1	Beinpaar	beliebig	Sperrholz 4 mm stark	3
1	Schnabelunterteil	beliebig	Sperrholz 4 mm stark	5
1	Schnabeloberteil	beliebig	Sperrholz 10 mm stark	4
1	Verstärkungsring für Mundöffnung	beliebig	Sperrholz 10 mm stark	6
2	Distanzbrettchen	beliebig	Sperrholz 10 mm stark	7

Draht oder Drahtstift als Drehachse / Glasaugen / Schnur / Musterklammern / Federn / Farben / Lack / Holzleim

Die Verknotung der Zugschnüre und der Aufhängung lässt sich aus der Abbildung entnehmen. Mit Musterklammern befestigt man die Flügel am Körper. Die Beine hängen frei an der Zugschnur. Achtung: Bei geschlossenem Schnabel müssen die Flügel nach unten hängen.

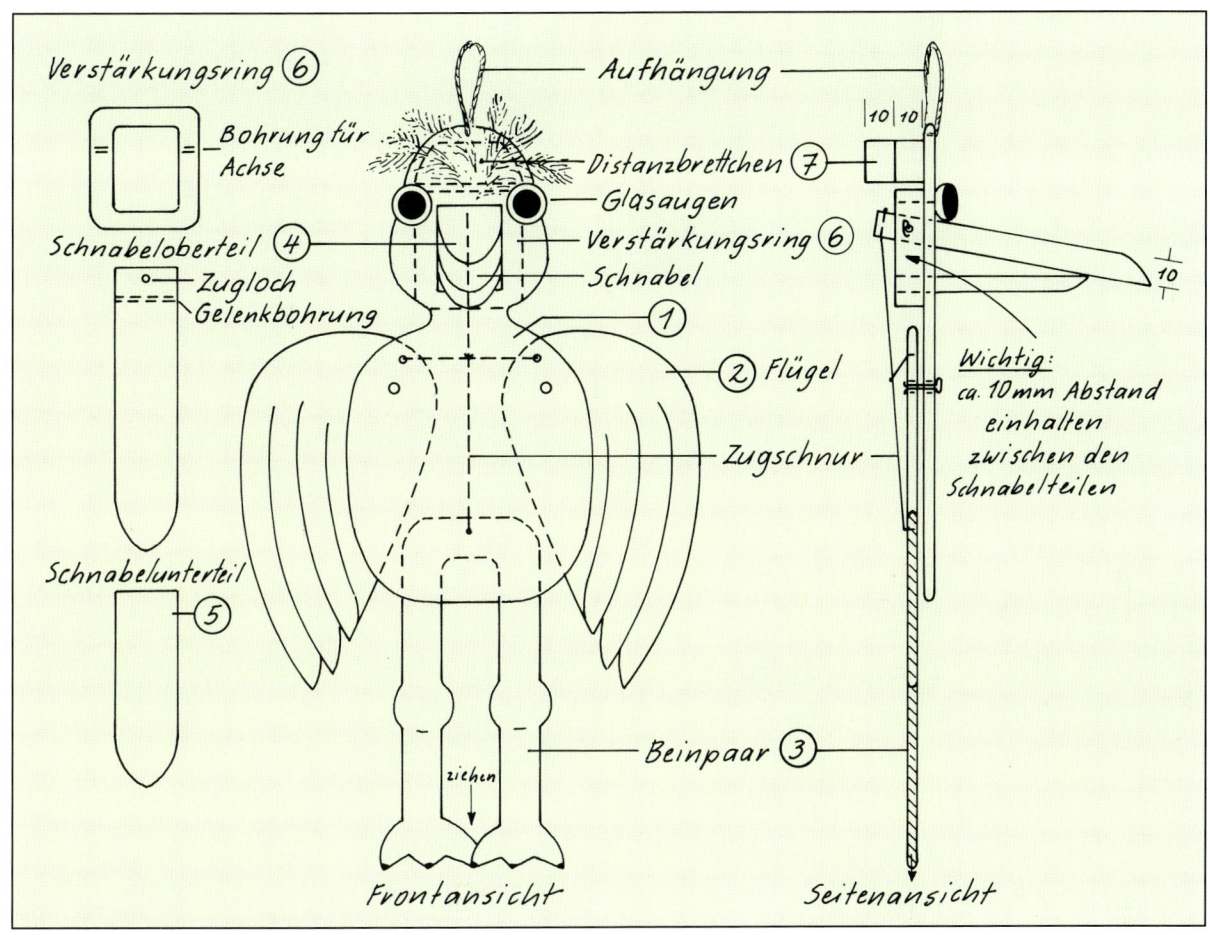

Verstärkungsring ⑥
Bohrung für Achse
Schnabeloberteil ④
Zugloch
Gelenkbohrung
Schnabelunterteil ⑤

Aufhängung
Distanzbrettchen ⑦
Glasaugen
Verstärkungsring ⑥
Schnabel
①
② Flügel
Zugschnur
Beinpaar ③

10 | 10
10

Wichtig:
ca. 10mm Abstand
einhalten
zwischen den
Schnabelteilen

ziehen

Frontansicht

Seitenansicht

Befestigung nicht ausreißt. Alle Teile werden fein geschliffen und mit den nötigen Bohrungen versehen (siehe Abbildung).

Für die Zugschnüre und die Bohrungen im Schnabel genügt ein 2-mm-Bohrer. Die Löcher für die Flügelgelenke werden mit dem 4-mm-Bohrer gebohrt. Lediglich die Bohrung für die Aufhängung wird später angebracht. Zuerst müssen die Distanzbrettchen auf die Rückseite des Kopfes geleimt werden. Der Verstärkungsring wird um die Rückseite der Mundöffnung geleimt. Die Bohrung durch diesen Ring muss der Bohrung durch den Oberschnabel entsprechen, damit ein Stück Draht als Achse hindurchgesteckt werden kann. Die Drahtenden werden umgebogen, damit der Draht nicht herausrutschen kann. *Achtung:* Die Querbohrung im Oberschnabel muss so groß

sein, dass sich der Schnabel leicht bewegen lässt. Vor dem Zusammenbau der Einzelteile werden diese bemalt. Bunte Glasaugen, die es in Bastelgeschäften zu kaufen gibt, machen auch diesen Vogel lebendig.

Weitere Werkvorschläge:

1. Versteckte Hasen: Durch Ziehen an einer Schnur erscheinen Hasen oder andere Tiere hinter einem Busch.
2. Türmelder: Eine große Hampelfigur wird im Flur an die Wand geschraubt und mit einer Glocke versehen. Über einen Zugmechanismus wird die Figur als Türglocke von der Haustür aus in Bewegung gesetzt.
3. Die Figuren können statt bemalt auch mit Stoffresten bekleidet (beklebt) werden.

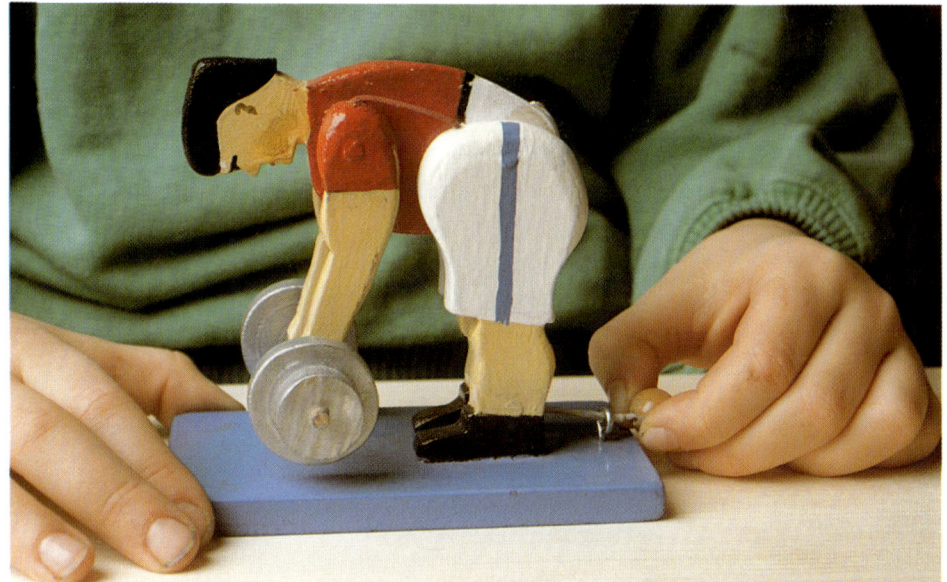

Einfach an der Zug-schnur ziehen und schon wird der Gewichtheber aktiv.

Gewichtheber

Für den Gewichtheber werden die Umriss-formen beliebig vergrößert und auf ein 8 mm starkes Sperrholz übertragen. An den Bohrpunkten wird das Holz mit einem 4-mm-Spiralbohrer durchbohrt. Die Einzel-teile werden nun ausgesägt und an den Kanten mit Schleifpapier abgerundet. Die Basisteile der Figur lassen sich leicht mit dem dazwischenliegenden Vierkantholz (Nagel-verbindung / Drahtstifte) mit Leim und einer Holzschraube auf der Grundplatte befesti-gen.

Der Oberkörper und die Arme werden mit den Rundhölzern gelenkig verbunden. Dabei muss darauf geachtet werden, dass sich die Hölzer in den Drehachsenbohrun-gen leicht bewegen lassen. Unter Umstän-den muss mit einem 4,5-mm-Bohrer nach-gebohrt werden.

Gewichtheber ●●●

Menge	Bezeichnung	Maße in mm	Material	Kenn-Nr.
2	Basisteile (Beine)	beliebig	Sperrholz 8 mm stark	1
1	Oberkörper	beliebig	Sperrholz 8 mm stark	2
2	Arme	beliebig	Sperrholz 8 mm stark	3
1	Vierkantholz	10 x 10 x 20	Fichtenholzleiste	4
2	Gewichtsscheiben	groß	Sperrholz 8 mm stark	5
2	Gewichtsscheiben	klein	Sperrholz 8 mm stark	6
1	Rundholz	Länge: 108	Buchenrundholz 4 mm Ø	7
3	Rundhölzer	Länge: 26	Buchenrundholz 4 mm Ø	8
1	Grundplatte	ca. 110 x 270	Sperrholz 8 mm stark	9

Dünne Schnur / Gummiringe / Schrauböse / Holzperle / Holzschraube 3,0 x 20 mm / Drahtstifte / Holzleim / Farben / Lack

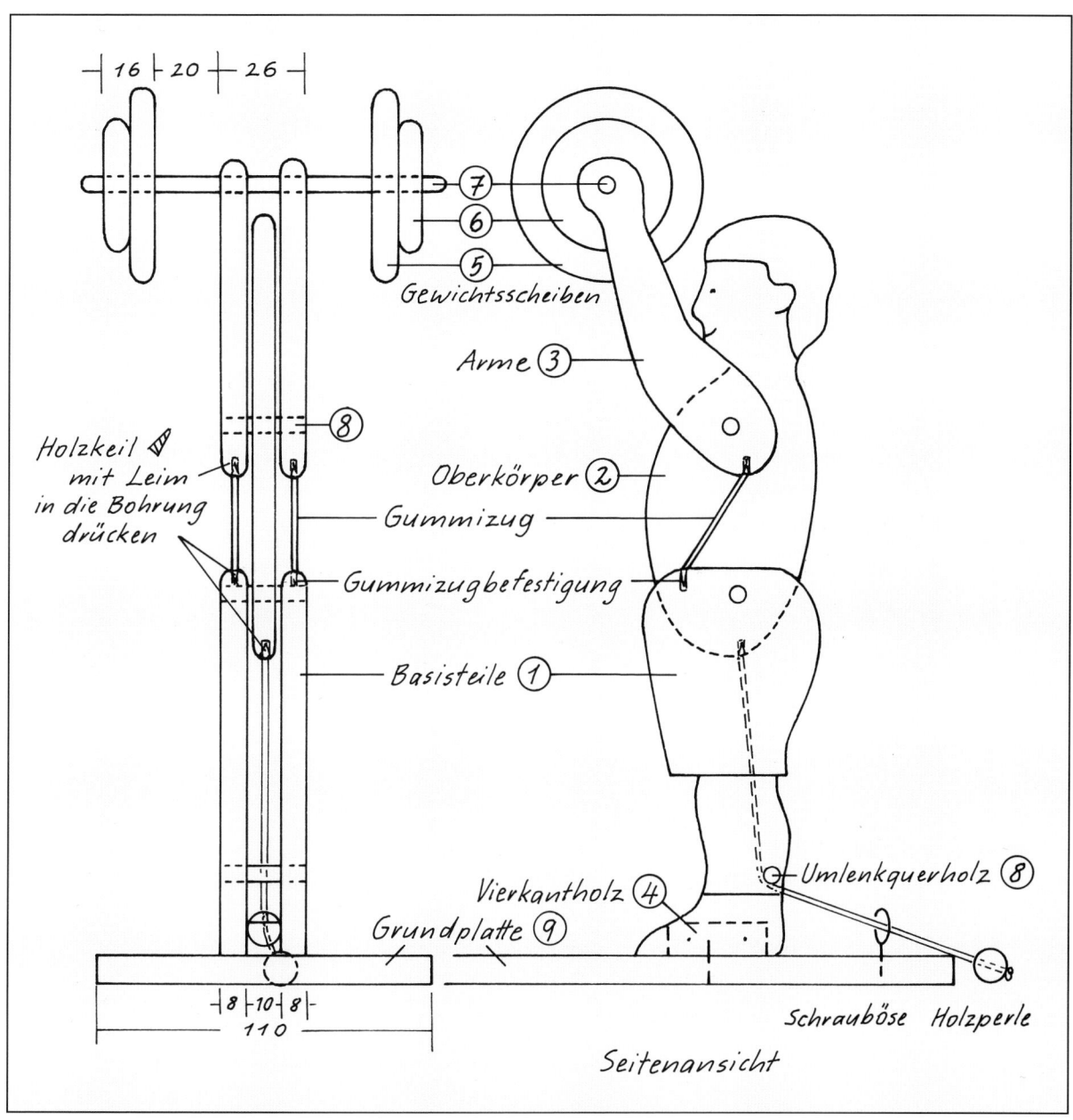

16 20 26

⑦ ⑥ ⑤
Gewichtsscheiben

Arme ③

Holzkeil
mit Leim
in die Bohrung
drücken

⑧

Oberkörper ②

Gummizug

Gummizugbefestigung

Basisteile ①

Vierkantholz ④

Umlenkquerholz ⑧

Grundplatte ⑨

8 10 8
110

Schrauböse   Holzperle

Seitenansicht

Die Rundhölzer werden mit den Basisteilen und den Armen verleimt. Ebenso die Holzscheiben für das Gewicht mit dem längeren Rundholz. Das zweite Scheibenpaar wird erst nach der Einpassung des Gewichts in die Handbohrungen aufgeleimt.

Die Zugschnur wird entsprechend der Abbildung am Oberkörper befestigt und um das Umlenkquerholz durch die Schrauböse geführt. Anschließend werden die Arme mit je einem Gummiring mit dem feststehenden Körperteil verbunden. Beim Aufrichten des Oberkörpers bewegt sich dann der Arm nach oben und kann das Gewicht anheben. Vor dem Zusammenbau sollten die Teile bunt bemalt werden. Ein Überzug mit Lack bringt Glanz, ist aber nicht unbedingt notwendig.

Bunte Holzfiguren

Aus einem Stück Balken oder einem Stammabschnitt kann man lustige Figuren herstellen. Diese können als Pinnwand, Schirmständer, Gläserhalter oder wie hier zum Beispiel als Schachfiguren dienen. Die Gestaltung hängt natürlich vom Verwendungszweck ab. Lustig und ansprechend sind Tierfiguren, aber auch andere Motive lassen sich meist gut umsetzen.

Figurenbesetzung für ein Schachspiel:

1 Adler (König), 1 Pfau (Dame), 2 Flamingos (Läufer), 2 Eulen (Springer), 2 Pelikane (Türme), 8 Pinguine (Bauern).

Zuerst wird die quadratische Grundplatte aus der starken Holzdiele herausgesägt. Die Löcher für Befestigungsschrauben bohren, Kanten fasen (abrunden). Oberfläche schleifen, bemalen und lackieren.

Pinguin ●●●

Menge	Bezeichnung	Maße in mm	Material	Kenn-Nr.
1	Grundplatte	50 x 200 x 200	Fichtenholzdiele oder Tischlerplatte	1
1	Körper	ca. 200 ø Höhe ca. 340	Stammabschnitt oder Zimmermannsbalken	2
1	Schnabel	ca. 30 x 30 x 95	Holzleiste	3
2	Flügel	15 x 50 x 20	Fichtenleimholz	4
2	Schwimmfüße	ca. 15 x 50 x 70	Fichtenleimholz	5
1	Schwanzteil	ca. 15 x 90 x 40	Fichtenleimholz	6

Glasaugen / Holzleim / Holzschrauben 5,0 x 80 mm / Holzschrauben 3,5 x 30 mm / Farben / Lack

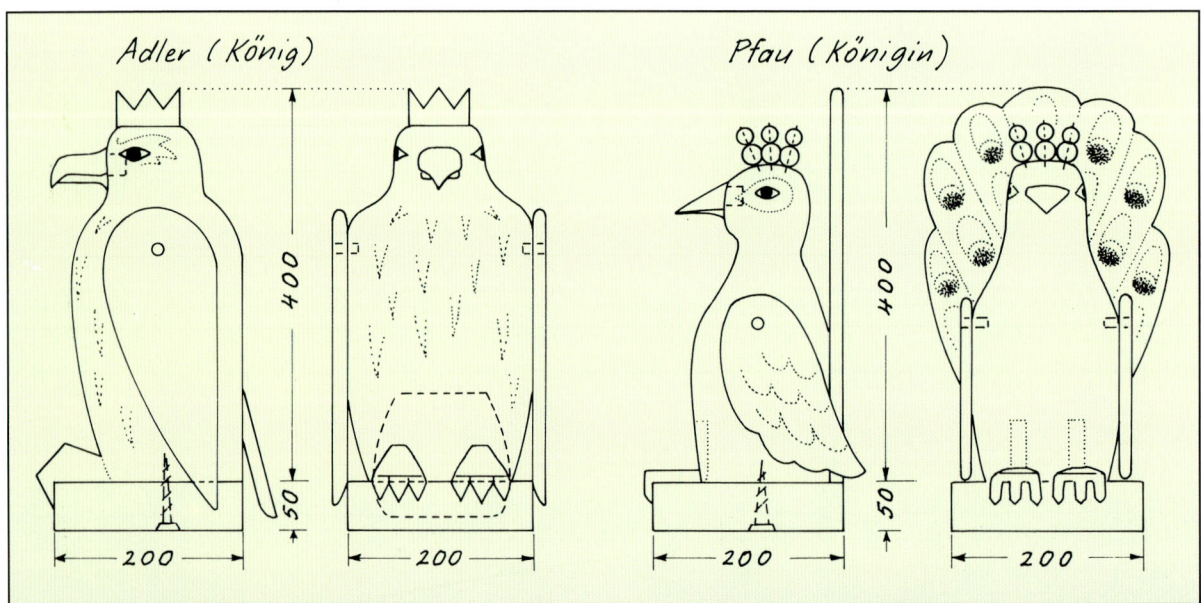

Adler (König)   Pfau (Königin)

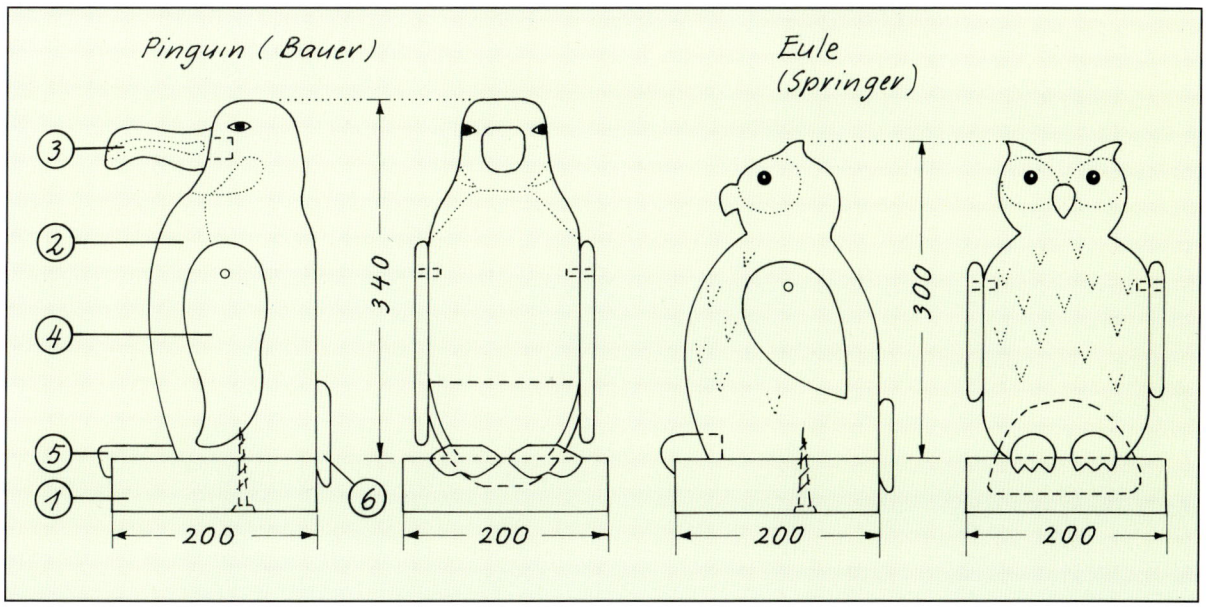

Solche Figuren können, in der entsprechenden Stückzahl hergestellt, als Spielfiguren für ein großes Schachspiel im Hof oder Garten verwendet werden.

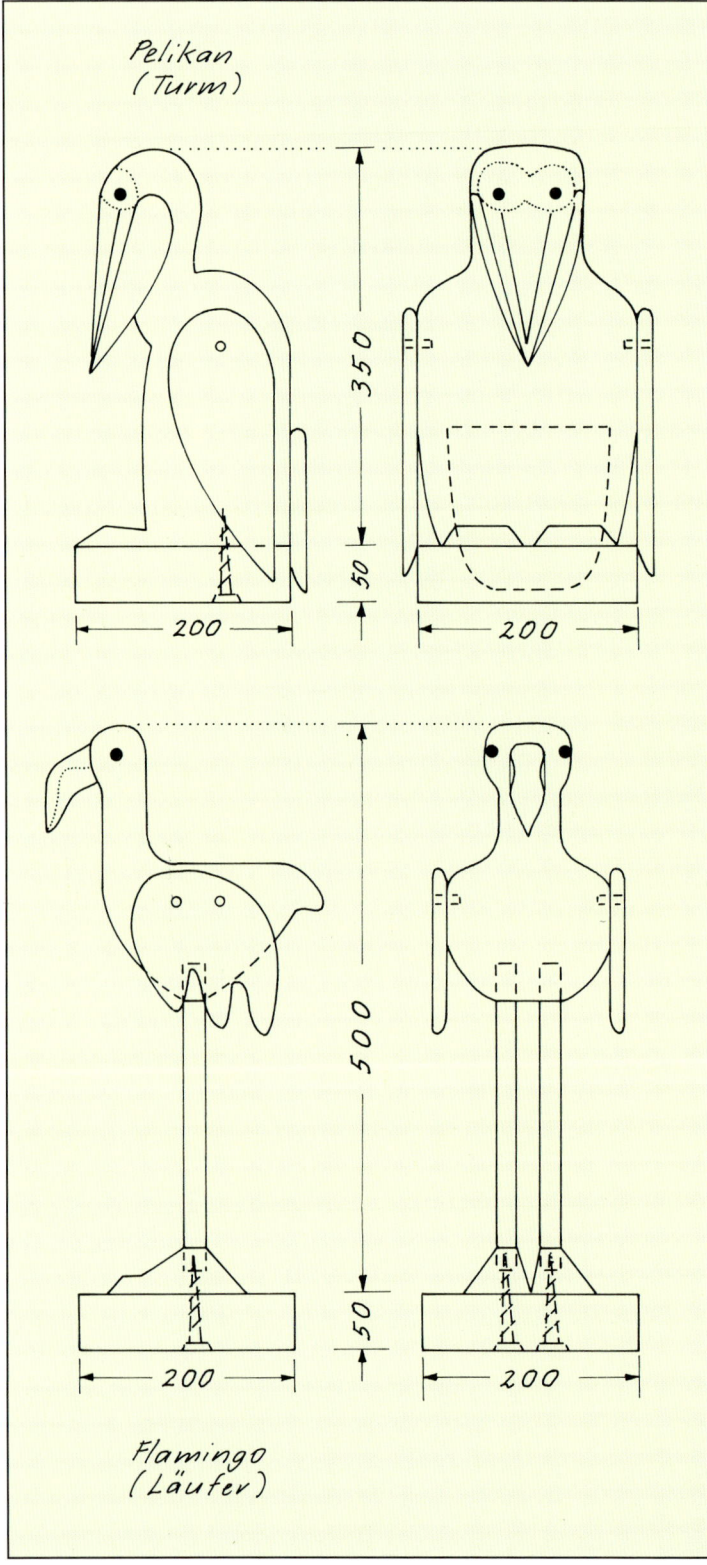

Pelikan
(Turm)

350

50

200   200

500

50

200   200

Flamingo
(Läufer)

Etwas Mühe bereitet die Ausformung des Körpers. Hierbei geht es nicht um Feinheiten, sondern die charakteristische Körperform soll zum Ausdruck kommen. Die grobe Form kann mit der Säge herausgearbeitet werden. Holzraspel und Stemmeisen sind die Werkzeuge für die Feinarbeit. Mit dem Schleifpapier wird die Holzoberfläche geglättet.

Für den Schnabelansatz wird in den Kopf ein 15 mm großes Loch gebohrt. Der Schwanz und die Flügel werden aus dem 15 mm starken Brett ausgesägt und mit der Holzraspel in Form gebracht. Jedes Teil erhält eine Bohrung für die Befestigungsschraube. Auch die Schwimmfüße werden aus diesem Brett ausgesägt und mit dem Stemmeisen oder einem Schnitzmesser nachgearbeitet.

Der Schnabel muss aus der Laubholzleiste herausgeschnitten werden. Dabei wird für die Befestigung am Grunde des Schnabels ein Zapfen ausgeschnitten, der in die Bohrung am Kopf der Figur passt und dort eingeleimt wird.

Zuletzt werden sämtliche Teile bemalt, lackiert und mit Leim und Holzschrauben fest zusammengefügt.

Griffelkasten

Aus fertigen Holzleisten, wie sie in jedem Baumarkt angeboten werden, kann man Behälter für die unterschiedlichsten Dinge anfertigen. Durch eine entsprechende Gestaltung entstehen individuelle Werkstücke.

Mit einer Feinsäge und einer Gehrungsschneidlade oder mit einer Gehrungssäge werden die Leisten im Winkel von 45 Grad abgesägt (Gehrungsschnitt). Anzahl und Maße der Einzelteile sind der Stückliste zu entnehmen. Die dünnen Sperrholzbrettchen werden entsprechend zugeschnitten. Aus den 50-mm-Leisten und den 25-mm-Leisten wird jeweils ein Rahmen zusammen-

Griffelkasten ●●●

Menge	Bezeichnung	Maße in mm	Material	Kenn-Nr.
2	Behälter – Seitenteile lang	5 x 50 x 180	Massivholzleisten	1
2	Behälter – Seitenteile kurz	5 x 50 x 120	Massivholzleisten	2
2	Deckel – Seitenteile lang	5 x 25 x 180	Massivholzleisten	3
2	Deckel – Seitenteile kurz	5 x 25 x 120	Massivholzleisten	4
1	Bodenbrett	2 x 120 x 80	Sperrholz	5
1	Deckbrett	2 x 120 x 180	Sperrholz	6
2	Innenbrettchen	2 x 70 x 170	Sperrholz	7
2	Innenbrettchen	2 x 70 x 110	Sperrholz	8

Holzleim / Farbe / Farbbeize / Drahtstifte

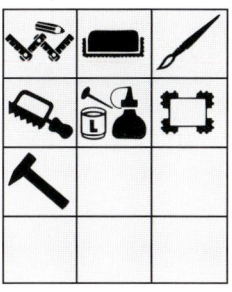

Der Griffelkasten lässt sich dekorativ gestalten.

geleimt. Mit einem Rahmenspanner gelingen diese Werkstücke problemlos. Man kann jedoch auch mit Hilfe eines Montagebretts die Leisten fixieren und zusammenbauen (siehe Abbildung). Noch bevor der Leim angetrocknet ist, werden auf diese Rahmen die bereits zugeschnittenen dünnen Sperrholzbrettchen als Deckel und als Boden aufgeleimt und mit kleinen Nägeln festgenagelt. Besteht die Möglichkeit, die Brettchen fest und lange gegen die Rahmen zu pressen, kann auf die Nagelung verzichtet werden. Der Leim hat dann genug Bindekraft.

Nach der Aushärtung des Leims werden die dünnen Innenbretter in den Behälter eingepasst und fest verleimt. Die zu verleimenden Teile müssen besonders sorgfältig mit Klemmzwingen zusammengepresst werden. Durch diese überstehenden Innenbretter erhält der Deckel des Kastens ausreichenden Halt. Auf Scharniere kann deshalb verzichtet werden.

Ausgestaltung:

Die Konstruktion mit Innenbrettern ermöglicht eine dekorative Gestaltung des Behälters. Dazu müssen vor der Verleimung der Rahmenteile die Leisten entsprechend gestaltet werden.

Auf die aneinander gelegten Leisten der späteren Kastenoberteile und -unterteile wird

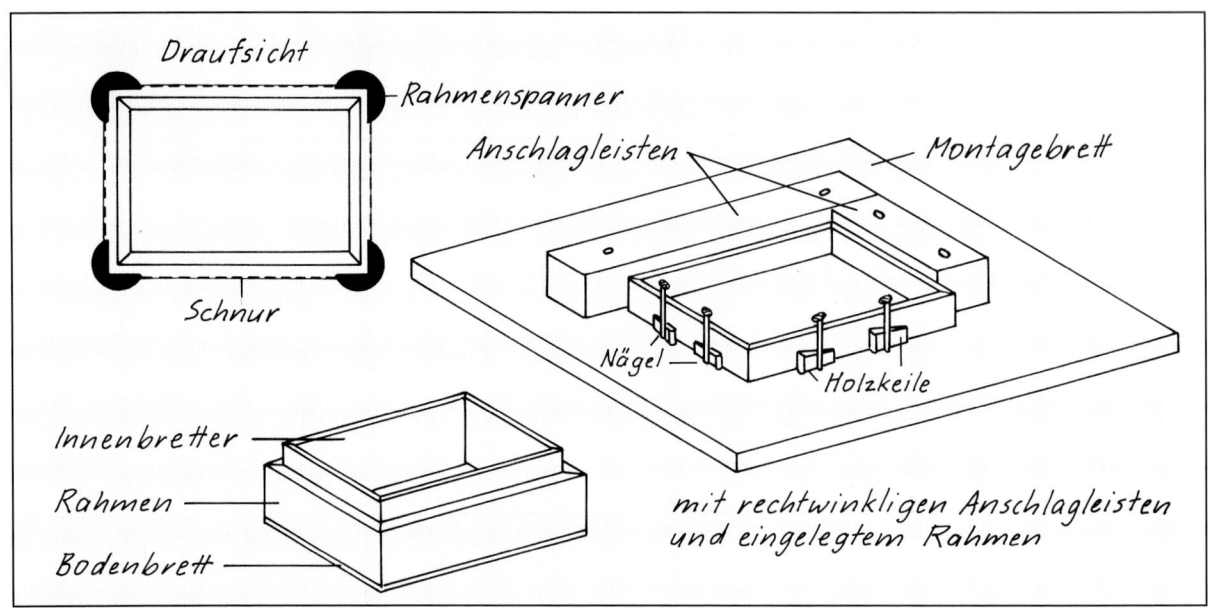

Draufsicht

Rahmenspanner

Anschlagleisten

Montagebrett

Schnur

Nägel

Holzkeile

mit rechtwinkligen Anschlagleisten
und eingelegtem Rahmen

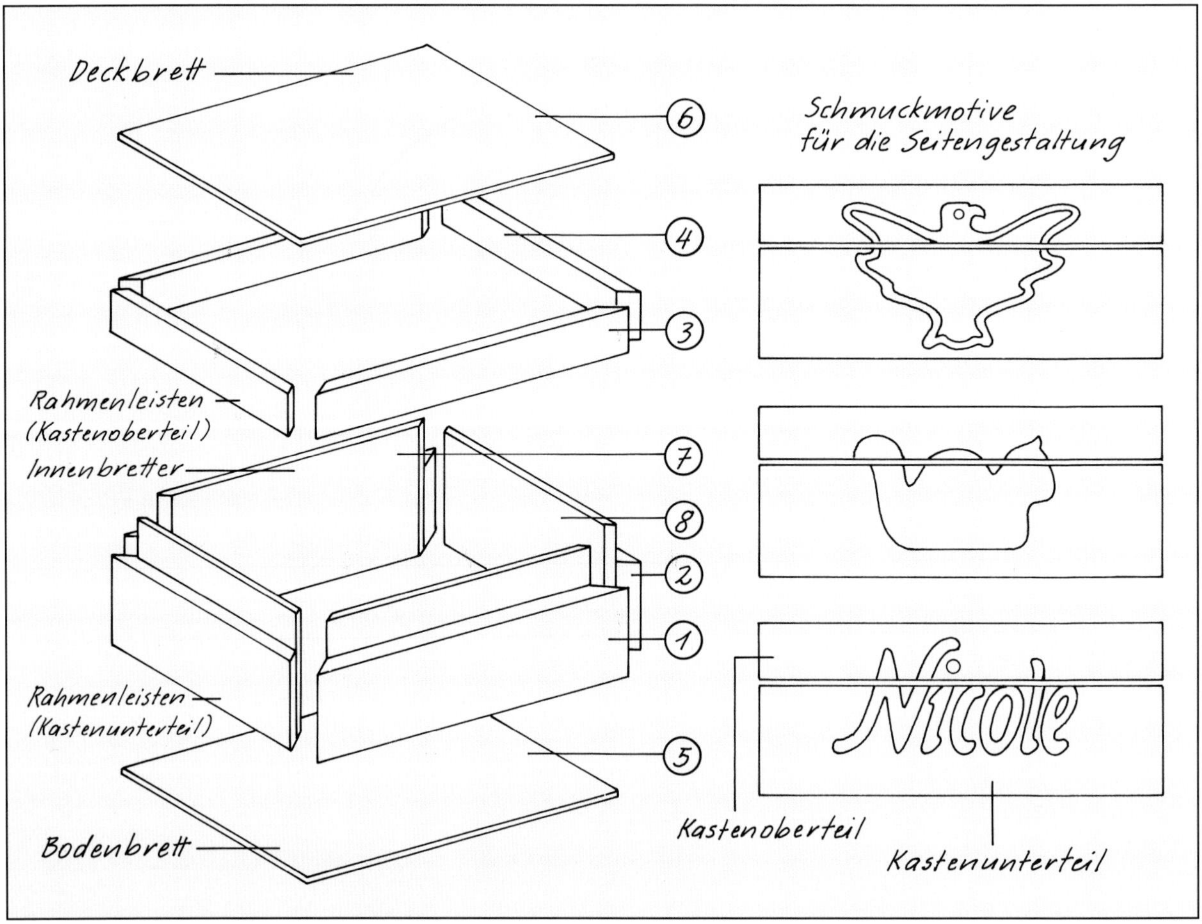

Innenbretter

Rahmen

Bodenbrett

Deckbrett

⑥

④

③

Schmuckmotive
für die Seitengestaltung

Rahmenleisten
(Kastenoberteil)

Innenbretter

⑦

⑧

②

①

Rahmenleisten
(Kastenunterteil)

⑤

Bodenbrett

Kastenoberteil

Kastenunterteil

Nicole

eine Zeichnung aufgetragen (siehe Abbildung) und das Motiv ausgesägt. Nachdem die Kanten mit feinem Schleifpapier geglättet wurden, kann das Kästchen wie beschrieben zusammengebaut werden. An den Durchbruchstellen werden die Innenbretter sichtbar. Zur besonderen Hervorhebung des Motivs werden die Außenflächen und die Innenbretter vor dem Zusammenbau verschiedenfarbig gebeizt.

Schichtholzdose

Ein natürlich belassenes Holzwerkstück wirkt sehr stark durch die Maserung des Holzes. Diese Wirkung kann noch gesteigert werden, wenn man verschiedenfarbige Holzbretter miteinander verleimt.

Eine sehr interessante Arbeit in dieser Technik ist die Schichtholzdose. Der eigentliche Behälter ist in ein Holzetui eingebaut und lässt sich zum Öffnen herausschwenken.

Für eine 11-schichtige Dose benötigt man sechs dunkle und fünf helle Holzteile. Ein dunkles Brett ① wird für die Bodenplatte und ein zweites dunkles Brett ⑪ für die Deckplatte des Etuis reserviert. Aus den restlichen Teilen ② – ⑩ wird die eigentliche

Dose zusammengebaut. Dazu werden die nierenförmigen Bretter entsprechend der Vorlage auseinandergesägt. Aus den Teilen ③ – ⑩ muss außerdem das Dosenvolumen ausgesägt werden. Die Teile ③ – ⑩ werden verleimt, gepresst, bis der Leim getrocknet ist, und im Innenteil mit Raspel, Feile und Schleifpapier fein geglättet. Die vorspringenden Teile am äußeren Rand müssen mit Schleifpapier geringfügig in der Dicke verringert werden, damit sich diese Nasen später leicht in das Etui einschieben lassen.

Der Behälter wird mit Samt oder feinem Leder ausgekleidet.

Schichtholzdose ●●●●●

Menge	Bezeichnung	Maße in mm	Material	Kenn-Nr.
1	Bodenplatte	8 x 150 x 200	Nussbaumleimholz oder Sperrholz dunkel	1
1	Deckplatte	8 x 150 x 200	Nussbaumleimholz oder Sperrholz dunkel	11
4	Zwischenschichten	8 x 150 x 200	Nussbaumleimholz oder Sperrholz dunkel	3/5/7/9
1	Dosenboden-Zwischenschicht	8 x 150 x 200	Ahornleimholz oder Sperrholz heil	2
4	Zwischenschichten	8 x 150 x 200	Ahornleimholz oder Sperrholz hell	4/6/8/10
1	Rundholzachse	8 ø	Buchenrundholz	12

Holzleim / Drahtstifte / Hochglanzlack / Samt oder Leder

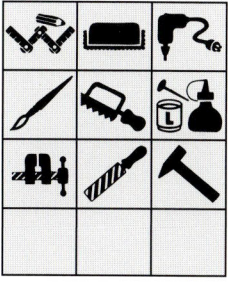

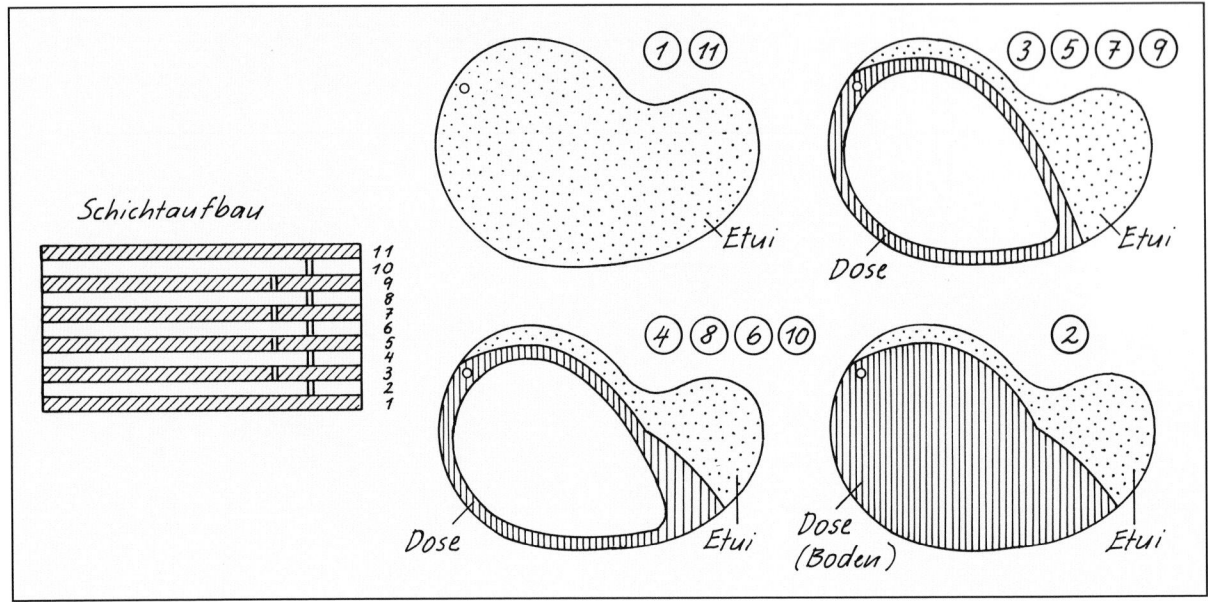

Schichtaufbau

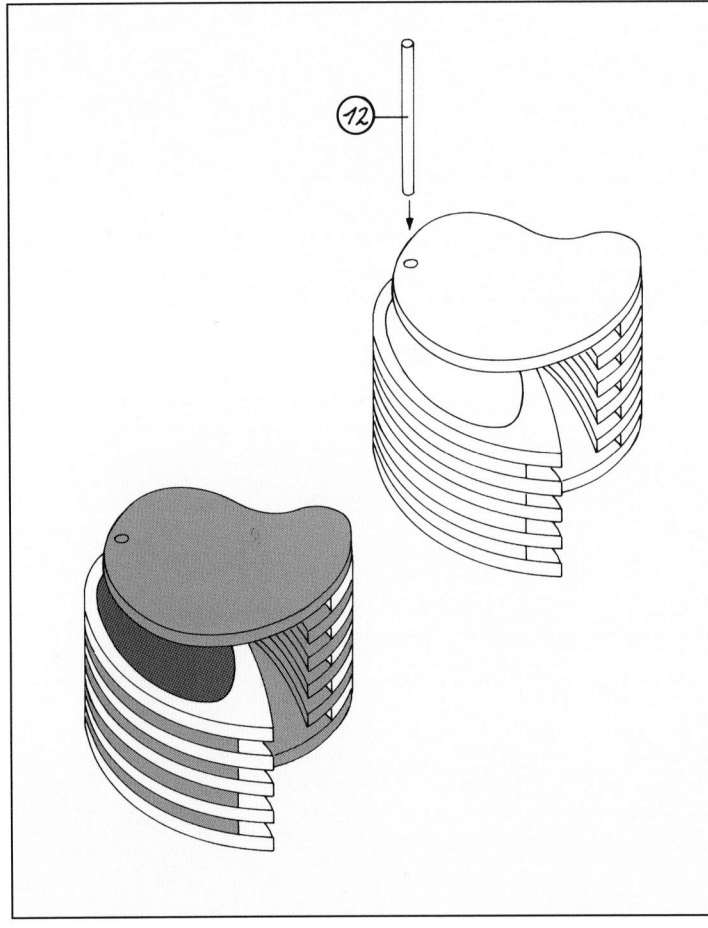

Nun werden schichtweise die sich abwechselnden, festsitzenden Teile der Behälterschichten auf die Grundplatte aufgeleimt. Als Hilfestellung werden die beweglichen Behälterteile kurz mit in die Verzahnung eingebaut und anschließend wieder entfernt. Auch hier müssen die vorspringenden Holzteile geringfügig abgeschliffen werden.

Der Behälter kann nun in das Etui eingeschoben werden. An der vorgezeichneten Stelle wird das ganze Werkstück mit einem 8-mm-Bohrer durchbohrt. Im Dosenbereich wird die Bohrung mit einem 9-mm-Bohrer erweitert. So lässt sich die Dose leichter bewegen. Als Drehachse wird ein 8-mm-Rundholz eingesteckt und in der Boden- und Deckplatte verleimt.

Zuvor muss jedoch der ganze Behälter ringsum mit Feile und Schleifpapier geglättet und lackiert werden.

Besonderer Arbeitshinweis: Die einzelnen Holzschichten lassen sich leichter aufeinander leimen, wenn die Bauteile mit dünnen Drahtstiften angeheftet werden. Die Nagelung wird jeweils durch das folgende Holzteil wieder verdeckt.

Eine schlichte Schale oder Schüssel aus Holz ist zeitlos und schön.

Holzschale

Die Auswahl des Holzstücks steht am Beginn der Werkarbeit. Grundsätzlich kann fast jedes astfreie Holz ohne Risse verwendet werden. Jedoch lassen sich Laubhölzer wegen ihrer kurzfaserigen Struktur leichter bearbeiten. Für den Anfänger ist Lindenholz zu empfehlen. Entsprechende Bohlenbretter oder Holzblöcke kann man sich beim Schreiner oder in Holzhandlungen besorgen. Geeignetes Material erhält man auch in anderen holzverarbeitenden Betrieben (Fensterbau, Zimmereien, Treppenbau u.a.). Der Drechsler beginnt bei der Ausformung einer Schale mit der Außenhaut; der Holzschnitzer schneidet zweckmäßigerweise zuerst die Innenwand. Dazu werden die Form der Schale und die Wandstärken auf das Holz aufgezeichnet. Mit einer Schraubzwinge und Bankhaken wird das Brett auf der Werkbank befestigt.

Die eigentliche Arbeit beginnt mit dem Anstechen der Holzfaser entlang der vorgezeichneten Innenform. Ein leicht gekrümmtes Flacheisen ist dazu das ideale Werkzeug. Dann werden, von der Mitte des Werkstückes ausgehend, grobe Späne abgenommen. Bei der Suche nach der gewünschten Form muss immer das ganze Holzstück im Blickpunkt sein. Bei hartem Holz treibt man das Schneideisen mit dem Holzschlegel. Weiches Holz bearbeitet man besser von Hand. Dabei packt die Rechte das Eisen am Heft und gibt ihm die erforderliche Schubkraft, während die Linke das Blatt von oben

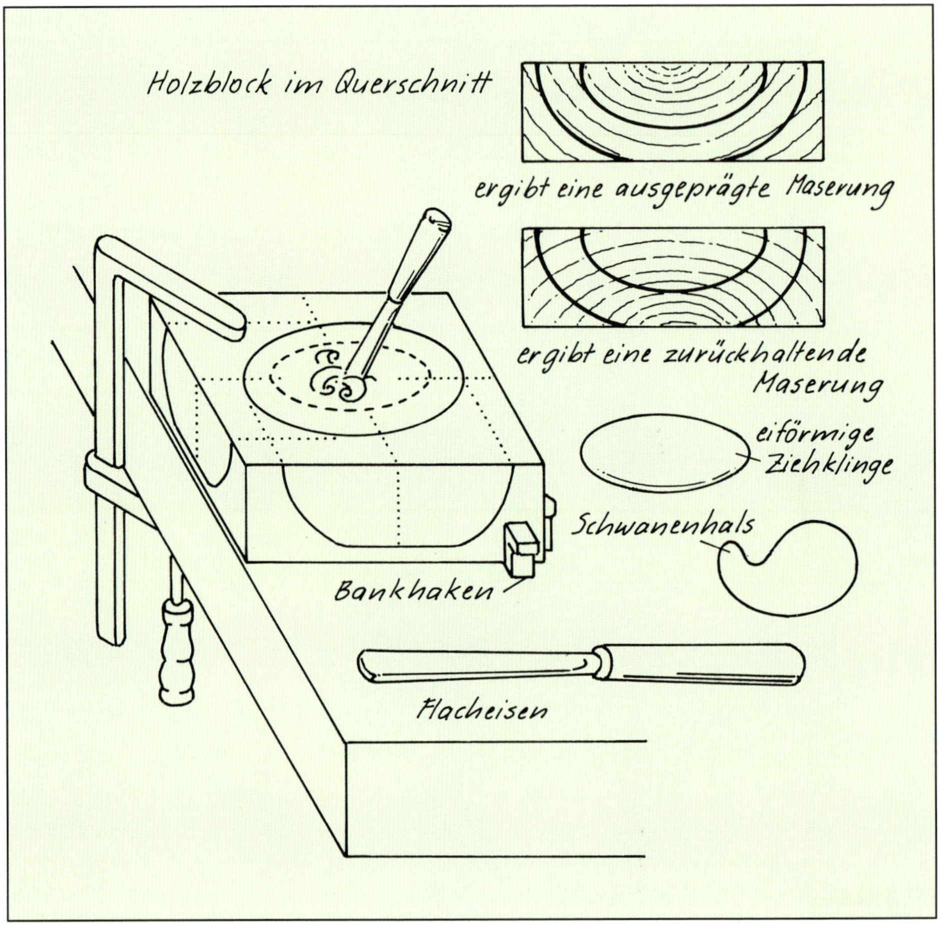

Holzblock im Querschnitt

ergibt eine ausgeprägte Maserung

ergibt eine zurückhaltende Maserung

eiförmige Ziehklinge

Schwanenhals

Bankhaken

Flacheisen

umfasst und das Werkzeug führt. Ein guter Schnitt wird nur erreicht, wenn während des Vorschubs das Schneidewerkzeug leicht um seine eigene Achse gedreht wird. So eine mit einem passenden und scharfen Messer geschnittene Oberfläche kann selbst durch Schleifen nicht mehr feiner werden. Die Arbeitstechnik bleibt dieselbe bei einer flachen Schale oder bei einer tieferen Schüssel.

Bei der Formgebung sollte darauf geachtet werden, dass die Obergänge bauchig ausgeführt und die Grenzlinien abgerundet werden. Auch sollte man nicht auf eine ganz exakte Symmetrie bedacht sein. Ist dies erwünscht, dann wäre es besser, das Gefäß auf der Maschine zu drechseln. Gelingt mit dem Schneideisen nicht die endgültige Innenform, muss mit einem anderen Werk-

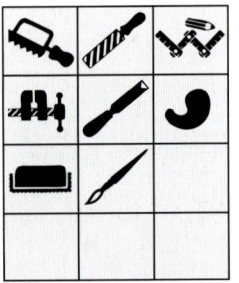

Holzschale ●●●

Menge	Bezeichnung	Maße in mm	Material	Kenn-Nr.
1	Holzschale	ca. 50 x 200 x 300	Laubholzblock (Linde, Ahorn, Eiche)	
Lack (hochglanz) oder Wachs				

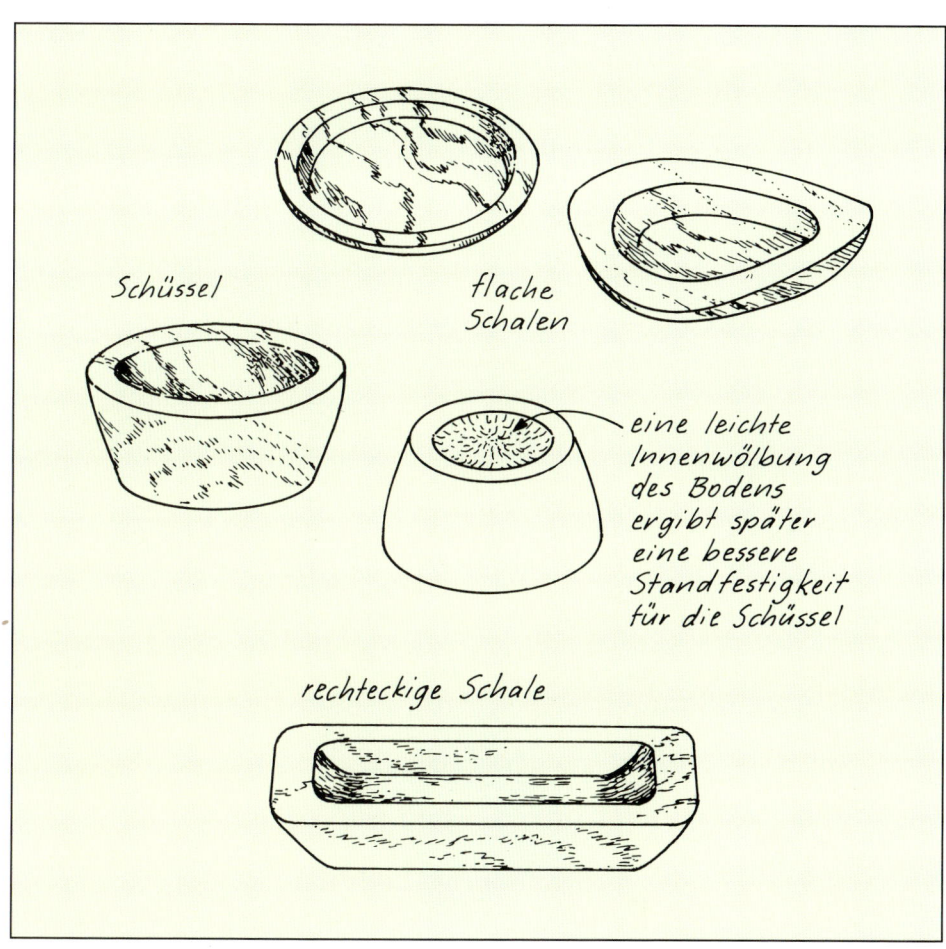

Schüssel

flache Schalen

eine leichte Innenwölbung des Bodens ergibt später eine bessere Standfestigkeit für die Schüssel

rechteckige Schale

zeug nachgearbeitet werden. Man verwendet dazu einen so genannten Schwanenhals (geschwungene Ziehklinge), dessen verschieden starke Krümmungen sich jeder Rundung anpassen.

Der letzte Feinschliff erfolgt mit Sandpapier. Wird das Holz zwischendurch angefeuchtet, richten sich die lockeren Holzfasern auf und können nach dem Abtrocknen der Oberfläche besser abgeschliffen werden. Nach dem Innenprofil geht es ans Modellieren der Außenform. Mit der Säge wird die Form der Schale grob zugeschnitten. An einer Ecke wird das Werkstück mit der Schraubzwinge wieder auf der Werkbank befestigt. Diese Ecke wird als schmaler Steg für die Befestigung möglichst lange stehen gelassen und erst abgestochen, wenn die Form so herausgearbeitet ist, dass man eine Schraubzwinge

mit langem Spannarm auf dem Boden der Schale ansetzen kann. Mit dem Stechbeitel (Eisen mit gerader Schneide) oder Balleisen lässt sich die Außenwölbung der Gefäße gut anlegen. Ähnlich wie beim Flacheisen (Hohleisen) erreicht man einen sauberen Schnitt durch eine leichte Seitwärtsbewegung des Eisens während des Vorstoßes.

Es sollte dabei öfter kontrolliert werden, ob sich die Form der Außenwand der Innenform anpasst. Eine zu dünne Wandung der Schale nimmt dieser Werkarbeit die materialeigene Ausstrahlungskraft. Korrekturen an der Außenform werden mit der Raspel und der Holzfeile vorgenommen.

Die Feinarbeit mit Schleifpapier und Ziehklinge erfordert abschließend noch sehr viel Sorgfalt und Ausdauer. Vor allem die Hirnflächen weicher Hölzer sind nur sehr schwer zu glätten, da sich der feine Holzstaub immer wieder in den Holzporen festsetzt. Hier hilft oft nur ein Vorlackieren dieser Fläche mit einem schnell trocknenden Lack. Bei einem erneuten Schleifen, nach der Aushärtung des Anstrichs, wird die Holzfläche glatt. Die Maserung des Holzes zeigt ihre volle Schönheit erst nach der Oberflächenbehandlung mit Wachs, Leinöl oder einem farblosen Lack.

Behälter mit Geheimverschluss

Zum Aufbewahren des Taschengeldes oder eines Briefes, den nicht jeder lesen soll, ist ein kleiner Holzkasten, der nur mit einem einfachen Trick geöffnet werden kann, ideal.

Am besten eignet sich dazu ein Kästchen mit Schwenkdeckel und Stiftriegel. Damit der Behälter stabil wird, verwendet man auch stärkere Holzteile. Wer sich die Teile

nicht selbst zuschneiden kann, der besorgt sich beim Schreiner oder im Holzhandel gehobelte Fichtenware oder besser (aber auch teurer) Buchen- oder anderes Laubholz.

Zuerst wird der eigentliche Kasten (Unterteil) zusammengeleimt und mit dünnen Drahtstiften genagelt. Zwei kurze und zwei lange Seitenteile bilden den Rahmen, auf den der Boden aufgesetzt wird.

In derselben Weise wird der Deckel angefertigt. Die Deckplatte wird jedoch noch nicht mit dem Deckelrahmen verleimt, sondern nur mit den Drahtstiften vorläufig angeheftet.

Mit der Feinsäge muss nun von diesem Deckel am 4 cm dicken Kopfteil zweifach schräg (horizontal und vertikal) ein Stück (siehe Abbildung) abgeschnitten werden. Dieser Abschnitt ist als spätere Deckelhalterung mit der breiten Kopfleiste des Kastenunterteils zu verleimen und zu verschrauben. Auch das kleine Teil der abgeschnittenen Deckplatte wird verleimt. Der restliche Deckelrahmen kann nun in diese Halterung eingefügt und passend auf das Kastenunterteil gelegt werden. Zur weiteren

Behälter mit Geheimverschluss ●●●●●

Menge	Bezeichnung	Maße in mm	Material	Kenn-Nr.
2	Seitenteile für Kastenoberteil	8 x 25 x 200	Fichten- oder Buchenholzleisten	1
1	Kopfleiste für Kastenoberteil	40 x 25 x 70	Fichten- oder Buchenholzleisten	2
1	Fußleiste für Kastenoberteil	30 x 25 x 70	Fichten- oder Buchenholzleisten	3
1	Deckbrett	3 x 86 x 200	Sperrholz	4
2	Seitenteile für Kastenunterteil	8 x 50 x 200	Fichten- oder Buchenholzleisten	5
1	Kopfleiste für Kastenunterteil	40 x 50 x 70	Fichten- oder Buchenholzleisten	6
1	Fußleiste für Kastenunterteil	30 x 50 x 70	Fichten- oder Buchenholzleisten	7
1	Bodenbrett	3 x 86 x 200	Sperrholz	8

1 Holzschraube 4,5 x 45 mm / 1 Stiftriegel (Nagel) 4,0 x 20 mm / kleine Drahtstifte / Holzleim / Farben / Wachs oder Lack

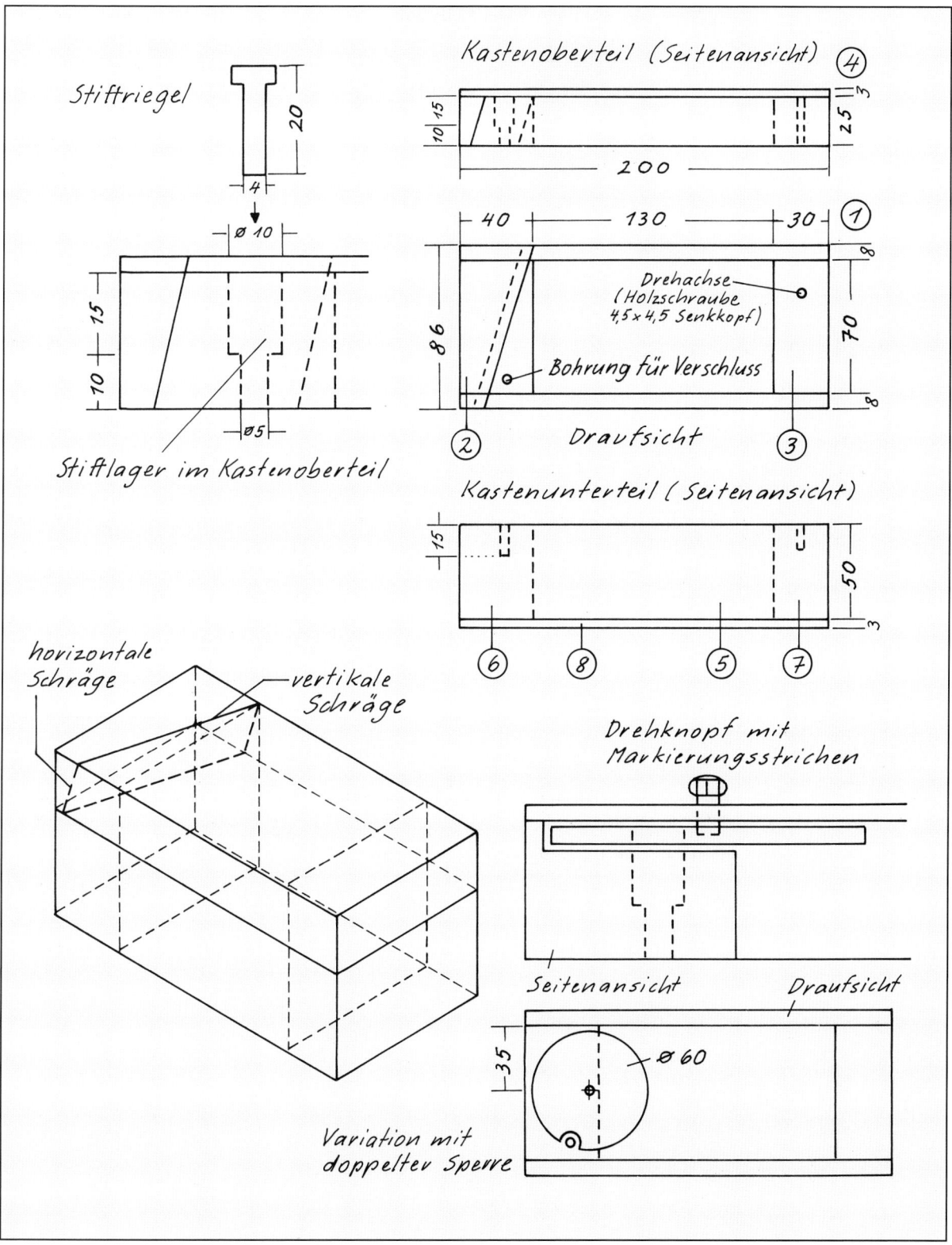

Stiftriegel

Stiftlager im Kastenoberteil

Kastenoberteil (Seitenansicht) ④

200

40 130 30 ①

Drehachse
(Holzschraube
4,5 x 4,5 Senkkopf)

Bohrung für Verschluss

② Draufsicht ③

Kastenunterteil (Seitenansicht)

⑥ ⑧ ⑤ ⑦

horizontale
Schräge

vertikale
Schräge

Drehknopf mit
Markierungsstrichen

Seitenansicht Draufsicht

Ø 60

Variation mit
doppelter Sperre

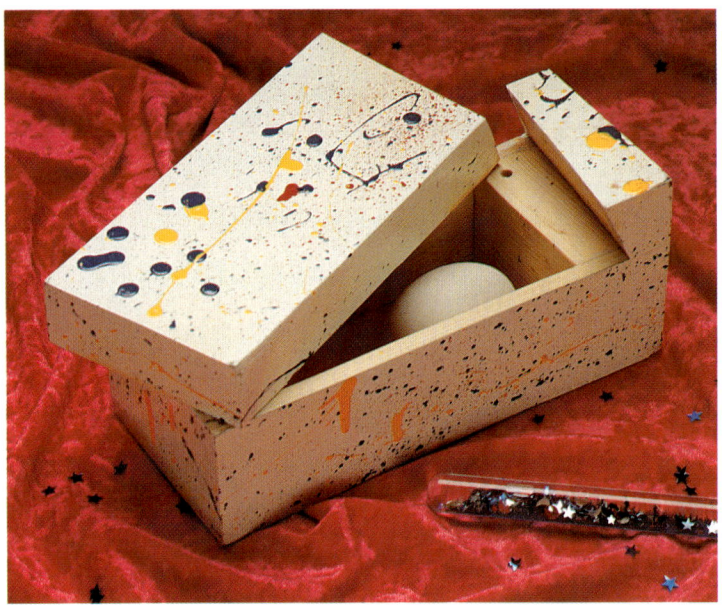

In diesem Holzkasten sind kleine Geheimnisse sicher aufbewahrt.

passt ist und sich leicht bewegen lässt, wird der Deckelrahmen mit einer Holzschraube so auf das Kastenunterteil geschraubt, dass sich beide Teile noch gegeneinander bewegen lassen. Ein wenig Boden- oder Kerzenwachs ist als Gleitmittel hilfreich.

Abschließend kann man das Deckbrett aufleimen und -nageln. Nagellöcher sind mit Holzkitt zu verschließen und abzuschleifen. Mit einem letzten Lackanstrich wird eine schöne Holzoberfläche erzielt. Ist die Dose geschlossen, so fällt der Metallstift durch die Schwerkraft in die Bohrung und verriegelt die Dose. Sie lässt sich nur öffnen, wenn sie auf den Kopf gestellt wird, sodass der Stift wieder zurückgleitet.

Variation mit doppelter Sperre:

Ein Stellrad blockiert den Sperrstift. Erst bei entsprechender Einstellung des Rades kann der Stift zurückgleiten und die Dose geöffnet werden. In der breiteren Deckelleiste muss ein entsprechender Ausschnitt für das Stellrad angebracht werden. Mit Hilfe eines Drehknopfes auf dem Deckel lässt sich das Rad drehen.

Bearbeitung ist es sinnvoll, die Teile mit einer Klemmzwinge zusammenzuhalten. So können die notwendigen Löcher besser gebohrt werden.

Eine 10-mm-Bohrung im Kastenoberteil dient als Lager für den Verschlussstift. (*Achtung:* Bohrlochtiefe 15 mm.) Mit einem 5-mm-Bohrer wird dann weitergebohrt, bis eine Bohrtiefe von ca. 15 mm in der darunter liegenden Leiste erreicht ist. Am Fußende des Deckels ist auch eine 5-mm-Bohrung notwendig für die Holzschraube, um die der Deckel geschwenkt wird. *Achtung:* Nur die Deckelleiste durchbohren; in der unteren Leiste muss mit einem dünneren Bohrer vorgebohrt werden, sonst hält die Schraube nicht.

Vor dem weiteren Zusammenbau müssen alle Teile abgeschliffen und lackiert werden (noch zu verleimende Flächen nicht lackieren). Insbesondere die Bohrungen für den Sperrstift müssen glatt und frei von Holzfasern sein, damit sich der Stift leicht bewegen kann. Der Sperrstift ist leicht aus einem 4 mm dicken Nagel herzustellen. Dazu wird am Kopfende ein 20 mm langes Stück abgesägt und mit einer Feile von Spitzen und Ecken befreit. Auch der Nagelkopf muss bearbeitet werden. Wenn der Stift gut einge-

Schauhölzer für kleine Mitbringsel

Wer gerne sammelt, möchte seine Schätze auch entsprechend aufbewahren. Eine gute Lösung stellen Schauhölzer dar. Federn, Muscheln, Kieselsteine, Kräuter, Haarlocken, Schmuckstücke oder viele andere Dinge können darin sicher aufbewahrt und jederzeit betrachtet werden.

Mit der Feinsäge und einer Schneidlade oder einer Gehrungssäge werden 35 mm lange Stücke von der gehobelten Massivholzleiste abgesägt.

Schauhölzer lassen sich einfach und preisgünstig herstellen.

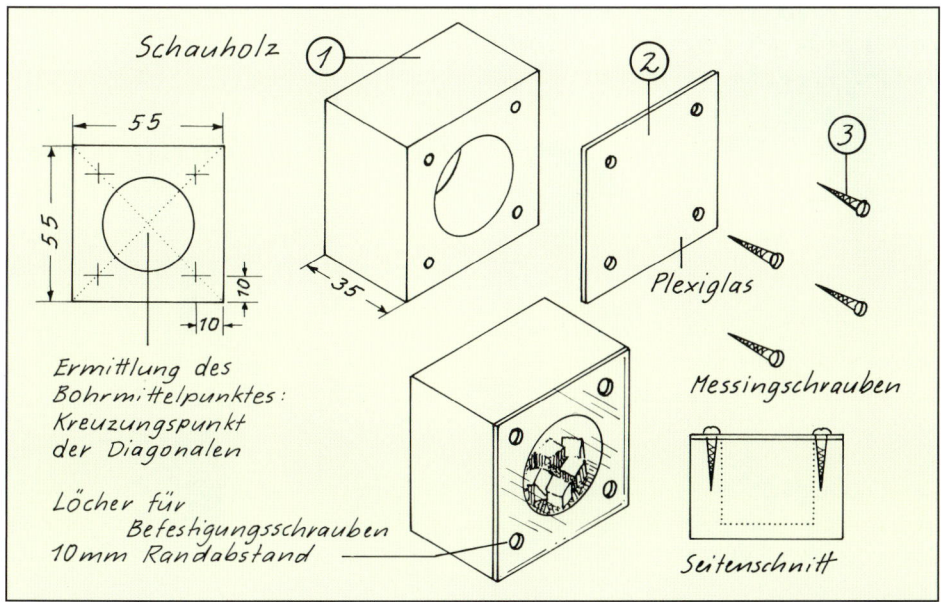

Schauholz ①

② Plexiglas

③

55

55

35

10

10

Ermittlung des Bohrmittelpunktes: Kreuzungspunkt der Diagonalen

Löcher für Befestigungsschrauben 10mm Randabstand

Messingschrauben

Seitenschnitt

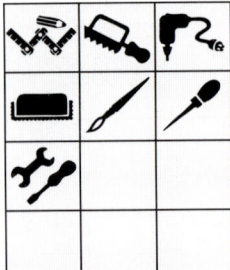

Schauhölzer ●●

Menge	Bezeichnung	Maße in mm	Material	Kenn-Nr.
1	Holzabschnitt	35 x 55 x 55	Fichten- oder Laubholzleiste	1
1	Deckscheibe	2 x 55 x 55	Plexiglas	2
4	Schrauben (Halbrundkopf)	2,0 x 15	Messing	3

Lack oder Bodenwachs

Die so entstandenen Hölzer, mit einer quadratischen Grundfläche, werden durch Ausbohren mit einem 35-mm-Topfbohrer zu kleinen Gefäßen. Wichtig: Man braucht dazu einen Bohrständer für die Bohrmaschine, damit man die Bohrtiefe genau einstellen kann. Das Holz soll nämlich nicht ganz durchbohrt werden. Ein 5 mm starker Boden ist ausreichend (Bohrtiefe = 30 mm). Als Abdeckung für das Schauholz verwendet man Plexiglas (Acrylglas), das entsprechend der quadratischen Holzfläche zugesägt (55 x 55 mm) und mit Befestigungslöchern für die Messingschrauben versehen wird (siehe Abbildung).

Nach dem Abschleifen und Lackieren wird das Schauholz mit den Sammelstücken gefüllt und mit dem Deckglas verschlossen.

Zettelblock

●●●●●●●●●●●●●●●●●●●●●●●●●●●●●●

Eine kleine 20 mm starke Holzplatte dient als Papierauflage. Die Klemmleiste für die Notizzettel wird aus dem gleichen Holz gefertigt. Damit man beschriebene Zettel leichter abreißen kann, muss an dieser Leiste eine scharfe Reißkante angebracht werden.

Ein schmales Stahlband oder ein altes Sägeblatt einer Dekupiersäge eignen sich sehr gut dafür. Das Stahlband wird in einen mit 5 mm Abstand parallel zur Längskante der Leiste gesägten Schlitz so eingeleimt, dass es ca. 2 mm aus der Leiste herausragt. Mit zwei Schlossschrauben, passenden Unterlegscheiben und Flügelmuttern befestigt man die Klemmleiste auf der Grundplatte. Es

Ein Block für Notizen, ob in der Küche oder beim Telefon, ist immer eine praktische Sache. Auch als Geschenk für vergessliche liebe Leute ist dieses Werkstück eine schöne Überraschung.

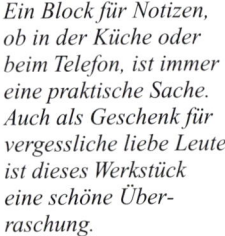

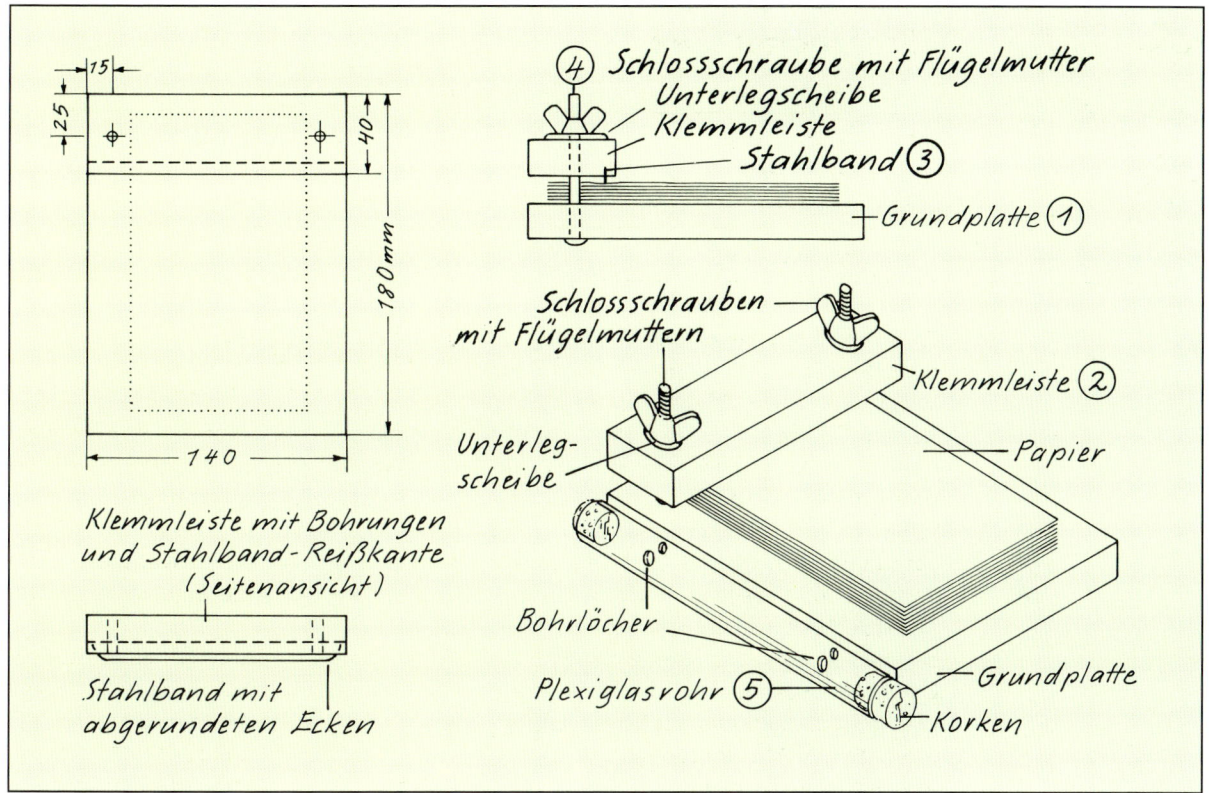

15
25
40
180mm
140

Klemmleiste mit Bohrungen
und Stahlband-Reißkante
(Seitenansicht)

Stahlband mit
abgerundeten Ecken

④ Schlossschraube mit Flügelmutter
Unterlegscheibe
Klemmleiste
Stahlband ③
Grundplatte ①

Schlossschrauben
mit Flügelmuttern
Klemmleiste ②
Unterleg-
scheibe
Papier
Bohrlöcher
Plexiglasrohr ⑤
Grundplatte
Korken

können etwa 200 Blatt Papier festgeklemmt werden.

Vor dem Zusammenbau werden die Einzelteile fein geschliffen und gewachst oder mit Wasserlack gestrichen.

Sehr praktisch ist eine zusätzliche Schreibstifthalterung. Sie lässt sich aus einem Plexiglasrohr einfach herstellen.

Dazu wird das Rohr zweimal durchbohrt, sodass sich jeweils 2 Bohrlöcher ergeben (Bohrergröße: 3,5 mm). Mit einem 10-mm-Bohrer weitet man die äußeren Bohrlöcher auf und schraubt durch diese Öffnungen das Rohr mit Holzschrauben (3,0 x 20 mm) seitlich an die Grundplatte. Mit entsprechendem Korken oder Gummistopfen kann man die Schreibstifthalterung verschließen.

Zettelblock ●●

Menge	Bezeichnung	Maße in mm	Material	Kenn-Nr.
1	Papierauflage (Grundplatte)	20 x 140 x 180	Fichtenleimholz oder Tischlerplatte	1
1	Klemmleiste	16 x 40 x 140	Fichtenleimholz	2
1	Reißkante	ca. 130 Länge	Stahlband oder Sägeblatt	3
2	Schrauben mit Flügelmuttern und Unterlegscheiben	M 5,0 x 60	Schlossschrauben	4
1	Schreibstifthalterung	20 ø / 180 lang	Plexiglasrohr	5

Holzschrauben 3,0 x 20 mm / Holzleim / Lack / Korken

Schaukelpferd

●●●●●●●●●●●●●●●●●●●●●●●●●●●●●

Mit einem selbst gebauten Schaukelpferd kann man einem Kind auch in der heutigen technisierten Welt eine große Freude machen. Wichtig ist dabei nur, dass alles stabil verarbeitet wird und sich das Kind nirgends verletzen kann. Bei der Ausgestaltung sind der Fantasie keine Grenzen gesetzt. Das Pferd kann naturbelassen bleiben oder schön bunt angemalt werden.

Entsprechend der Vorlage fertigt man die Einzelteile aus 12 mm starkem Sperrholz an. Die Kufenbretter (Seitenteile) werden entlang der Lauffläche mit Kufenleisten aus Sperrholz verstärkt (aufleimen und verschrauben). Dadurch wird die Lauffläche der

Ein Schaukelpferd kann man aus leichtem Sperrholz und einem Stück Tischlerplatte preiswert selber bauen.

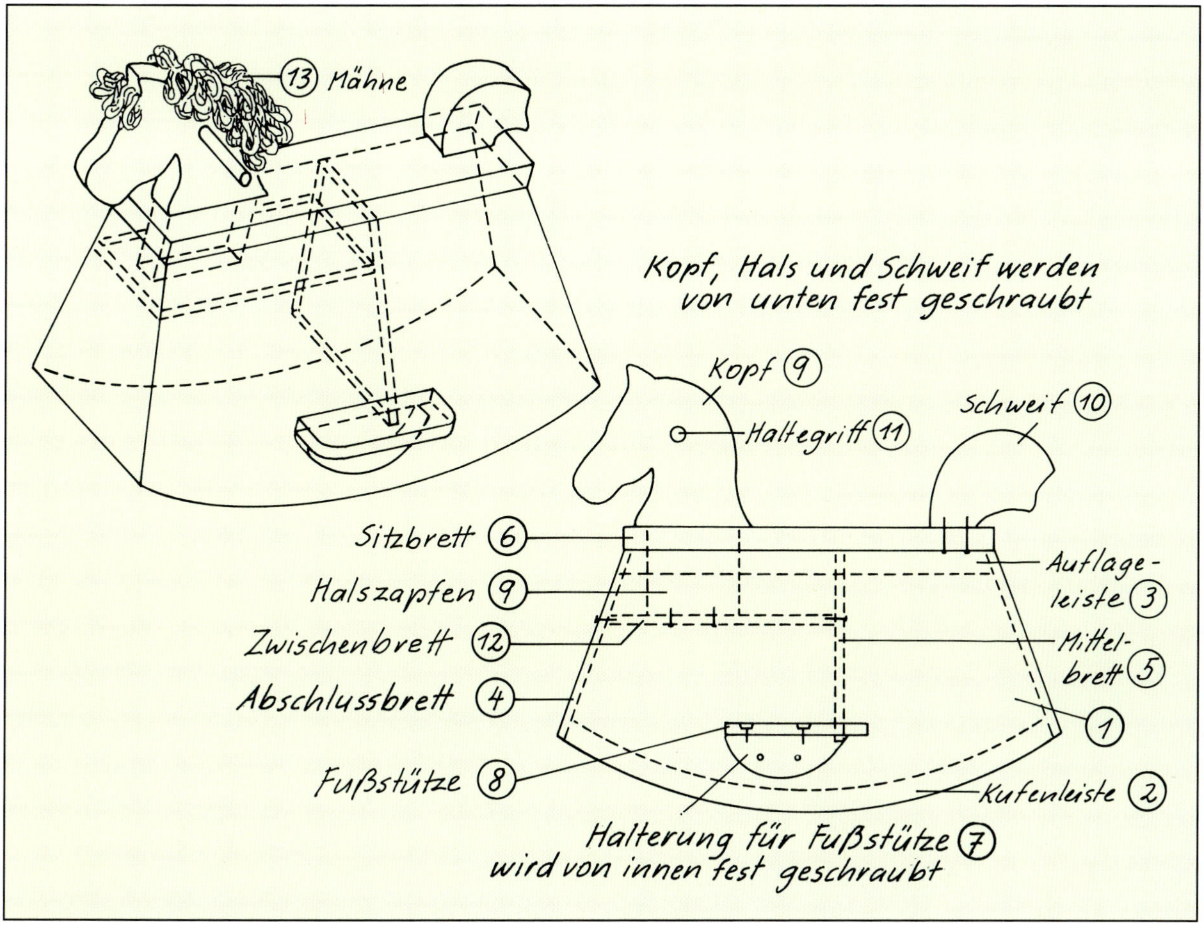

(13) Mähne

Kopf, Hals und Schweif werden
von unten fest geschraubt

Kopf (9)

Haltegriff (11)

Schweif (10)

Sitzbrett (6)

Halszapfen (9)

Zwischenbrett (12)

Abschlussbrett (4)

Fußstütze (8)

Auflage-
leiste (3)

Mittel-
brett (5)

(1)

Kufenleiste (2)

Halterung für Fußstütze (7)
wird von innen fest geschraubt

Schaukelpferd ●●●●●

Menge	Bezeichnung	Maße in mm	Material	Kenn-Nr.
2	Kufenbretter	12 x 880 x 42	Buchensperrholz	1
2	Kufenleisten	12 x 50 x 940	Buchensperrholz	2
2	Auflageleisten	12 x 50 x 630	Buchensperrholz	3
2	Abschlussbretter	12 x 300 x 310	Buchensperrholz	4
1	Mittelbrett	12 x 300 x 310	Buchensperrholz	5
1	Sitzbrett	12 x 140 x 650	Buchensperrholz	6
2	Fußstützenhalterungen	40 x 80 x 210	Tischlerplatte	7
2	Fußstützen	12 x 80 x 250	Buchensperrholz	8
1	Kopfteil	40 x 260 x 430	Tischlerplatte	9
1	Schweifbrett	40 x 160 x 200	Tischlerplatte	10
1	Haltegriff	15 ø / 200 lang	Buchenrundholzstab	11
1	Zwischenbrett	12 x 200 x 400	Buchensperrholz	12
1	Mähne	ca. 50 x 300	Mopp	13

Holzschrauben 3,5 x 20 mm und 3,5 x 25 mm / Holzleim / Lack / Wachs

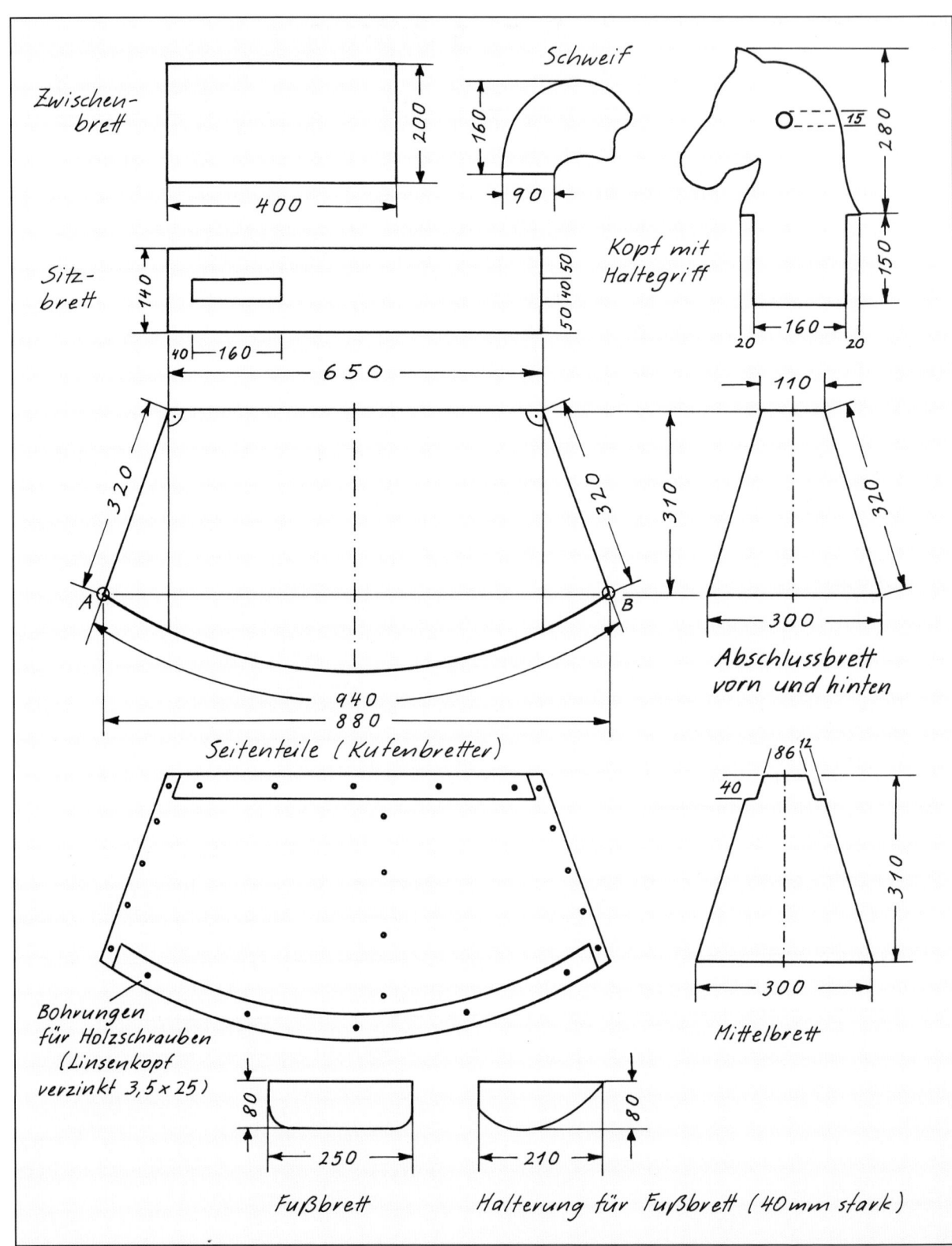

Zwischen-
brett

200

400

Schweif

160

90

Kopf mit
Haltegriff

15

280

150

160

20   20

Sitz-
brett

140

50 40 50

40   160

650

320

320

310

A   B

940
880

Seitenteile (Kufenbretter)

110

320

300

Abschlussbrett
vorn und hinten

Bohrungen
für Holzschrauben
(Linsenkopf
verzinkt 3,5 × 25)

86 12

40

310

300

Mittelbrett

80

250

Fußbrett

80

210

Halterung für Fußbrett (40 mm stark)

Kufen verbreitert. Auch am Oberteil der Seitenbretter bringt man eine Verstärkung zur besseren Befestigung an.

Das Sitzbrett erhält für den Kopf einen Ausschnitt, der mit dem Stemmeisen oder der Stichsäge herausgeschnitten wird.

Für Kopf, Schweif und die beiden Halterungen für die Fußstützen verwendet man eine 40 mm starke Tischlerplatte oder entsprechendes Massivholz. Das Kopfteil muss so gearbeitet werden, dass es exakt in die dafür vorgesehenen Ausschnitte des Sitzbretts passt. Ein Hartholzstab wird als Haltegriff in das Kopfteil eingeleimt.

Nun kann der Unterbau des Schaukelpferdes verleimt und verschraubt werden. Durch die schräge Bauweise stoßen die Bretter nicht exakt rechtwinklig aufeinander. Dieser Schönheitsfehler stört die Funktion jedoch nicht. Noch größer ist die Abweichung vom rechten Winkel bei der Sitzbrettauflage. Hier ist eine Angleichung an die Waagrechte, d. h. Abschrägung der Seitenbretter mit der Holzfeile oder dem Hobel, notwendig, ebenso bei den Laufflächen der Kufen. Liegt das Sitzbrett überall gleichmäßig auf, so wird es verleimt und verschraubt und der Schweif daran befestigt. Nun kann man das Kopfteil einpassen. Der Zapfen am Hals muss bis zum Zwischenbrett reichen; unter Umständen ist das Holz entsprechend zu kürzen. Leim und Schrauben ergeben auch hier eine stabile Verbindung.

Zum Schluss werden die Fußstützen angebracht. Zur Verschönerung und als Holzschutz wird das Schaukelpferd lackiert oder gewachst.

Ein halbierter Staubwischer (Mopp) ergibt eine wunderschöne Mähne. Sie wird einfach aufgeleimt.

Hinweis zur Konstruktion der Kufenrundung: Zwischen die Konstruktionspunkte A und B, die jeweils durch einen halb eingeschlagenen Nagel markiert sind, wird eine 94 cm lange, dünne Holzleiste gespannt. Da die Strecke A–B kürzer als die Holzleiste ist, ergibt sich automatisch die richtige Kufenrundung.

Buntes Futterhaus

Zuerst fertigt man aus den Seiten- und Giebelteilen den zentralen Körnerbehälter (Leimen und Verschrauben). An den Giebelspitzen müssen die Aussparungen für die Firstleiste ausgesägt werden (siehe Abbildung). Diese Leiste ermöglicht eine bessere Dachbefestigung. Mit reichlich Leim und kleinen Holzschrauben (Spax) wird das Dach am Unterbau befestigt.

Um den eigentlichen Futterplatz vor Regen und Schnee zu schützen, muss die Grundplatte überdacht werden. Dies erreicht man durch Vorbauten und Türmchen aus verschieden starken und langen Leistenabschnitten, die im oberen Bereich des Baukörpers angebracht werden. Auf jeden Vorbau wird mit einem entsprechenden Sperrholzbrettchen ein Dach aufgeleimt. Hier darf nach Lust und Laune angebaut werden.

Anschließend wird das zweite Bauteil, die Grundplatte, hergestellt. Die Distanzleisten werden entsprechend der Abbildung zugeschnitten und als Zentralkreuz genau in der Mitte der Grundplatte befestigt. Darüber kommt die aus einem Stück Massivholz

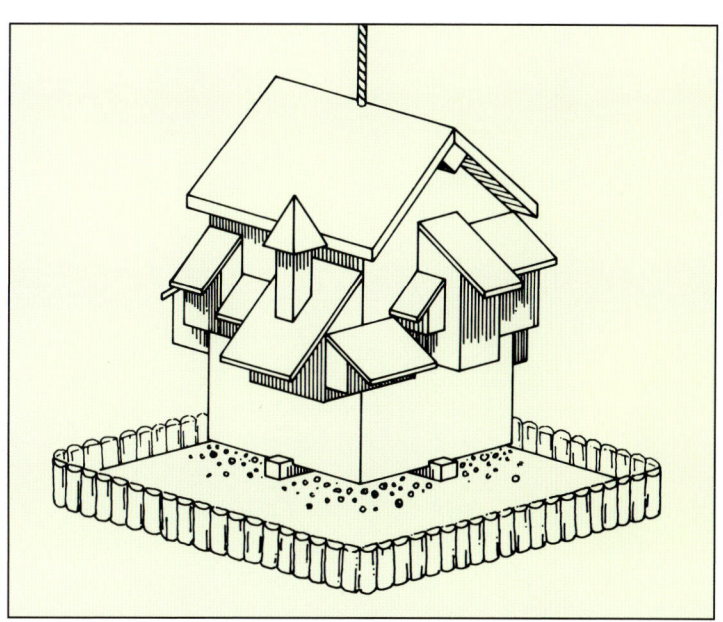

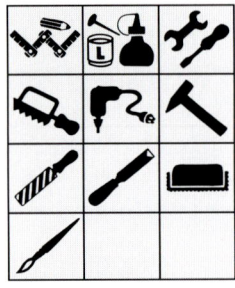

Buntes Futterhaus ●●●

Menge	Bezeichnung	Maße in mm	Material	Kenn-Nr.
2	Seitenteile für Körnerbehälter	20 x 160 x 300	wasserfestes Sperrholz oder Massivholzbretter	1
2	Giebelteile für Körnerbehälter	20 x 200 x 400 (300)	wasserfestes Sperrholz oder Massivholzbretter	2
2	Dachteile	10 x 160 x 240	wasserfestes Sperrholz	3
1	Firstleiste	25 x 25 x 240	Massivholzleiste	4
2	Distanzleisten	25 x 25 x 240	Massivholzleiste	5
1	Grundplatte	20 x 400 x 400	wasserfestes Sperrholz oder Massivholzbrett (Leimholz)	6
1	Zentralpyramide	100 x 100 x 100	Massivholzabschnitt	7
ca. 120	Zaunlatten	Länge 50	Haselnussstöckchen halbiert	8
12–15	Vorbauten mit Dachbrettchen	beliebig	Massivholzleistenabschnitte und Sperrholzbrettchen	9

Holzleim / Holzschrauben / Kunstfaserseil / Drahtstifte / Heißkleber / Farbe / Lack

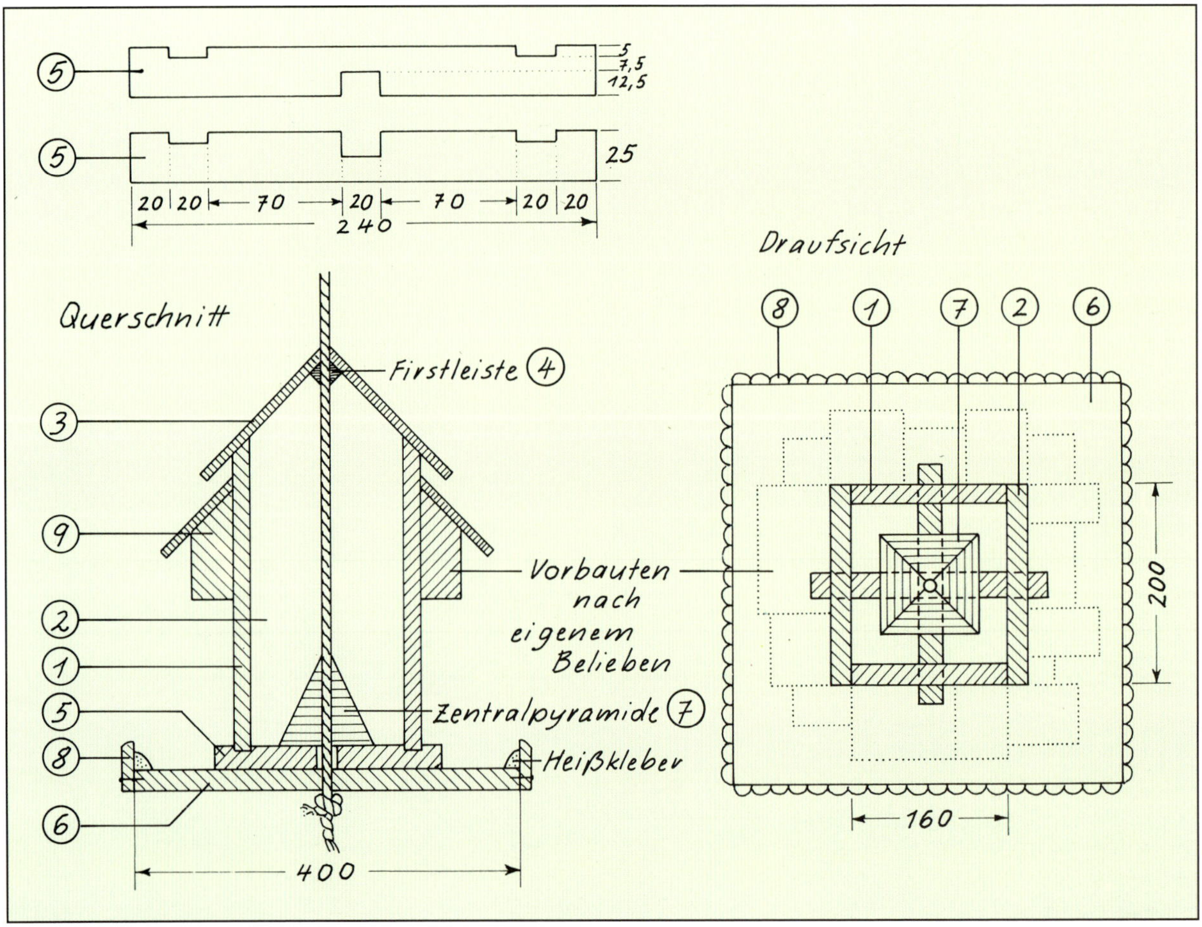

Querschnitt

Firstleiste ④

Draufsicht

Vorbauten nach eigenem Belieben

Zentralpyramide ⑦

Heißkleber

Das bunte Futterhaus hat ein großes Körnersilo und braucht deshalb nur selten nachgefüllt zu werden.

herausgesägte Pyramide. Die Futterkörner können so besser aus dem Vorratsbehälter rutschen. Als Begrenzung des Futtertischs eignet sich ein Zaun aus geschlitzten Haselnussstöckchen, die sich mit Drahtstiften und Heißkleber gut befestigen lassen.

Das Futterhaus wird an einer starken Leine aufgehängt. Dazu müssen die Grundplatte mit der Pyramide und das Dach des Körnerbehälters durchbohrt und auf das Seil aufgezogen werden.

Das ganze Futterhaus wird bunt bemalt und lackiert. Sehr grelle oder silbrig glänzende Farben sind nicht geeignet, da sie die Vögel durch Lichtspiegelungen abschrecken können.

Zum Körnereinfüllen muss man das Haus auf den Kopf stellen, die Leine zurückziehen und die Bodenplatte abheben. Erst wenn die Bodenplatte wieder aufgesetzt ist, wird der gefüllte Behälter rasch umgedreht und an der Schlaufe aufgehängt.

Kleine Futterstelle

Wem das bunte Futterhaus von Seite 59 zu groß ist, baut sich diese kleine Futterstelle, die sogar auf einem Balkon ihren Platz finden kann. Dieser einfache Futterautomat für Körnerfutter kann schon mit wenig Materialaufwand hergestellt werden.

Mit Leim und kleinen Nägeln werden die Einzelteile zusammengefügt. Entsprechend der Abbildung befestigt man die Rückwand und die Seitenteile an der Bodenplatte, verbindet die Wände und fügt die Vorderseite des Kastens ein. Der Körnerauslassschlitz sollte ca. 2 cm hoch sein. Eine mit den Seitenteilen bündige Querleiste auf dem Bodenbrett verhindert, dass allzu viele Körner aus dem Vorratsbehälter rutschen.

Als Anflughilfe für die Vögel wird eine schmale Leiste an der Stirnseite des Bodenbretts angebracht.

Mit zwei Bandscharnieren lässt sich der Deckel des Futterkastens an der Rückwand befestigen, sodass bei Bedarf schnell und mühelos Körner in den Vorratsbehälter nachgefüllt werden können.

Zwei quer über der Rückwand angebrachte Abstandsleisten dienen mit einer Draht-

Ein kleines Futterhaus für Balkon oder Garten.

Futterstelle ●●●

Menge	Bezeichnung	Maße in mm	Material	Kenn-Nr.
1	Bodenbrett	15 x 100 x 10	Leimholzbrett (Kiefer, Fichte)	1
2	Seitenteile	10 x 90 x 200 (150)	wasserfestes Sperrholz oder Leimholzbretter	2
1	Rückwand	10 x 100 x 200	wasserfestes Sperrholz oder Leimholzbretter	3
1	Vorderwand	10 x 100 x 120	wasserfestes Sperrholz oder Leimholzbretter	4
1	Deckel	10 x 140 x 150	wasserfestes Sperrholz oder Leimholzbretter	5
1	Querleiste	10 x 10 x 100	wasserfestes Sperrholz oder Leimholzbretter	6
1	Anflugleiste	10 x 30 x 120	wasserfestes Sperrholz oder Leimholzbretter	7
2	Abstandsleisten	15 x 15 x 120	Fichtenholzleisten	8

Bandscharniere / Holzleim / Holzschrauben / Nägel / Farbe / Lack / Draht für Aufhängung

schleife als Aufhängevorrichtung. *Hinweis:* Leicht schräg eingeschlagene Nägel ergeben eine stabilere Holzverbindung.

Abschließend kann alles bunt bemalt und lackiert werden. Auch bei diesem Futterhaus gilt es, für die Bemalung keine grellen und glänzenden Farben zu verwenden, da diese die Vögel abschrecken könnten.

Alternative: Mit geringem Aufwand kann man die Futterstelle umbauen und darin Weichfutter, z. B. für Meisen, anbieten. Dazu wird die Vorderwand des Behälters durch ein engmaschiges Drahtgeflecht ersetzt. Zusätzlich müssen dann aus Stabilitätsgründen die Seitenwände der Futterstelle durch zwei Querleisten miteinander verbunden werden. Diese Leisten dienen außerdem zur Befestigung des Drahtgeflechtes.

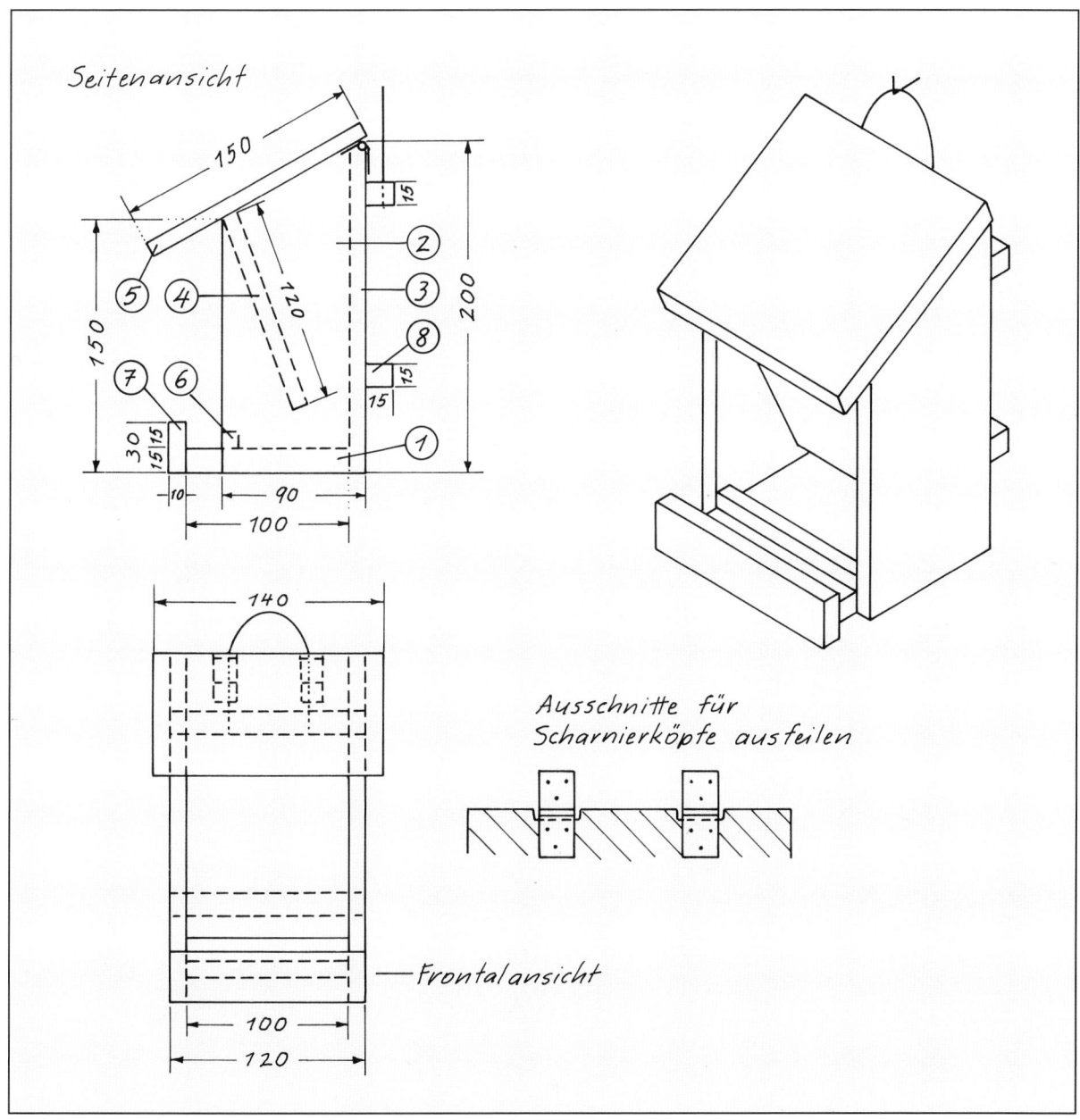

Großer Spielkran (ca. 2 m)

•••••••••••••••••••••••••••••

Das Werkstück ist aus folgenden Bauteilen zusammengesetzt: Grundplatte mit Rollen, Sitzbank, Kranturm, Ausleger und Kurbeln mit Seilzügen.

Für die Grundplatte verwendet man am besten eine 20 mm starke Leimholzplatte. Auf die Unterseite dieser Platte montiert man kleine Möbelrollen, vorne zwei starre, hinten zwei drehbare Rollen (siehe Abbildung). Auch die Bohrungen für die Befestigungsschrauben von Kranturm und Sitzbank sind aus der Abbildung zu ersehen.

Für den Kranturm werden zwei 145 cm lange Hartholzleisten mit den entsprechenden Abstandshölzern zu einer stabilen Doppelleiste verleimt und verschraubt. Auch hier sind noch zusätzliche Bohrungen für die

Das Besondere an diesem Kran ist seine Größe, die Sitzbank und die Kurbel, mit der man Ausleger und Lasthaken bewegen kann.

Seilkurbeln, den Seilhaltestab, die Umlenkrolle und die Auslegerachse anzubringen (siehe Abbildung).

Der Ausleger (Kranarm) wird aus einer schmaleren Leiste gefertigt, die jedoch mit einer Dicke von 2 cm genau zwischen die Doppelleisten des Turmes passt. Die Schraubösen im vorderen Teil des Auslegers dienen der Seilführung, die 6-mm-Bohrung nimmt die Auslegerachse auf (Schlossschraube: M 6 x 70 mm mit Flügelmutter) und die zwei kleinen Bohrungen am Ende der Leiste sind für die Befestigung der Seilrolle.

Die Sitzbank ist eine einfache Leistenkonstruktion mit einem Sitzbrett und kleiner Lehne. Sämtliche Holzverbindungen werden einfach stumpf verleimt und verschraubt. Zur Endmontage verbindet man die Sitzbank mit dem Kranturm mit Holz-Senkkopfschrauben und schraubt die vorbereitete Grundplatte dagegen (Leim nicht

Spielkran ●●●●●

Menge	Bezeichnung	Maße in mm	Material	Kenn-Nr.
1	Grundplatte	20 x 200 x 550	Fichtenleimholz oder Sperrholz	1
1	Sitzbrett	20 x 180 x 300	Fichtenleimholz oder Sperrholz	2
1	Lehne	20 x 140 x 60	Fichtenleimholz oder Sperrholz	3
2	Turmleisten	20 x 50 x 1450	Hartholzleisten	4
4	Abstandshölzer	20 x 50 x 30	Hartholzleisten	5
2	Auflageleisten	20 x 50 x 60	Hartholzleisten	6
2	Querleisten	20 x 50 x 100	Hartholzleisten	7
1	Ausleger	20 x 30 x 1400	Hartholzleisten	8
2	Stellräder	10 x 80 ø	Hartholzbrett	9
2	Kurbelleisten	10 x 20 x 10	Hartholzleiste	10
2	Kurbelgriffe	60 x 10 ø	Buchenrundholz	11
2	Kurbelachsen	100 x 14 ø	Buchenrundholz	12
2	Feststeller	10 x 30 x 8	Hartholzbrett	13
4	Möbelrollen	ca. 30 ø	Metall / Kunststoff	14
2	Seilrollen	klein	Metall / Kunststoff	15
1	Umlenkrolle	ca. 10 ø	Metall / Kunststoff	16

Holzleim / Lack / Wachs / Farben / Kunststoffseil 3,5 mm ø / Draht für Kranhaken / Hakengewicht / Schlossschraube 6,0 x 70 mm mit Flügelmutter / Holzschrauben 3,5 x 35 mm / Schraubösen / Unterlegscheiben

vergessen). Mit der Schlossschraube wird der Ausleger befestigt.

Abschließend müssen die schwierigsten Bauteile gefertigt und montiert werden: die Seilkurbeln mit den Stellrädern und der Sperre. Für die Kurbelachse verwendet man einen 14 mm starken Hartholzrundstab. Das 16-zähnige Stellrad und der Kurbelarm werden mit dieser Achse fest ver-

leimt. In den Kurbelarm wird ein 10-mm-Rundstab als Griff eingeleimt.

Durch die einseitig gerichtete Zähnung des Stellrads kann die Seilkurbel in der Zahnrichtung durch die Sperre festgehalten werden, d.h. das Seil kann nicht mehr abspulen. Durch das Umlegen des Sperrholzes wird die Spule freigegeben. Mit Hilfe einer kleinen Bohrung (3 mm) durch die Kurbelachse las-

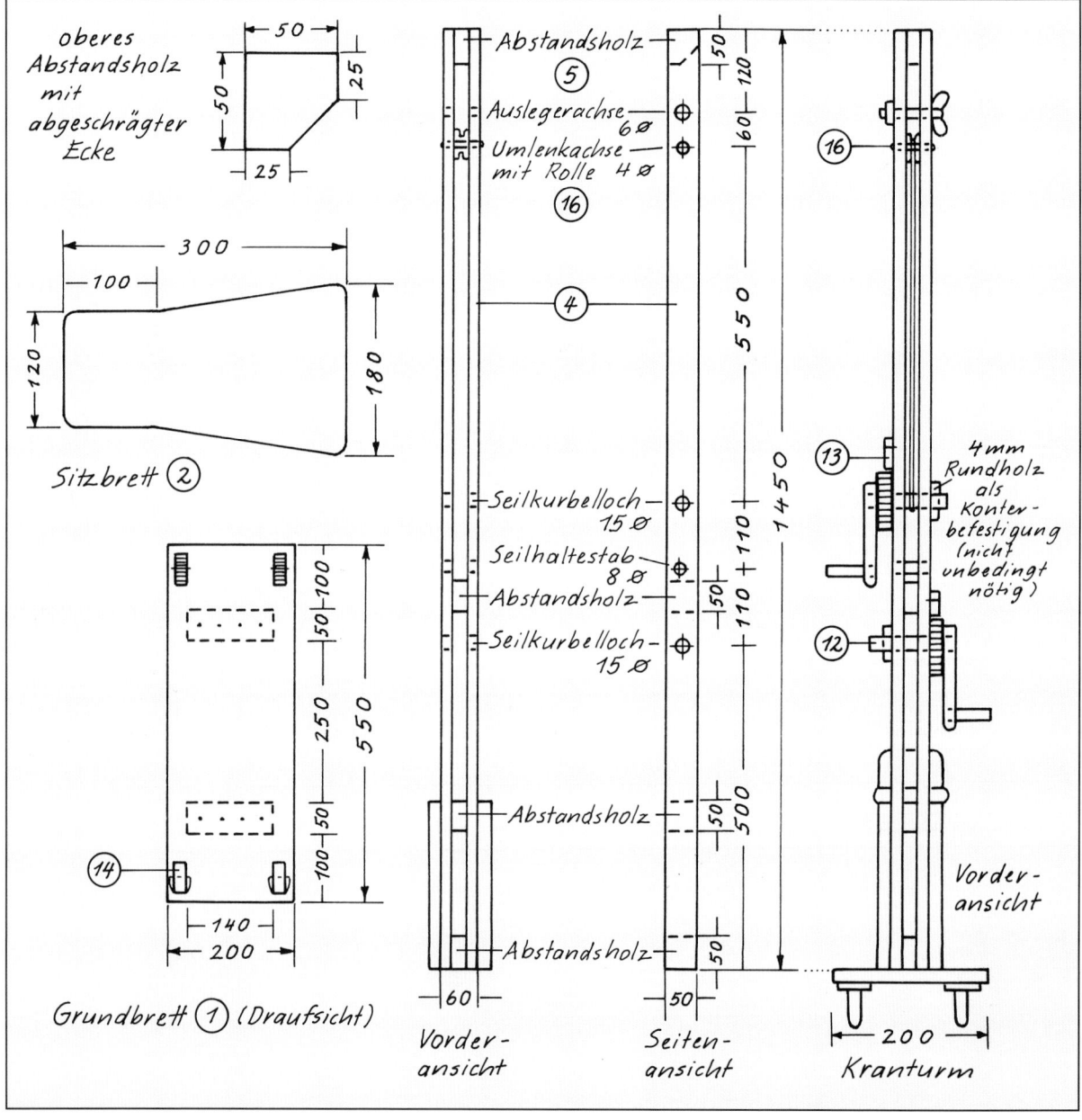

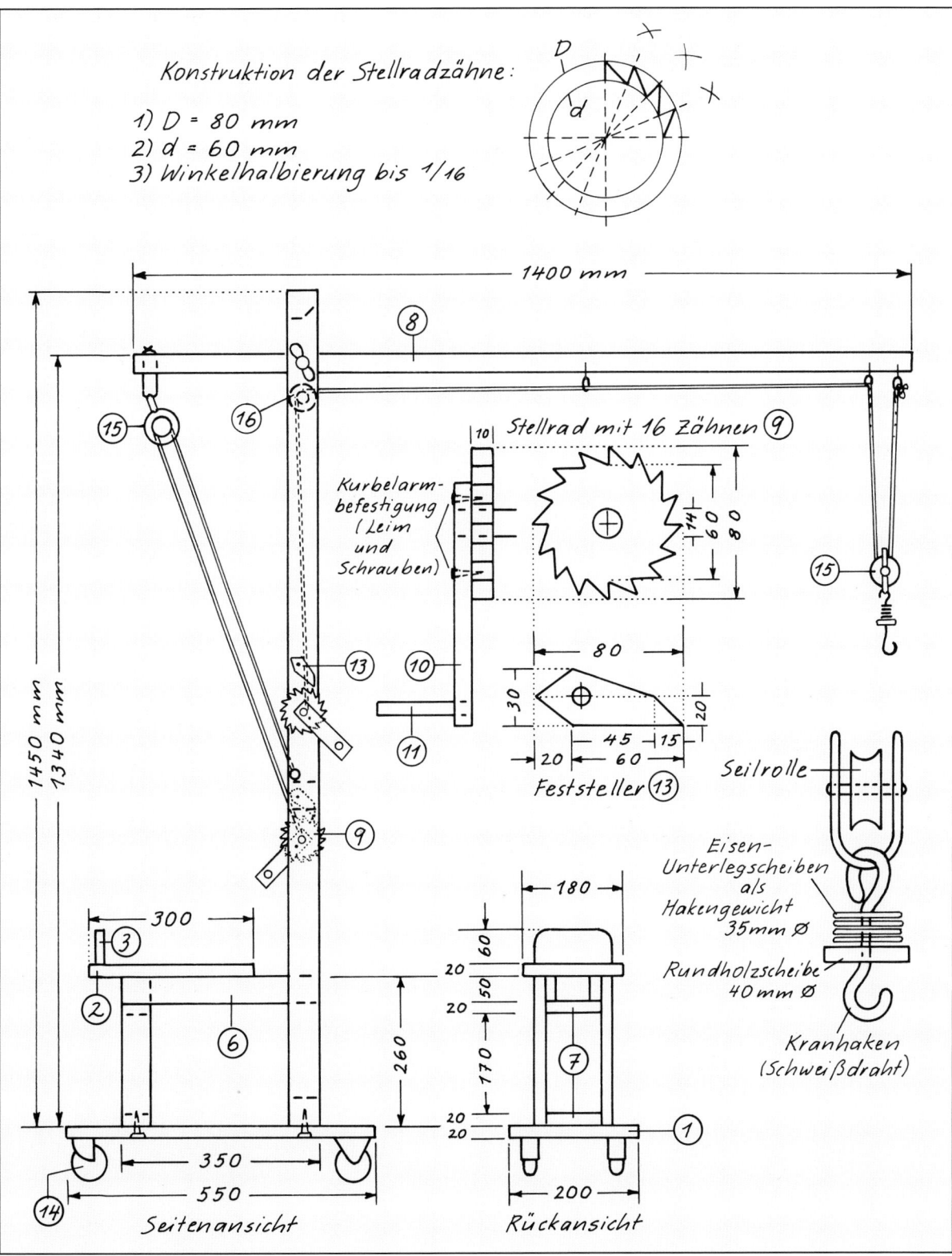

Konstruktion der Stellradzähne:

1) D = 80 mm
2) d = 60 mm
3) Winkelhalbierung bis 1/16

1400 mm

⑧

⑮

⑯

Stellrad mit 16 Zähnen ⑨

Kurbelarm-
befestigung
(Leim
und
Schrauben)

60
80

⑮

⑬

⑩

⑩

80

30   20

45   15

20   60

⑪

Feststeller ⑬

Seilrolle

Eisen-
Unterlegscheiben
als
Hakengewicht
35 mm Ø

Rundholzscheibe
40 mm Ø

Kranhaken
(Schweißdraht)

⑨

1450 mm
1340 mm

300

③

②

⑥

180

60

20

50

20

770

20
20

260

⑦

①

350

550

200

⑭

Seitenansicht

Rückansicht

sen sich die Zugseile befestigen. Dadurch erübrigt sich auch eine Konterbefestigung der Achse. Sie kann durch das aufgerollte Seil nicht mehr aus der Lagerung rutschen. Als Ausleger- und Kranseil verwendet man reißfeste Kunststoffseile, die entsprechend der Abbildung eingezogen werden.

Aus einem Stück Draht kann man einen einfachen Kranhaken biegen und an der vorderen Seilrolle mit einer Öse befestigen.

Besondere Arbeitshinweise:
Bohrungen für Schraubverbindungen werden mit dem Versenker entsprechend erweitert. Alle Teile werden mit Schleifpapier abgeschliffen. Zum Schluss wird das ganze Werkstück lackiert oder gewachst. Die Enden der Kunststoffschnüre fransen nicht aus, wenn sie mit einer Kerzenflamme verschmolzen werden.

Würfelbox

• •

Eine einfache würfelförmige Holzdose erhält einen besonderen Reiz, wenn die Öffnung schräg angesetzt und der Deckel in Farbe und Form gestaltet wird.

Die 6 Teile verbindet man entsprechend der Abbildung vorläufig mit dünnen Drahtstiften (Nägel nicht ganz einschlagen, da die Teile nochmals voneinander getrennt werden müssen). Ausgehend von einer Ecke des Würfels wird über mindestens 3 nebeneinander liegende Würfelflächen ein einfaches Motiv als Umrisszeichnung angebracht. Mit Hilfe einer Schablone gelingt dies auch ungeübten Zeichnern. Dazu wird das Motiv zuerst auf Papier gezeichnet und dann ausgeschnitten. Mit dieser Schablone lassen

In dieser Würfelbox lassen sich viele Kleinigkeiten aufbewahren.

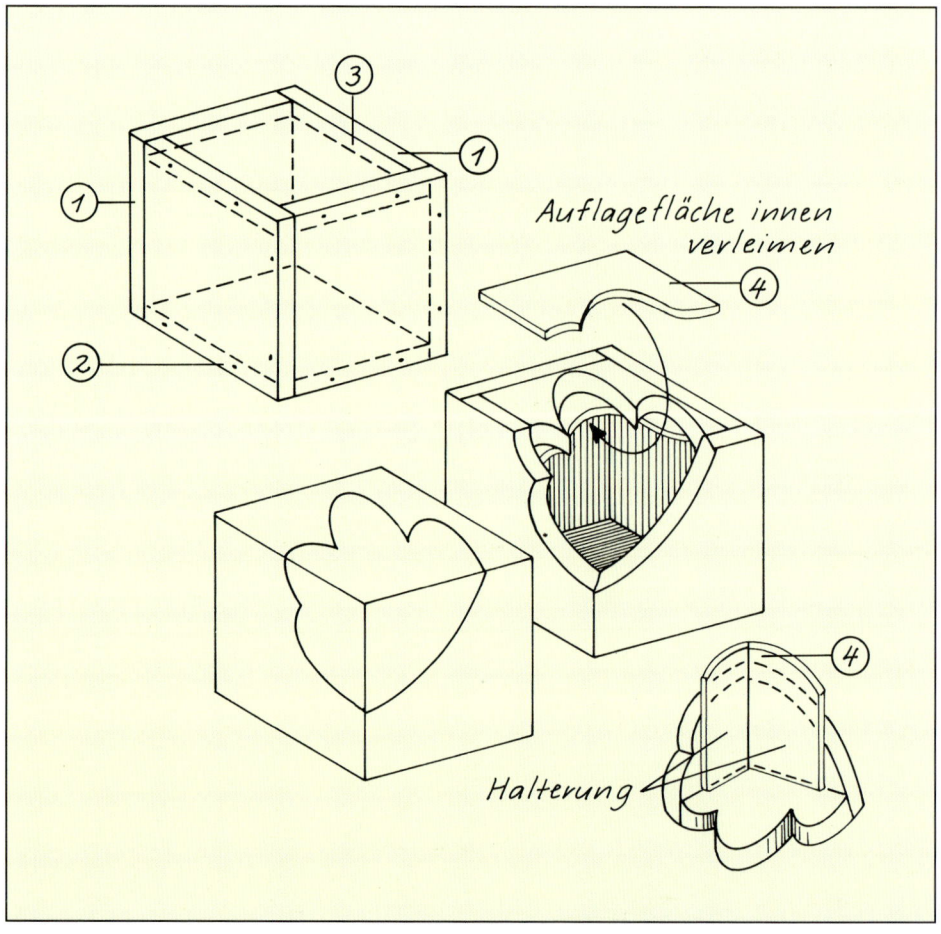

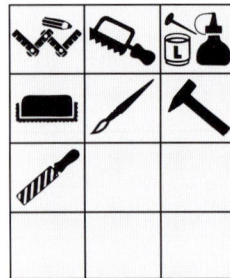

Würfelbox ●●●●

Menge	Bezeichnung	Maße in mm	Material	Kenn-Nr.
4	Seitenteile	8 x 92 x 100	Sperrholz 8 mm stark	1
1	Bodenbrett	8 x 84 x 84	Sperrholz 8 mm stark	2
1	Deckbrett	8 x 84 x 84	Sperrholz 8 mm stark	3
3	Haltebrettchen	nach Bedarf	Sperrholz 4 mm stark	4

Holzleim / Drahtstifte / Farbe / Lack

sich dann die Umrisse ganz leicht auf das Holz übertragen. Die Würfelflächen werden nun wieder auseinander genommen und das Motiv mit der Laubsäge ausgesägt. Das Kästchen wird danach endgültig mit Leim zusammengefügt. Es entstehen 2 Teile: Behälter und Deckel.

Gegen die Innenseite des Behälteroberteils und des Deckels leimt man jeweils dünne Brettchen (3–4 mm überstehen lassen). Dadurch wird ein Abrutschen des Deckels nach außen verhindert.

Die Holzdose wird nun sauber gespachtelt, abgeschliffen, grundiert und zweifarbig bemalt (z. B. Behälter weiß/Deckel schwarz). Ein abschließender Überzug mit Lack bringt Glanz, ist aber nicht unbedingt notwendig.

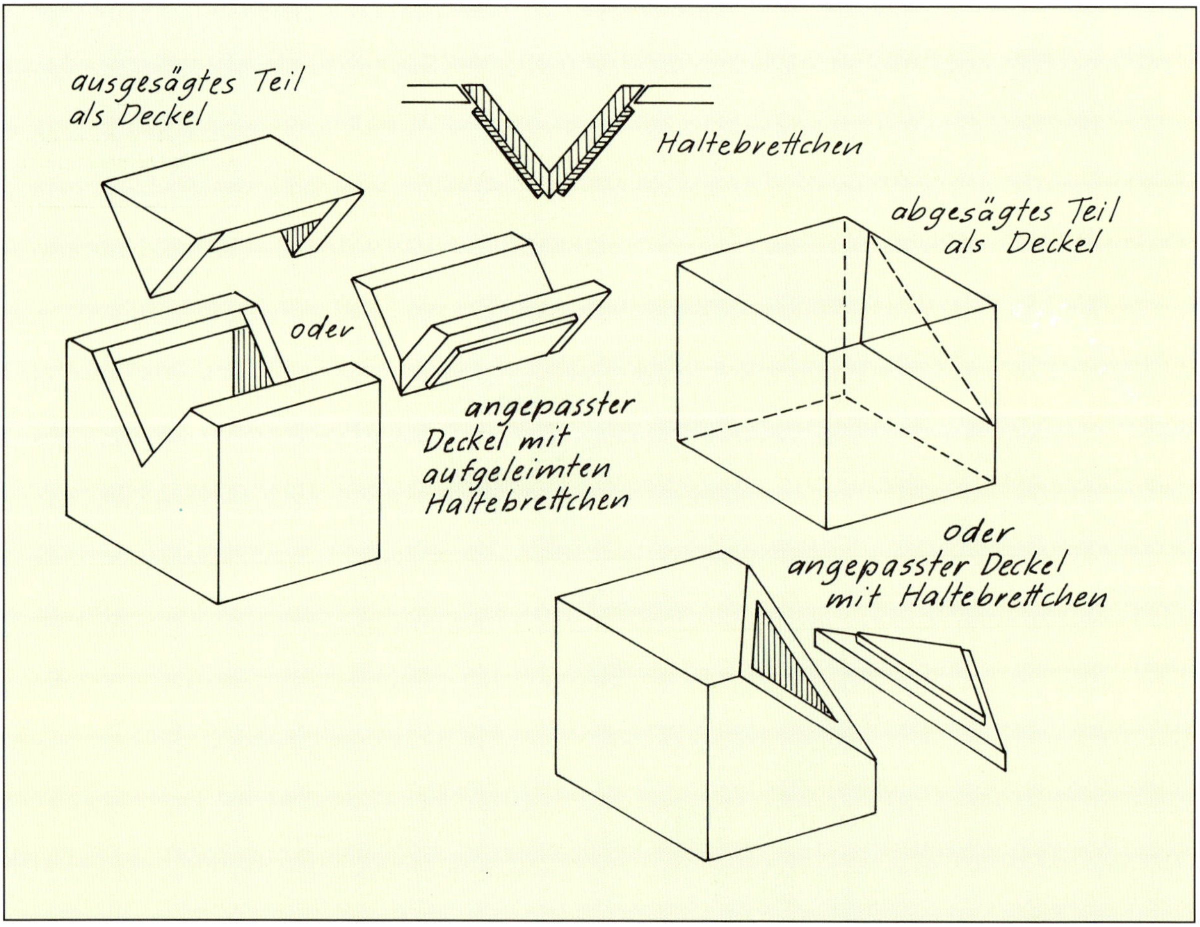

ausgesägtes Teil
als Deckel

Haltebrettchen

abgesägtes Teil
als Deckel

oder

angepasster
Deckel mit
aufgeleimten
Haltebrettchen

oder
angepasster Deckel
mit Haltebrettchen

Würfelbox
(Abwandlung)

Aus einem fest verleimten Würfel nach obiger Anleitung sägt man mit einer feinen Bandsäge (oder Feinsäge) den Deckel heraus.

Das herausgesägte Stück kann mit den entsprechenden Halterungen (dünne überstehende Brettchen wie auf S. 70 beschrieben) als Deckel eingefügt werden. Interessant ist jedoch auch eine Deckelkonstruktion, die sich der ausgesägten Form anpasst und damit die Form der Holzdose verändert. Mit Stift- oder Bandscharnieren wird der Deckel mit dem Behälter verbunden.

Windlicht
• •

Durch die Boden- und die Deckplatte wird ein Laternenrahmen aus quadratischen Leisten mit eingepassten Glasscheiben zusammengehalten. Eine Seite der Laterne kann mit einem Türchen geöffnet werden.

Fertigung der Boden- und der Deckplatte: Im Abstand von 15,5 mm vom Brettrand entfernt werden die Mittelpunkte für vier Bohrlöcher angezeichnet. Mit einem 9-mm-Holzbohrer durchbohrt man die Bretter. Das Deckbrett erhält zudem in der Mitte eine große Bohrung (60 mm Durchmesser) als Lüftungsöffnung und zur Wärmeabführung. Die Kanten der Brettchen werden abschließend mit einer Feile oder dem Schleifpapier gefast (gebrochen).

Eine schöne Holzlaterne für die Terrasse oder den Zeltplatz. Die Kerze ist sicher verwahrt, sodass die Laterne auch bei Wind benutzt werden kann.

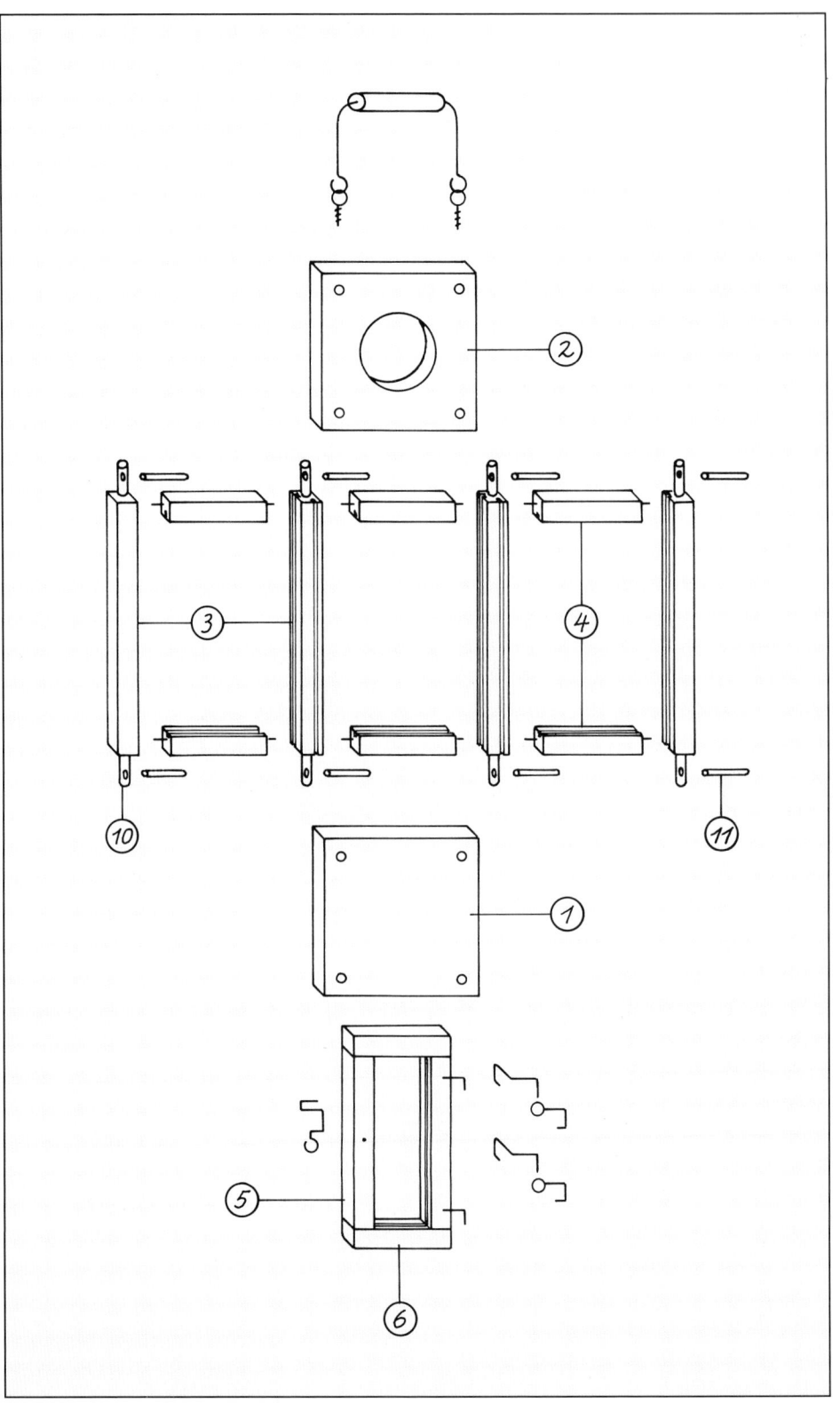

Windlicht ●●●●●

Menge	Bezeichnung	Maße in mm	Material	Kenn-Nr.
1	Bodenplatte	12 x 126 x 126	Fichtenholz (massiv)	1
1	Deckplatte	12 x 126 x 126	Fichtenholz (massiv)	2
4	Rahmenleisten	15 x 15 x 200	Hartholzleisten	3
6	Rahmenleisten	15 x 15 x 80	Hartholzleisten	4
2	Türleisten	15 x 15 x 166	Hartholzleisten	5
2	Türleisten	15 x 15 x 76	Hartholzleisten	6
32	Scheibenleisten	5 x 5 Länge entsprechend der Rahmen- und Türleisten	Hartholzleisten	7
3	Glasscheiben	2 x 85 x 175 oder 2 x 80 x 170	Bilderrahmenglas	8
1	Glasscheibe für die Tür	2 x 52 x 170 oder 2 x 46 x 166	Bilderrahmenglas	9
8	Holzdübel	8 x 34 ø	Buchenrundholz	10
8	Verschlusshölzer	4 x 20 ø	Buchenrundholz	11
1	Blechhaube	1 x 60 x 210	Kupfer- oder Schwarzblech	12

Haselnuss- oder Holunderstock als Handgriff / Holzleim / Draht (Schweißdraht) / Drahtstifte / Schraubösen / Lack / Wachs

Die Leisten, die das eigentliche Laternengerüst bilden, erfordern die meiste Arbeit. Am besten lässt man sich entsprechende Meterware vom Schreiner oder von einem geübten Bastler anfertigen (quadratischer Querschnitt 15 x 15 mm).

Mit einer Oberfräse oder einem Fräsvorsatz für die Bohrmaschine schneidet man längs in diese Leisten eine Nut (3 mm breit / 3,5 mm tief). Diese Nut sollte möglichst knapp hinter der Außenkante gefräst werden. *Hinweis:* Wer keine Maschine für die schwierige Rahmenkonstruktion mit der eingefrästen Nut zur Verfügung hat, kann eine einfachere Konstruktion mit aufgesetzten Scheibenleisten wählen (siehe Abbildung). Diese so vorgefertigten Leisten werden nun mit einer Feinsäge auf die notwendigen Längen zugeschnitten.

In die Stirnseiten der langen Rahmenleisten werden mit einem 8-mm-Bohrer Löcher (10 mm tief) gebohrt und Dübelhölzer, die nach dem Einleimen 24 mm aus der Leiste herausragen sollen, eingesetzt.

Diese Rundhölzer werden mit einem 4-mm-Bohrer im Abstand von 14 mm, von der Leiste aus gemessen, durchbohrt. Diese Löcher nehmen später die Verschlusshölzer auf (Rundholz 20 mm lang / 4 mm Durchmesser).

In die Stirnseiten der Querleisten werden nadeldünne Nägel ohne Köpfe gesteckt (oder abgebrochene Nadeln). Sie sollten nicht mehr als 2–3 mm aus dem Holz hervorstehen und werden beim Zusammenbau seitlich in die langen Leisten gedrückt. Dadurch ergibt sich eine ausreichend stabile Verbindung der Rahmenkonstruktion.

Scheiben: Aus 2-mm-Fensterglas (Bilderrahmenglas) werden mit dem Glasschneider drei gleich große Scheiben für die feststehenden Seiten der Laterne zugeschnitten. Für das Türchen benötigt man eine weitere, etwas kleinere Scheibe.

Türchen: Während die übrige Laterne mit Steckverbindungen zusammengehalten wird, muss die Tür aus Gründen der Stabilität fest verleimt werden. Die Eckverbindungen werden zusätzlich mit Holzdübeln aus-

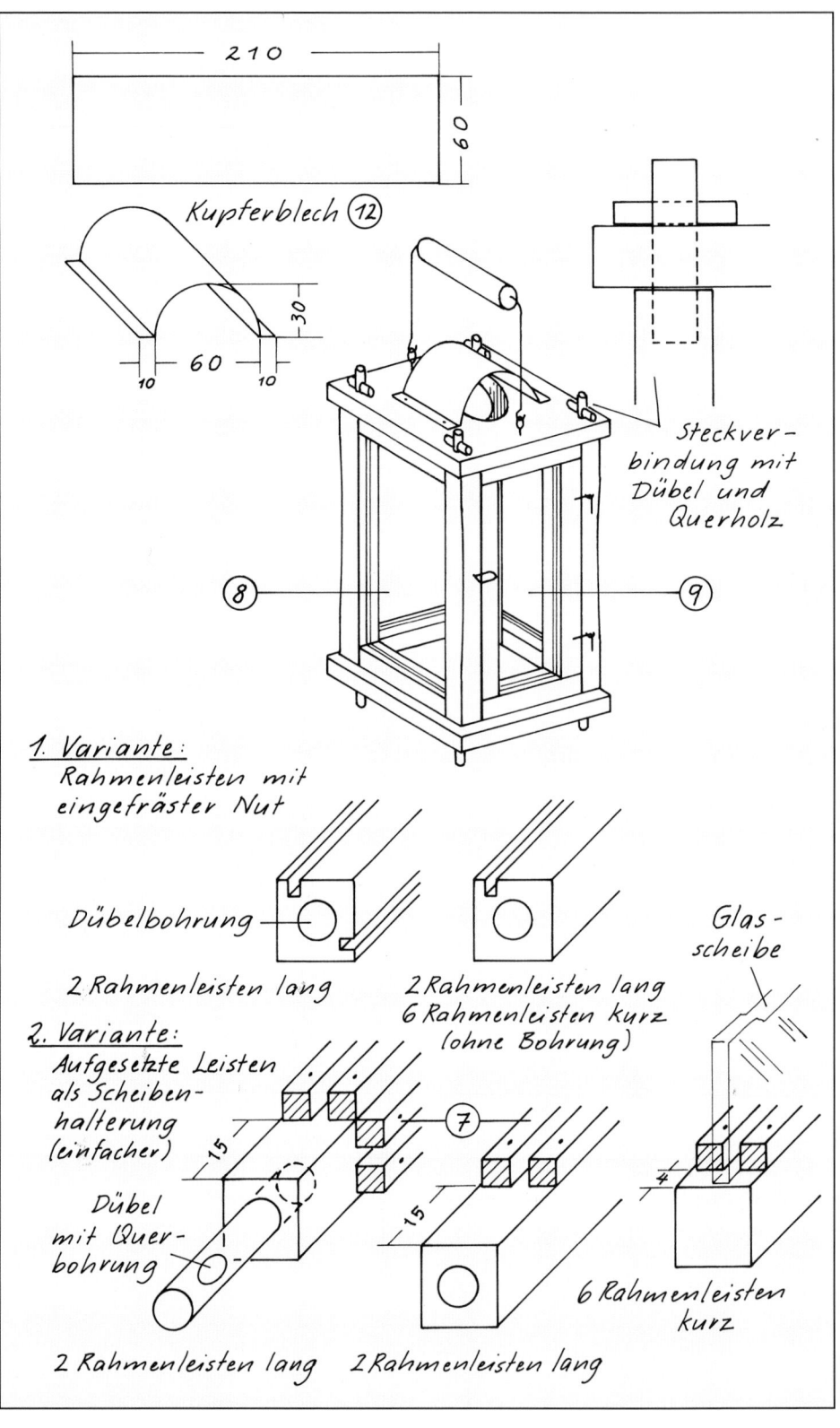

210

60

Kupferblech ⑫

30

60

10 10

Steckver-
bindung mit
Dübel und
Querholz

⑧   ⑨

1. Variante:
Rahmenleisten mit
eingefräster Nut

Dübelbohrung

2 Rahmenleisten lang

2 Rahmenleisten lang
6 Rahmenleisten kurz
(ohne Bohrung)

Glas-
scheibe

2. Variante:
Aufgesetzte Leisten
als Scheiben-
halterung
(einfacher)

15

⑦

15

4

Dübel
mit Quer-
bohrung

6 Rahmenleisten
kurz

2 Rahmenleisten lang   2 Rahmenleisten lang

geführt. Vor dem Verleimen des Türchens muss die Glasscheibe eingesetzt werden. Verschluss und Scharniere der Tür werden aus Draht gefertigt (siehe Abbildung).

Aus Kupfer- oder Schwarzblech wird eine Abdeckhaube hergestellt und mit Nägeln über dem Lüftungsloch befestigt. Zwei Schraubösen im Deckbrett der Laterne dienen der Befestigung des Tragbügels, der aus Draht gebogen wird und ein durchbohrtes Rundholz (Haselnuss oder Holunder) als Handgriff erhält.

Besondere Arbeitshinweise zur Montage der Scheibenleisten:
1. Laterne zusammenbauen
2. innere Scheibenleisten anbringen
3. Glasscheiben einlegen
4. äußere Scheibenleisten anbringen

Werkzeugkiste

• •

Zwei lange Ablagefächer mit einem Tragegriff bilden das Oberteil der Kiste; im unteren Teil sind vier Schubladen für Kleinteile eingebaut.

Die einzelnen Bauteile werden durch Zapfen verbunden, geleimt und mit Holzdübeln versehen. Die einzigen Metallteile am Werkstück sind vier Messingschrauben als Befestigung für die Schubladenriegel.

Als Baumaterial verwendet man gehobeltes Fichtenholz, 16 mm stark (Leimholz). Bei der Herstellung der Einzelteile ist darauf zu achten, dass die Holzmaserung an der fertigen Kiste horizontal verläuft. Die großen Einzelteile werden am besten auf einer Kreissäge zugeschnitten (beim Schreiner, im Baumarkt oder im Holzhandel). Beim Anzeichnen und Aussägen der Zapfen und Ausschnitte ist es wichtig, millimetergenau zu arbeiten.

Zuerst werden die Zapfen und Ausschnitte am Mittelteil und an den langen Seitenteilen angezeichnet. Die Maße sind der Abbildung

zu entnehmen. Mit der Dekupiersäge kann man die Teile leicht ausschneiden. Wer ein solches Gerät nicht zur Verfügung hat, sägt die Bretter an den angezeichneten Stellen ein und sticht mit dem Stemmeisen den Ausschnitt heraus. Damit das Holz dabei nicht ausreißt, wird zuerst die Holzmaserung bis zur halben Holzstärke abgestochen, das Brett dann gewendet und von der anderen Seite vollständig mit dem Eisen durchtrennt. Die Grifföffnung (Langloch) im Mittelteil erfordert behutsames Arbeiten mit dem Stemm- und Hohleisen. Man kann sich die Arbeit erleichtern, wenn an den Rundungen eine enge Reihe Löcher gebohrt wird. Mit dem Hohleisen lässt sich das Holz dann leichter abstechen. Besonders einfach ist das Griffloch jedoch mit einem 25-mm-Topfbohrer (Astlochbohrer) anzufertigen (siehe Abbildung). Man erzielt damit sehr gleichmäßige Rundungen. Mit der Stichsäge wird das Holz zwischen den Bohrungen herausgesägt.

Das fertige Mittelteil und die langen Seitenteile dienen als Vorlage für das Anzeichnen der Ausschnitte an den kurzen Seitenteilen. Dadurch erreicht man fast zwangsläufig eine genaue Passung der einzelnen Bretter. Die Einzelteile sollen sich stramm, aber leicht zusammenstecken lassen. Die Berührungsflächen der Bretter werden vor dem Zusammenbau mit Holzleim bestrichen.

Ein Rahmenspanner, in halber Höhe um die Kiste gelegt, gibt dem Werkstück genug Festigkeit, um zusätzlich Dübelverbindungen anzubringen. Entsprechend den Abbildungen werden die Dübellöcher gebohrt (6 mm) und passende Dübelhölzer eingeleimt.

Auch die Bodenbretter (Zwischenboden und unterer Boden) können so mit Leim eingesetzt und verdübelt werden.

Die Schubfächer sind wegen der dicken Bretter sehr einfach herzustellen: Die Seitenteile werden stumpf verleimt und verdübelt (dazu mit einer Schraubzwinge oder dem Rahmenspanner fixieren). In diesen Rahmen wird der Boden eingesetzt und mit dem Topfbohrer ein Griffloch gebohrt.

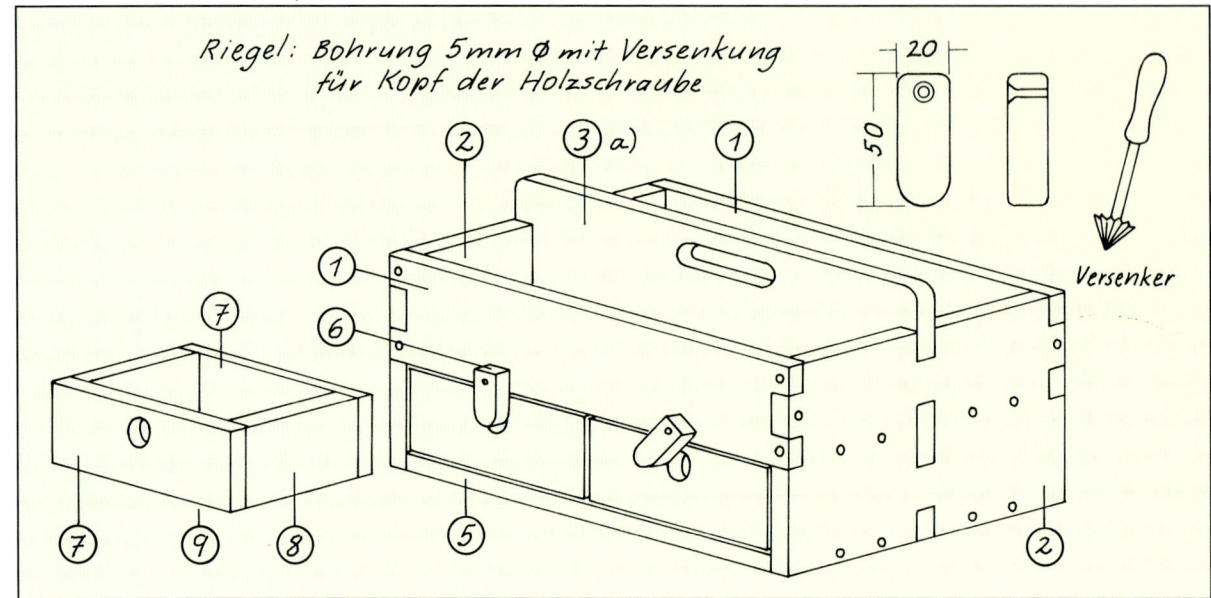

Abschließend müssen über die Schubladen noch die Riegel geschraubt werden. Sie verhindern ein unbeabsichtigtes Herausrutschen der Fächer.

Zur Oberflächenbehandlung des Fichtenholzes, nach dem Schleifen mit feinem Schleifpapier, eignet sich ein schnell trocknender Klarlack (zwei Lackierungen mit Zwischenschliff) oder ein einfaches Bodenwachs sehr gut. Die Werkzeugkiste kann aber auch mit wasserfesten Acrylfarben bunt angemalt werden.

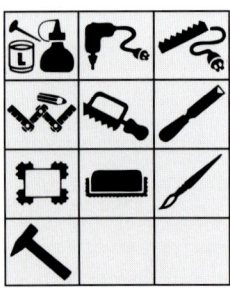

Werkzeugkiste ●●●●●

Menge	Bezeichnung	Maße in mm	Material	Kenn-Nr.
2	Längsseitenteile	16 x 100 x 400	Fichtenleimholz 16 mm stark	1
2	Stirnseitenteile	16 x 200 x 280	Fichtenleimholz 16 mm stark	2
1	Mittelteil	a) 16 x 240 x 400 b) 16 x 300 x 400	Fichtenleimholz 16 mm stark	3a) 3b)
2	Zwischenböden	16 x 116 x 368	Fichtenleimholz 16 mm stark	4
2	Bodenplatten	16 x 132 x 368	Fichtenleimholz 16 mm stark	5
4	Riegel	16 x 20 x 50	Fichtenleimholz 16 mm stark	6
8	Vorder- und Rückseiten für Schubladen	16 x 82 x 182	Fichtenleimholz 16 mm stark	7
8	Seitenteile für Schubladen	16 x 82 x 100	Fichtenleimholz 16 mm stark	8
4	Bodenteile für Schubladen	16 x 100 x 150	Fichtenleimholz 16 mm stark	9

Rundholzdübel 6 mm ø / Messingschrauben 4,5 x 30 mm / Holzleim / Klarlack oder Wachs

In dieser praktischen Kiste lassen sich nicht nur Werkzeuge hervorragend aufbewahren.

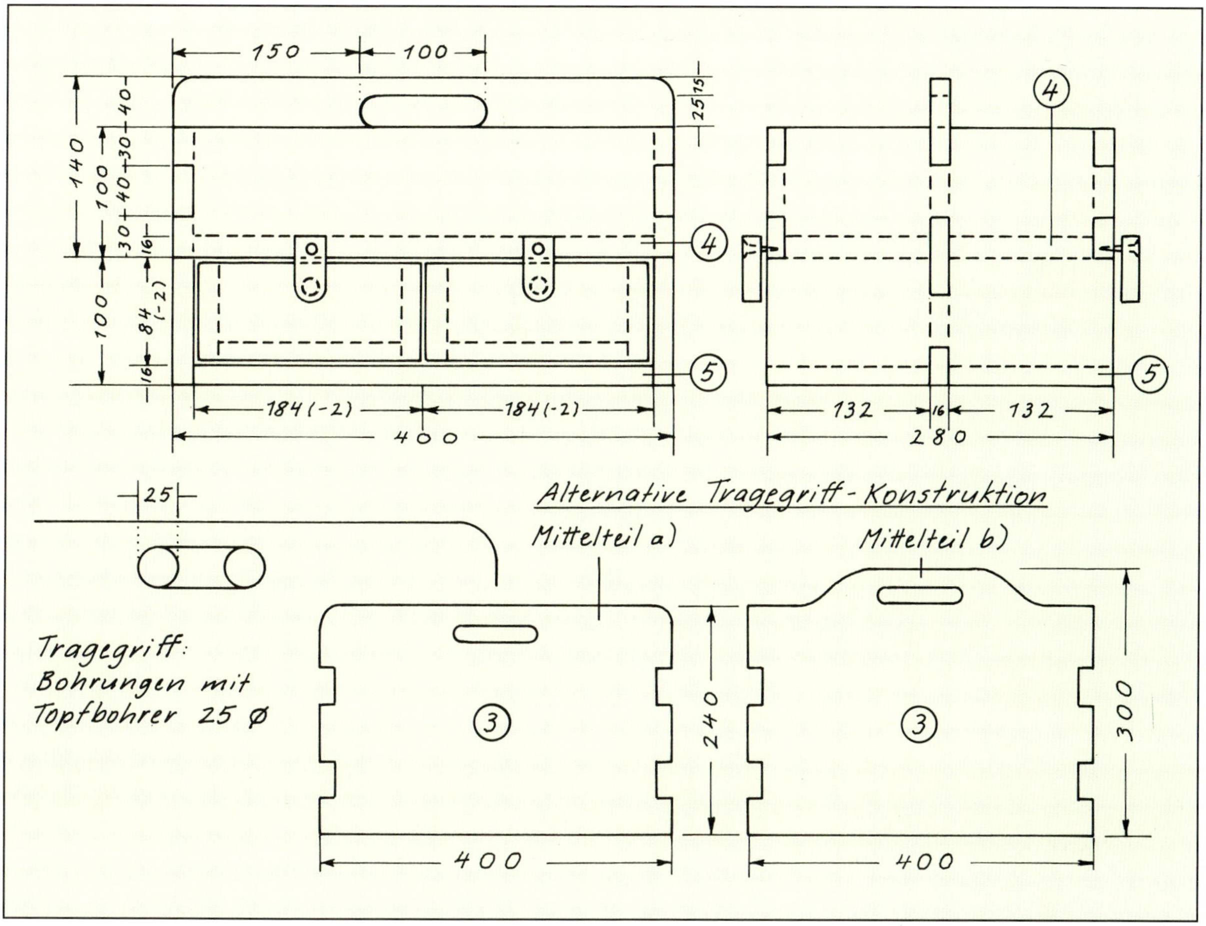

150 ── 100

140 100 100

40 40 30 40 30 16 84 (-2) 16

25 15

④

⑤

184 (-2) ── 184 (-2)

400

④

⑤

132 ── 16 ── 132

280

25

**Tragegriff:
Bohrungen mit
Topfbohrer 25 Ø**

Alternative Tragegriff-Konstruktion

Mittelteil a) Mittelteil b)

③ ③

240 300

400 400

IV. Werken mit Papier und Karton

Recycling-Papier

Papier wird aus Holz und aus Stofffasern hergestellt. Durch Zerkleinern und Kochen dieser Grundstoffe und unter Zugabe von Chemikalien, Füllstoffen und Wasser wird die „Pulpe" (Faserbrei) hergestellt, aus der die Papierbogen „geschöpft" werden.

Recycling-Papier ist viel einfacher herzustellen. Man zerkleinert weichfaseriges Papier und Kartonmaterial (Eierkarton, farbige Pappeinlagen aus Obstkisten, Servietten oder Zeitungen) und weicht es in Wasser ein. Diese Masse kann mit einem Küchenmixer weiter zerkleinert werden. Der feine Faserbrei wird in der „Bütte" (Schöpfwanne) stark mit Wasser verdünnt (ca. 5–6 Liter

Pflanzenteile, Federn, farbige Papierstücke und andere flache Gegenstände können mit dem Papierbrei geschöpft und in das Papier mit eingepresst werden.

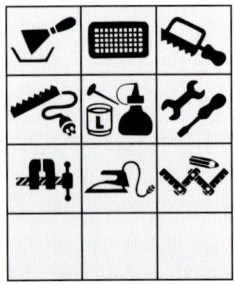

Recycling-Papier   ●●

Menge	Bezeichnung	Maße in mm	Material	Kenn-Nr.
–	Eierkarton, Pappeinlagen	–	Weichfaserkarton	
1	Schöpfrahmen (Doppelrahmen)	250 x 300	Holzleisten mit Drahtgitter	1/2/3
1	Rahmenabdeckung	250 x 300	wasserfestes Sperrholz	4
2	Pressplatten	300 x 400	Spanplatte beschichtet	6

Messingschrauben / Gautschtuch

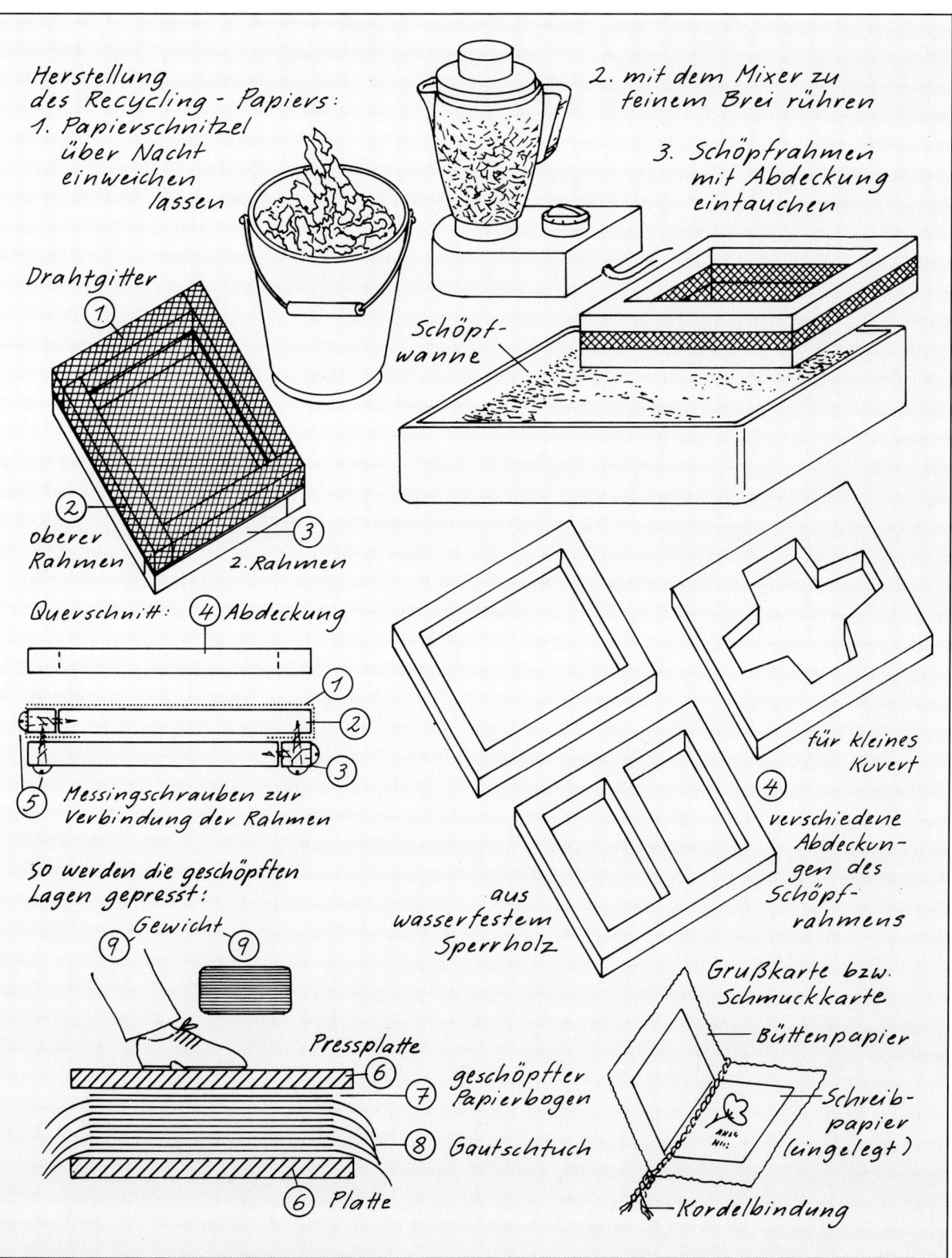

Herstellung
des Recycling-Papiers:
1. Papierschnitzel
   über Nacht
   einweichen
      lassen

2. mit dem Mixer zu
feinem Brei rühren

3. Schöpfrahmen
mit Abdeckung
eintauchen

Drahtgitter

Schöpf-
wanne

① oberer
Rahmen

②

③ 2. Rahmen

Querschnitt: ④ Abdeckung

①
②
③
⑤ Messingschrauben zur
Verbindung der Rahmen

für kleines
Kuvert

④ verschiedene
Abdeckun-
gen des
Schöpf-
rahmens

aus
wasserfestem
Sperrholz

So werden die geschöpften
Lagen gepresst:

⑨ Gewicht ⑨

Pressplatte
⑥
⑦ geschöpfter
Papierbogen
⑧ Gautschtuch

⑥ Platte

Grußkarte bzw.
Schmuckkarte
— Büttenpapier

— Schreib-
papier
(eingelegt)

— Kordelbindung

Wasser für 20 Gramm Altpapier-Trockenmasse).

Die nicht gelösten, auf der Wasseroberfläche schwimmenden Teile müssen herausgefischt werden. Dann rührt man die Pulpe kräftig durch.

Zum Schöpfen des Papiers braucht man Schöpfrahmen. Diese werden aus Holzleisten mit Messingschrauben zusammengebaut. Wer mit einer elektrischen Stichsäge oder einer Dekupiersäge umgehen kann, sägt den Deckel aus einer wasserfest verleimten Sperrholzplatte. Dadurch können je nach Abdeckung verschiedene Papierformate geschöpft werden.

Das Drahtgitter (Fliegengitter) zum Bespannen der Rahmen gibt es im Baumarkt oder in einer Metallwarenhandlung zu kaufen. Es muss aus nichtrostendem Material sein, sonst verwendet man lieber ein Kunststoffgewebe.

Zum „Schöpfen" wird auf das Sieb die Abdeckung gesetzt, beides mit den Händen zusammengehalten und senkrecht in das Papierfaserwasser getaucht. In der Pulpe dreht man das Gerät in die waagrechte Position und hebt es langsam nach oben. Auf dem Sieb hat sich eine gleichmäßige Faserschicht abgelagert. Vorsichtig hält man den Rahmen etwas schräg, damit überschüssiges Wasser ablaufen kann. Dann wird der Rahmendeckel abgehoben, anschließend das Sieb, mit der Faserschicht nach unten, auf ein feuchtes „Gautschtuch", das auf einer „Pressplatte" liegt, gestürzt. Als Gautschtuch eignet sich weißer Filz oder anderes saugfähiges Textilmaterial; als Pressplatten verwendet man resopalbeschichtete Spanplatten. Wenn das Sieb hochgehoben wird, bleibt die Papierfaserschicht auf dem Tuch zurück. Ein zweites feuchtes Tuch wird darüber gelegt und der nächste geschöpfte Papierbogen darauf gestürzt.

Für jedes Blatt wiederholt sich dieser Vorgang. Dabei muss die Pulpe ständig aufgerührt und der entnommene Faserstoff durch neuen ersetzt werden. Auf das oberste Gautschtuch wird die zweite Pressplatte gelegt und der ganze Stapel ausgepresst.

Läuft kein Wasser mehr heraus, werden die Tuchlagen mit dem unten anhaftenden Papier auf Zeitungsunterlagen gedrückt und vorsichtig vom geschöpften Papierbogen abgezogen. Das feuchte Papier wird zum Trocknen flach ausgelegt oder über einen Rundholzstab gehängt. Durch Pressen oder Bügeln wird das Papier weiter geglättet. Hierzu eignet sich sehr gut eine Fotopresse. Aus dem geschöpften Papier kann man Schmuckkarten, Faltschachteln, Briefumschläge usw. herstellen. Für Schreibpapiere müssen dem Faserbrei Leim und Füllstoffe beigemengt werden (z. B. Weißleim und Kaolin).

Faltschachtel

Die quadratische Faltschachtel ist ein sehr beliebtes Papierwerkstück. Man kann damit Geschenke liebevoll verpacken oder persönliche Dinge aufbewahren.

Für jede Schachtel braucht man zwei quadratische Papiere, wobei jedoch die Seitenlängen für den Deckel größer sein müssen als für den Behälter (z. B. 15 cm / 16 cm oder 25 cm / 26 cm oder 35 cm / 37cm). Das Falten ist einfach, erfordert aber sehr genaues Arbeiten:

1. Diagonalen des Quadrates einfalten;
2. Ecken bis zur Quadratmitte einschlagen;
3. nacheinander alle vier Seiten des eingefalteten Quadrates bis zur Mitte einschlagen und nach dem Abstreifen der Faltung wieder zurückklappen;
4. zwei gegenüberliegende Ecken wieder aufklappen und links und rechts der Spitzen entlang der Knifflinien zwei Felder tief einschneiden;
5. die beiden anderen Ecken auch aufklappen und nun zweimal nach innen wickeln, hochstellen und an den Einschnittgrenzen nach innen abwinkeln;
6. abschließend die noch freien Ecken über die losen Wandteile ins Schachtelinnere einschlagen.

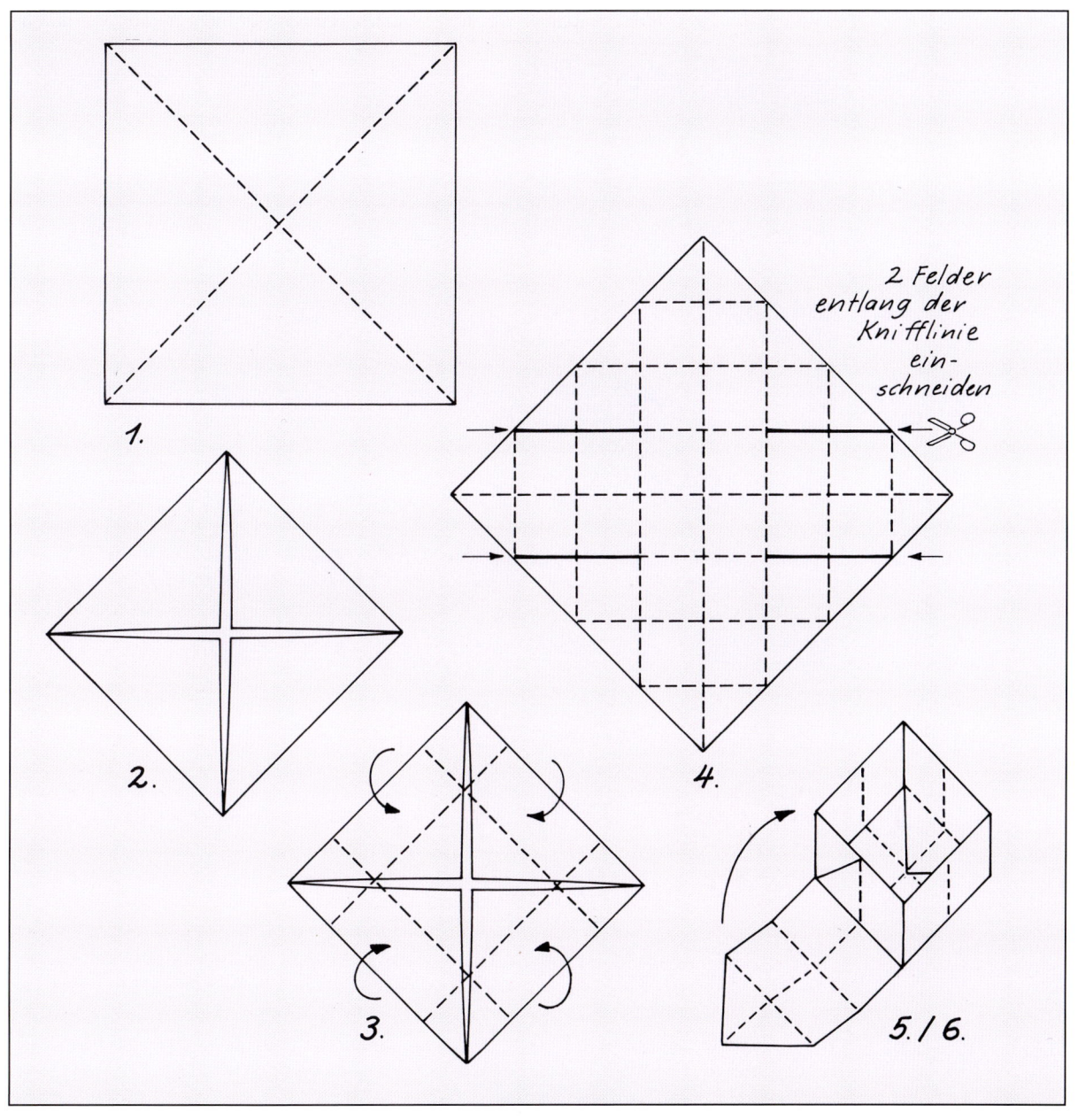

1.

2.

3.

4.

*2 Felder
entlang der
Knifflinie
ein-
schneiden*

5. / 6.

Faltschachtel ●●

Menge	Bezeichnung	Maße in mm	Material	Kenn-Nr.
1	Quadrat	250 x 250	Schmuckpapier	
1	Quadrat	260 x 260	Schmuckpapier	

Die Faltschachteln werden besonders schön, wenn man ausgesuchte Papiere verwendet, wie zum Beispiel selbst geschöpftes Papier, marmoriertes Papier, Geschenkpapier, Poster, Plakate oder mit dem Farbkopierer vergrößerte Fotos.

Falttüte aus Papier

Als Ausgangsmaterial eignen sich stärkere Papiere wie Packpapier, bedrucktes Glanzpapier oder auch Plakate und Poster. Einzelne Bereiche der Tasche werden mit Kartonunterlagen verstärkt (Trageleiste / Taschenboden).

Eine besonders große Haltbarkeit erreicht man, wenn das Papier vor der Verarbeitung mit selbstklebender Folie überzogen wird. Für eine mittelgroße Tasche muss das Papier 70 cm lang und 60 cm breit sein. Auf der Rückseite des Bogens zeichnet man mit einem Bleistift die Knicklinien an und faltet das Papier entsprechend der Zeichnung. Wurde das Papier mit Folie bezogen, muss jede Kante mit dem Falzbein nachgerieben werden.

Der obere Taschenrand wird nach innen umgeschlagen und mit festen Kartonstreifen, die in den Saum eingeklebt werden, verstärkt. In diese Trageleisten werden mit einer Ösenzange Metallösen für die Trageschnüre eingepresst.

Folgende Arbeitsschritte können nun nacheinander erledigt werden:

1. Seitenteile V-förmig nach innen falten;
2. Vorder- und Rückseite deckungsgleich übereinander legen und seitlich verkleben;
3. Boden einfalten und verkleben;
4. Bodenverstärkung (Karton) einkleben;
5. Tragekordel einziehen.

Falttüte ●●

Menge	Bezeichnung	Maße in mm	Material	Kenn-Nr.
1	Papier	700 x 300	Papier	1
2	Trageleisten	210 x 25 x 2	Karton	2
1	Bodenverstärkung	215 x 115 x 2	Karton	3

Tragekordel / Ösen / Kontaktkleber / Folie

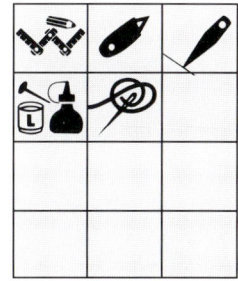

Die Falttüte eignet sich besonders als Geschenktüte. Sie kann nach Wunsch gestaltet und in beliebiger Größe gefaltet werden.

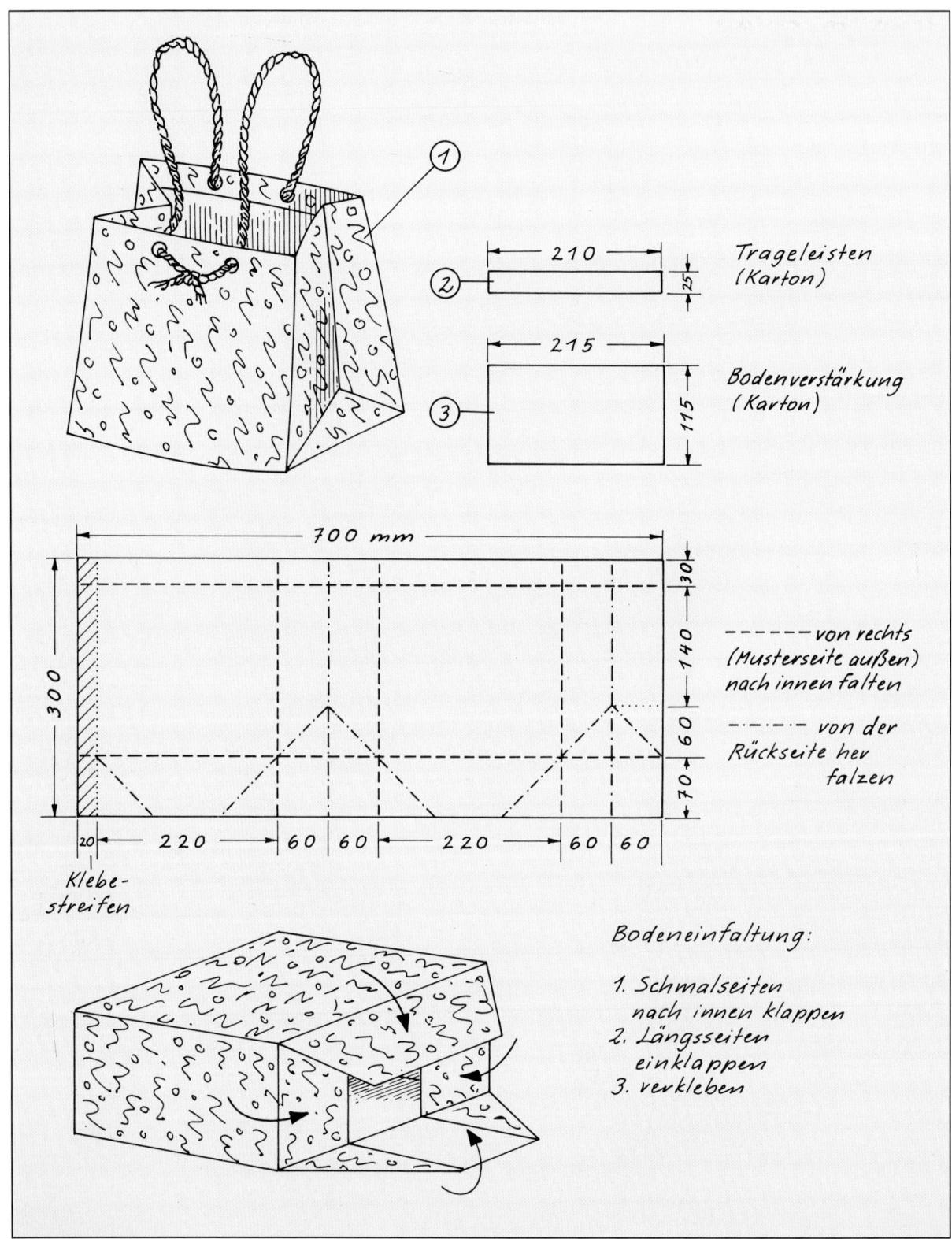

Trageleisten (Karton)

210 — 25

Bodenverstärkung (Karton)

215 — 115

700 mm

300

30 · 140 · 60 · 70

- - - - - - von rechts
(Musterseite außen)
nach innen falten

-·-·-·- von der
Rückseite her
falzen

20 · 220 · 60 · 60 · 220 · 60 · 60

Klebe-
streifen

Bodeneinfaltung:

1. Schmalseiten
   nach innen klappen
2. Längsseiten
   einklappen
3. verkleben

Briefumschlag

Ein besonderer Brief, ein schönes Bild oder eine persönliche Einladung erfordern einen individuellen Briefumschlag. Diese Briefe werden auch von der Post ohne Probleme befördert. Man verwendet dafür nicht zu dünnes Schmuck- oder Geschenkpapier. Auch alte Kalenderblätter, Packpapier, Fotokopien (in Farbe oder Schwarzweiß) von einem Foto, Poster und selbst geschöpftes Recycling-Papier eignen sich dafür. Die umseitige Zeichnung kann auf einem Kopiergerät beliebig vergrößert werden und als Schablone zur Serienfertigung dienen.

Für eine mittelgroße Briefkarte benötigt man einen Umschlag mit den angegebenen Maßen. Eine entsprechende Schablone kann man mit Hilfe der Maß- und Winkelangaben aus einem Karton herstellen. Mit der Schablone werden die Umrisse des Umschlags auf das Papier aufgezeichnet und dann mit der Schere ausgeschnitten. Anschließend werden mit einem untergelegten Zeitungspapier die Umschlaglaschen über ein Lineal nach innen geschlagen.

Wichtig: Knickkanten vorher genau mit einem Bleistift markieren.

Zuletzt werden in der angegebenen Reihenfolge a, b, c die Laschen miteinander verklebt. Damit der Umschlag durch eventuell austretenden Klebstoff nicht unbrauchbar wird, steckt man die Papiertasche vorher auf eine maßgenaue Klebeschablone aus Karton oder dünnem Plexiglas.

Ein Futter aus Seidenpapier gibt den Briefumschlägen mehr Qualität. Es wird einfach vor dem Zusammenkleben eingelegt.

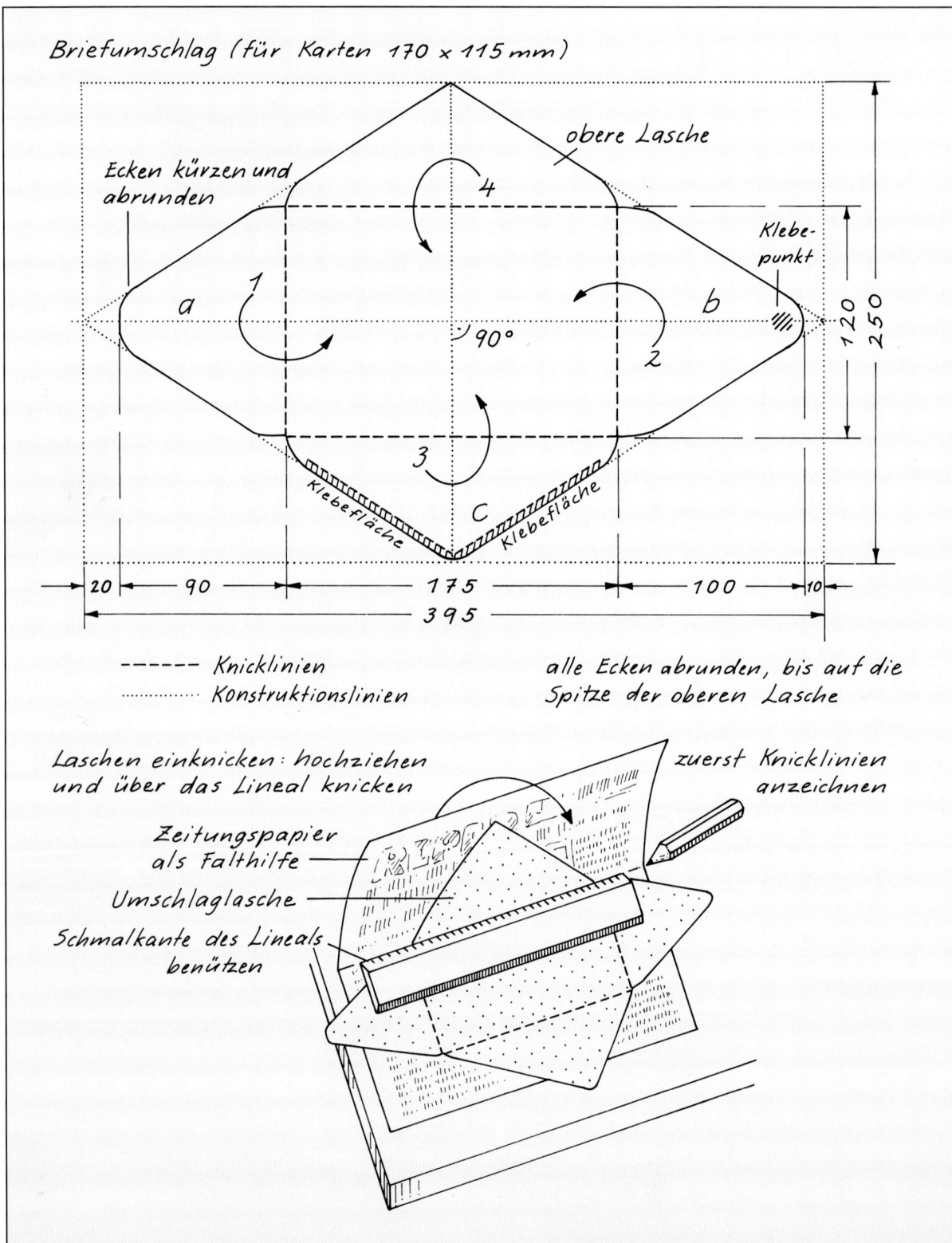

Briefumschlag (für Karten 170 x 115 mm)

obere Lasche

Ecken kürzen und
abrunden

Klebe-
punkt

4

1

a

90°

b

2

3

Klebefläche

Klebefläche

c

20   90   175   100   10
395

120

250

------ Knicklinien
·········· Konstruktionslinien

alle Ecken abrunden, bis auf die
Spitze der oberen Lasche

Laschen einknicken: hochziehen
und über das Lineal knicken

zuerst Knicklinien
anzeichnen

Zeitungspapier
als Falthilfe

Umschlaglasche

Schmalkante des Lineals
benützen

Briefumschlag ●●

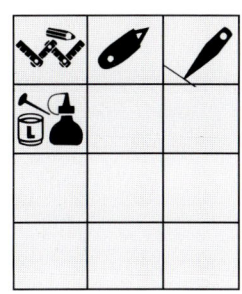

Menge	Bezeichnung	Maße in mm	Material	Kenn-Nr.
1	Schablone	beliebig	Karton	
	Schmuckpapier	beliebig	Papier	

Dispersionskleber

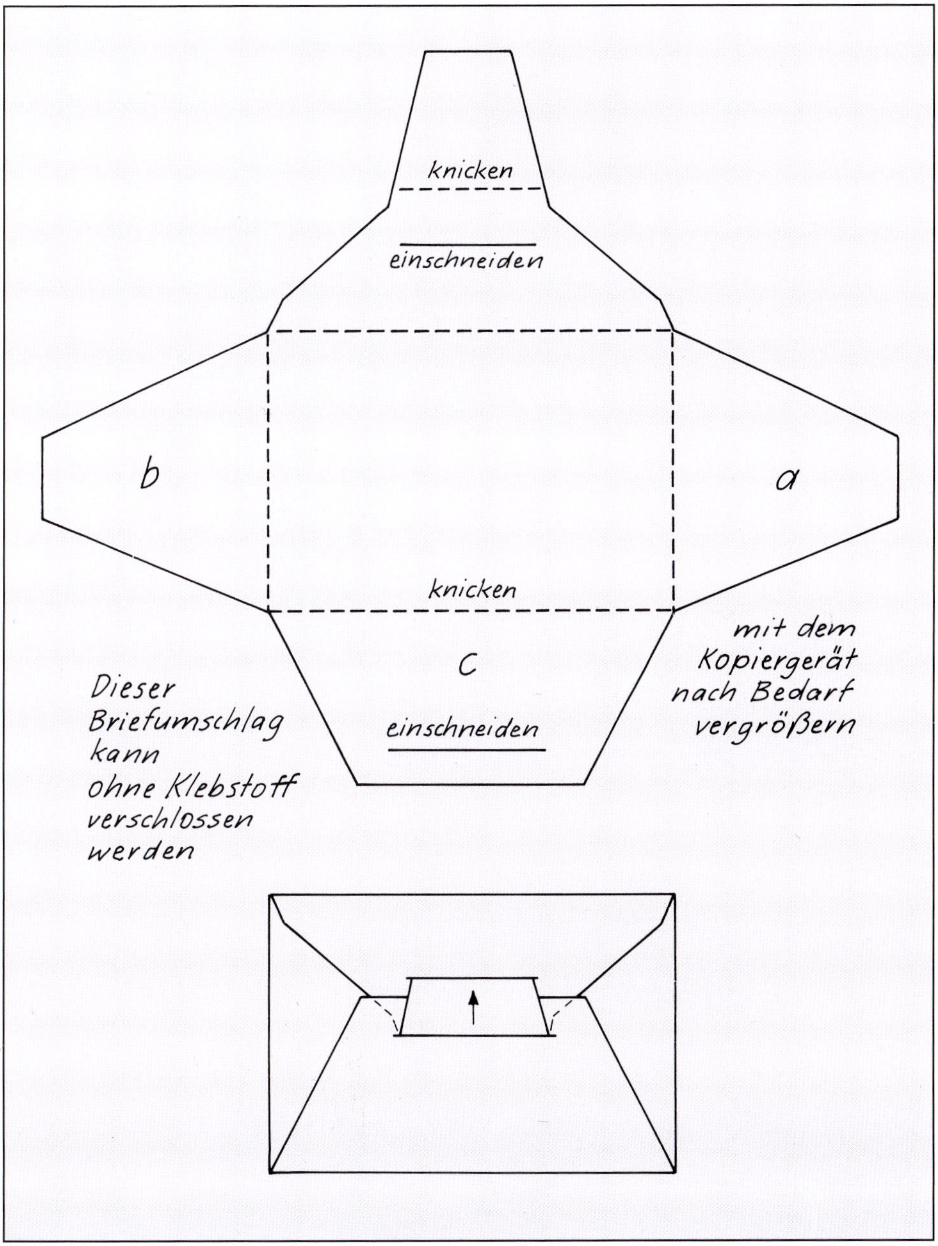

knicken

einschneiden

b

a

knicken

c

Dieser
Briefumschlag
kann
ohne Klebstoff
verschlossen
werden

einschneiden

mit dem
Kopiergerät
nach Bedarf
vergrößern

Teller und Schalen
aus Pappmaschee
••••••••••••••••••••••••••••••

Wer Abwechslung in den Geschirrschrank
bringen will, kann sich seine Teller und Schalen auch einmal selbst herstellen.
Als Ausgangsform dient eine glattwandige

Glas- oder Porzellanschüssel oder ein entsprechender Teller. Dieses Gefäß bestreicht
man sorgfältig mit einer Fettcreme oder
Vaseline. Dadurch wird verhindert, dass die
Form mit dem Werkstück verklebt.

Schichtweise werden nun mit Leimwasser
gut durchfeuchtete Papierschnitzel in die
Form eingelegt und gut verstrichen.

Wichtig: Die Papierstücke müssen genügend Zeit zum Durchfeuchten und Ausdehnen haben, bevor sie aufgeklebt werden, damit sie keine Falten werfen. 6 bis 8 Papierschichten ergeben bei kleineren Schalen eine ausreichende Wandstärke. Für größere Gefäße müssen mehr Papierschichten übereinander geklebt werden. Um einen sauberen Randabschluss zu erhalten, lässt man die Papierkaschierung über den Rand der Form überstehen. Wenn das Papiergefäß fast durchgetrocknet ist, kann es aus der Form genommen werden. Danach wird der Rand durch eine Bleistiftlinie markiert und mit der Papierschere genau zugeschnitten.

Die Schale kann bunt angemalt werden. Glanz und Schutz erhält sie durch einen Anstrich mit wasserfestem Lack.

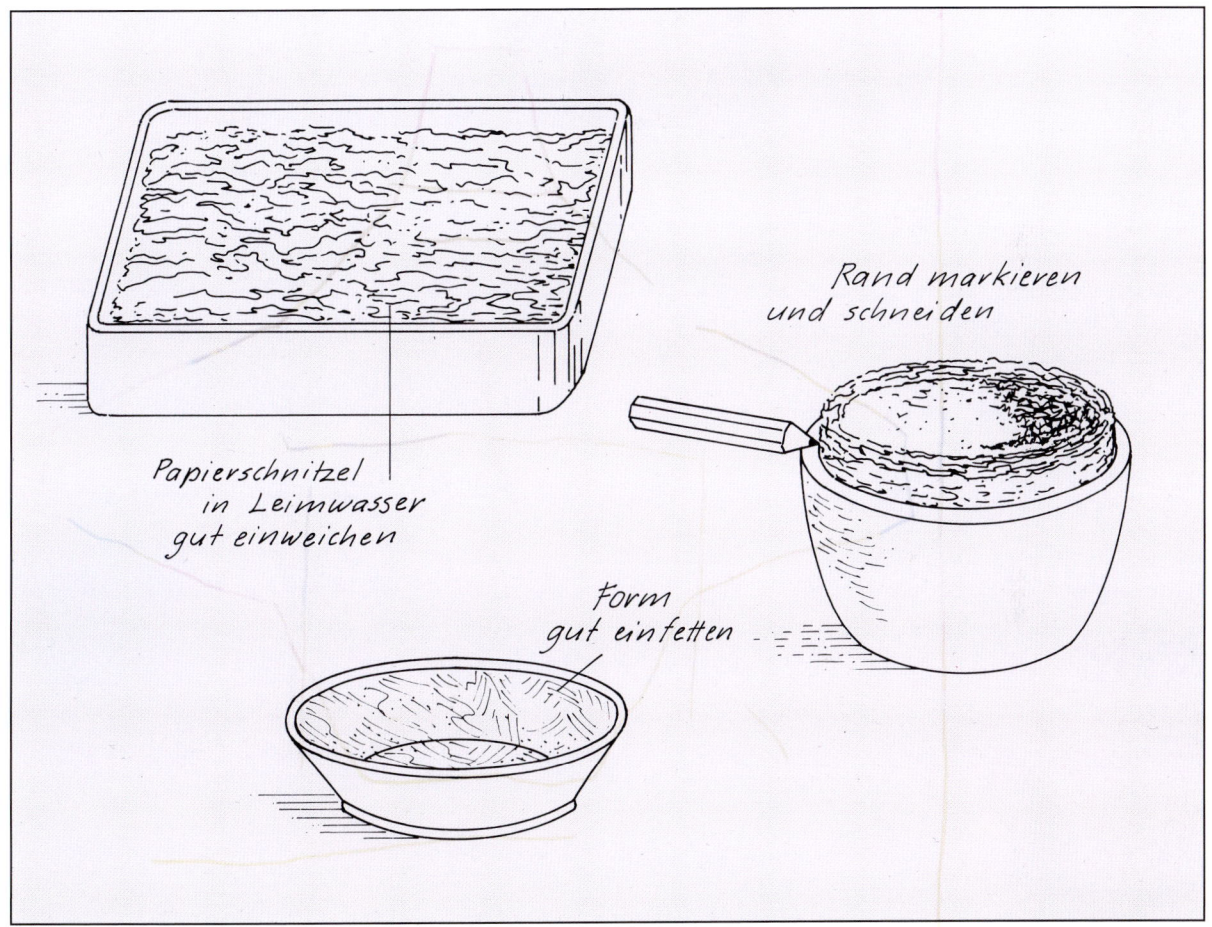

Papierschnitzel
in Leimwasser
gut einweichen

Rand markieren
und schneiden

Form
gut einfetten

Teller und Schalen aus Pappmaschee ●

Menge	Bezeichnung	Maße in mm	Material	Kenn-Nr.
	Papiermasse		Altpapier	

Leim / Dispersionsfarbe / Lack / Fettcreme / Teller

Buchstaben- und Zahlenschachteln

••••••••••••••••••••••••••••••

Schachteln gibt es in vielen Formen und Farben. Papier und Pappe eignen sich sehr gut zum Anfertigen ausgefallener Schachtelformen. Warum sollen nicht einmal Buchsta-

ben oder Zahlen als Vorlage dienen. Zum Geburtstag wird die entsprechende Zahl, zum Namenstag der Anfangsbuchstabe mit Süßigkeiten gefüllt.

Die Ausführung ist einfach. Aus Karton werden die Grundformen geklebt und anschließend mit Papier kaschiert.

Zuerst zeichnet man den Schachtelboden in beliebiger Größe auf ein Kartonstück auf und schneidet ihn aus. Für den Deckel muss eine zweite Form ringsum ca. 2 mm größer hergestellt werden. Die Seitenwände von Schachtel und Deckel werden aus Kartonstreifen geformt und mit Express-Dispersionskleber (oder Kontaktkleber) auf die ausgeschnittenen Grundformen geklebt.

Nun werden die beiden Rohschachteln außen und innen mit in Leimwasser einge-

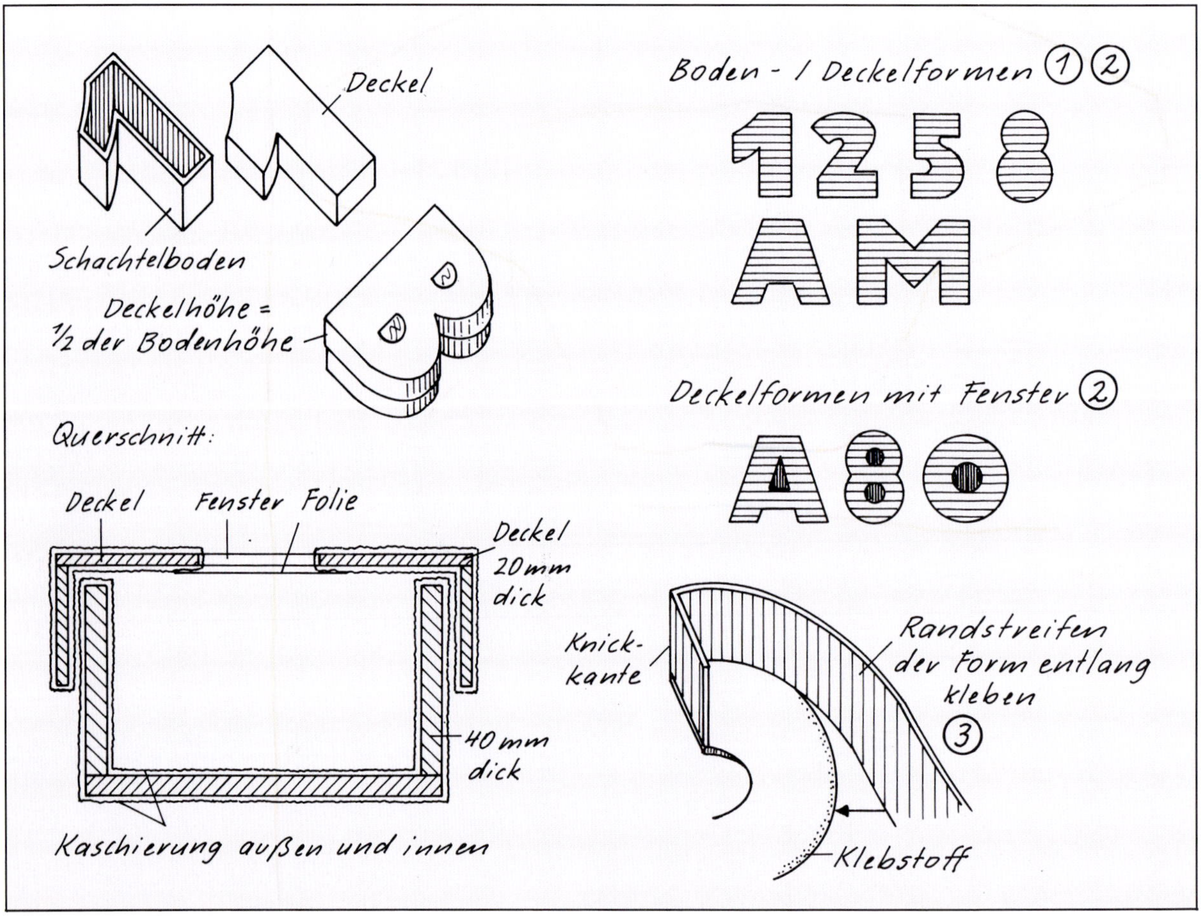

Deckel

Schachtelboden

Deckelhöhe =
½ der Bodenhöhe

Querschnitt:

Deckel   Fenster Folie

Deckel
20 mm
dick

Knick-
kante

40 mm
dick

Kaschierung außen und innen

Boden- / Deckelformen ① ②

1 2 5 8
A M

Deckelformen mit Fenster ②

A 8 0

Randstreifen
der Form entlang
kleben
③

Klebstoff

Buchstaben- und Zahlenschachteln ●●●

Menge	Bezeichnung	Maße in mm	Material	Kenn-Nr.
1	Bodenform	z. B. 100 x 150	Graupappe 1,0–1,5 mm stark	1
1	Deckelform		Graupappe	2
1	Schachtelwand	40 x Umfang	Graupappe	3
1	Deckelwand	20 x Umfang	Graupappe	

Leim / Altpapier / Farbe / Dispersionskleber oder Kontaktkleber / Folie

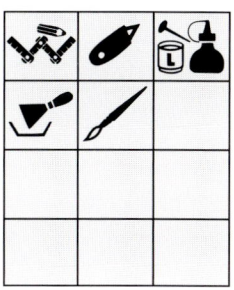

weichten Papierschnitzeln kaschiert. Man muss darauf achten, dass die Papieroberfläche und die Schachtelkanten gut glatt gerieben werden.
Die getrockneten Schachteln werden abschließend bemalt.

Hinweis: Bei manchen Buchstaben und Zahlen können im Deckel Fenster ausgeschnitten und mit Folie hinterklebt werden. Mit der beschriebenen Kartonagenkaschierung kann man auch andere interessante Schachtelformen und Schalen herstellen.

Es müssen nicht immer Buchstaben und Zahlen sein – man kann sich auch andere Formen ausdenken.

Schubladenbox

Als Werkmaterial eignet sich am besten Buchbinder-Graupappe (mindestens 3 mm stark). Zuerst muss die Laufrichtung der Pappe geprüft werden (siehe allgemeine Hinweise zur Papierverarbeitung). Dann zeichnet man die Einzelteile der Box und der Schubladen so auf, dass die Längsrichtung der Schubladenböden mit der Laufrichtung der Pappe übereinstimmt (siehe Abbildung). Die Einzelteile werden nun mit dem Buchbindermesser oder einem Universalmesser ausgeschnitten. Ein Stahllineal dient dabei als Führungswerkzeug; nur so lassen sich exakte Schnittlinien erreichen. Als Schneideunterlage verwendet man größere Pappstücke. Aufgebogene Schnittkanten werden mit dem Falzbein niedergedrückt oder mit Schleifpapier geglättet. Die Rohmontage und das Anbringen des Papierbezugs müssen zum Teil abwechselnd ausgeführt werden. Dabei ist zu beachten, dass die Laufrichtung des Bezugspapiers und der Pappe übereinstimmt und dass alle Teile beidseitig bezogen werden. Nur so wird erreicht, dass sich das Werkstück nicht verbiegt und die Schubladen nicht klemmen.

Für den Zusammenbau der gesamten Box verwendet man Kontaktkleber oder einen Kunstharz-Dispersionskleber, für den Papierbezug Kunstharzkleber und mit Wasser angerührten Zellulosekleister. Dieser Klebstoffwechsel ist bei „randumgreifenden" Bezügen notwendig, weil sich sonst die Tafelfläche (Oberseite) einseitig wölbt. Mit dem feuchteren Klebstoff (Kleister) wird

Schubladenboxen aus Pappe eignen sich gut zum Aufbewahren von Kleinteilen, Schmuck oder Sammelstücken.

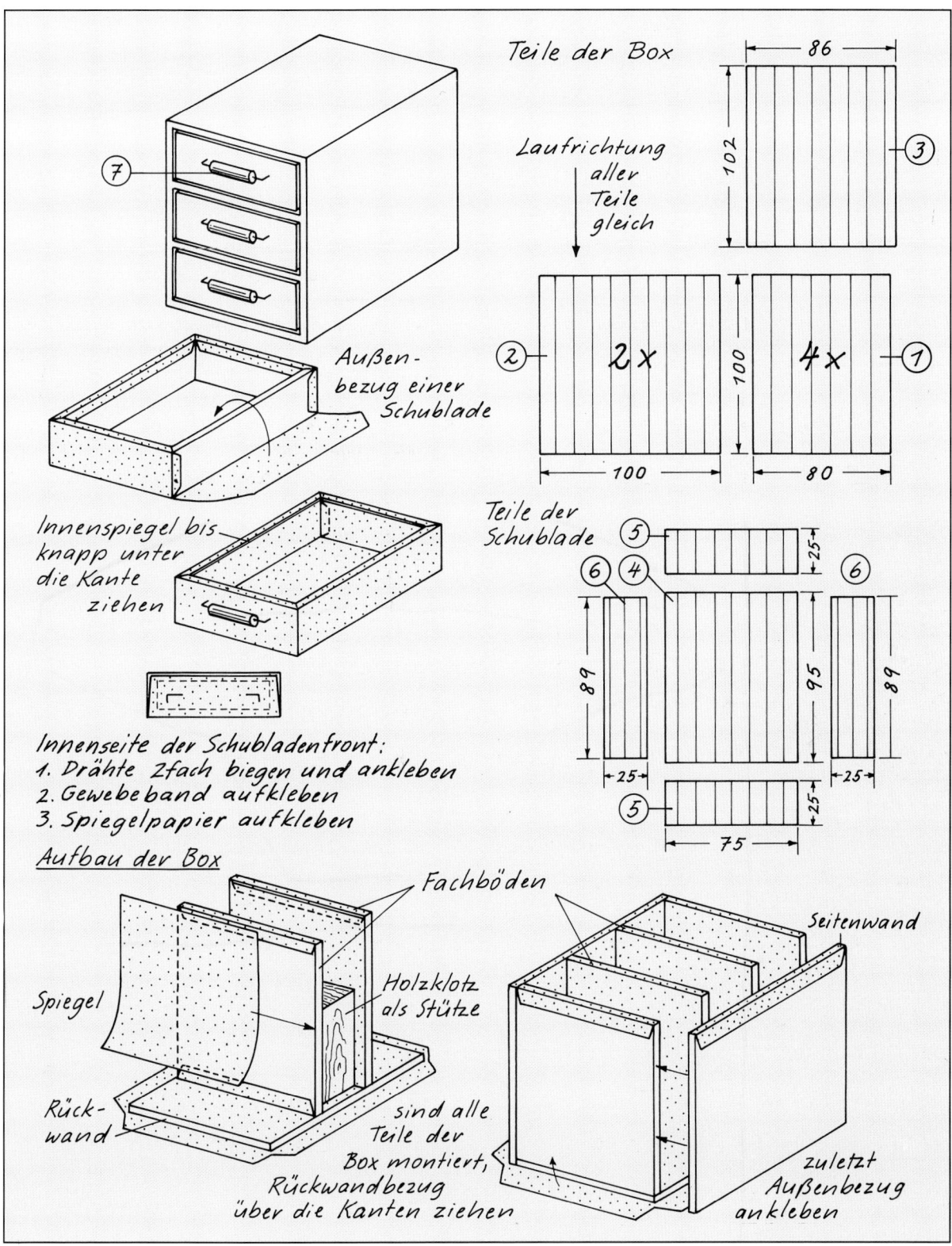

Teile der Box

Laufrichtung aller Teile gleich

86

102

③

② 2x 100 4x ①

100 80

Außen-bezug einer Schublade

Innenspiegel bis knapp unter die Kante ziehen

Teile der Schublade

⑤ 25

⑥ ④ ⑥

89 95 89

25 25

⑤ 25

75

Innenseite der Schubladenfront:
1. Drähte 2fach biegen und ankleben
2. Gewebeband aufkleben
3. Spiegelpapier aufkleben

Aufbau der Box

Fachböden

Spiegel

Holzklotz als Stütze

Seitenwand

Rück-wand

sind alle Teile der Box montiert, Rückwandbezug über die Kanten ziehen

zuletzt Außenbezug ankleben

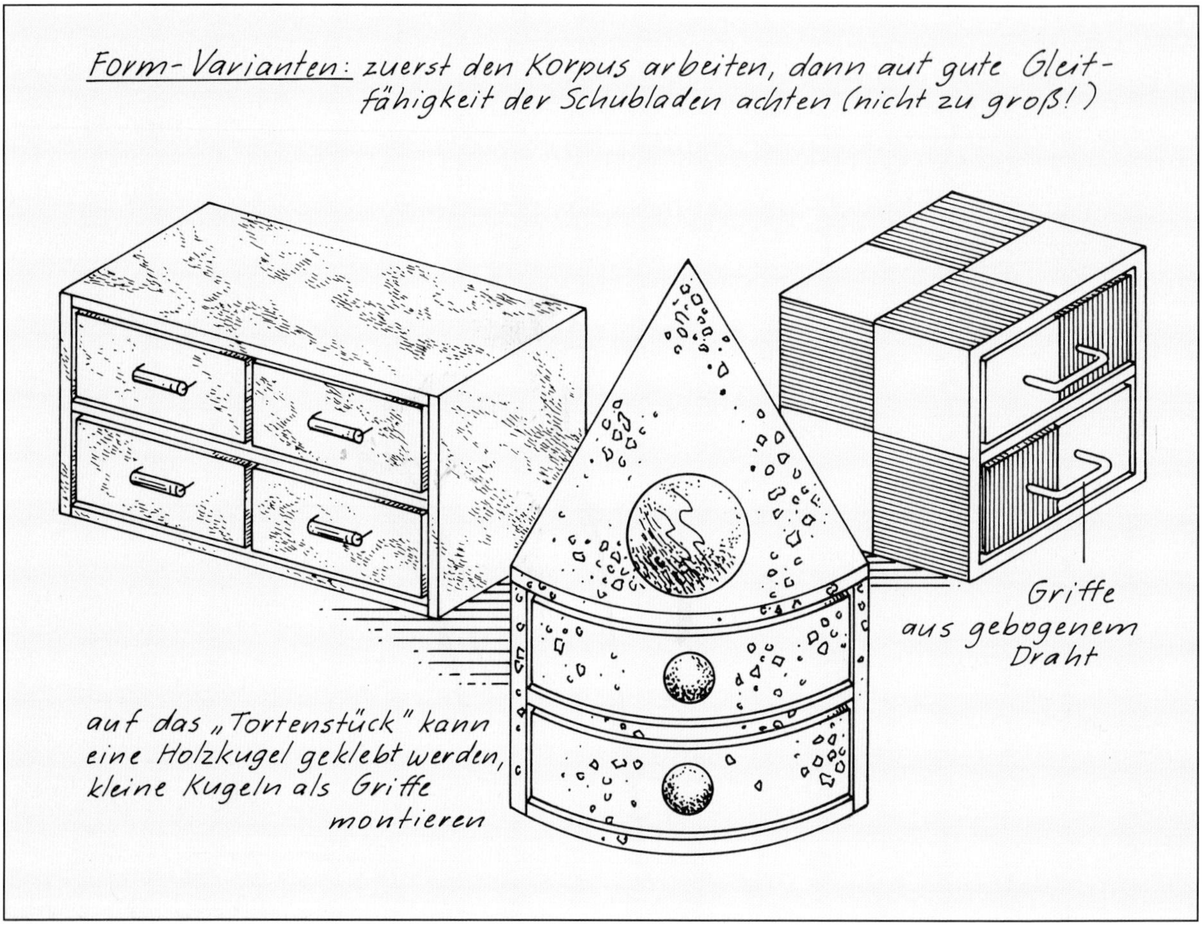

Form-Varianten: zuerst den Korpus arbeiten, dann auf gute Gleit-
fähigkeit der Schubladen achten (nicht zu groß!)

auf das „Tortenstück" kann
eine Holzkugel geklebt werden,
kleine Kugeln als Griffe
montieren

Griffe
aus gebogenem
Draht

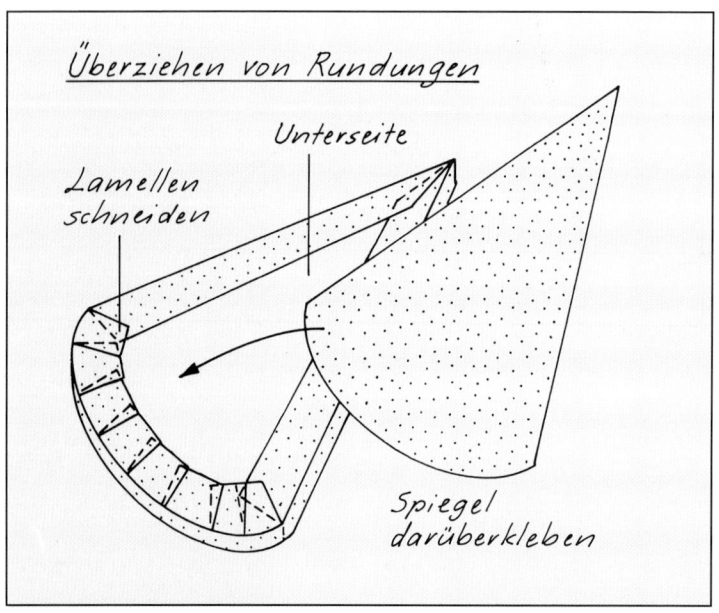

Überziehen von Rundungen

Unterseite

Lamellen
schneiden

Spiegel
darüberkleben

immer das Spiegelpapier (Bezugspapier der Innenfläche) bestrichen, das sich deshalb stärker ausdehnt und beim Trocknen entsprechend stärker zusammenzieht. Dadurch wird die größere Zugkraft des randumgreifenden Papiers wieder ausgeglichen. Bei nicht randumgreifendem Bezug kann natürlich mit einem Klebstoff gearbeitet werden. Für den Bezug des Boxenkörpers und der Schubladen kann farblich unterschiedliches Papier verwendet werden.

Das bekannteste Außenbezugspapier ist wohl die pergamentartige Elefantenhaut. Man kann jedoch auch andere feste Papiere (z. B. Geschenkpapier, Packpapier) oder textile Einbandgewebe verwenden.

Zuerst erhält die Vorderkante des Fachbodens einen Schutzstreifen aus Bezugspapier. Anschließend werden der Fachboden und

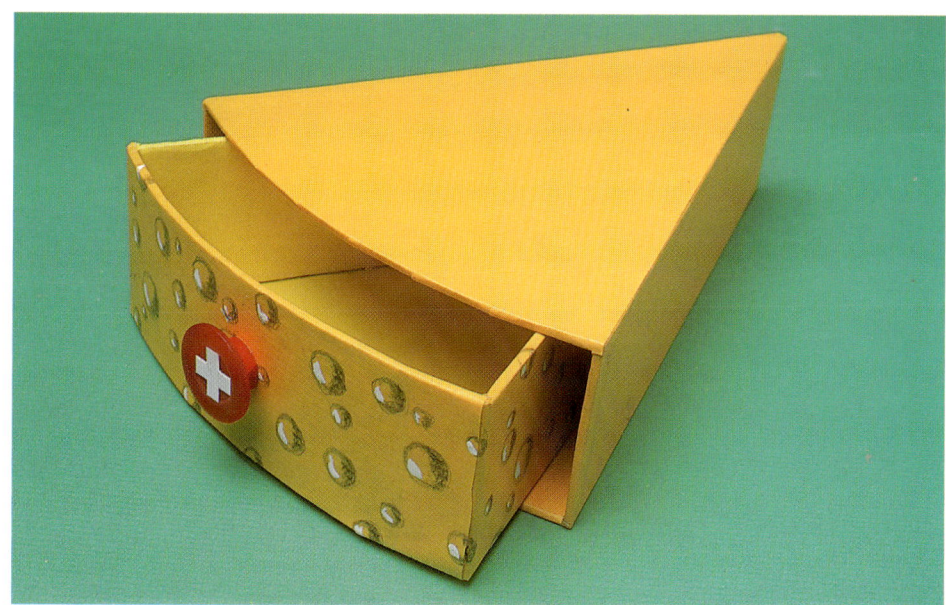

die Rückwand der Box durch beidseitigen Bezug für den Einbau vorbereitet. Die äußere Papierfläche der Rückwand muss ca. 1,5 cm überstehen, damit später die Rückwandkanten sauber abgedeckt werden können. Der Boxenkörper wird nun zusammengeklebt und bezogen. Der Arbeitsablauf für den Bezug umfasst folgende Schritte:

1. Kantenstreifen ankleben;
2. Außenflächen beziehen;
3. Innenflächen beziehen.

Genauso werden die Schubladen zusammengebaut und mit Papier bezogen. Der Außenbezug kann aus einem Papierstück randumgreifend gearbeitet werden. Lediglich die senkrechten Kanten erhalten zuerst einen Kantenschutz.

Abschließend erhalten die Schubladen Griffe, die aus elektrischen Widerständen gefertigt werden. Bei der Farb- und Formgebung des Schubladenkastens ist die Kreativität des Bastlers gefordert (z. B. Käsestück / Quader / Marmor / Schwarzweiß usw.).

Schubladenbox ●●●●

Menge	Bezeichnung	Maße in mm	Material	Kenn-Nr.
4	Fachboden / -deckel	80 x 100 x 3	Graupappe	1
2	Seitenteile	102 x 100 x 3	Graupappe	2
1	Rückwand	86 x 102 x 3	Graupappe	3
3	Boden (Schublade)	75 x 95 x 3	Graupappe	4
6	Vorder- / Rückwand (Schubladen)	75 x 25 x 3	Graupappe	5
6	Seitenteile (Schublade)	25 x 89 x 3	Graupappe	6
3	Schubladengriffe	–	elektrische Widerstände	7

Bezugspapier / Dispersionskleber / Kleister / Schneidunterlage

Album

• •

Die Buchgröße, das Format und die Anzahl und Beschaffenheit der Blatteinlagen sind je nach Verwendungszweck unterschiedlich.

Das Herstellungsmuster ist immer gleich: Eine beliebige Anzahl loser Blätter wird durch eine Kordel oder Schraubenbindung in eine Buchdecke mit geschlossenem Rücken und einem Klettverschluss eingebunden.

Für die Einbanddecke verwenden wir 2,5 mm starke Buchbinder-Graupappe.

Als Bezugsmaterial für die Außenseiten eignet sich textiles Einbandgewebe (Papierfachhandel / Buchbindereibedarf). Daraus lassen sich zugleich die notwendigen Einbandscharniere herstellen. Für die Spiegel der Einbanddecken-Innenseiten nehmen wir passendes Bezugspapier (120 g / m²). Als Spiegel bezeichnet man den innenseitigen Papierbezug der Buchdecke, der den Umschlagrand des Außenbezuges abdeckt.

Zuerst wird der Buchblock gerichtet. Bei Fotoalben verwendet man dazu weißen oder bläulich grauen Fotokarton, bei Schreibalben festes Schreibpapier (120g / m²).

Mit dem Falzbein werden die genau zugeschnittenen Blätter alle im gleichen Abstand zum Buchrücken gerillt. Dünnes Material erfordert eine feinere, dickeres eine breitere Rille. Dadurch lassen sich die Blätter später besser umblättern. Eine weiche Unterlage, zum Beispiel Holzpappe, ermöglicht eine ausgeprägte Rille.

Fotoalben benötigen zusätzlich eine Ausgleichsfälze (20 mm breit), siehe Zeichnung,

Mit kleinen Veränderungen kann das Buch als Fotoalbum, Poesiealbum, Skizzenbuch, Tagebuch usw. gestaltet werden.

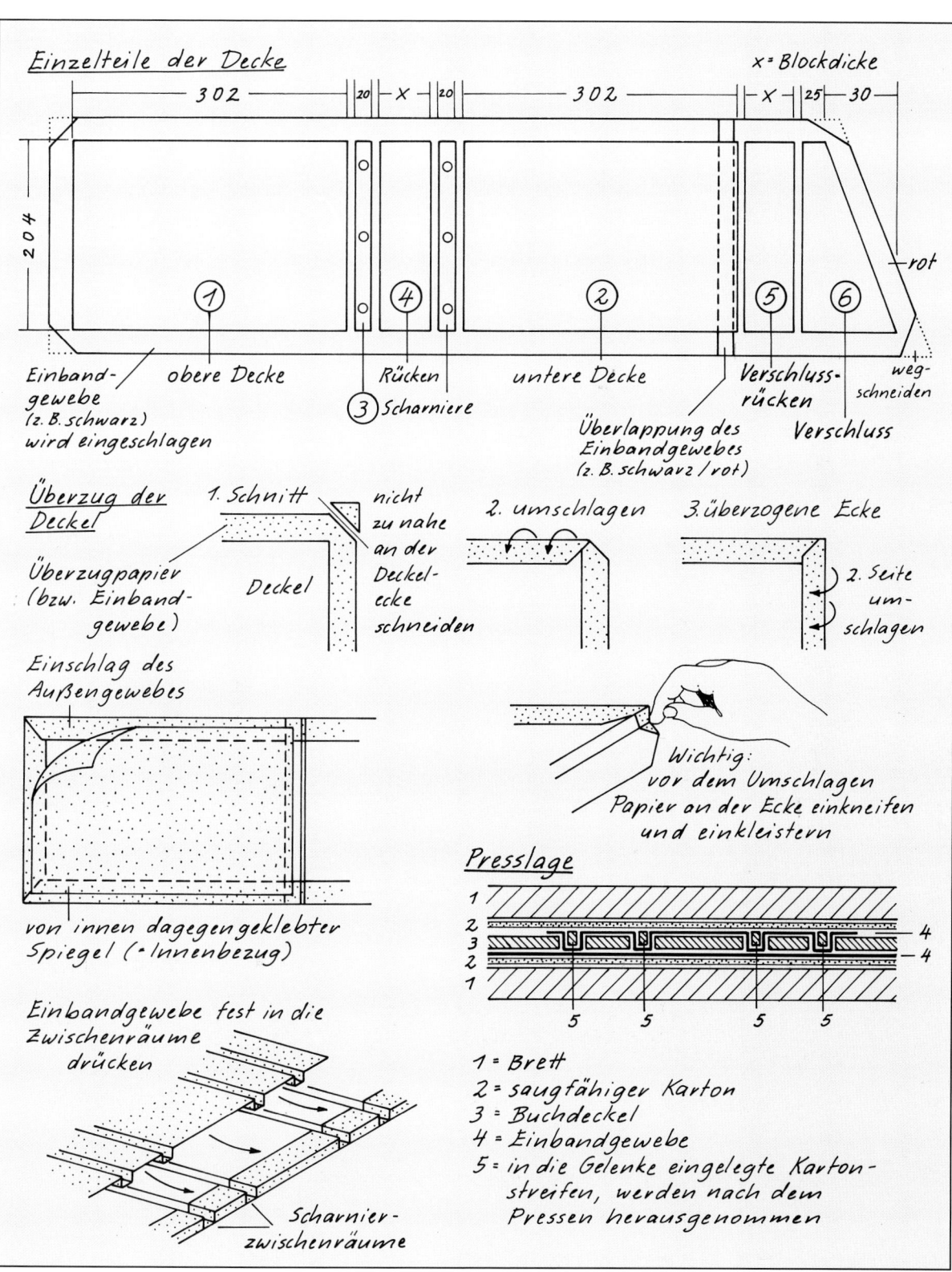

Einzelteile der Decke

x = Blockdicke

302 · 20 · X · 20 · 302 · X · 25 · 30

204

① ④ ② ⑤ ⑥

rot

Einband-
gewebe
(z. B. schwarz)
wird eingeschlagen

obere Decke

Rücken

③ Scharniere

untere Decke

Überlappung des
Einbandgewebes
(z. B. schwarz / rot)

Verschluss-
rücken

Verschluss

weg-
schneiden

Überzug der Deckel

Überzugpapier
(bzw. Einband-
gewebe)

1. Schnitt

Deckel

nicht
zu nahe
an der
Deckel-
ecke
schneiden

2. umschlagen

3. überzogene Ecke

2. Seite
um-
schlagen

Einschlag des
Außengewebes

von innen dagegengeklebter
Spiegel (= Innenbezug)

Wichtig:
vor dem Umschlagen
Papier an der Ecke einkneifen
und einkleistern

Presslage

1
2
3
2
1

4
4

5   5   5   5

Einbandgewebe fest in die
Zwischenräume
drücken

Scharnier-
zwischenräume

1 = Brett
2 = saugfähiger Karton
3 = Buchdeckel
4 = Einbandgewebe
5 = in die Gelenke eingelegte Karton-
      streifen, werden nach dem
      Pressen herausgenommen

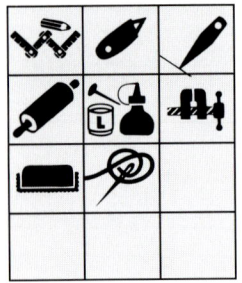

Album ●●●●

Menge	Bezeichnung	Maße in mm	Material	Kenn-Nr.
2	Obere Decke / untere Decke	204 x 302 x 2,5	Graupappe	1/2
2	Scharnierteile	204 x 20 x 2,5	Graupappe	3
2	Rückenteil / Verschlussrücken	204 x 20 x 2,5	Graupappe	4/5
1	Verschluss	204 x 105 x 2,5	Graupappe	6
10	Einlegeblätter	320 x 200	Fotokarton	7

Einbandgewebe / Bezug (außen) / Spiegelpapier / Kordel / Klettband / Holzpappe / Kleister

damit Platz für die Bilder freigehalten wird. Mit dem Falzbein und einer Anschlagschiene lässt sich an jedem Blatt ein 20 mm breiter Streifen umschlagen.

Am umgeschlagenen Rand müssen durch die einzelnen Blätter je drei Löcher für die Kordelbindung (Schraubenbindung) gestanzt werden. Man verwendet dazu ein Locheisen oder eine Lochzange.

Mit einer Pappschablone, die jeweils auf das zu lochende Blatt gelegt wird, erreicht man genau gleiche Lochabstände.

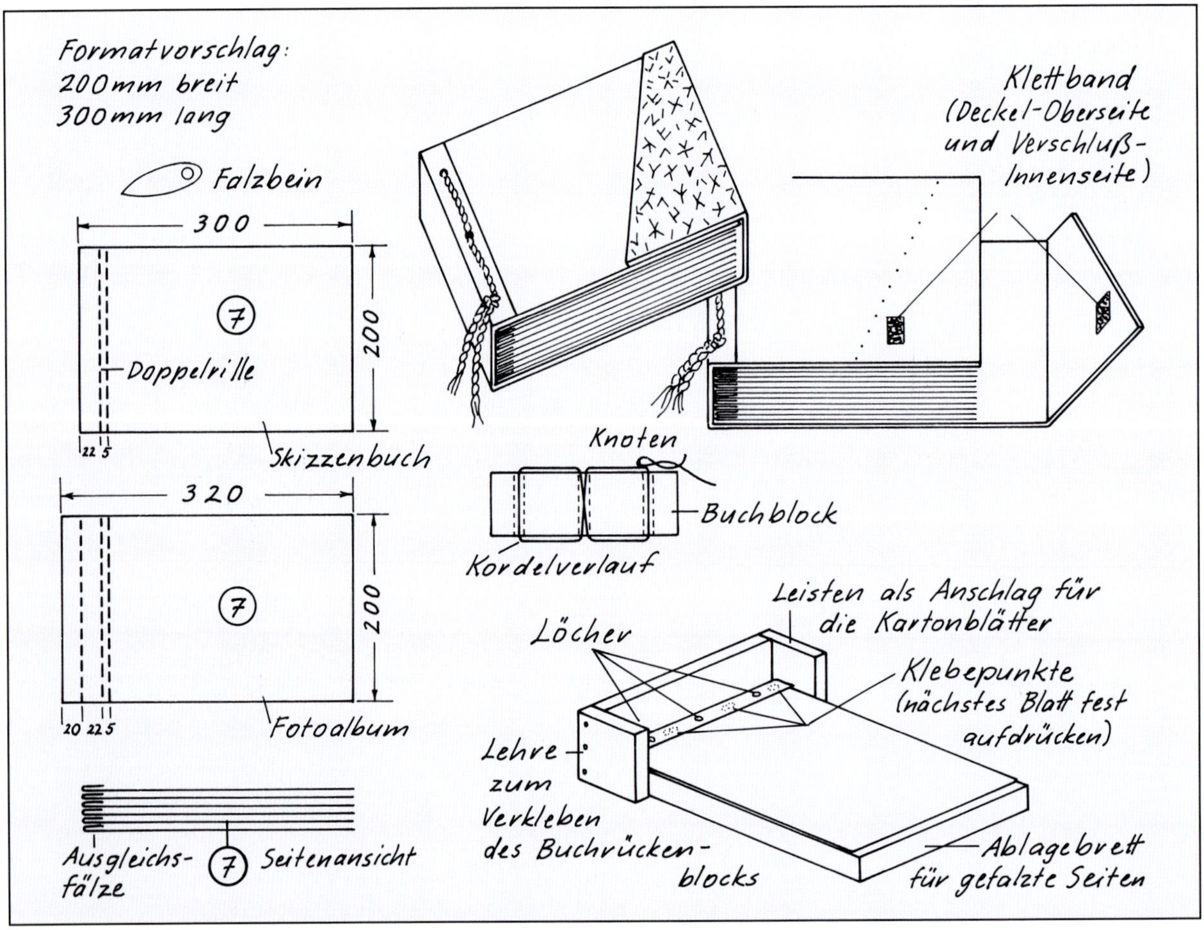

Formatvorschlag:
200mm breit
300mm lang

Falzbein

300

200

⑦

Doppelrille

22 5

Skizzenbuch

320

200

⑦

20 22 5

Fotoalbum

Ausgleichs-
fälze   ⑦ Seitenansicht

Klettband
(Deckel-Oberseite
und Verschluß-
Innenseite)

Knoten

Buchblock

Kordelverlauf

Löcher

Lehre
zum
Verkleben
des Buchrücken-
blocks

Leisten als Anschlag für
die Kartonblätter

Klebepunkte
(nächstes Blatt fest
aufdrücken)

Ablagebrett
für gefalzte Seiten

Mit Hilfe einer selbst gefertigten Lehre (siehe Zeichnung) klebt man den Block mit Dispersionskleber punktweise zusammen.

Unter Beachtung der Laufrichtung (entlang des Buchrückens) werden zwei Buchdeckel zugeschnitten. Die Buchdeckel sind mit dem Blockrücken bündig, an den übrigen Seiten stehen sie 2 mm über den Block hinaus.
Von jedem Pappdeckel wird ein 20 mm breiter Streifen für das Scharnier und ein 2 mm breiter Streifen für den Scharnierzwischenraum abgeschnitten.
Der schmale Streifen muss später beim Pressen in die Gelenkfuge eingelegt werden. Das Rückenteil der Decke und die zweiteilige Verschlussklappe schneiden wir aus der gleichen Pappe wie die Deckel. Die Breite des Rückenteiles entspricht der Dicke des Buchblockes.

Nun klebt man den Überzug mit einem Dispersionskleber mit geringer Kleisterbeimischung. Als Deckenbezug verwenden wir Einbandgewebe unterschiedlicher Farbe, für die Verschlussklappe und die übrige Decke. Dieses Gewebe wird auch auf die Innenseite des Buchrückens und der Gelenke aufgeklebt, siehe Zeichnung.

Wichtig: Das Einbandgewebe wird nur innen in die Gelenke eingerieben, das heißt mit dem Falzbein in die Fugen zwischen den Pappdeckeln hineingedrückt.
Diese Klebung muss unter Pressdruck trocknen. Über die Einschläge werden in den Deckel die Papierspiegel, siehe Zeichnung, geklebt. Da hier mehr Zug nötig ist, muss mit mehr Kleisteranteil gearbeitet werden (siehe „Randumfassende Klebung" auf Seite 94 ff.).

Abschlussarbeiten:

1. Bindelöcher schlagen;
2. Kordelbindung anbringen;
3. Klettband einkleben.

Streichholzschachtel-Museum

••••••••••••••••••••••••••••••

Wer Miniaturen oder kleine Reiseandenken sammelt, braucht entsprechende Ablagen. Dazu eignen sich hervorragend Streichholzschachteln. Selbst Miniaturlandschaften und kleine Szenen kann man in diese Schachteln einbauen. Kleine Modellbaufiguren gibt es im Spielwarenhandel zu kaufen (Eisenbahnzubehör).

In Buchform verpackt, sind diese Miniaturobjekte gut geschützt und dennoch schnell zur Hand. Zuerst fertigt man sich eine Albumdecke mit einer Rückenbreite von zwei aufeinander gelegten Streichholzschachteln.

Als Alternative eignet sich auch ein A5-Ordner aus Karton mit einer Rückenbreite von 30 mm. Die Hebelmechanik wird nicht benötigt und deshalb ausgebaut. Die Ordnerdeckel können mit selbst gestaltetem Schmuckpapier bezogen werden. Wer es einfacher haben will, nimmt zum Beziehen selbstklebende bunte Folie.

Lieb gewonnene Gegenstände oder Erinnerungsstücke finden hier einen Platz.

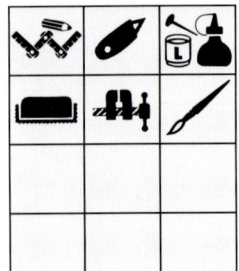

Streichholzschachtel-Museum   ●●●●

Menge	Bezeichnung	Maße in mm	Material	Kenn-Nr.
1	Album	DIN A5 / 30 Rückenbreite	Kartonordner	1
1	Bezug	ca. 300 x 500	Papier	2
2	Spiegel	ca. 200 x 500	Papier	3
36	Fächer		Streichholzschachteln (Schubfach)	4

Diverse Sammelstücke / Dispersionskleber / Kleister / Dispersionsfarben / Schmuckpapier

Das Museum aus dem Bücherregal lässt sich wie ein Bilderbuch betrachten.

Wichtig: Die Ordnerdeckel müssen beidseitig bezogen werden; die Laufrichtung von Papier und Karton müssen übereinstimmen.

Die Deckelinnenseiten bieten Platz für jeweils 18 Streichholzschachteln. Mit Dispersionskleber werden sie fest miteinander verbunden und eingeklebt. Der umlaufende Rand sollte noch mit Papier bezogen werden.

Danach kann man die einzelnen Fächer mit kleinen Gegenständen füllen.

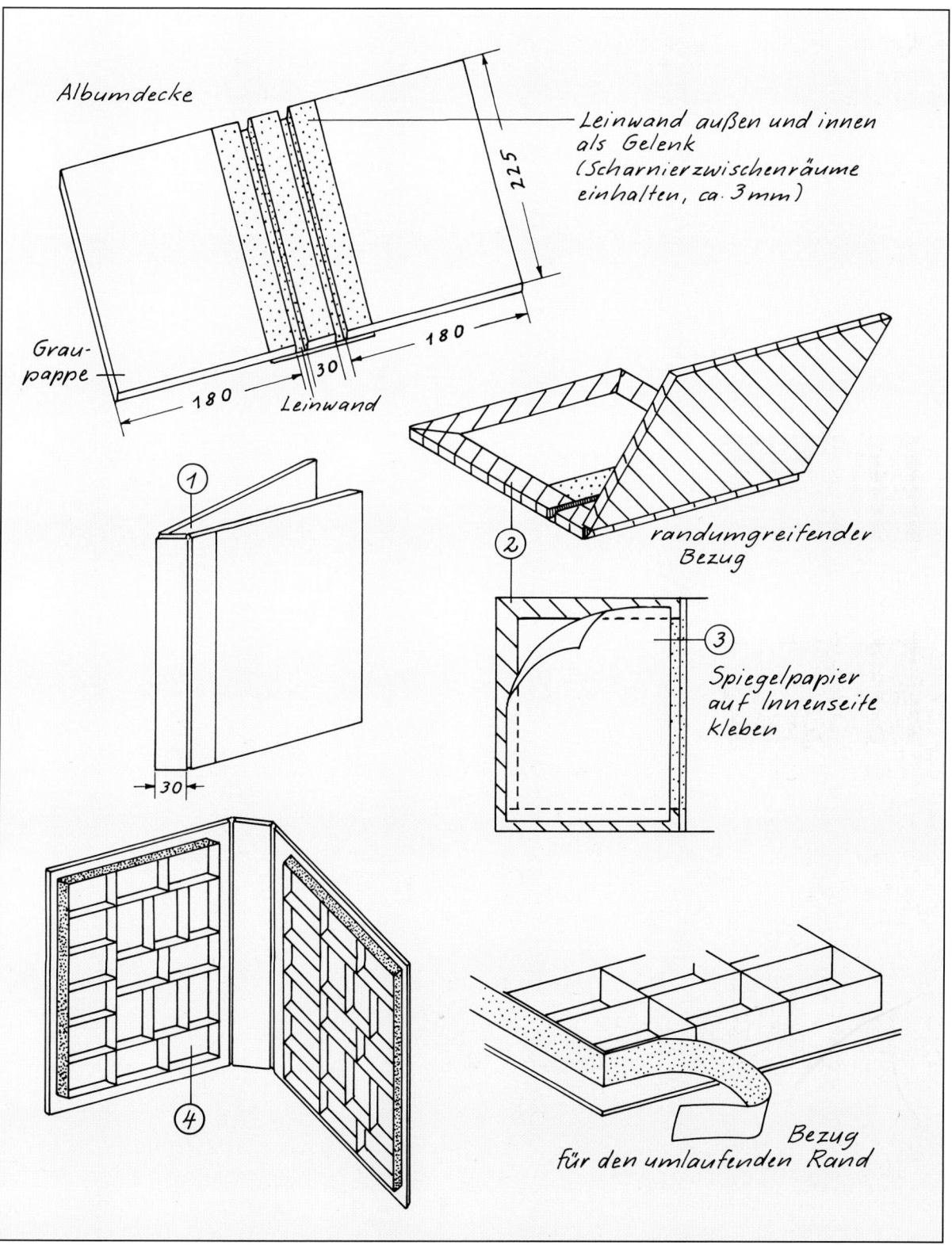

Albumdecke

Leinwand außen und innen
als Gelenk
(Scharnierzwischenräume
einhalten, ca. 3mm)

225

Grau-
pappe

180   30   180

Leinwand

①

30

② randumgreifender
Bezug

③ Spiegelpapier
auf Innenseite
kleben

④

Bezug
für den umlaufenden Rand

V. Werken mit Ton

Daumenschälchen

Ton ist eines der beliebtesten Werkmaterialien überhaupt. Um damit zu gestalten, braucht man keine Vorkenntnisse oder Werkzeuge. Eines der allerersten Tongefäße waren die Daumenschälchen.

Ihre Herstellung ist einfach: In einen kugelförmigen Tonbatzen wird mit dem Daumen eine Vertiefung eingedrückt. Durch ständiges Drücken und Drehen der Tonmasse zwischen Finger und Daumen lässt sich diese Form zur einfachen Schale ausweiten. Es können auch einfache Verzierungen (z. B. mit dem Fingernagel) in den feuchten Ton eingeritzt werden. Abschließend wird das Schälchen vorsichtig auf eine ebene Unterlage gedrückt, dadurch erhält es Standfestigkeit. Anschließend den Ton an einem kühlen Platz, ungefähr eine Woche lang, gut trocknen lassen. Erst dann kann das Daumenschälchen gebrannt und glasiert werden.

Daumenschälchen ●

Menge	Bezeichnung	Maße in mm	Material	Kenn-Nr.
1	Tonkugel	ca. 50 ø	Ton	1

Zur einfachen Form der Daumenschälchen passt nur eine schlichte Verzierung. Eine eingepresste Schnur ergibt ein Zierband. Man kann auch mit einem Hölzchen oder dem Finger Muster eindrücken.

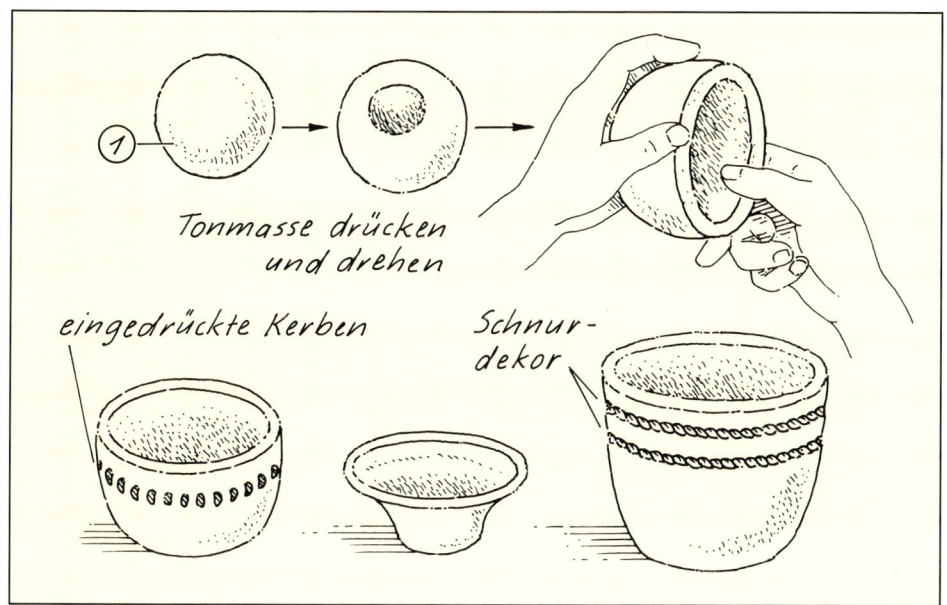

Tonmasse drücken
und drehen

eingedrückte Kerben

Schnur-
dekor

Pressformen aus Ton

Die weiche, leicht formbare Tonmasse lässt sich gut über vorgegebene Formen ziehen und pressen. Auf diese einfache Art kann man rasch mehrere gleichartige Werkstücke herstellen. Wichtig ist dabei, dass der Ton nicht zu trocken ist. Um ihn geschmeidig zu machen, genügt es, ihn mit Wasser zu befeuchten und neu durchzukneten.

Als Pressformen verwendet man einen Gummiball, einen kleinen Eimer, Glasschalen, Teller oder Schüsseln, wenn sie eine schöne Außenform haben. Wenn die Innenform geeigneter ist, fertigt man davon ein Gipsmodell an.

Zur Herstellung des Gipsabdruckes muss die Innenseite des Gefäßes mit Vaseline oder Salatöl bestrichen werden. Dann gießt man so viel Gipsbrei hinein, dass eine Modellform zu Stande kommt. Durch leichtes Klopfen an die Schalenwand werden in die Gipsmasse eingeschlossene Luftblasen ausgetrieben. Nachdem die Gipsform hart geworden ist, wird sie aus der Schale genommen und nach mehrtägigem Austrocknen mit farblosem Lack bestrichen.

Das Gipsmodell dient, auf den Kopf gestellt, als Pressform. Man stülpt eine Tonplatte darüber, presst sie gleichmäßig an die Form an und schneidet den überschüssigen Ton weg. Wenn nötig, kann mit einem Tonwulst ein Fuß für die Schale aufgesetzt werden.

Wichtig: Ansatzfläche aufrauen und den Tonwulst beidseitig sorgfältig mit dem Schalenboden verstreichen.

Pressformen aus Ton ●●●

Menge	Bezeichnung	Maße in mm	Material	Kenn-Nr.
1	Pressform	beliebig	Gips o. a.	1
	Tonplatten	beliebig	Ton	2
	Tonwulst	fingerdick	Ton	3

Vaseline / Lack / Kiste / Blumenerde / Tücher / Glasur

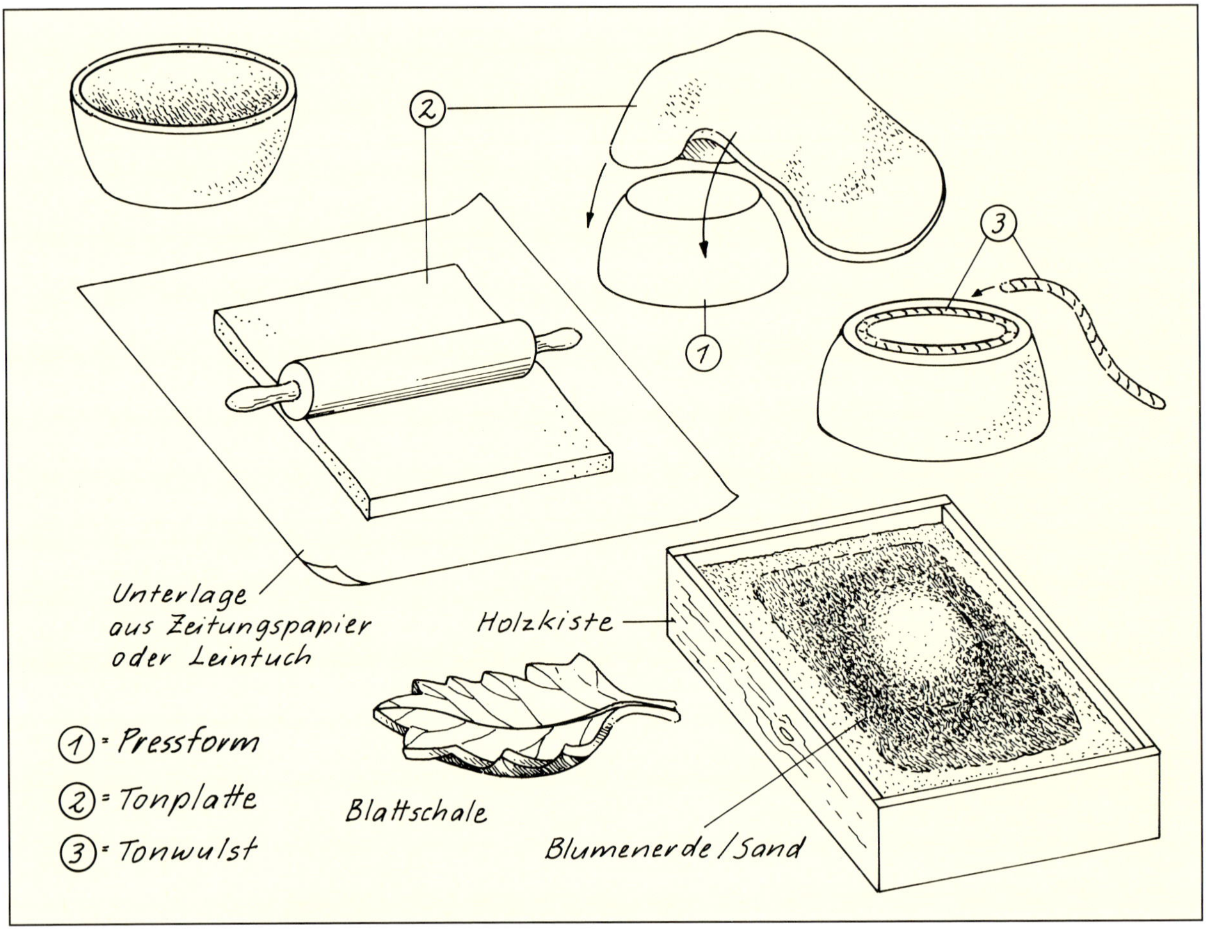

Unterlage
aus Zeitungspapier
oder Leintuch

Holzkiste

Blattschale

Blumenerde / Sand

① = Pressform

② = Tonplatte

③ = Tonwulst

Die Umrissform der eingepressten Pflanze wird mit dem Messer aus der Tonplatte geschnitten.

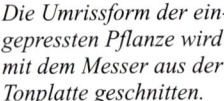

Die so entstandene Schale darf nicht zu lange auf der Pressform bleiben, denn der Ton „schwindet" beim Trocknen. Durch den Druck der Form entstehen dabei Risse im Werkstück.

Nach ca. 30 Minuten kann man die Schale abnehmen. Nachdem sie völlig trocken ist (Fingerprobe), kann man sie brennen und glasieren.

Eine interessante Abwandlung der Presstechnik ist das Eindrücken von Pflanzenteilen (z. B. Blätter, kleine Zweige, Früchte) in Tonplatten. Durch leichtes Aufwölben der Ränder in einer Blumenerde- oder Sandform entstehen so Pflanzenmotivschalen. Will man größere Gefäße herstellen, kann man sich auch aus Blumenerde und Sand Formen bauen. In einer entsprechend großen Kiste wird mit feuchter Erde die Form gebaut und mit Tonplatten ausgelegt. Die Erde (der Sand), die an der Außenseite der Tonschale haften bleibt, kann mitgebrannt werden. Dadurch entstehen interessante Strukturen. Eine ähnliche Wirkung erzielt man mit feuchten Leinentüchern, die man vor dem Einpressen der Tonplatten in die Form legt.

Krug und Topf (Aufbaukeramik)

Tonarbeiten, die durch stückweises Hinzufügen von Tonmasse allmählich aufgebaut werden, bezeichnet man als „Aufbaukeramik". Das Aufeinandersetzen von Tonwülsten bis zur fertigen Form ist dabei die gebräuchlichste Technik.

Die Tonwülste können glatt verstrichen werden oder bleiben als Strukturelemente erhalten.
Zur Herstellung eines etwa 18 cm hohen Kruges rollt man sich auf einer genügend feuchten Tischplatte mehrere fingerdicke Tonwülste zurecht. Damit sie nicht zu schnell austrocknen, werden sie mit einem feuchten Tuch zugedeckt.

Als Krugboden dient eine etwa handflächengroße kreisrunde Tonplatte (ca. 1 cm dick). Darauf wird mit den Tonwülsten die Gefäßwand aufgebaut und an der Innenseite sorgfältig glatt gestrichen. Am oberen Rand wird der Tonwulstring breiter aufgesetzt, damit sich ein Ausguss bildet. Die Außenfläche kann nach Belieben mehr oder weniger glatt gestrichen werden.
Gegenüber der Ausgussrinne wird ein etwas dickerer und flach gedrückter Tonwulst angesetzt und gut mit der Krugwand verstrichen. Das andere Wulstende verbindet man genauso unterhalb der halben Krughöhe mit der Wand. So erhält man einen stabilen und formschönen Henkel.

Nach einer abschließenden Kontrolle und eventuell notwendigen Korrektur der Form und Oberfläche (z. B. Wulstverbindungen oder Bodenansatz nachglätten) kann der Krug trocknen und später gebrannt und glasiert werden.

In derselben Technik können auch sehr schöne Pflanzenübertöpfe hergestellt werden. Dazu geht man von einer etwa 1,5 cm dicken, kreisrunden Bodenplatte aus (15 cm Durchmesser) und baut darauf mit den Tonwülsten eine sich nach oben erweiternde bauchige Gefäßwand auf. Dabei sollte die Form immer wieder korrigiert werden. Als oberer Abschluss wird ein etwas dickerer Tonwulst aufgesetzt. Der obere Topfdurchmesser und die Topfhöhe sollten jeweils etwa 20 cm betragen.

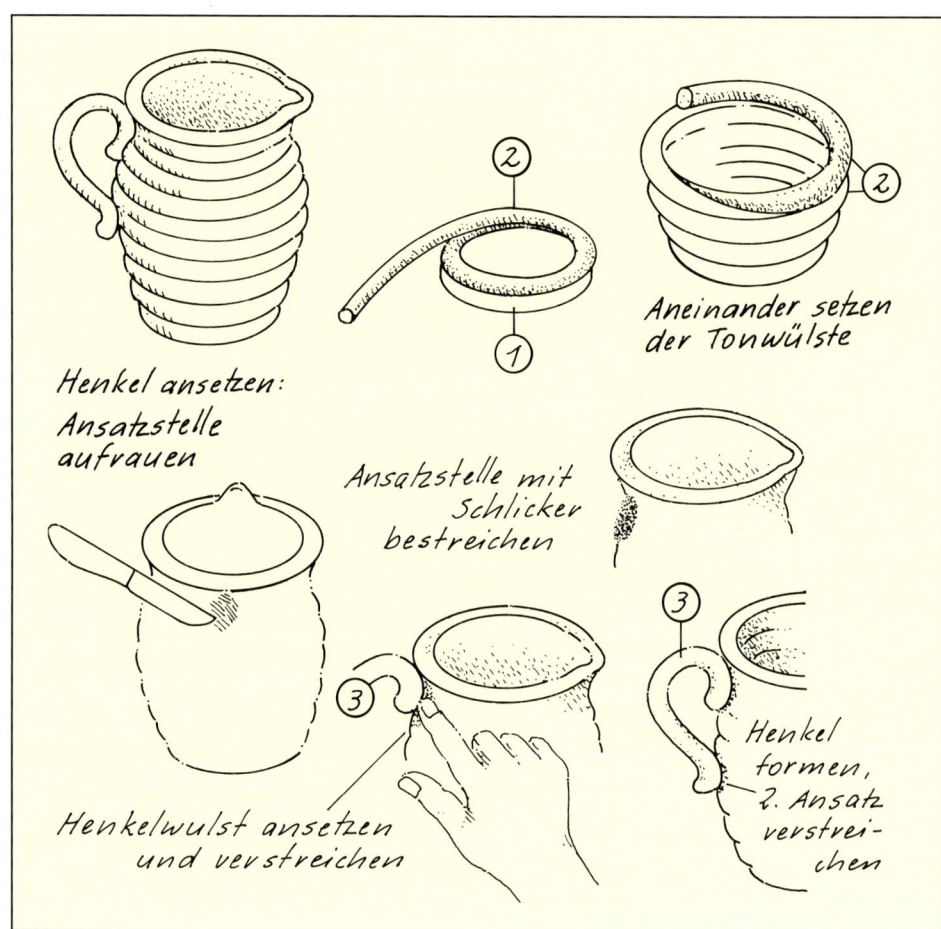

Krug und Topf (Aufbaukeramik) ●●●●

Menge	Bezeichnung	Maße in mm	Material	Kenn-Nr.
1	Bodenplatte	ca. 100 ø	Ton	1
div.	Tonwülste	fingerdick	Ton	2
1	Henkel	daumendick (flach gedrückt)	Ton	3

Schlicker (Tonschlämme) / Glasur

Das Gefäß wird aus einzelnen Tonwülsten aufgebaut. Zumindest im Innenraum des Kruges müssen die Tonwülste sorgfältig miteinander verstrichen werden.

Deckelgefäß (Plattentechnik)

Von allen Aufbaumethoden ist die Plattentechnik die vielseitigste. Die Herstellung einfacher Deckelgefäße gelingt damit problemlos.

Man rollt den Ton auf einer ebenen Unterlage zu einer ca. 1 cm dicken Platte aus. Daraus schneidet man den kreisrunden Bodenteller (120 mm ø), den etwas größeren Deckel (130 mm ø) und eine rechteckige Platte für die Seitenwände des Gefäßes (ca. 400 mm x 55 mm).

Die Wandplatte wird zu einem Zylinder gebogen, auf die Bodenplatte aufgedrückt und an den Ansatzstellen gut verbunden und geglättet. Die Deckelplatte erhält einen dünnen Tonwulst, damit später der Deckel nicht über die Gefäßwand rutschen kann. Bei aufgesetztem Deckel muss dieser Sicherungsring innerhalb der Gefäßwand in den Behälter ragen. Als Deckelgriff können auch kleine Figuren geformt und aufgesetzt werden. Die Ansatzstelle ist dabei immer gut zu verstreichen.

Dose und Deckel können nun zum Trocknen beiseite gestellt und später gebrannt und glasiert werden.

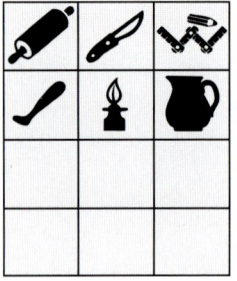

Deckelgefäß ●●●				
Menge	Bezeichnung	Maße in mm	Material	Kenn-Nr.
	Tonplatte	ca. 10 dick	Ton	1
1	Bodenteller	120 ø	Ton	2
1	Deckel	130 ø	Ton	3
1	Gefäßwände	ca. 55 x 400	Tonplatte	4
1	Deckelwulst	ca. 5 ø	Tonwulst	5

div. Abdruckmaterialien: Stoffreste / Blätter / Reißverschluss u.a. / Glasuren

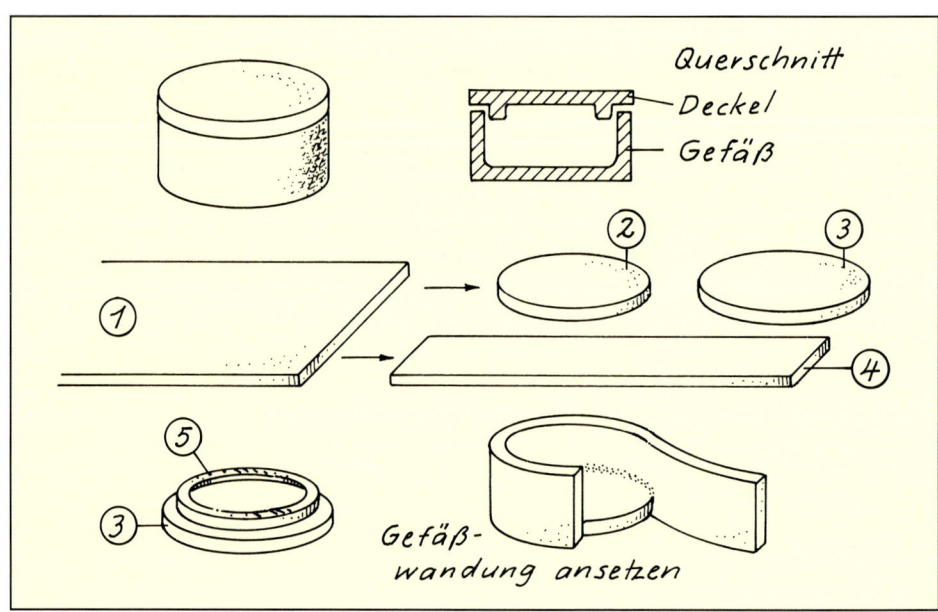

Die schlichten Formen der Deckelgefäße erlauben es, die Außenflächen besonders dekorativ zu gestalten, entweder mit farbigen Glasuren oder Materialabdrücken (z. B. Blätter, Stoffreste, Reißverschluss u. a.).

Teewärmer

• •

Zum Teetrinken sollte man sich Zeit nehmen. Damit der Tee nicht abkühlt, benötigt man jedoch unbedingt einen Teewärmer (Stövchen). Der Aufbau gleicht dem bereits beschriebenen Deckelgefäß. Lediglich auf der Deckeloberseite müssen noch acht dünne Tonwülste sternförmig aufgelegt und mit der Deckelplatte verstrichen werden. Auf diese Stege wird später die Teekanne gestellt; die Wärmezirkulation wird dadurch verbessert.

Teewärmer ● ● ●

Menge	Bezeichnung	Maße in mm	Material	Kenn-Nr.
a) Teewärmer (geschlossen), vgl. Deckelgefäß				
b) Teewärmer (offen):				
1	Deckplatte	ca. 140 ø	Ton	1
4–8	Deckelstege	ca. 5 dick	Ton	2
4	Standplatten	ca. 60 x 70	Ton	3
1	Teelichthalterung	ca. 40 ø	Ton	4

In den Boden des Gefäßes wird mit einem Rundholz eine Vertiefung für das Teelicht eingepresst. Der Ton muss nun eine Weile ruhen. Wenn er sich gesetzt hat, werden an den Wänden und im Deckel die Ausschnitte für Luftzufuhr und Wärmeableitung eingeritzt. Erst im lederharten Zustand lassen sich die Durchbrüche mit einem Messer herausschneiden. Abschließend werden die Schnittkanten nachgeglättet und die Teile zum Trocknen weggestellt.

Der Rohbrand kann im selbst gebauten Ofen erfolgen; für den Glasurbrand benötigt man einen speziellen Tonbrennofen.

Besonders pfiffig ist ein offenes Stövchen aus Tonplatten.

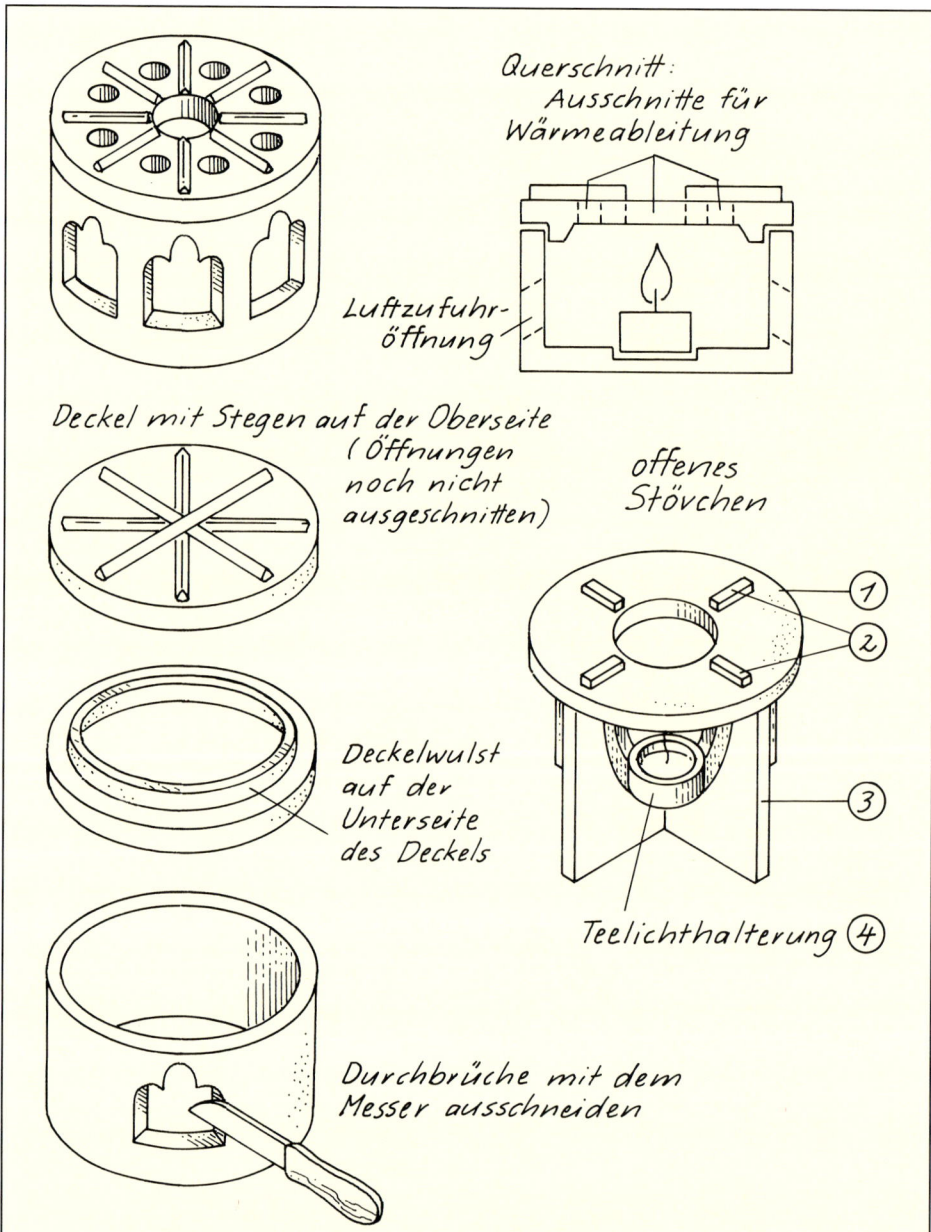

Querschnitt: Ausschnitte für Wärmeableitung

Luftzufuhr-öffnung

Deckel mit Stegen auf der Oberseite (Öffnungen noch nicht ausgeschnitten)

offenes Stövchen

Deckelwulst auf der Unterseite des Deckels

① ② ③

Teelichthalterung ④

Durchbrüche mit dem Messer ausschneiden

Duftschale

•••••••••••••••••••••••••••••

Eine Duftschale zum Verdunsten von in Wasser gelösten Duftstoffen besteht aus einer Verdampferschale und einem Kerzenraum.

Die Schale kann als Daumenschälchen oder aus dünnen Tonwülsten gefertigt werden. Ein Schalendurchmesser von 100 mm und eine Schalenhöhe von 50 mm sind ausreichend.

Den Kerzenraum bildet ein zylinderförmiges Gefäß (80 mm ø / Höhe: 120 mm) aus einer kreisrunden Boden- und einer rechteckigen Wandplatte. Mit dem Wellholz wird ein Tonbatzen 10 mm dick ausgewalzt. Daraus schneidet man die Platten. Die rechteckige Platte wird zu einer Röhre geformt und auf den kreisrunden Boden aufgesetzt. Sämtliche Berührungsstellen muss man mit dem Messer oder einem Holzstück aufrauen und mit Schlicker (Tonbrei) bestreichen, bevor sie sorgfältig verbunden und geglättet werden.

Die Schale wird nun auf den Zylinder aufgesetzt. Mit dem Finger verstreicht man die äußere Ansatzfuge. Später kann man noch einen Tonwulst einlegen, um den inneren Ansatz zu verstärken. Dabei ist darauf zu achten, dass Schalen- und Zylinderboden ca. 100 mm Abstand haben. Dieser Heizabstand gilt für ein Teelicht.

Ähnlich wie bei einem Stövchen müssen in den Kerzenraum Öffnungen für die Wärmezirkulation geschnitten werden. Wenn der

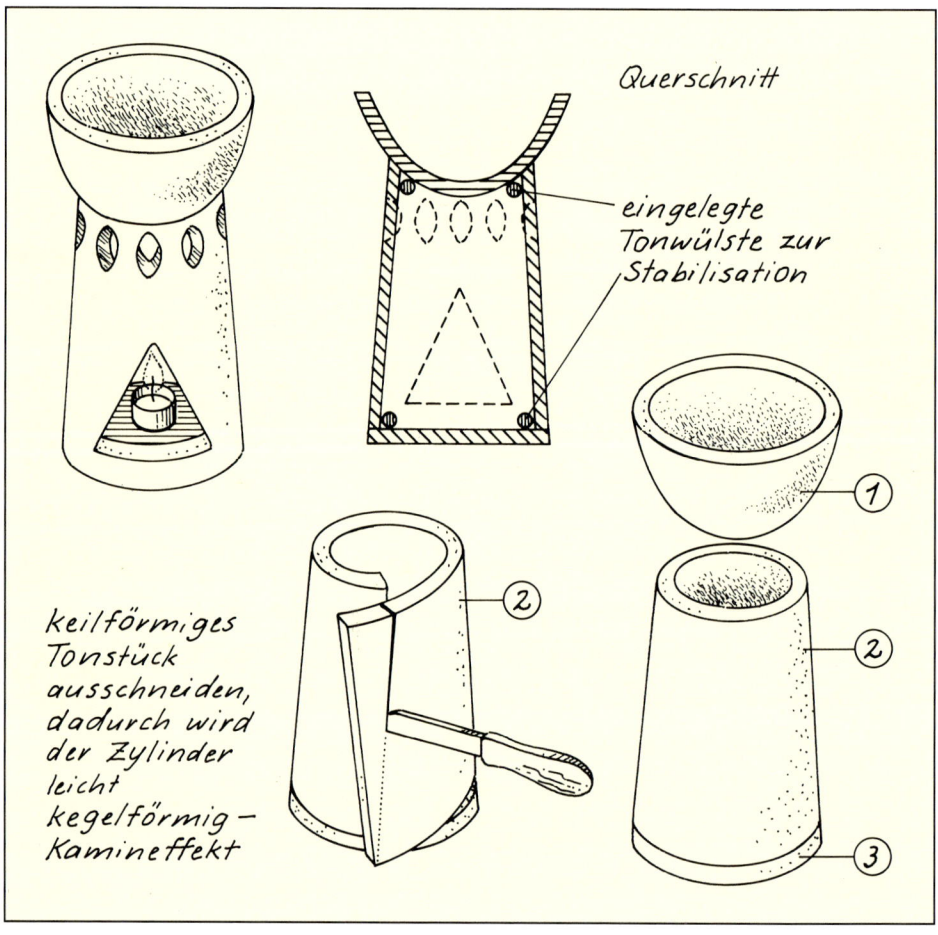

Querschnitt

eingelegte Tonwülste zur Stabilisation

keilförmiges Tonstück ausschneiden, dadurch wird der Zylinder leicht kegelförmig - Kamineffekt

① ② ③

Duftschale ●●●

Menge	Bezeichnung	Maße in mm	Material	Kenn-Nr.
1	Schale	ca. 100 ø	Ton	1
1	Wandplatte	ca. 120 x 250	Ton	2
1	Bodenplatte	80 ø	Ton	3

Ton ledertrocken ist, lassen sich mit dem Messer eine größere Einstellöffnung für die Kerze und unterhalb der Schale mehrere kleine Wärmeabfuhröffnungen herausnehmen. Nach dem Trocknen wird die Duftschale gebrannt und zumindest in der Schaleninnenseite glasiert. In diese Schale werden später destilliertes Wasser und ein Tropfen Duftöl hineingegeben.

Duftöle und Informationen über ihre Wirkung bekommt man im Fachhandel oder in Drogerien.

Heizbarer Puppenherd

•••••••••••••••••••••••••••••

Die nebenstehende Zeichnung kann, entsprechend vergrößert, als Schablone verwendet werden. Aus einer ausgewalzten Tonplatte schneidet man die zusammenhängenden Seitenteile und die Herdplatte aus und fügt diese Teile zum Herdkörper zusammen. Die Herdplatte soll dabei vorne und seitlich 2–3 mm über den Unterbau hinausragen.

Alle Kanten werden nachgeformt und die Berührungsflächen der Tonplatten miteinander verstrichen. Zum Heizen verwendet

In den Brennraum des Herdes wird ein Teelicht eingesetzt. Damit kann man in der Puppenstube heizen und kochen.

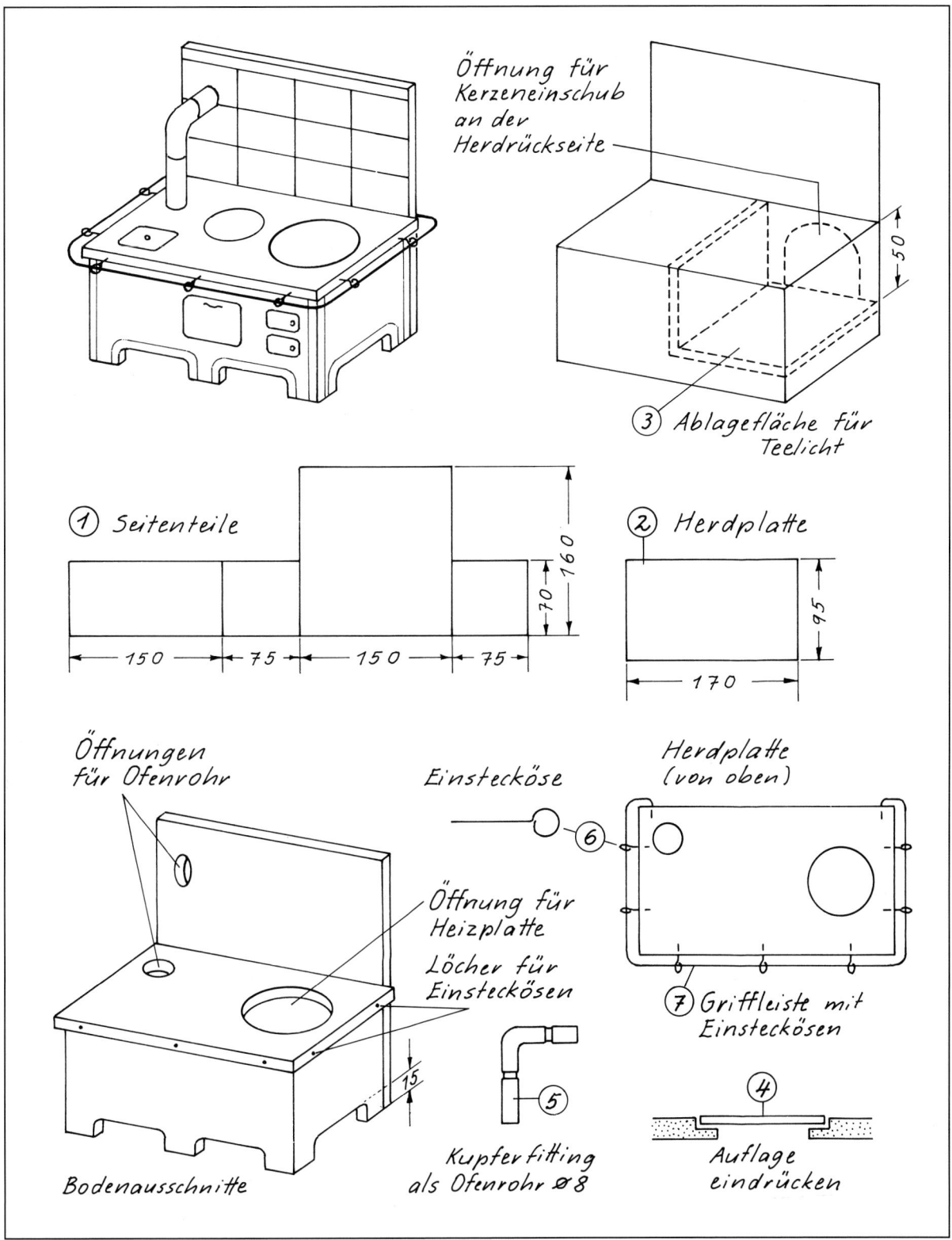

Öffnung für Kerzeneinschub an der Herdrückseite

③ Ablagefläche für Teelicht

① Seitenteile

160
70
150 — 75 — 150 — 75

② Herdplatte

95
— 170 —

Öffnungen für Ofenrohr

Einsteckösе

Herdplatte (von oben)

⑥

Öffnung für Heizplatte

Löcher für Einsteckösen

15

⑦ Griffleiste mit Einsteckösen

⑤

Kupferfitting als Ofenrohr ⌀ 8

④

Bodenausschnitte

Auflage eindrücken

Heizbarer Puppenherd ●●●●

Menge	Bezeichnung	Maße in mm	Material	Kenn-Nr.
1	Seitenteil	450 x 160	Tonplatte	1
1	Herdplatte	95 x 170	Tonplatte	2
1	Teelichtauflage	ca. 75 x 120	Tonplatte	3
1	Heizplatte	ca. 35 ø	Kupferblech	4
1	Ofenrohr	8 ø	Kupferfitting	5
7	Einstecksösen	1,5 mm²	Kupferdraht	6
1	Griffleiste	2,5 mm²	Kupferdraht	7

man Teelichter. Deshalb muss in den Herdkörper eine entsprechende Ablagefläche eingefügt werden (Abstand zur Herdplatte: 50 mm). Danach lässt man den Ton eine Zeit lang ruhen, damit er sich festigen kann. Dann ritzt man die Zierlinien ein, sticht die Löcher zur Befestigung der Griffleiste und schneidet die Durchbrüche aus (Bodenausschnitt, Ofenrohr, Heizplatte, Kerzeneinschub).

Solange der Ton noch formbar ist, müssen die Auflageflächen für die Heizplatten eingepresst werden.

Jetzt kann das Werkstück getrocknet, gebrannt und glasiert werden.

Erst dann montiert man das Ofenrohr, die Griffleiste und die Heizplatte. Das Ofenrohr wird aus Kupferfittings (8 mm ø) zusammengesteckt und in die Aussparungen am Herd eingeklebt. Als Heizplatte verwendet man Ronden aus Kupferblech oder passende Unterlegscheiben (Metallwaren-, Schraubenfachhandel). Die Herstellung der Griffleiste erfordert etwas Geschick, denn der Draht muss gebogen werden. Sehr gut eignet sich dazu Kupferdraht (Querschnitt: 1,5/2,5 mm).

Aus dem dünneren Draht werden die Einstecksösen gebogen; den dickeren Draht verwendet man für die Griffleiste. Sie wird der Herdplatte entsprechend gebogen, durch die Einstecksösen geführt und in den rückseitigen Löchern verankert. So halten sich die Griffleiste und die Einstecksösen gegenseitig fest. Passendes Kochgeschirr kann man im Spielwarenhandel kaufen.

Bauen mit Tonziegeln

Bauklötze sind ein reizvolles Spiel-, Werk- und Baumaterial für alle Altersgruppen, aber auch Ziegelsteine aus Ton sind ideale Bauklötze.

Naturgetreu können mit selbst gefertigten Tonbauteilen ein Bauernhaus, ein Turm, eine Burg, eine Weihnachtskrippe oder andere Bauwerke errichtet werden.

Die Ziegel werden mit Hilfe einer einfachen Formvorrichtung gepresst und mit dem Messer auf die passende Länge zugeschnitten.

Diese Formvorrichtung besteht aus einem Grundbrett und aus 20 mm breiten und 10 mm dicken Sperrholzleisten beliebiger Länge. Den Aufbau der Vorrichtung zeigt die Zeichnung. Lediglich die Seitenleisten sind fest mit dem Grundbrett verschraubt und verleimt; die anderen Leisten sind nur locker eingelegt und können zum Herausnehmen der Ziegel entfernt werden.

Mit einem Spatel wird die Tonmasse in diese Form gepresst und das überschüssige Material abgezogen. Sind die Tonleisten ledertrocken, kann man sie mit dem Messer auf die gewünschte Länge zuschneiden (ca. 30 mm), aus der Form nehmen und bis zum endgültigen Austrocknen lagern.

Wer größere Mengen Ziegel oder auch andere Formteile (Säulen, Simse u. a.) herstellen möchte, baut sich eine „maschinelle"

Tonpresse aus einem Fleischwolf. Dazu wird das Messer aus der Maschine genommen und der Gebäckvorsatz aufgeschraubt. Der Schieber für die Spritzformen muss abgeändert werden (Ersatz gibt es im Haushaltswarengeschäft). Je nach Wunsch kann man die Ausstanzungen mit einer kleinen Feile vergrößern und in der Form verändern. So lassen sich beliebige Tonprofile herstellen, wenn die weiche Tonmasse durch den Wolf gepresst wird. Die getrockneten Profile und Steine werden im Brennofen gebrannt und als Ziegel verbaut. Das Mauerwerk wird besonders stabil, wenn beim Vermauern folgende Regeln beachtet werden:

1. Ziegel kräftig annässen, damit dem Mörtel nicht das Wasser entzogen wird;
2. Fugen ganz mit Mörtel ausfüllen;
3. Mauerschichten waagrecht anlegen;
4. senkrechte Fugen gegeneinander versetzen.

Torbogen, Gewölbe oder Fensteraussparungen muss man mit einem eingelegten Kartonstreifen abstützen, bis der „Mörtel" getrocknet ist. Als Mörtelmasse verwendet man Holzleim oder anderen Dispersionskleber. Wer jedoch echtes Mauerwerk möchte, besorgt sich im Baufachmarkt Fugenfüllmasse oder Feinputz (Fertigputz, z. B. MP 75). Dabei muss darauf geachtet werden, dass die Tonziegel vor der Verarbeitung reichlich mit Wasser befeuchtet werden. Der Mörtel härtet dann nicht so rasch aus und verbindet sich besser mit den Ziegeln. Ein solcher Feinputz kann auch dünn als Verputz auf das Mauerwerk aufgetragen

werden (Schutzfolie unterlegen). Säulen und Gesimse lassen sich gut mit Dispersionsfarben bemalen (z. B. marmorieren). Als Gebälk für die Geschossdecken und den Dachstuhl können Fichtenholzleisten eingearbeitet werden.

Mit den Tonziegeln lassen sich originalgetreue Tor- und Fensterbogen mauern.

Bauen mit Tonziegeln ●●●●

Menge	Bezeichnung	Maße in mm	Material	Kenn-Nr.
für die Formvorrichtung:				
1	Grundbrett	ca. 50 x 100 x 20	Spanplatte	1
	Sperrholzleisten	10 x 20 x 100	Sperrholz	2/3
	Ziegel	10 x 20 x 30	Ton	4
	Fichtenholzleisten	10 x 10	Massivholz	5

Mörtelmasse / Ton / Leim / Schrauben / Farben / Kartonstreifen

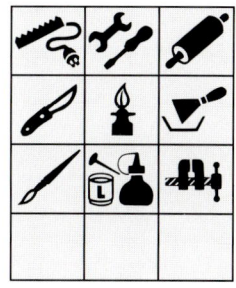

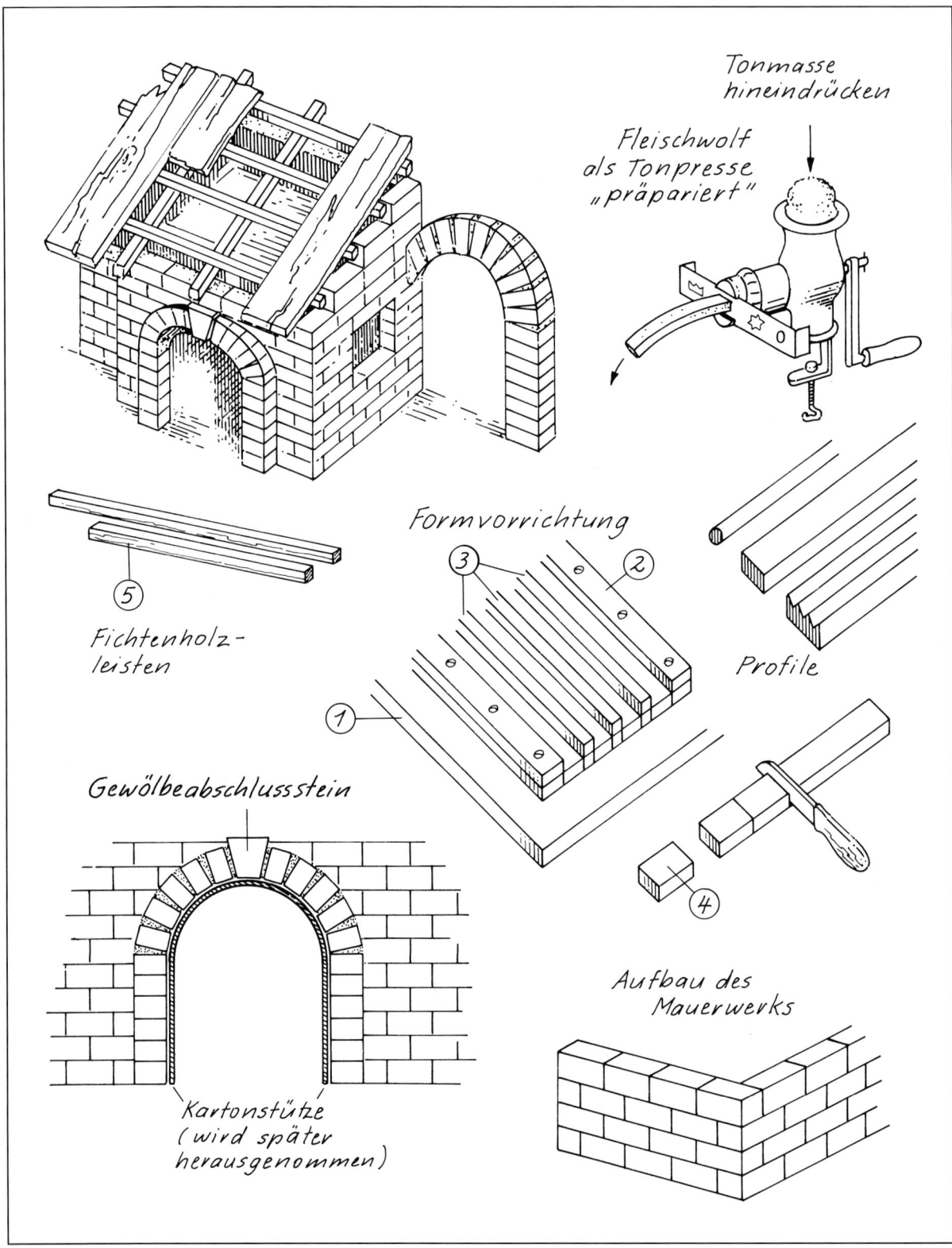

Tonmasse
hineindrücken

Fleischwolf
als Tonpresse
„präpariert"

Formvorrichtung

③ ②

①

Profile

Fichtenholz-
leisten

⑤

④

Gewölbeabschlussstein

Kartonstütze
(wird später
herausgenommen)

Aufbau des
Mauerwerks

Wie ein echtes Bauwerk ist diese Weihnachts-krippe aus gebrannten Ziegeln gemauert. Das Gebälk wurde aus Fichtenholzleisten „gezimmert".

Ton-Brennofen

•••••••••••••••••••••••••••

Feinere Tonwaren brennt man im elektrischen Ofen. Man verwendet ihn auch für den Glasurbrand. Wer keinen elektrischen Ofen hat, kann in Schulen oder Töpferstuben nachfragen, ob sie diese Tonwaren mitbrennen.

Wer davon allerdings unabhängig sein will und überwiegend einfache Tonwaren herstellt, sollte sich seinen Tonofen selber bauen. Dies ist weniger schwierig als man denkt. Einzige Voraussetzung ist ein Platz im Freien mit leichter Hanglage. Der Tonwarenbrand (Schrühbrand) im selbst gebauten Erdofen ist mit Sicherheit eine ganz besondere Erfahrung.

Brennofen ••••

Menge	Bezeichnung	Maße in mm	Material	Kenn-Nr.
	Lehmmasse		Lehm /Ton	
	Stützmaterial		Steine /Ziegel	
	Rohr	400 ø, ca. 500 lang	Beton / Blech	1
	Rost	ca. 600 lang	Eisenstäbe oder Gusseisenrost	2
	Kamin	ca. 1000	Ofenrohr	3

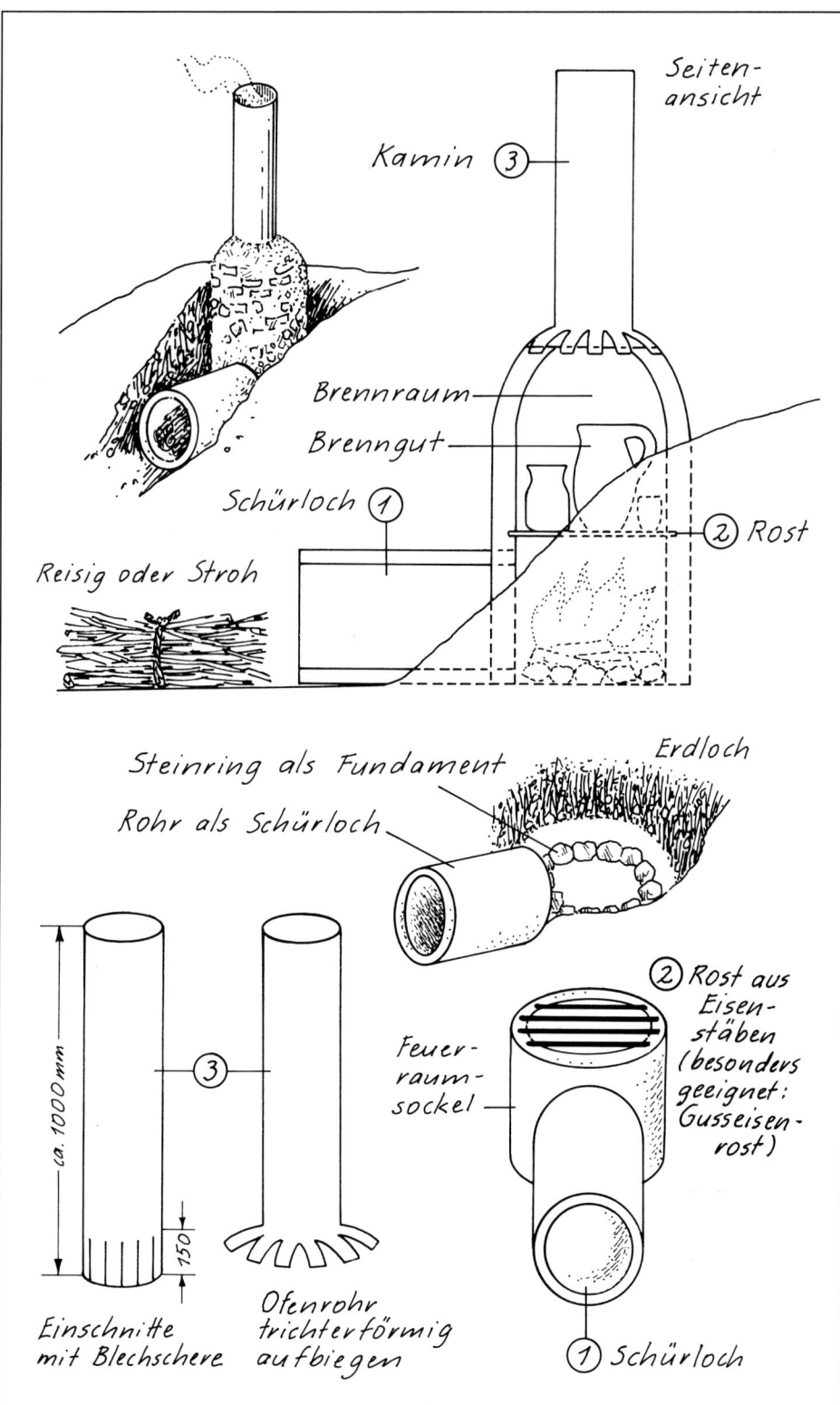

Seiten-
ansicht

Kamin ③

Brennraum

Brenngut

Schürloch ①

② Rost

Reisig oder Stroh

*Durch die Hitze kann
der Erdofen Risse
bekommen. Mit Lehm-
brei kann jedoch alles
rasch wieder ausgebes-
sert werden.*

Steinring als Fundament

Rohr als Schürloch

Erdloch

ca. 1000 mm

③

150

Einschnitte
mit Blechschere

Ofenrohr
trichterförmig
aufbiegen

② Rost aus
Eisen-
stäben
(besonders
geeignet:
Gusseisen-
rost)

Feuer-
raum-
sockel

① Schürloch

Als Baumaterial verwendet man Lehm oder lehmigen Ackerboden, der auch mit Sand oder Steinen durchsetzt sein darf. Durch Zugeben von Wasser und kräftiges Kneten erhält man daraus eine formbare Erdmasse. Am besten baut man den Ofen in einen Hang, dann hat man eine natürliche Stütze für den Aufbau der Ofenwände.

Zuerst gräbt man eine kreisförmige Vertiefung in den Hang (ca. 60 cm ø). Auf diese Fläche wird ein Ring aus Steinen gelegt und zur Talseite hin ein Rohr aus Beton oder Eisen (z. B. Eimer ohne Boden) eingefügt. Dieses Ofenfundament wird mit Lehmmasse aufgemauert. Es entstehen ein kreisrunder Sockel, der den Feuerraum umfasst, und ein großes Schürloch. Auf den Sockel legt man einen Rost aus dicken Eisenstäben, der das Brenngut aufnimmt. Damit sich das Mauerwerk durch das eigene Gewicht nicht verformt, lässt man die Lehmmasse etwas austrocknen, bevor man den Brennraum aufmauert. Durch eingearbeitete alte Ziegel gestützt, kann man leicht einen nach oben schmaler werdenden Turm von 50 bis 60 cm Höhe aufbauen.

In den so entstandenen Brennraum wird das Brenngut eingeschichtet. Als Kamin dient ein Ofenrohr, das man mit Lehmpackungen auf die Turmöffnung klebt. Durch das Schürloch wird das Feuer entzündet und mit Holz nachgeheizt. Zieht der Ofen nicht richtig, ist die Länge des Kamins zu verändern.

Das Feuer muss langsam anbrennen und darf erst allmählich seine höchste Temperatur erreichen. Das heißt, der ganze Ofen sollte ca. 1 Stunde lang aufgeheizt und anschließend 20 Minuten lang mit heller und voller Flamme gehalten werden. Mit Stroh und Reisig als Brennmaterial lassen sich die notwendigen Temperaturen von 800 – 900 Grad, die den Ton dauerhaft aushärten, erreichen. Nach dem Brand darf der Ofen nur langsam auskühlen, damit die Tonwaren nicht reißen. Dazu werden das Schürloch und die Kaminöffnung dicht verschlossen. Erst am nächsten Tag nimmt man das Kaminrohr ab und holt die Werkstücke aus dem Ofen.

Räuchermännchen

Wer kennt nicht die Räuchermännchen aus dem Erzgebirge, die vor allem zur Weihnachtszeit gerne mit Duftkerzen aufgestellt werden.

Die traditionellen Figuren sind zwar aus Holz, aber aus Ton lassen sich auch sehr gut Räuchermännchen modellieren.

Ein Kachelofen mit Luftzufuhr und Ofenrohr dient als Brennraum für die Duftkerzen. Auf der Ofenbank kann dann eine ganze Familie mit Hund und Katze sitzen.

Dazu wird aus einem Tonbatzen eine quadratische Säule geformt (Seitenlänge ca. 80 mm / Höhe ca. 140 mm). Mit einem feinen Stahldraht wird dann die Grundform des Kachelofens mit der Ofenbank herausgeschnitten. Mit dem straff gespannten Schneidedraht lassen sich auch sehr gut Hohlkehlen und andere Rundungen ausschneiden.

Die Tonmasse sollte dann eine halbe Stunde ruhen, damit sie sich etwas festigt. Anschließend wird die Form in der Hand mit einer Tonschlinge (oder einem Löffelstiel) von unten ausgehöhlt. Dabei soll eine möglichst gleichmäßige Kachelofenwand (ca. 10 mm stark) stehen bleiben. Auch unter der Sitzbank wird Tonmasse herausgenommen. Dann werden hier bogenförmige Öffnungen für die Luftzufuhr herausgeschnitten. Die Öffnung für den Rauchabzug im oberen Teil des Ofens lässt sich leicht mit einem Kupferfitting herausstechen. Dieses Rohrstück (Rohrbogen) wird später als Ofenrohr eingeklebt. Mit selbst gefertigten Modellierhölzchen kann der Kachelofen außen verziert werden (z. B. Zierleisten einpressen, Kachelfugen ritzen, Stempelabdrücke anbringen).

Einen persönlichen Charakter erhält das Werkstück jedoch erst durch die aus Ton modellierten und auf die Ofenbank gesetzten Figuren. Der Zeitung lesende Opa, ein Ofenbankschläfer, ein Liebespaar oder die Hauskatze und der Hund können hier ein Denkmal erhalten.

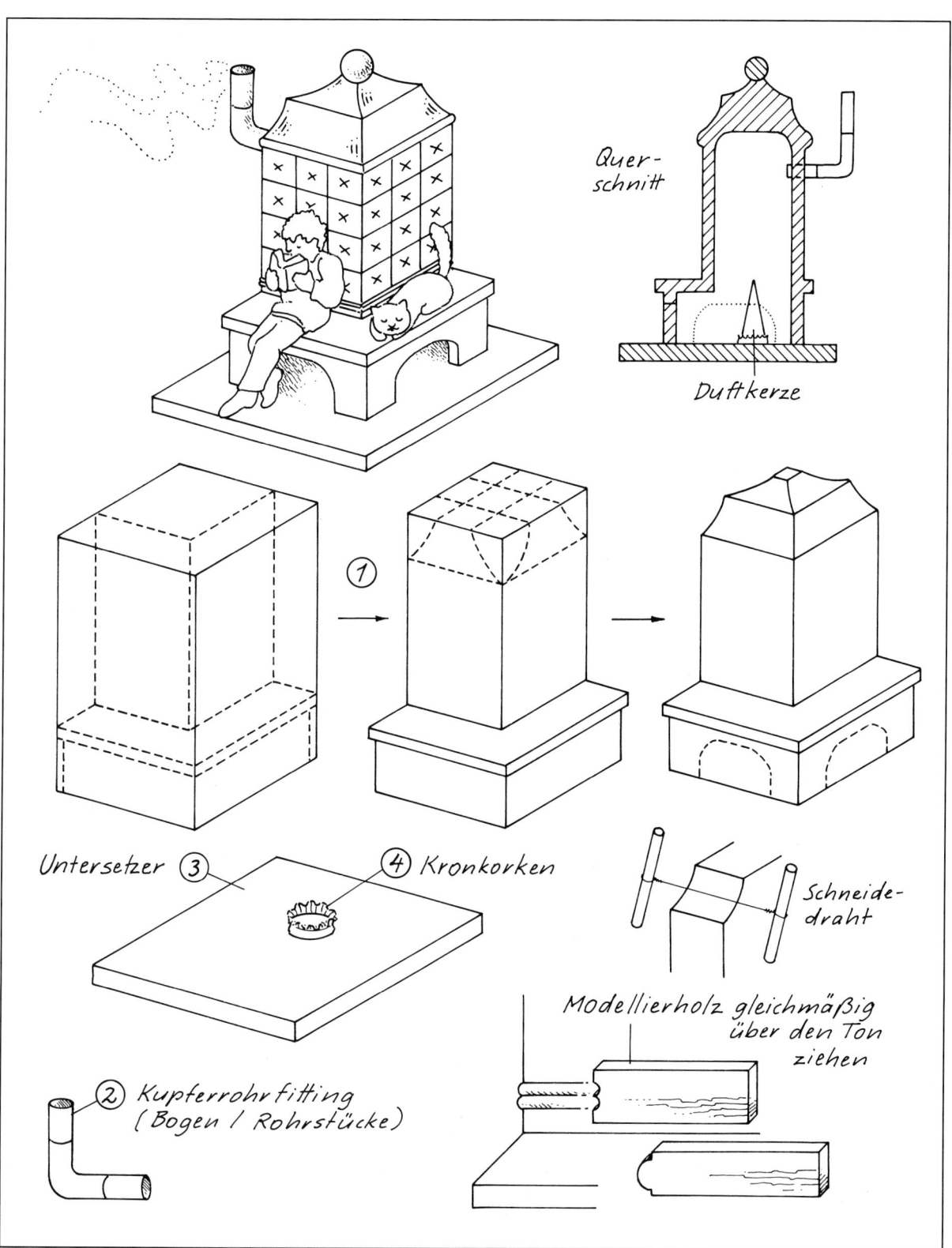

Quer-schnitt

Duftkerze

①

Untersetzer ③

④ Kronkorken

Schneide-draht

Modellierholz gleichmäßig über den Ton ziehen

② Kupferrohrfitting (Bogen / Rohrstücke)

Räuchermännchen ●●●●

Menge	Bezeichnung	Maße in mm	Material	Kenn-Nr.
1	Tonsäule	ca. 80 x 80 x 140	Ton	1
1	Kupfer-Ofenrohr	8 ø	Kupferfitting	2
1	Untersetzer	120 x 120 x 10	Massivholzbrettchen	3
1	Ablage für Räucherkerze		Kronkorken	4

Räucherkerzen / Duftkerzen / Schlicker

Die Figuren werden sorgfältig mit Schlicker (Tonbrei) mit dem Kachelofen und der Ofenbank verbunden.

Das ganze Werkstück sollte ungefähr ein bis zwei Wochen an einem kühlen Ort gut austrocknen. Erst dann kann es im Brennofen gebrannt werden.

Ein Glasurbrand ist nicht unbedingt notwendig. Man kann das Werkstück auch mit Dispersionsfarben oder Deckfarben (Wasserfarben) anmalen. Ein abschließender Anstrich mit Hochglanzlack gibt ihm den letzten Schliff. Damit die Räucherkerzen gefahrlos abbrennen können, benötigt man noch einen Untersetzer. Auf einem Massivholzbrettchen befestigt man einen Kronkorken oder ein ausgebranntes Teelicht als Kerzenhalter.

Räucherkerzen kann man in Haushaltswarengeschäften, Drogerien oder auf dem Weihnachtsmarkt kaufen.

Das Glasieren von Tonwaren

Glasuren bestehen aus Glaskörper mit verschiedenen pulverisierten Zutaten. In Töpfereien oder im Hobbyfachhandel erhält man verschiedenfarbige Glasurpulver. Sie werden mit Wasser zu einem Brei angerührt (etwa so flüssig wie Kondensmilch) und auf die Tonmasse aufgetragen.

Grundsätzlich sollte man darauf achten, dass die Standfläche eines Gefäßes oder einer Figur immer unglasiert bleibt, damit die Werkstücke beim Brand nicht mit dem Ofen verbacken. Versehentlich aufgetragene Glasur kann gut mit einer Bürste oder mit Zeitungspapier abgerieben werden.

Es gibt verschiedene Möglichkeiten, Glasur aufzutragen. Kleinere Werkstücke werden einfach in die Glasur eingetaucht. Soll das Innere eines Gefäßes glasiert werden, hält man es etwas schräg und dreht es schöpfend durch die Flüssigkeit, sodass möglichst viel Innenfläche von der Glasur bedeckt wird. Stellen, die ohne Glasur geblieben sind, tupft man mit einem Pinsel nach. Größere Töpfe oder Figuren werden mit der Glasur begossen. In den Topf wird etwas Glasur eingefüllt. Dann wird das Werkstück drehend geschwenkt und der Glasurüberschuss wieder ausgegossen. Zum Begießen der Außenflächen dreht man das Gefäß um und gießt dann die Glasur gleichmäßig über das Werkstück. Alles muss sehr schnell gehen, damit nicht zu viel Glasurmasse haften bleibt, denn zu viel verursacht Risse oder Blasen.

Sollen nur einzelne Streifen, dekorative Details oder kleine Flächen glasiert werden, kann man die Glasur auch mit einem Pinsel auftragen.

Beim Brennen der Werkstücke muss auf die Brenntemperatur geachtet werden (vgl. Angaben auf der Verpackung des Glasurpulvers). Zu hoch gebrannte Glasuren tropfen vom Scherben ab, zu niedrig gebrannte Glasuren schmelzen nicht und zeigen keine Farbe.

VI. Werken mit Textilien

Hängematte

• •

Bunte Webbänder und Borten säumen die Ränder der Matte aus Jeansstoff ein.

Für die große Hängematte sollte man mit der Nähmaschine gut umgehen können.

Als Stoff verwendet man strapazierfähigen Jeans- oder Markisenstoff. Die Mattenränder werden mit bunten Schrägbändern und Borten gesäumt. Für die Aufhängung eignet sich das preisgünstige Jutegarn. Eine haltbarere, aber auch teurere Alternative sind bunte Perlonseile.

Die Rundhölzer für die Schnurführung erhält man im Baumarkt. Ansonsten eignen sich auch hölzerne Besenstiele.

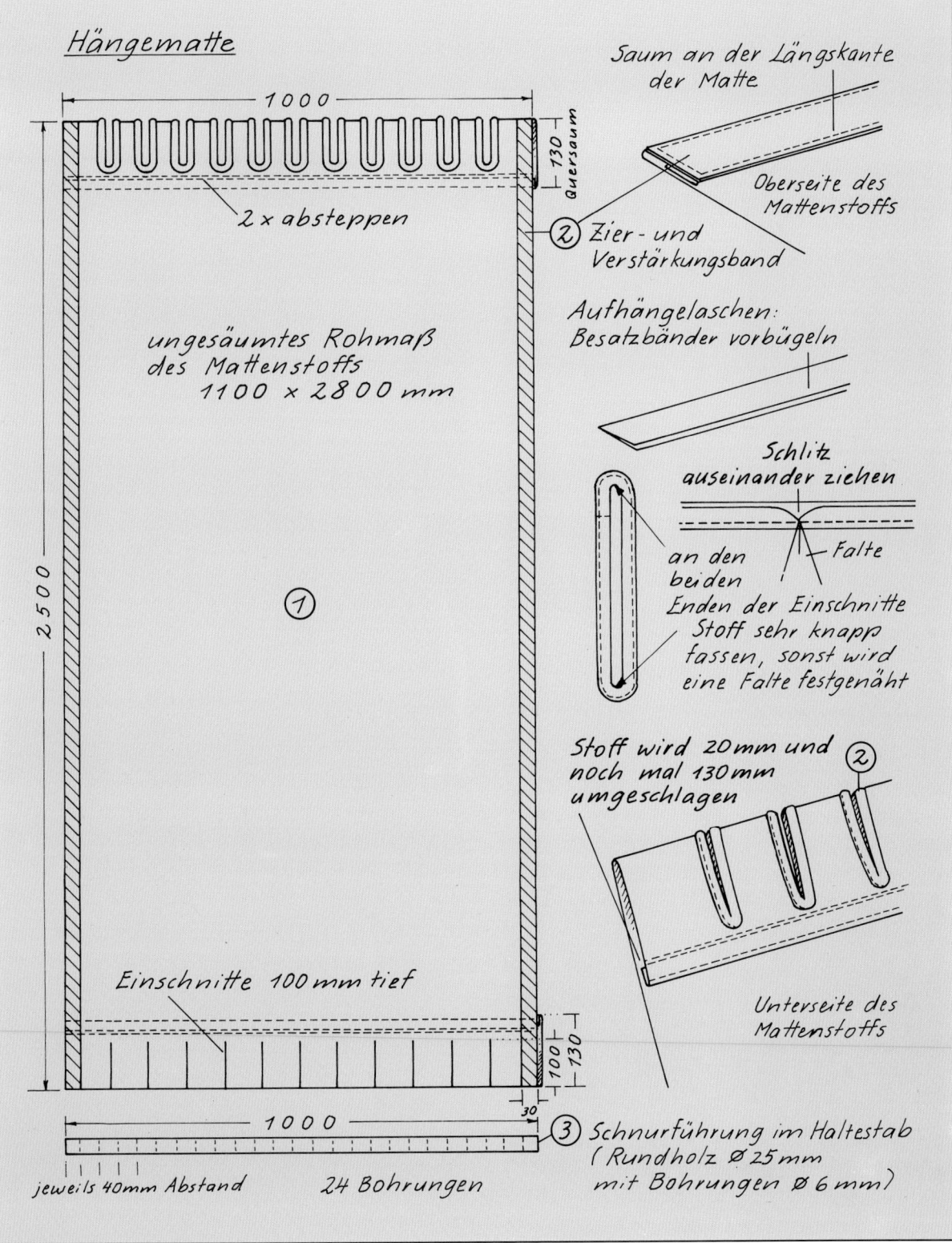

Hängematte

1000

130 Quersaum

2 x absteppen

ungesäumtes Rohmaß
des Mattenstoffs
1100 x 2800 mm

2500

① Einschnitte 100 mm tief

1000

jeweils 40mm Abstand   24 Bohrungen

100

130

30

Saum an der Längskante
der Matte

Oberseite des
Mattenstoffs

② Zier- und
Verstärkungsband

Aufhängelaschen:
Besatzbänder vorbügeln

Schlitz
auseinander ziehen

Falte

an den
beiden
Enden der Einschnitte
Stoff sehr knapp
fassen, sonst wird
eine Falte festgenäht

Stoff wird 20mm und
noch mal 130mm
umgeschlagen ②

Unterseite des
Mattenstoffs

③ Schnurführung im Haltestab
(Rundholz Ø 25mm
mit Bohrungen Ø 6mm)

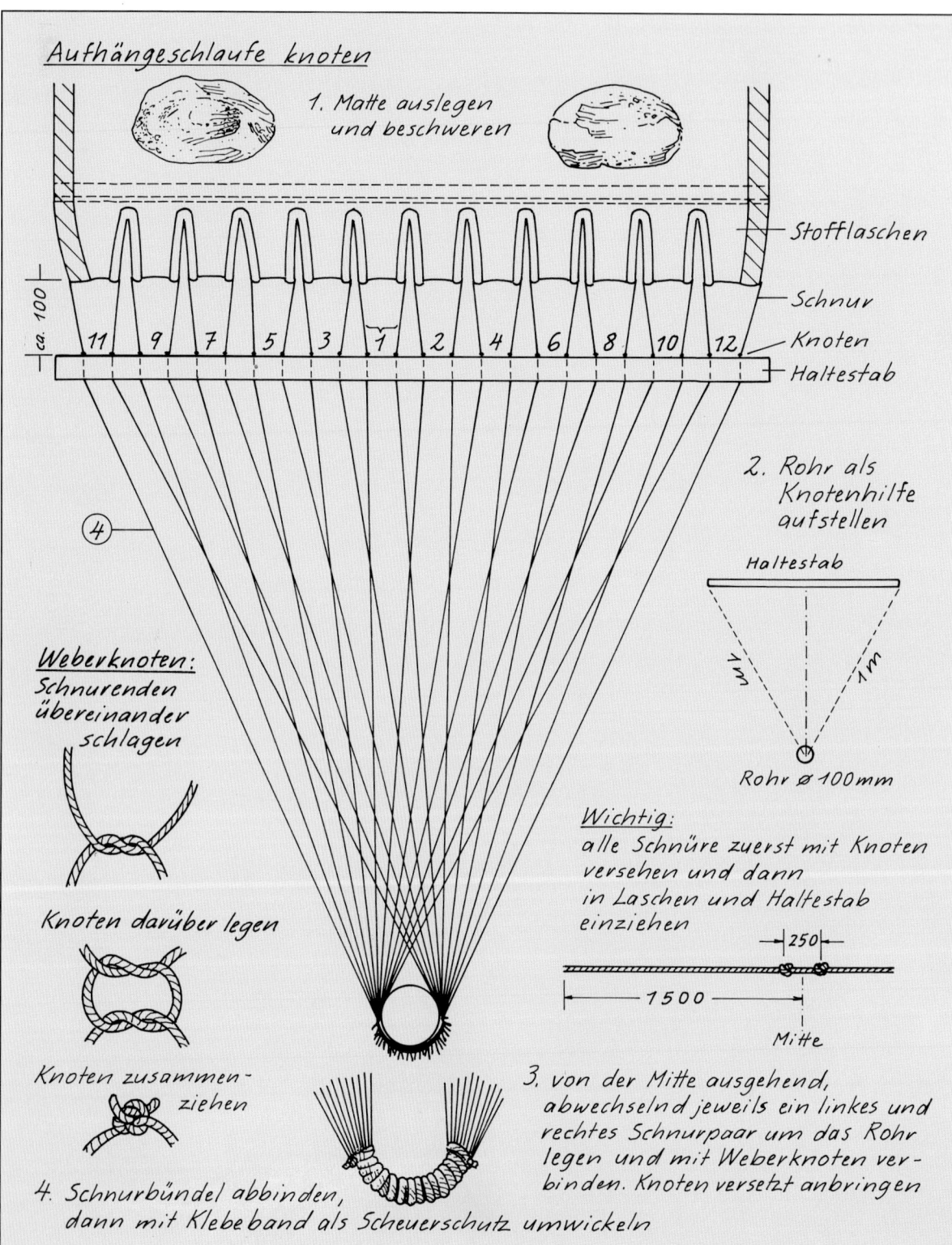

Aufhängeschlaufe knoten

1. Matte auslegen und beschweren

Stofflaschen

Schnur

Knoten

Haltestab

ca. 100

11 9 7 5 3 1 2 4 6 8 10 12

2. Rohr als Knotenhilfe aufstellen

Haltestab

1 m   1 m

Rohr ⌀ 100mm

Weberknoten:
Schnurenden übereinander schlagen

Knoten darüber legen

Knoten zusammen- ziehen

Wichtig:
alle Schnüre zuerst mit Knoten versehen und dann in Laschen und Haltestab einziehen

250

1500

Mitte

3. von der Mitte ausgehend, abwechselnd jeweils ein linkes und rechtes Schnurpaar um das Rohr legen und mit Weberknoten ver- binden. Knoten versetzt anbringen

4. Schnurbündel abbinden, dann mit Klebeband als Scheuerschutz umwickeln

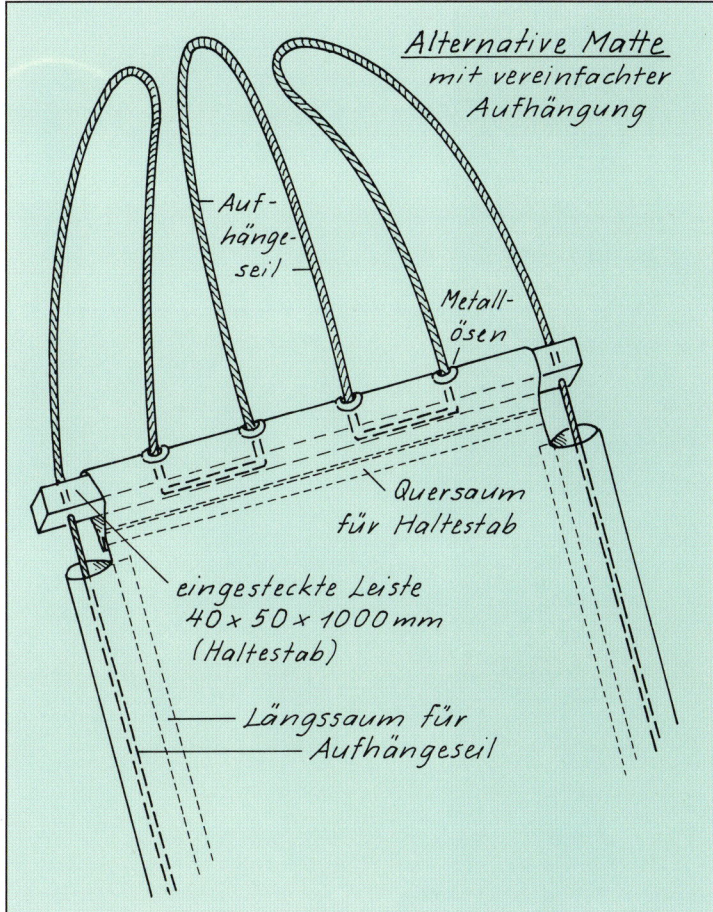

Alternative Matte mit vereinfachter Aufhängung

- Aufhängeseil
- Metallösen
- Quersaum für Haltestab
- eingesteckte Leiste 40 x 50 x 1000 mm (Haltestab)
- Längssaum für Aufhängeseil

So wird es gemacht:

1. Stoffbahn zuschneiden (Rohmaß: 1,10 m breit, 2,80 m lang).
2. Längskanten säumen (zweimal umschlagen), Kanten anbügeln und kantig absteppen.
3. Breite Borte entlang der Längskanten als Verstärkung aufnähen.
4. Quersaum richten (20 mm umschlagen und Kante anbügeln, nochmals 130 mm einschlagen und mit Stecknadeln feststecken).
5. Laschen 100 mm tief einschneiden und mit bunten Baumwoll-Schrägstreifen (Webbänder) einsäumen (Bänder vorbügeln und mit der schmaleren Seite nach oben absteppen). Die Stecknadeln müssen dazu nochmals herausgenommen werden.
6. Quersaum mit den Laschen mit doppelter Naht absteppen.
7. Schnüre mit Abstandsknoten einziehen und Haltestab (Schnurführung) einschnüren.
8. Aufhängeschlaufe knüpfen und binden.

Hängematte ●●●●●

Menge	Bezeichnung	Maße in mm	Material	Kenn-Nr.
1	Matte	1100 x 2800	Jeans-Stoff	1
div.	Zier- und Verstärkungsbänder		Web-/Schrägband	2
2	Haltestäbe	1000 x 25–30 ø	Rundholz	3
24/12	Aufhängeschnüre	ca. 3000 lang 6 ø	Juteschnur	4

Isolierband / Stecknadeln / Textilklebeband

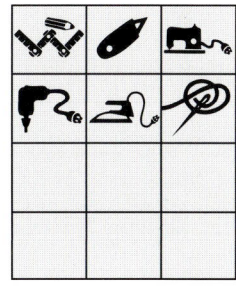

Stofftasche

••••••••••••••••••••••••••••••

Aus hellem Baumwollstoff wird ein Rechteck in den angegebenen Maßen geschnitten (ca. 20 mm Nahtzugabe). Man säumt die obere Kante und fertigt dann die Henkel der Tasche aus doppeltem Stoff. Auf die linke Stoffseite der noch offenen Tasche werden die Henkel aufgenäht. Mit einer einfachen Naht wird die Tasche versäubert. Damit eine Bodenfläche entsteht, steppt man die Ecken ca. 50 mm breit ab.

Soll die Tasche bestickt werden, vor dem Nähen die Motive in Originalgröße auf Papier aufzeichnen und die Konturen dann mit einem weichen Bleistift auf den Stoff übertragen. In gleichmäßigen Vorstichen

Die unentbehrliche Viel-
zwecktasche ist einfach
und schnell genäht.

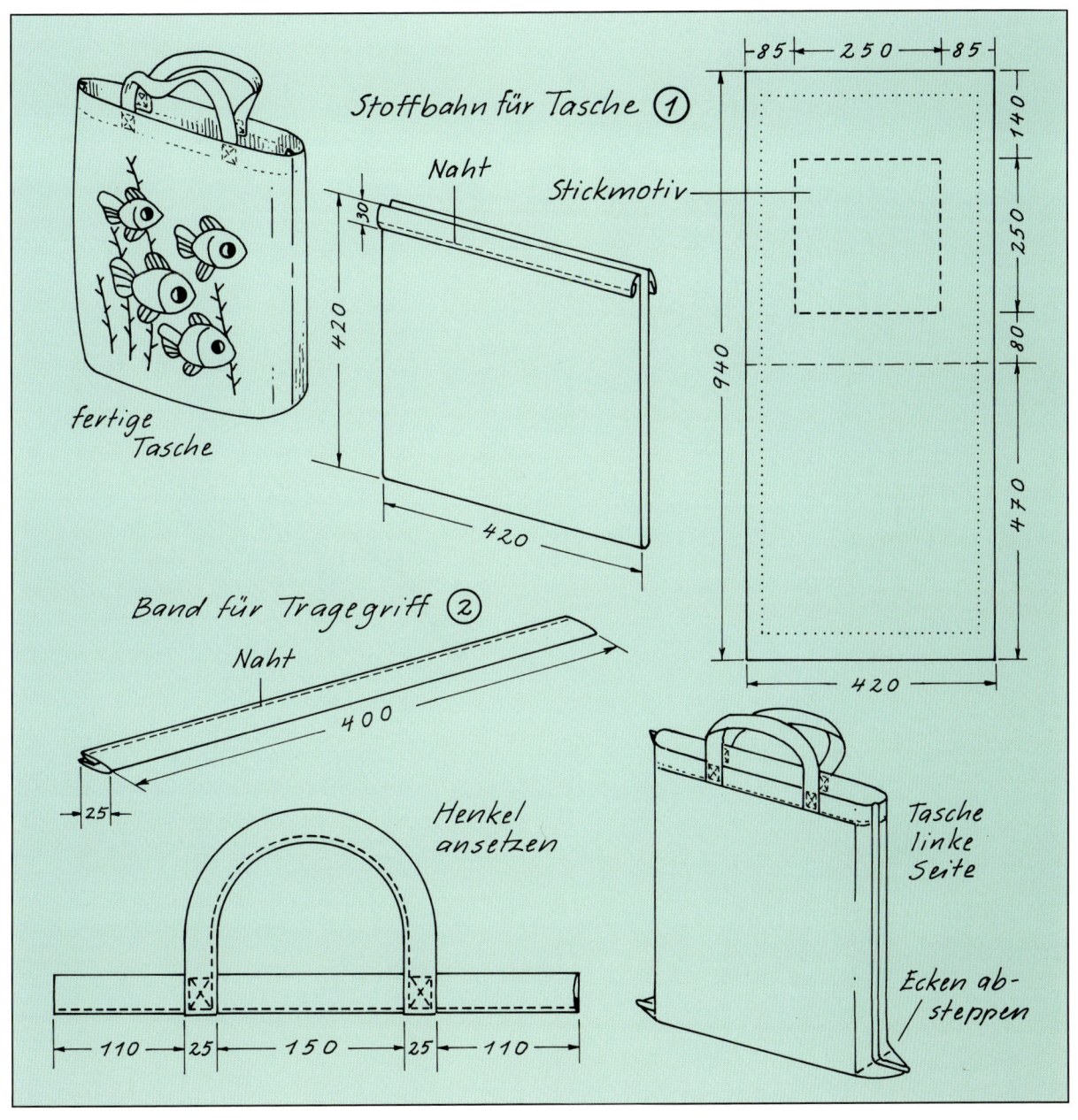

Stoffbahn für Tasche ①

Naht

Stickmotiv

fertige Tasche

85 — 250 — 85

140

250

80

470

940

420

420

420

30

Naht

Band für Tragegriff ②

Naht

400

25

Henkel ansetzen

110 — 25 — 150 — 25 — 110

Tasche linke Seite

Ecken ab- / steppen

Stofftasche　●●

Menge	Bezeichnung	Maße in mm	Material	Kenn-Nr.
1	Tasche	420 x 940 (Rohmaß)	Baumwollstoff	1
2	Tragegriffe	40 x 400 (Rohmaß)	Baumwollstoff	2

Stickgarn / Papier

Nach diesem Foto kann man sich leicht eine Vorlage anfertigen, die dann auf den Stoff übertragen wird.

Kettstich
Stickrichtung von rechts nach links oder von oben nach unten. Da sich die Fadenschlingen weich ineinander legen, lassen sich mit diesem Stich schöne Rundungen sticken.

Mit den folgenden Stichen werden Borten oder Flächen gestaltet:

Zickzackstich
Man beginnt rechts, und zwar an der oberen Spitze der Zacke. Auf der Rückseite verlaufen die Stiche waagrecht. Die Wirkung des Zickzackstiches wird durch ganz enges Aneinanderfügen mehrerer Reihen gesteigert.

Kreuzstich
Zuerst stickt man den halben Kreuzstich von links nach rechts. Danach macht man in der Rückreihe von rechts nach links Deckstiche darüber.

Festonstich
Dieser Stich ist auch unter dem Namen Schling- oder Langettenstich bekannt. Mit ihm können Gewebekanten eingefasst und zum Beispiel Knopflöcher ausgenäht werden. Die Stickrichtung ist von links nach rechts.
Er lässt sich vielfältig abwandeln: nach weit eng, kurz oder lang eingestochen oder mit verschieden breiten Abständen.

stickt man dann auf den Linien entlang (Steppstiche). Für dickere Linien arbeitet man mit Stielstichen. *Hinweis:* Entweder mit dem vollen oder mit geteilten Faden (3- bis 5-fädig) arbeiten. Die unterschiedlichen Fadenstärken ergeben einen zusätzlichen interessanten Effekt. Wenn alle Konturen gestickt sind, werden die Details mit Bleistift frei eingezeichnet. Als Vorlage dient der Papierentwurf.

Alles wird in verschiedenen Farben nachgestickt. Einzelne Linien können auch doppelt gearbeitet werden. Mit mehreren eng aneinander gesetzten Linien stickt man Flächen.

Sternstich
Er wird in zwei Arbeitsgängen ausgeführt, die obere Hälfte von links nach rechts und umgekehrt.

Stickstiche

Steppstich
Es wird vor- und wieder zurückgestochen, von rechts nach links.

Stielstich
Er wird von links nach rechts oder von unten nach oben gestickt, wobei die Einstichstellen schräg zum Fadenkreuz liegen.

Durchschlungener Vorstich
Beim zweiten Arbeitsgang wird eine Vorstichreihe mit gleich- oder andersfarbigem Faden durchzogen.

Platt- oder Flachstich
Der Faden wird auf der Stoffrückseite über die ganze Stichbreite geführt und dann jeweils um ein Fadenkreuz nach rechts versetzt. Vorder- und Rückseite sehen also gleich aus. Die Stiche kann man waagerecht, senkrecht oder schräg anordnen und je nach Wunsch fadengebunden oder ohne Beachtung des Fadenverlaufs.

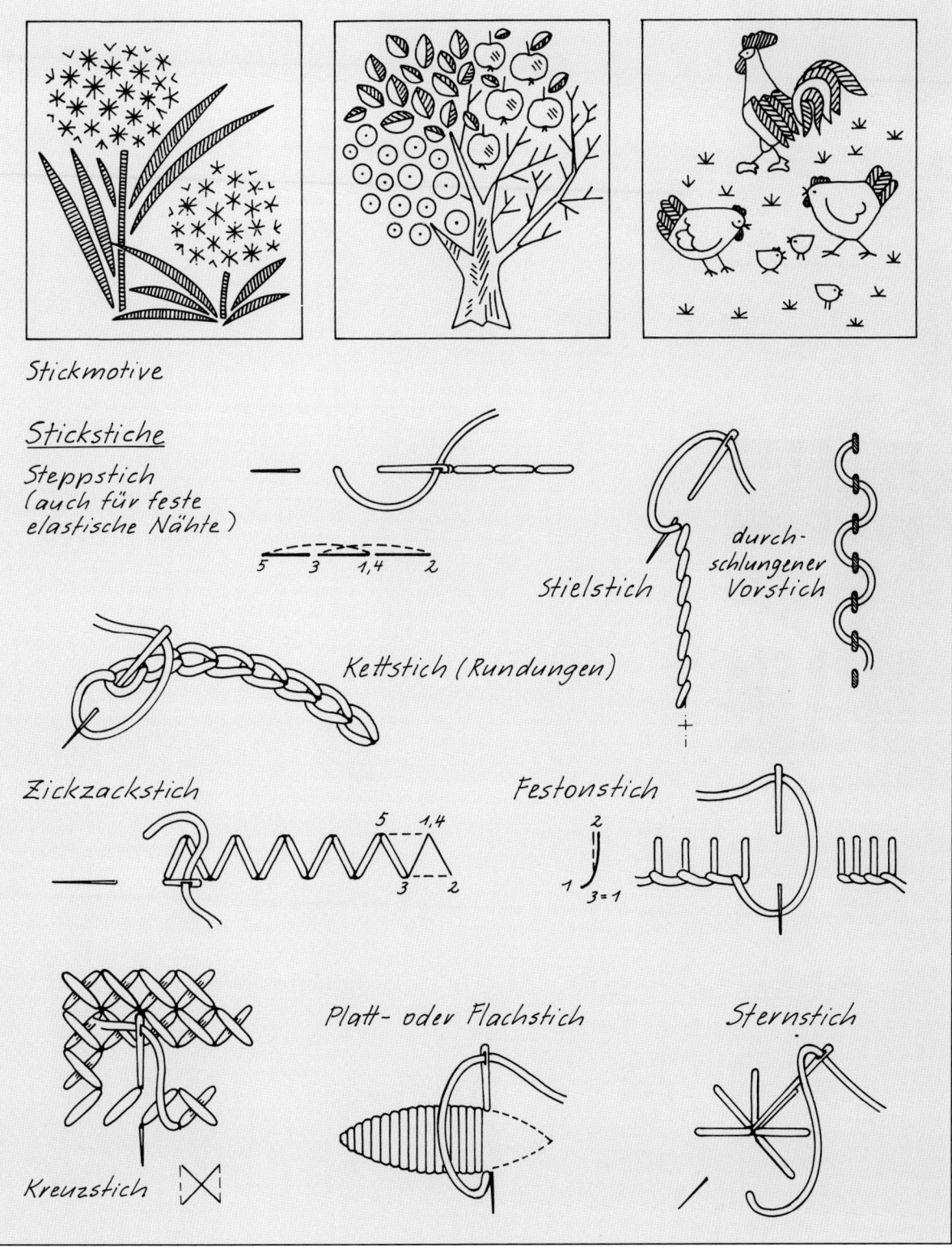

Stickmotive

<u>Sticksiche</u>

Steppstich
(auch für feste
elastische Nähte)

Stielstich

durch-
schlungener
Vorstich

Kettstich (Rundungen)

Zickzackstich

Festonstich

Kreuzstich

Platt- oder Flachstich

Sternstich

Liegedecke und Badesack

Über diese Handarbeit freuen sich besonders Sonnenanbeter und Badenixen. Bei Bedarf lässt sich die bequeme Liegedecke nämlich rasch in einen großen Badesack verwandeln.

Zuerst schneidet man zwei kreisrunde Stoffflächen zu (ca. 125 cm ø). Man kann jeweils den gleichen oder aber zwei verschiedenfarbige Stoffe verwenden.

Dann wird die Außentasche in den angegebenen Maßen zugeschnitten. Diese Tasche wird auf die rechte Stoffseite aufgesteppt (Außenseite des Badesacks). Anschließend werden die Knopflöcher, durch die später die Kordel gezogen wird, eingearbeitet.

Nun legt man die Stoffkreise rechts auf rechts und steppt sie am Rand entlang zusammen. Das letzte Stück wird jedoch erst nach dem Wenden der Decke geschlossen. Anschließend wird der Saum für den Kordelzug abgesteppt und die Kordel eingezogen.

Mit dieser Decke ist schnell zusammengepackt: einfach an der Kordel ziehen und aus der Decke wird eine Umhängetasche.

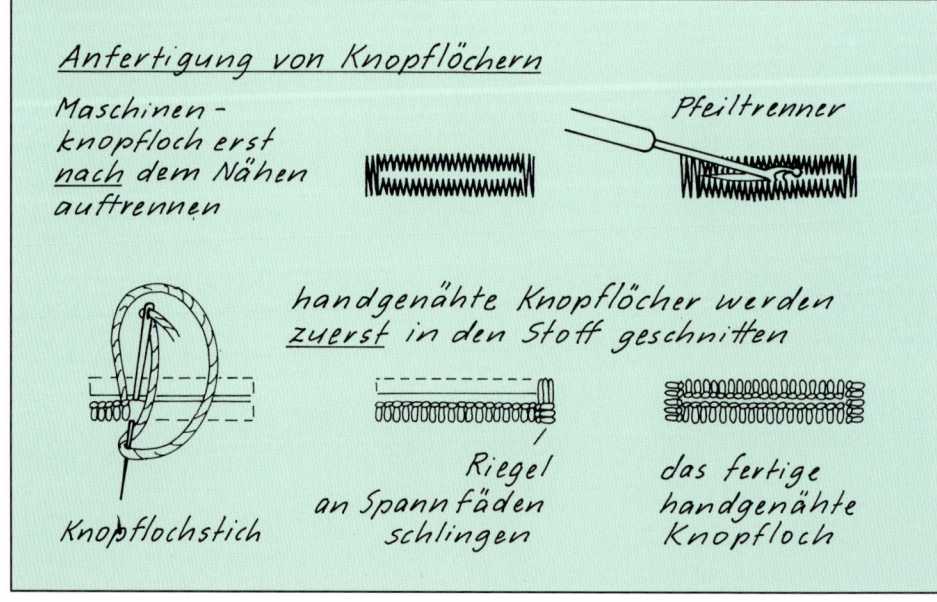

Liegedecke und Badesack ●●●

Menge	Bezeichnung	Maße in mm	Material	Kenn-Nr.
1	Außenstoff	1250 ø	Frotteestoff	1
1	Innenstoff	1250 ø	Frotteestoff	2
1	Tasche	250 x 350	Frotteestoff	3
1	Kordel	10 ø 4200 lang	Baumwollkordel	4

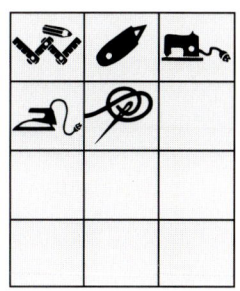

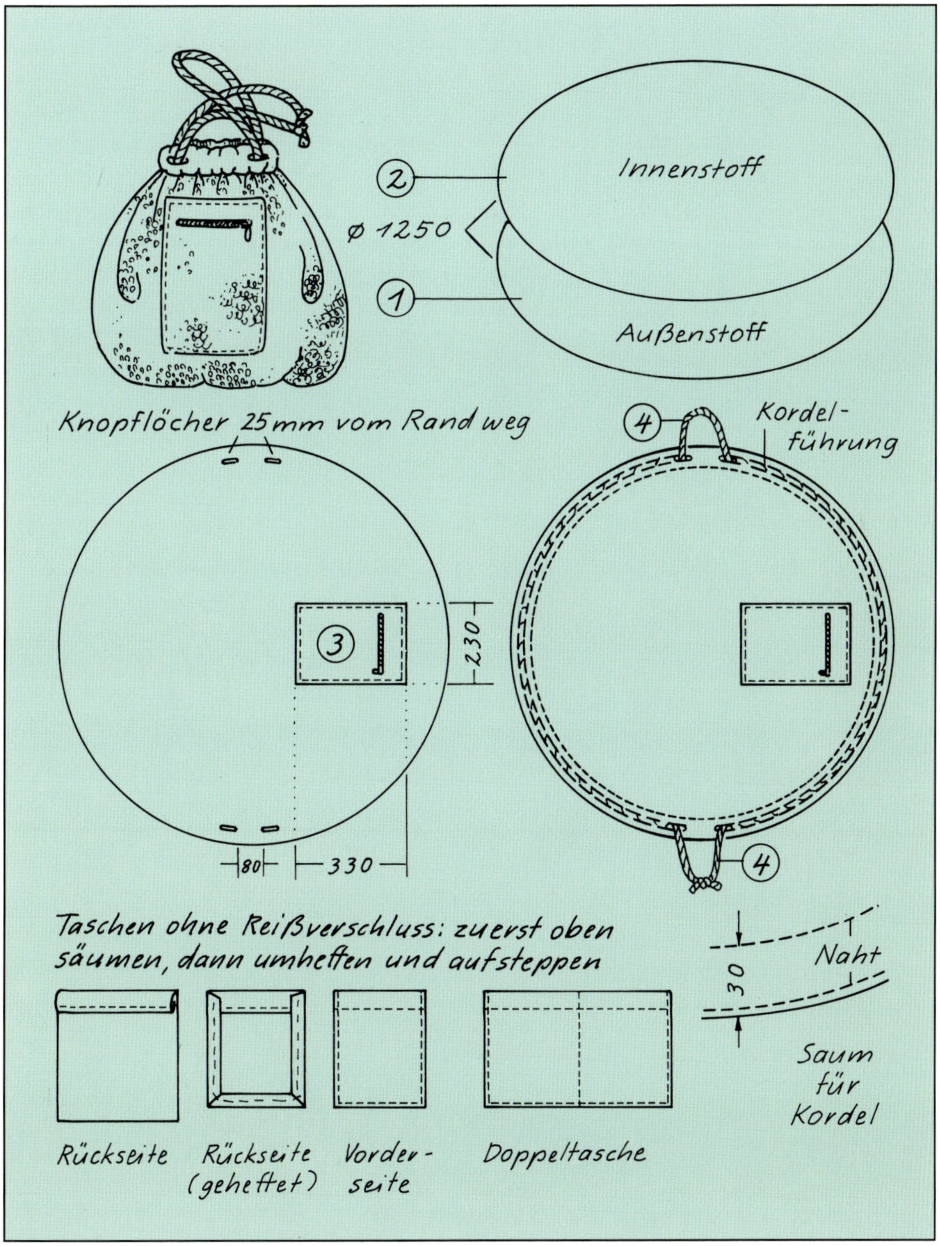

Knopflöcher 25mm vom Rand weg

ø 1250

Innenstoff

Außenstoff

Kordel-führung

230

80 — 330

Taschen ohne Reißverschluss: zuerst oben säumen, dann umheften und aufsteppen

30 Naht

Saum für Kordel

Rückseite   Rückseite (geheftet)   Vorder-seite   Doppeltasche

Rucksack

• •

Dieser Rucksack ist aus Stoffresten zusammengesetzt. Als Trageriemen ist eine Kordel eingezogen.

Dieser Rucksack kann auch als Umhängetasche getragen werden. Obwohl er nicht sehr groß ist, passen doch eine Menge Dinge hinein. Geldbeutel, Schlüssel usw. verstaut man in der aufgesetzten Reißverschlusstasche.

So wird es gemacht:

1. Aus bunten Baumwollresten werden ausreichend große Stoffflächen zusammengenäht.
2. Die Teile zuschneiden und versäubern (Boden, Oberteil, Tasche).
3. Futterstoff für das Oberteil zuschneiden.
4. Oberteil auf der linken Stoffseite zusammensteppen, ebenso den Futterstoff des Oberteiles.
   Achtung: Die Öffnung für den Kordelzug aussparen.
5. Reißverschluss in die Außentasche einsetzen (siehe Seite 30, die Textilbearbeitung), Tasche aufsteppen.
6. Boden mit dem Oberteil (Außen- und Futterstoff) links zusammenheften und steppen.
   Achtung: Kleine Öffnungen für die Tragekordel lassen. Außerdem wird der Rucksack strapazierfähiger, wenn für den Boden eine doppelte Stofflage eingearbeitet wird.
7. Beutel wenden.
8. Außenstoff und Futterstoff oben ca. 10 mm umschlagen, Kante anbügeln und beide Teile absteppen.
9. Saum für den Kordelzug absteppen (ca. 40 mm breit).
10. Kordel einziehen und Enden in die Bodennaht einnähen, dann den Futterstoff unten ansäumen.

Rucksack ●●●●

Menge	Bezeichnung	Maße in mm	Material	Kenn-Nr.
2	Bodenteile	250 ø	Baumwollstoff	1
1	Oberteil (außen)	500 x 750	Baumwollstoff	2
1	Futter	500 x 750	Futterstoff	3
1	Tasche	200 x 250	Baumwollstoff	4
1	Reißverschluss	190 lang	Reißverschluss	5
1	Kordel	10 ø / 1400 lang	Kordel / Seil	6

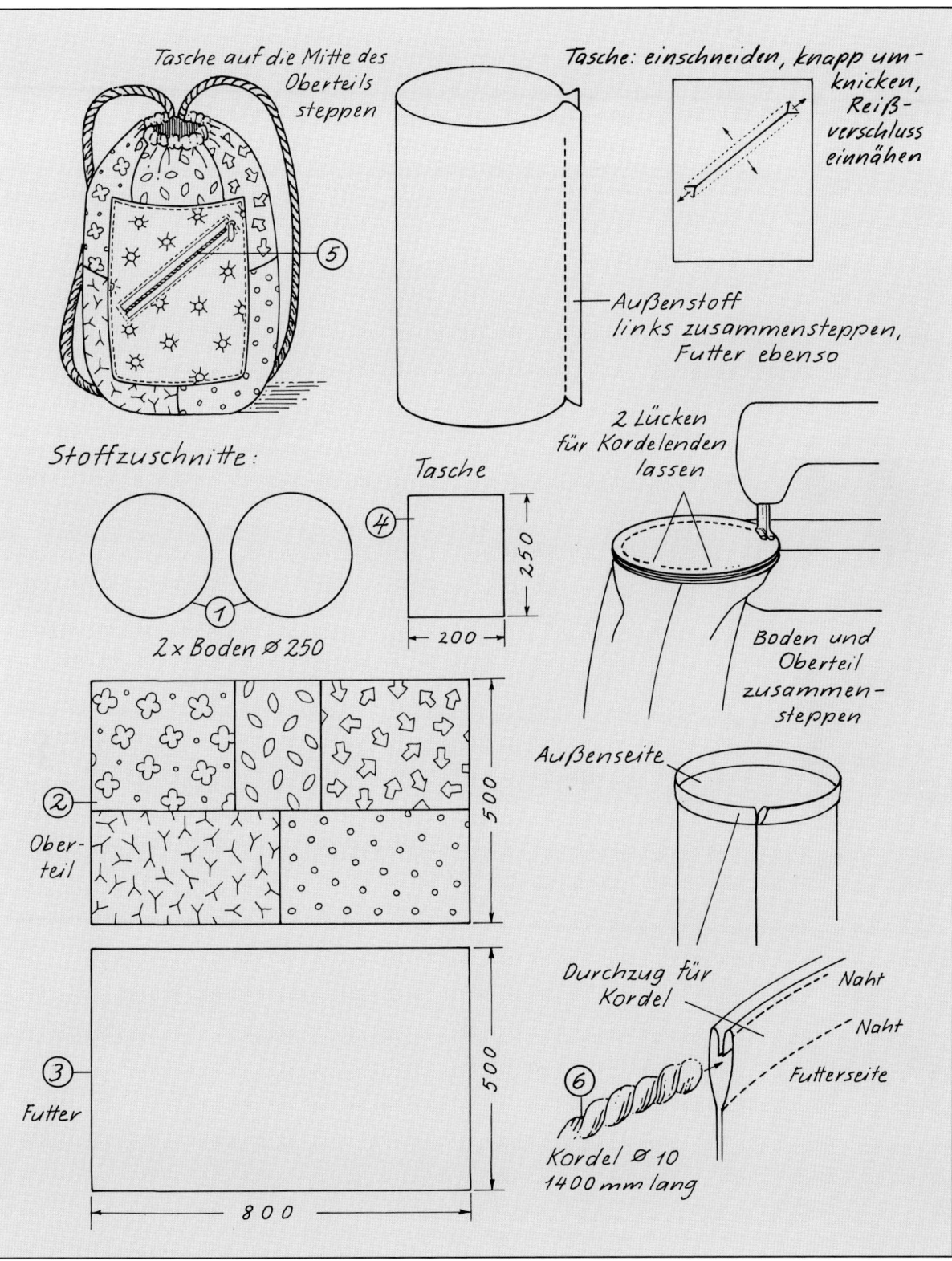

Tasche auf die Mitte des Oberteils steppen

Tasche: einschneiden, knapp umknicken, Reißverschluss einnähen

Außenstoff links zusammensteppen, Futter ebenso

⑤

Stoffzuschnitte:

Tasche

④

2 × Boden Ø 250

①

250

200

2 Lücken für Kordelenden lassen

Boden und Oberteil zusammensteppen

Außenseite

Ober-teil

②

500

Durchzug für Kordel

Naht

Naht

Futterseite

⑥

Kordel Ø 10 1400 mm lang

Futter

③

500

800

Flechtschuhe

••••••••••••••••••••••••••••••

Dieser bequeme Schuh ist aus einem langen Zopfwerk zusammengenäht.

Dieser bequeme und wärmende Schuh wird aus einem langen Zopfwerk zusammengenäht. Als Flechtmaterial kann man Seegras, Stroh, Binsen oder Stoffbänder verwenden. Besonders geeignet ist jedoch elastischer Trikotstoff.

Aus alten Kleidungsstücken schneidet man sich 4–5 cm breite Streifen zurecht. Diese werden zu einem etwa 7 m langen Band aneinander genäht.
Aus jeweils drei Bändern lässt sich ein ausreichend langer Zopf für einen Schuh flechten.

Wichtig: Der Zopf muss durchgehend gleichmäßig stramm geflochten sein.

Damit die Schuhe die nötige Passform erhalten, müssen sie über einen Leisten genäht werden. Diese Holzformen kann man in allen Größen beim Schuster leihweise erhalten. Notfalls lassen sich passende Leisten aus Pappmaschee, Modelliermasse oder einem Holzklotz auch selbst herstellen. Als Formvorlage dient die nebenstehende Zeichnung. Mit dem Kopiergerät wird sie bis zur passenden Fußlänge vergrößert.
Zuerst werden die Leisten mit Trikotstoff umnäht. Ein genauer Schnitt braucht nicht angefertigt zu werden, dennoch sollten keine dicken Nähte entstehen. Diese Stoffumhüllung ist das Innenfutter der Schuhe und wird später mit dem Schuhrand vernäht.
Der Aufbau des Schuhs beginnt an der Sohle. Mit ein paar kleinen Nägelchen heftet man den vorbereiteten Zopf auf die Sohlenmitte und näht im Spiralgang das ganze Flechtwerk aneinander. Man verwendet dafür eine Bogennadel und einen reißfesten Zwirn.
Die fertig genähte Fläche wird immer wieder mit weiteren Nägelchen auf den Leisten geheftet. Insbesondere beim Übergang der Fußsohle in den seitlichen Schuh muss darauf geachtet werden, dass das Material eng am Leisten anliegt. Etwa fünf aneinander

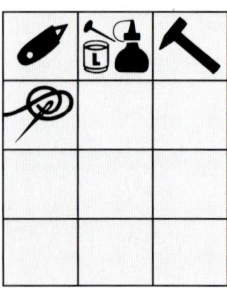

Flechtschuhe   ●●●●

Menge	Bezeichnung	Maße in mm	Material	Kenn-Nr.
1	Leisten	Schuhgröße	Holz	1
2	Zopfbänder	ca. 7000 lang	Trikotstoff	2
2	Innenschuhe	Schuhgröße	Trikotstoff	3
2	Sohlen	Schuhgröße	Leder/Filz	4

Bogennadel / Nähzwirn / Heftnägelchen

genähte Zöpfe ergeben eine ausreichende Höhe für den Oberschuh.

Danach kann die Zunge eingearbeitet werden. Im Zentrum der Schnecke schneidet man das überflüssige Flechtwerk ab und vernäht das Zopfende sorgfältig.

Zuletzt wird das Innenfutter zugeschnitten, nach außen geschlagen und mit dem Schuhrand vernäht.

Die Heftnägelchen können nun herausgezogen und der Schuh vom Leisten genommen werden.

Wer einen besonders strapazierfähigen Schuh möchte, näht noch eine Filz- oder eine Ledersohle auf.

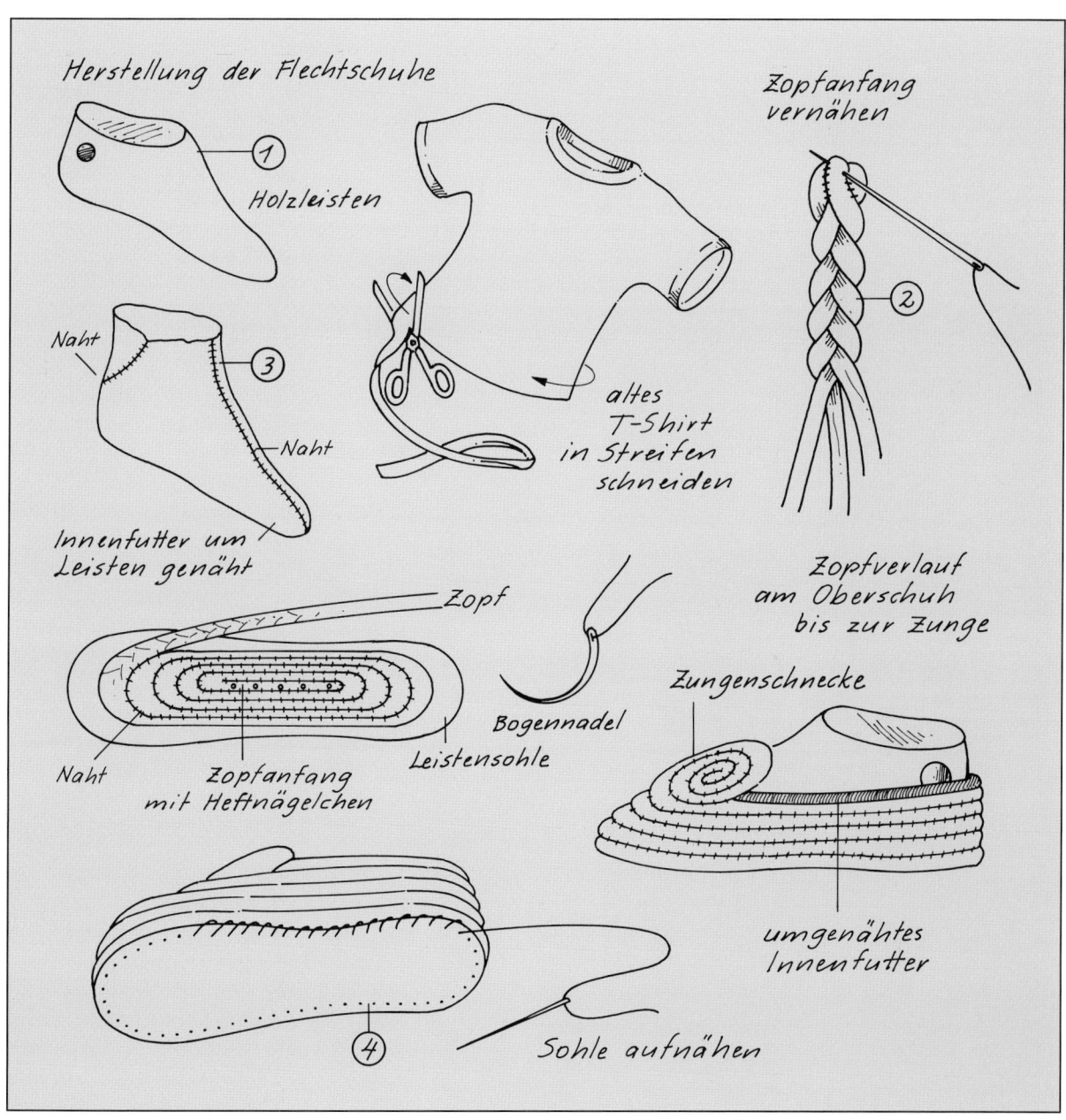

Herstellung der Flechtschuhe

① Holzleisten

Naht ③ Naht

Innenfutter um Leisten genäht

altes T-Shirt in Streifen schneiden

Zopfanfang vernähen ②

Zopf

Bogennadel

Leistensohle

Naht   Zopfanfang mit Heftnägelchen

Zopfverlauf am Oberschuh bis zur Zunge

Zungenschnecke

umgenähtes Innenfutter

④   Sohle aufnähen

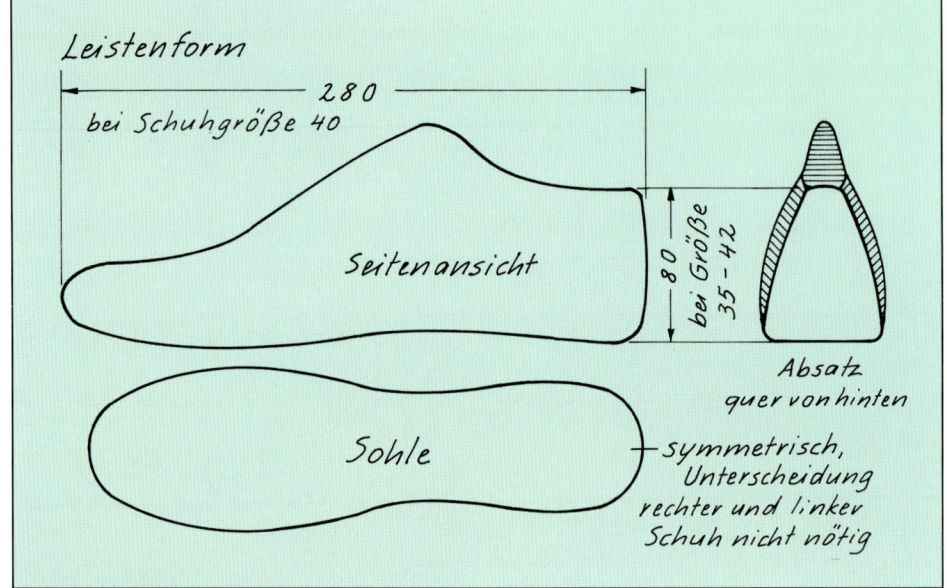

Ein stabiles Tipi braucht 15 Stangen. 3 Stangen werden zu einem Dreifuß zusammengebunden und mit der Halteleine am Boden verankert. Zwischen das dreibeinige Grundgerüst legt man 11 weitere Stangen. Mit der 15. Stange (Tipistange) wird gleichzeitig die Tipiplane über das Gerüst gezogen.

Tipi

Das Tipi hat für jeden Indianerfreund eine große Bedeutung. Deshalb ist es besonders reizvoll, ein gebrauchsfähiges und möglichst originalgetreues Tipi selbst zu bauen.

Für die Herstellung eignet sich ein kräftiger Leinenstoff. Besondere Tipistoffe kann man über Spezialfirmen beziehen (z. B. Hudsons Bay Indian Trading Post / München).

Lediglich Zelte, in denen kein Feuer gemacht wird, kann man aus Zeltstoff, der zumeist mit Kunstfasern durchsetzt ist, anfertigen.

Einzelne Stoffbahnen werden zu der großflächigen Tipiplane zusammengenäht. Mit einem Schnurzirkel zeichnet man den Halbkreis des Zeltdaches auf und fertigt die Plane entsprechend der Schnittvorlage. *Achtung:* Saumzugabe nicht vergessen (ca. 50 mm)! Die Rauchklappen sind etwa ein Meter lang und erhalten an der Außenseite jeweils eine Tasche für die Rauchstangen. Damit kann die Lüftung reguliert werden.

Sehr sorgfältig muss man die Knopflochreihen für den Verschluss anzeichnen und ausnähen. Jedes Knopfloch wird mit einem weichen Lederstück verstärkt. Vor dem Aufnähen schneidet man jedes Lederstück

Tipi ●●●●●

Menge	Bezeichnung	Maße in mm	Material	Kenn-Nr.
1	Tipiplane	Halbkreisfläche Radius: 5000	Leinenstoff oder spez. Tipistoff	1
2	Spannseile	8 ø / 6000 lang	Kunstfaser	2
1	Halteleine	8 ø / 6000 lang	Kunstfaser	3
1	Haltepflock	ca. 300 lang	Holzpflock	4
18	Bodenanker mit Haltestock und Halteschlaufe	ca. 200 lang	Astgabel	5
16	Verschlusshölzer	15 ø / 400 lang	Aststücke oder Holzleiste	6
15	Zeltstangen	50–80 ø / 6500 lang	Fichtenstangen	7
2	Rauchklappenstangen	100 ø / 6000 lang	Fichtenstangen	8
1	Taukleid	1800 x 12000	Leinenstoff	9

Ösen / Lederreste / Webband / Schnüre / Bindebänder 30 x 600 mm

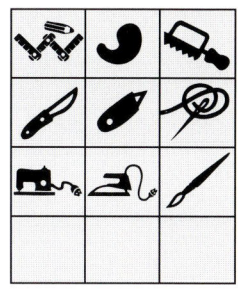

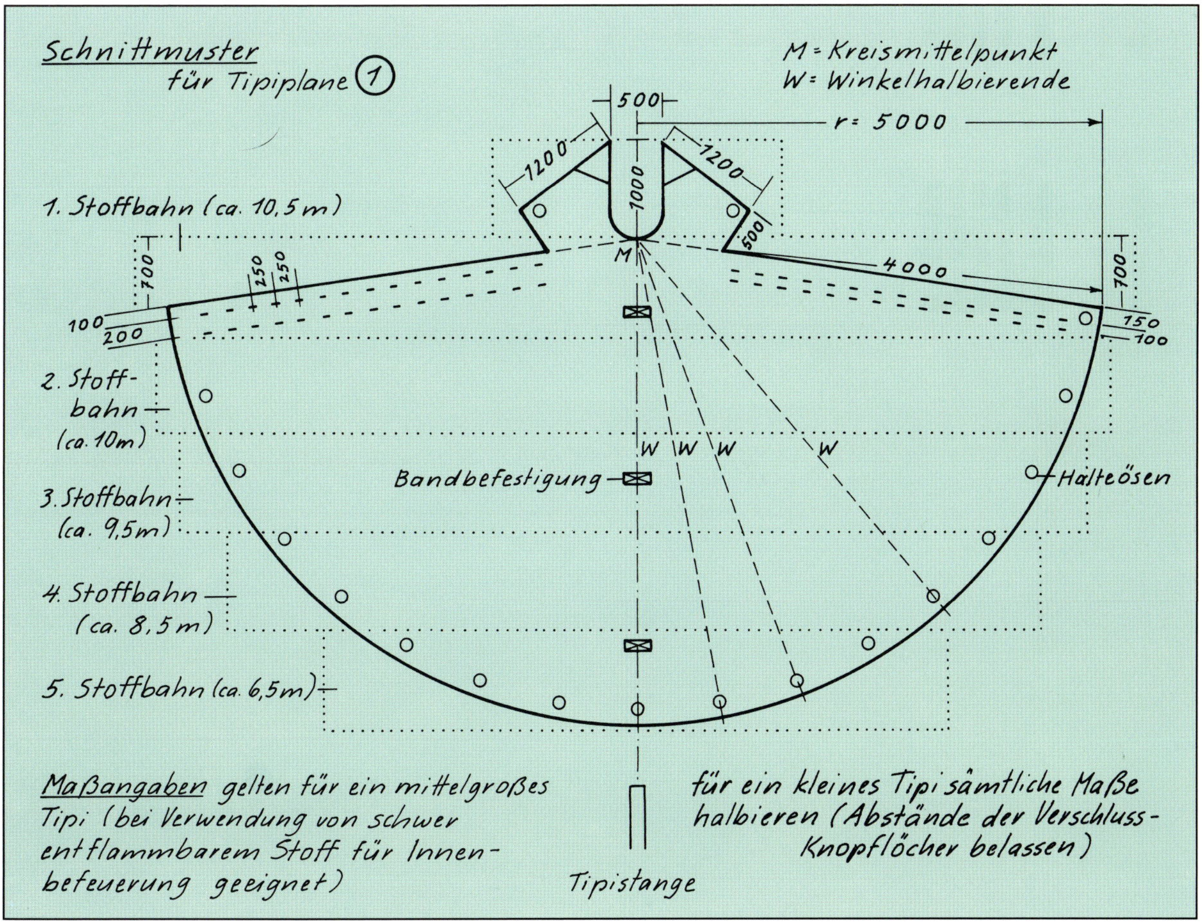

Schnittmuster für Tipiplane ①

M = Kreismittelpunkt
W = Winkelhalbierende

500
1200   1000   1200
r = 5000

1. Stoffbahn (ca. 10,5 m)

700
250   250
600

M

100
200
150
700

4000

2. Stoffbahn (ca. 10 m)

3. Stoffbahn (ca. 9,5 m)

W   W   W   W

Bandbefestigung →

→ Halteösen

4. Stoffbahn (ca. 8,5 m)

5. Stoffbahn (ca. 6,5 m)

Maßangaben gelten für ein mittelgroßes Tipi (bei Verwendung von schwer entflammbarem Stoff für Innenbefeuerung geeignet)

Tipistange

für ein kleines Tipi sämtliche Maße halbieren (Abstände der Verschluss-Knopflöcher belassen)

kreuzförmig ein, damit die Verschlusshölzer später durchgesteckt werden können.

Damit die Tipiplane zum Aufstellen an eine Stellstange (= Tipistange) gebunden werden kann, müssen noch entsprechende Bindebänder angenäht werden (Leinenschrägband ca. 30 mm breit / 600 mm lang, siehe Abbildung). Entlang der Bodenkante werden die Halteösen in die Plane geschla-

gen. Auch hier sollte man den Stoff mit aufgenähten Lederstücken verstärken. Nach dem Aufstellen des Tipis und dem Ausrichten der Stangen wird der Tipistoff mit den Haltestöcken und -schlaufen straff gespannt und mit Bodenankern gesichert.

Für ein stabiles Tipi benötigt man 15 Fichtenstangen, die man über ein Forstamt oder einen Bauern mit Wald beziehen kann.

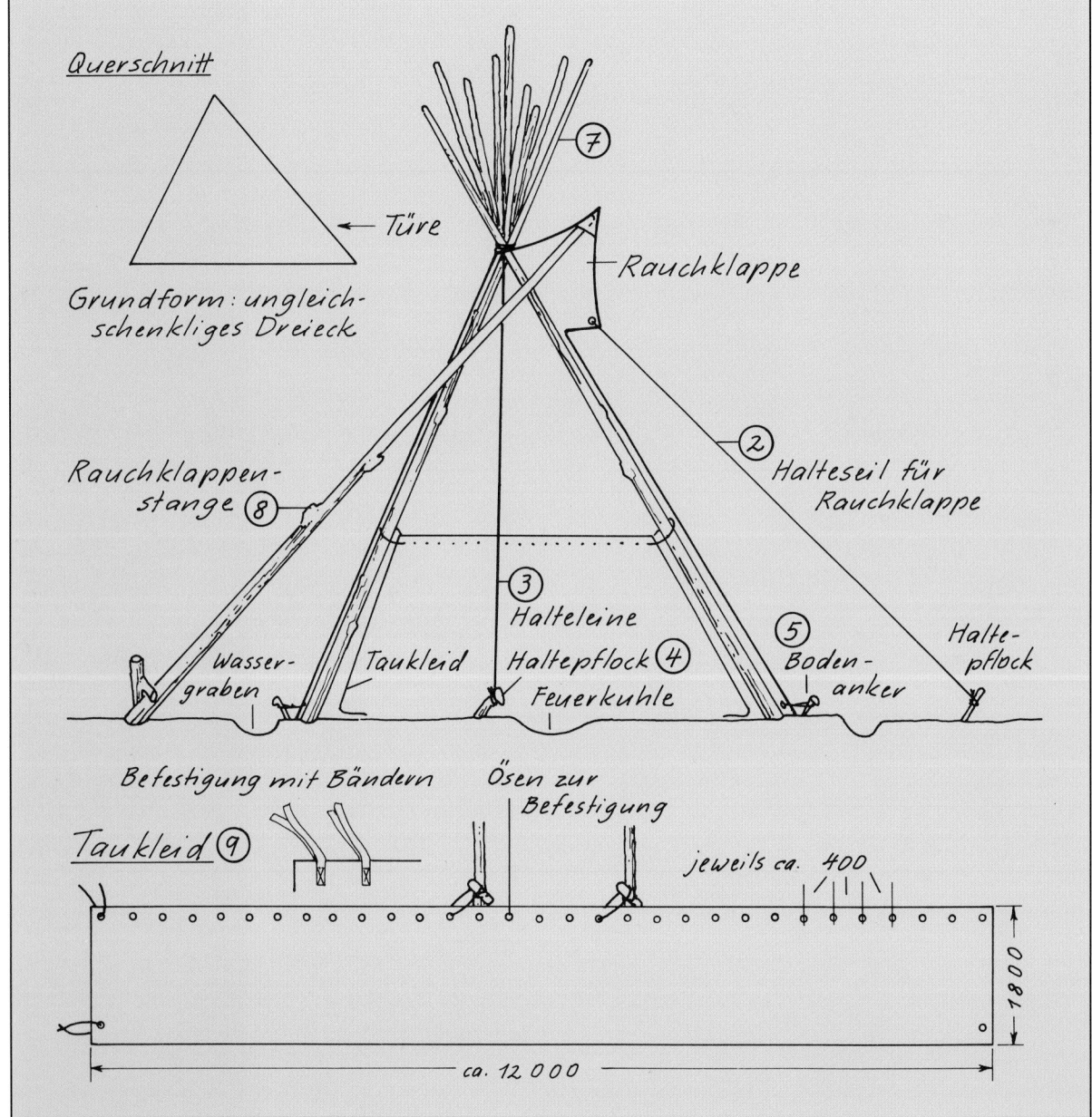

Sie sollen etwa 1,50 m länger als die Tipi-plane sein (ca. 50–80 mm ø). Die Stangen werden sorgfältig entastet, geschält, getrocknet und geglättet. Die ganz ausgetrockneten Stangen sind überraschend leicht und stabil.

Das Aufstellen des Stangengerüstes:
Ein Dreibein bildet das Grundgerüst und wird mit einer stabilen Halteleine zusammengebunden und am Boden befestigt. Eine zugespitzte starke Astgabel dient als Haltepflock. Das Dreibein wird so zusammengebunden, dass im Querschnitt ein ungleichschenkliges Dreieck entsteht.
In die Gabeln des Dreibeins werden die restlichen Stangen (ausgenommen Tipistange) eingefügt. Die Mehrzahl der Stangen liegt

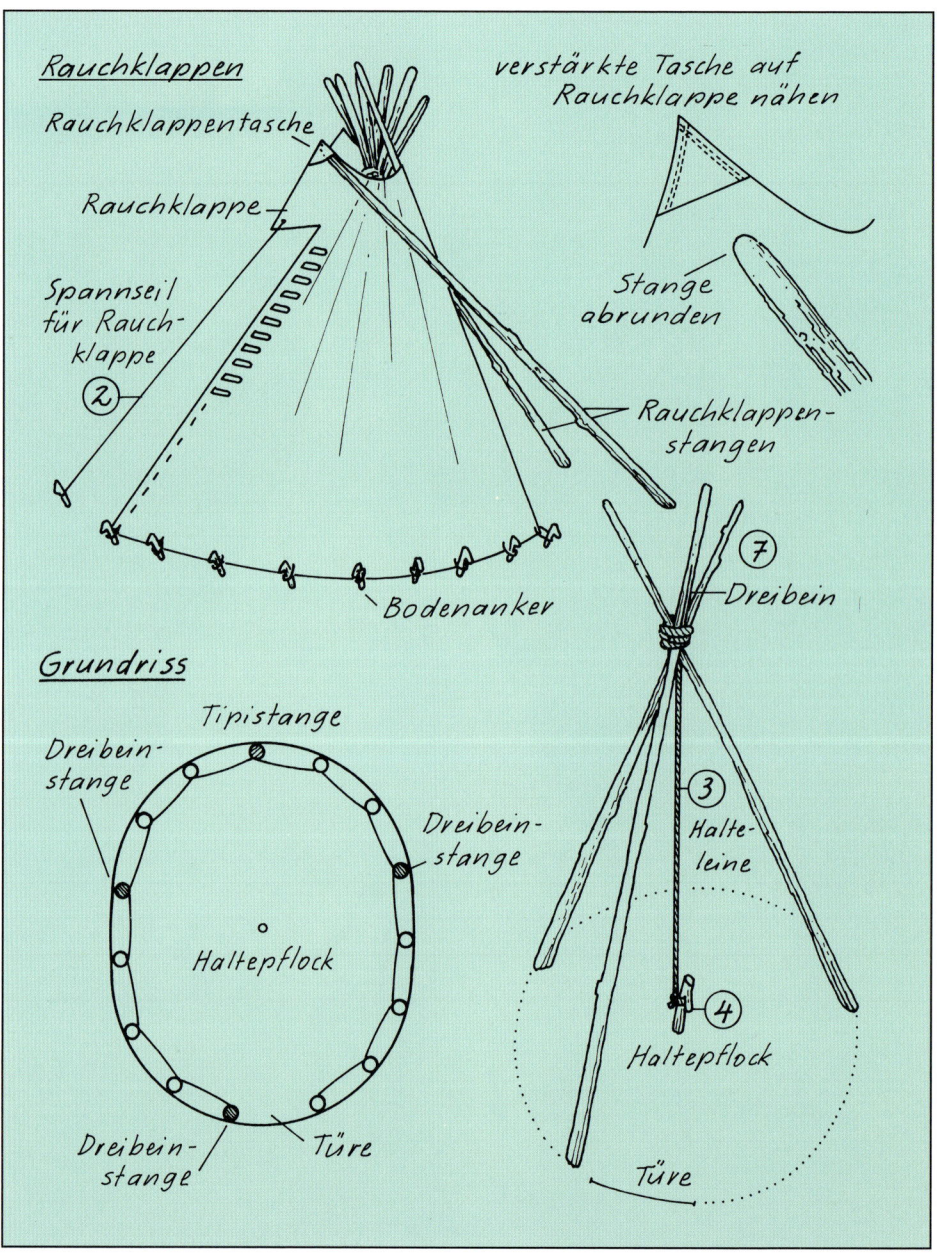

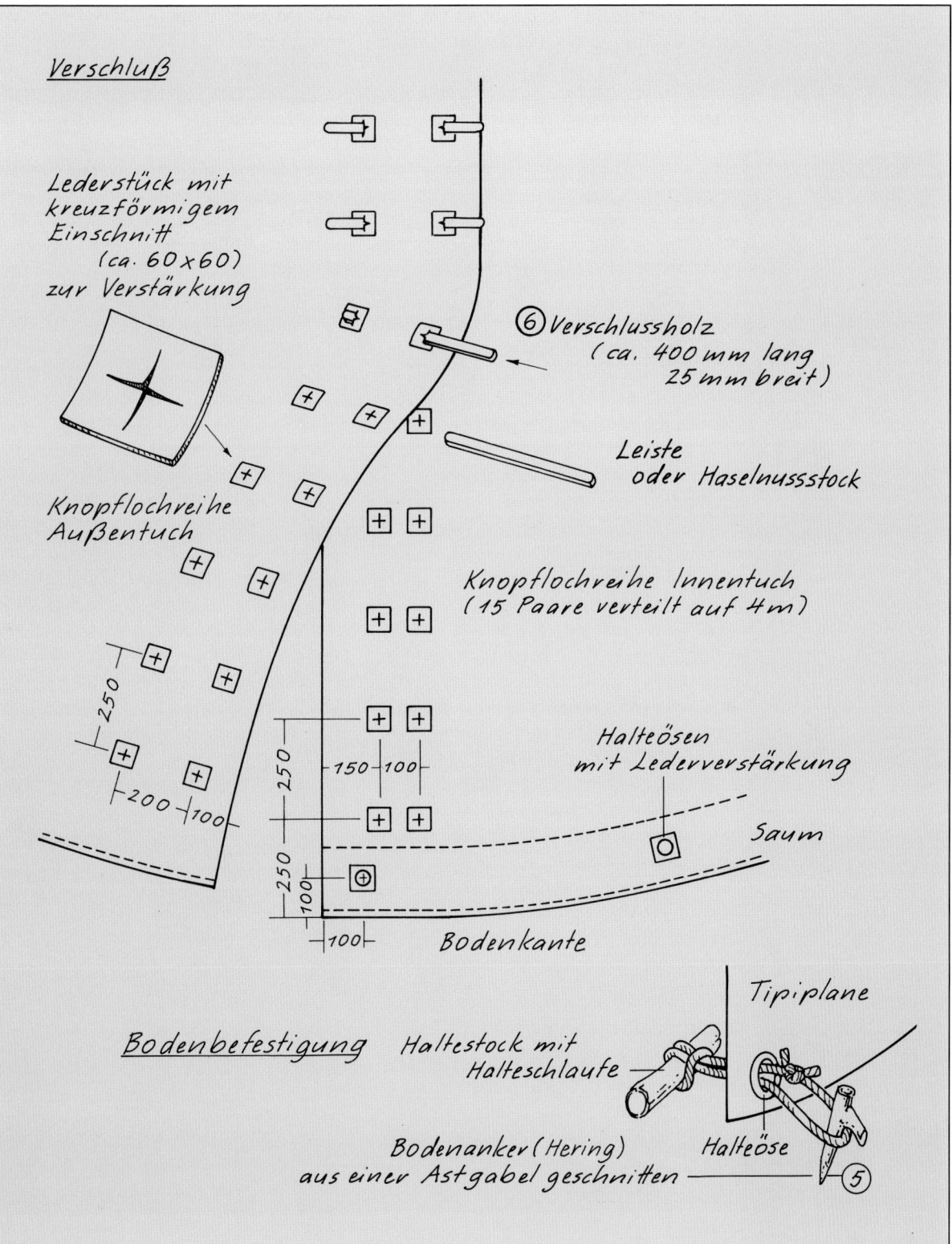

Verschluß

Lederstück mit
kreuzförmigem
Einschnitt
    (ca. 60x60)
zur Verstärkung

Knopflochreihe
Außentuch

⑥ Verschlussholz
    (ca. 400 mm lang
        25 mm breit)

Leiste
oder Haselnussstock

Knopflochreihe Innentuch
(15 Paare verteilt auf 4m)

Halteösen
mit Lederverstärkung

Saum

250

200   100

250   150   100

250   100

100   Bodenkante

Bodenbefestigung   Haltestock mit
Halteschlaufe

Tipiplane

Bodenanker (Hering)
aus einer Astgabel geschnitten ————— ⑤

Halteöse

immer in der vorderen Gabel; dadurch liegt die Tipiplane besser auf. Außerdem ist die vordere Gabel auch das Rauchloch, es kann so leichter verschlossen werden. Der Tipi-Grundriss sollte ein Oval bilden.

Nun wird die Tipiplane auf dem Boden ausgebreitet und an die Tipistange gebunden. Beim Einfügen dieser Stange in das Gestell wird auch gleichzeitig die Plane aufgezogen. Nach dem Umlegen und Verschließen der Tipiplane richtet man die einzelnen Stangen von innen aus und spannt so das Tuch. Erst dann wird das Zelt von außen mit den Heringen im Boden verankert.

Für die Rauchklappen benötigt man zusätzlich zwei dünnere Stangen. Sie werden in die Taschen der Rauchklappen gesteckt und am Boden eventuell mit einem Pflock gesichert. Das Halteseil hält die Rauchklappen.

Da das Tipi keinen Boden hat, ist es sinnvoll, rings um das Zelt einen kleinen Wassergraben auszuheben. So fließt bei Regen das Wasser nicht in das Zeltinnere.

Will man das Zelt als Wohntipi einrichten, dann muss noch ein Taukleid eingezogen werden. Entsprechend bemalt schmückt es das Zelt aus und dient außerdem als zusätzliche Isolierung gegen Nässe und Kälte.

Aus dem gleichen Stoff näht man eine rechteckige Stoffbahn zusammen. An einer Längsseite werden Ösen eingeschlagen oder Befestigungsbänder angenäht. Damit kann das Taukleid von innen an die Zeltstangen gebunden werden.

Achtung: Kleine Holzpflöcke dazwischenbinden; so wird verhindert, dass bei Regen das an den Stangen herunterlaufende Wasser über die Schlaufen doch noch ins Zeltinnere gelangt.

Webbild im Fensterrahmen

••••••••••••••••••••••••••••

Fantasiebilder aus verschiedenen Materialien zu weben, ist eine reizvolle Freizeitbeschäftigung. Schon mit einem einfachen Webrahmen, den man selbst bauen kann, lassen sich schöne Textilarbeiten gestalten. Ein kleiner, alter Fensterrahmen aus dem Sperrmüll oder vom Dachboden, vielleicht sogar noch mit den Beschlägen, ist ein idealer Web- und Bilderrahmen.

Zuerst werden Glas- und lockere Farbreste beseitigt und der Rahmen gereinigt.

Zum Spannen der Kettfäden schlägt man in gleichmäßigen Abständen in die obere und untere Querleiste des Fensterrahmens Nägel ein. Man kann aber auch Löcher in entsprechendem Abstand durch die Querleisten bohren. Die Rahmenwirkung bleibt dadurch besser erhalten. Das fertige Webstück bleibt im Rahmen.

Nach dem Einziehen der Kettfäden wird das Schussgarn in eine lange Nadel mit abgerundeter Spitze (Webnadel) gefädelt und locker in die Kettfäden gestopft (Stopfweben).

Webbild im Fensterrahmen ●●●

Menge	Bezeichnung	Maße in mm	Material	Kenn-Nr.
1	Webrahmen	beliebig	alter Fensterrahmen	1
div.	Kettfäden		reißfeste Schnur / Kordel	2
div.	Webmaterial (Schuss)		Wolle / Stoffstreifen u. a.	3

Webnadel / Nägel

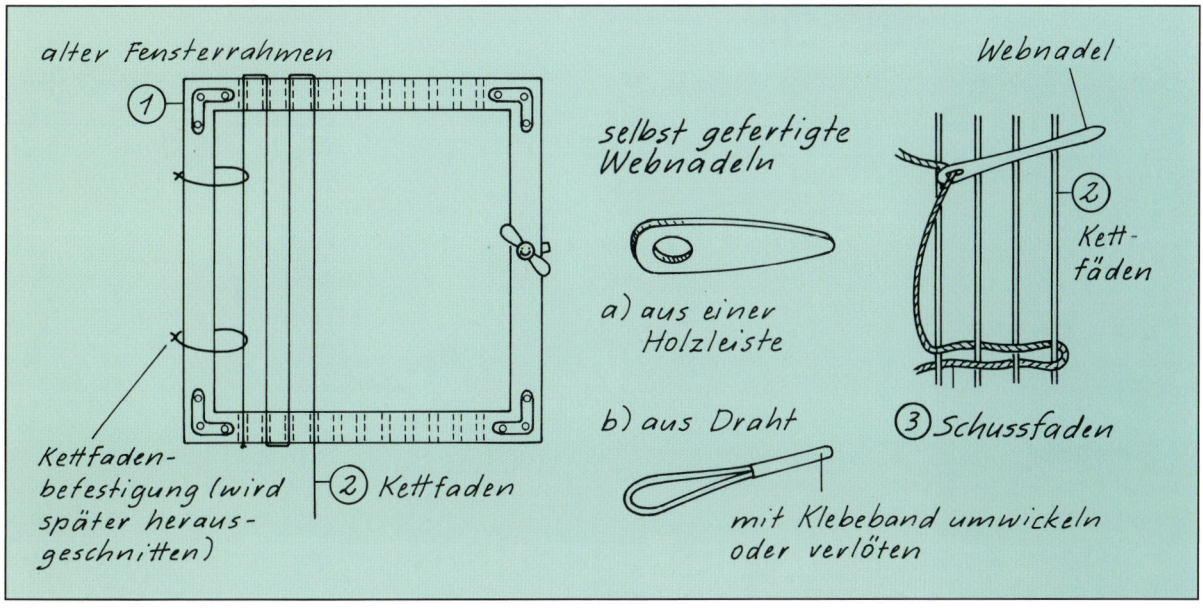

*Dieses Webbild ist fest
in den Fensterrahmen
eingewebt.*

alter Fensterrahmen

Webnadel

① Kettfadenbefestigung (wird später herausgeschnitten)

② Kettfaden

selbst gefertigte Webnadeln

a) aus einer Holzleiste

b) aus Draht

mit Klebeband umwickeln oder verlöten

② Kettfäden

③ Schussfaden

Mit einem Kamm oder einem Klopfer schlägt man die Schussfäden eng aneinander.

Um ein Einziehen der Kanten zu verhindern, können die äußeren Kettfäden an den Rahmen gebunden werden. Später schneidet man diese Befestigungen wieder ab.

Für Kette und Schuss kann dasselbe Baumwoll-, Woll- oder Perlgarn verwendet werden. Als Schussfaden eignen sich auch Materialien wie Leder, Stoffstreifen, Zweige, Stroh, Papier, Folien oder ähnliche Dinge. Selbst Holzstücke, Spiegelscherben und Metallteile können sehr wirkungsvoll miteinander kombiniert werden. Man zieht das Material von Hand durch die Kettfäden. Dazwischen müssen immer einige Reihen Garn fest eingewebt werden, damit das Gewebe einen guten Zusammenhalt hat.

Für ein Sommerfest kann das Zelt mit bunten Bändern, Windrädern oder einer bemalten Sonne aus Holz geschmückt werden.

Leichtes Sonnenzelt

Dieses Zeltdach ist leicht und rasch in jeder beliebigen Größe herzustellen, entweder als kleines Sonnenschutzzelt für den Strand oder als großes Partyzelt. Man muss nur die angegebenen Maße je nach Verwendungszweck verändern.

Das tragende Zeltgerüst wird von drei Stangen gebildet (zwei Zeltstangen mit Astgabel, eine Firststange) und von Spannschnüren gehalten. Die Spannschnüre werden an zehn Pflöcken (Heringen aus Holz oder Metall) befestigt und diese in den Boden getrieben.

Hinweis: Die Seilenden der Kunststoffschnüre fransen nicht aus, wenn sie mit einer Kerzenflamme verschmolzen werden.

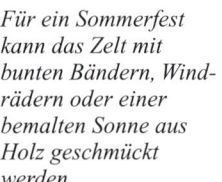

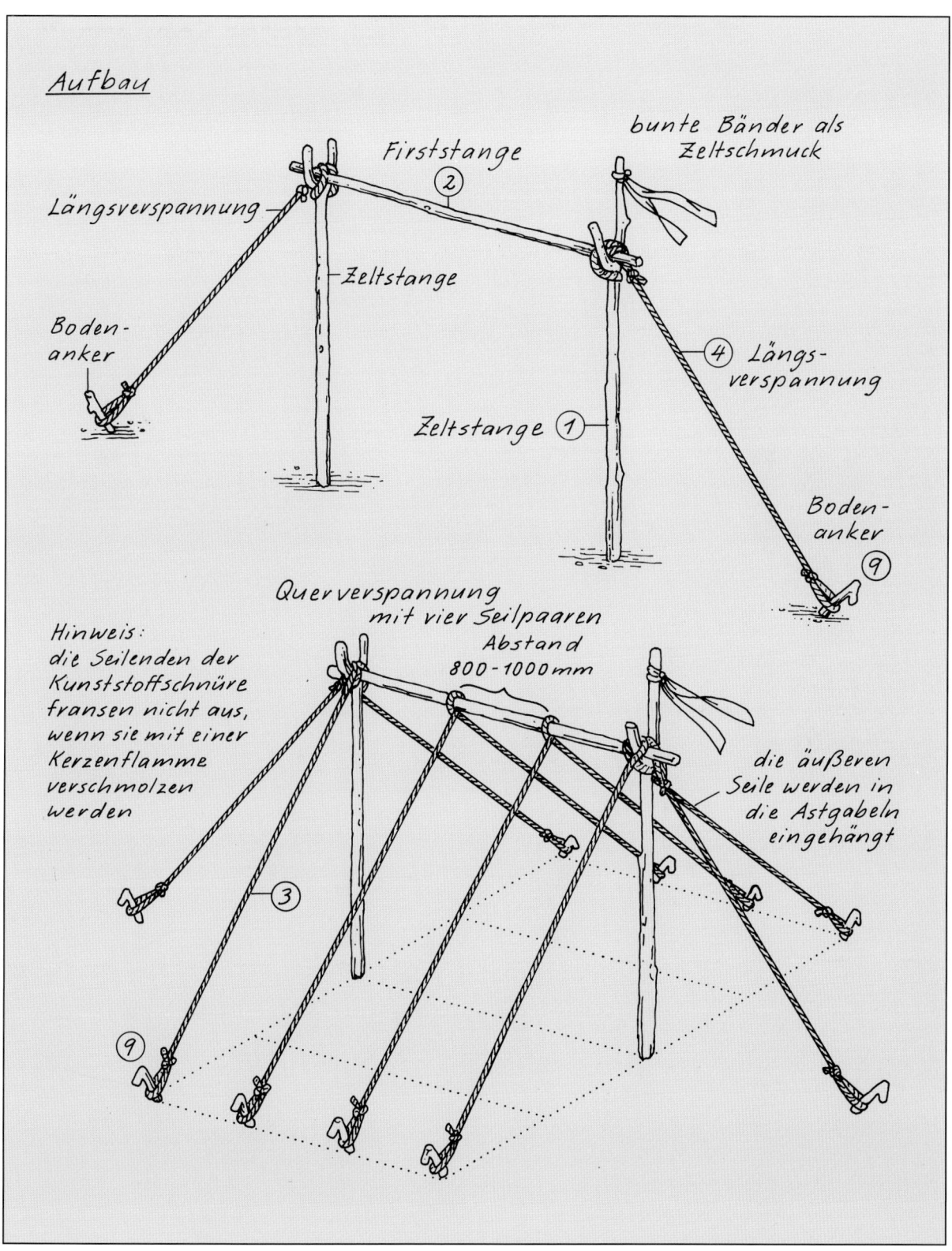

Aufbau

bunte Bänder als Zeltschmuck

Firststange ②

Längsverspannung

Zeltstange

Boden-anker

④ Längs-verspannung

Zeltstange ①

Boden-anker ⑨

Querverspannung mit vier Seilpaaren Abstand 800-1000mm

Hinweis: die Seilenden der Kunststoffschnüre fransen nicht aus, wenn sie mit einer Kerzenflamme verschmolzen werden

die äußeren Seile werden in die Astgabeln eingehängt

③

⑨

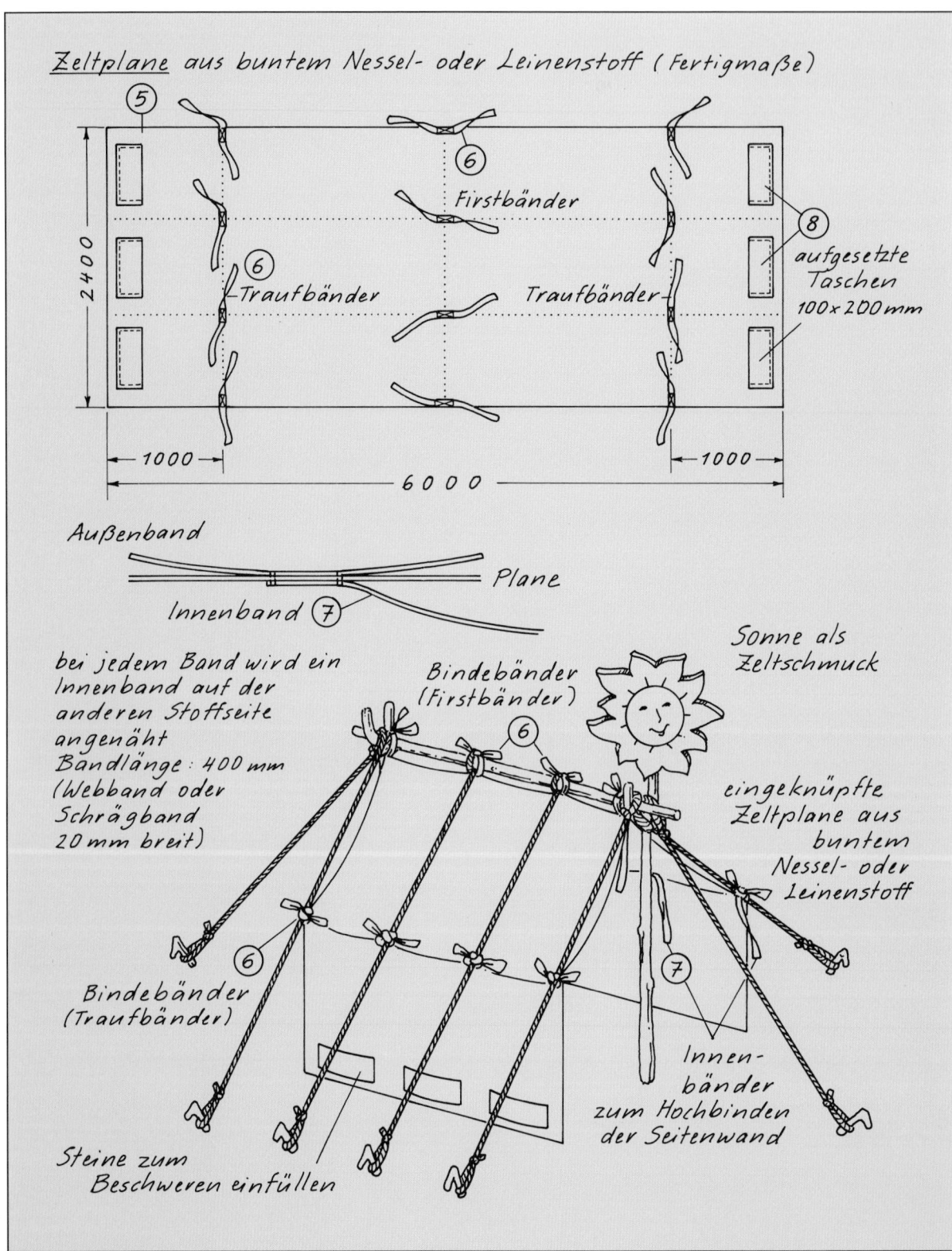

Zeltplane aus buntem Nessel- oder Leinenstoff (Fertigmaße)

(5)

(6)
Firstbänder

2400

(6)
Traufbänder   Traufbänder

(8)
aufgesetzte
Taschen
100 x 200 mm

←1000→   ←1000→

6000

Außenband

Plane

Innenband (7)

bei jedem Band wird ein
Innenband auf der
anderen Stoffseite
angenäht
Bandlänge: 400 mm
(Webband oder
Schrägband
20 mm breit)

Bindebänder
(Firstbänder)

(6)

Sonne als
Zeltschmuck

eingeknüpfte
Zeltplane aus
buntem
Nessel- oder
Leinenstoff

(6)

Bindebänder
(Traufbänder)

(7)

Innen-
bänder
zum Hochbinden
der Seitenwand

Steine zum
Beschweren einfüllen

Leichtes Sonnenzelt ●●●

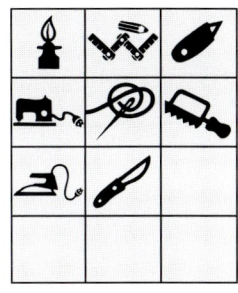

Menge	Bezeichnung	Maße in mm	Material	Kenn-Nr.
2	Zeltstangen	2500 lang	z. B. Haselnuss-stock mit Astgabel	1
1	Firststange	2500 lang	Haselnussstock oder Rundholz	2
4	Querspannseile	6 ø / 7200 lang	Kunststoffseil	3
2	Längsspannseile	6 ø / 3500 lang	Kunststoffseil	4
1	Zeltdach	2400 x 6000 (Fertigmaß)	bunter Nessel- oder Leinenstoff	5
12	Außenbänder	20 x 400	Webband oder Schrägband	6
12	Innenbänder	20 x 400	Webband oder Schrägband	7
6	Taschen	100 x 200	Leinenstoff	8
10	Bodenanker / Heringe	ca. 200 lang	Holzstock oder Metall	9

Die Zeltplane ist aus leichtem, buntem Stoff, der nach Wunsch noch mit Stoff-farben zusätzlich bemalt werden kann. Er wird einfach in dieses Gerüst eingehängt. Dazu näht man an den rechteckigen Stoff-zuschnitt entsprechende Bänder oder Schlaufen. Bänder haben den Vorteil, dass der Stoff nachträglich in das Zeltgerüst eingeknüpft werden kann.

Durch zusätzliche Bänder an der Innenseite der Zeltplane lassen sich die Seitenwände und auch die Dachschräge hoch binden.

Auf die Seitenwände kann man noch meh-rere Taschen aufsteppen (siehe Abbildung). Hier werden Steine als Gewichte eingefüllt, damit die Tücher bei Wind nicht zu sehr flattern.

Bilder aus Wachsbatik

Zuerst wird das Motiv mit einem weichen Bleistift auf den Stoff aufgezeichnet. An-schließend wird das Wachs im Aluminium-topf erhitzt, bis es flüssig ist. Danach trägt man auf die Flächen, die weiß bleiben sollen, mit dem Borstenpinsel das Wachs auf. Wer keinen Batikrahmen besitzt, spannt den Stoff über eine kleine Schüssel und kann so, Stück für Stück, vor allem kleine und schwie-rige Wachsaufträge vornehmen. Wer grö-ßere Flächen abdecken will, legt den Stoff einfach auf Zeitungspapier.

In einer Plastikwanne oder einem Plastik-eimer steht die gut handwarme Farbe für

Bilder aus Wachsbatik ●

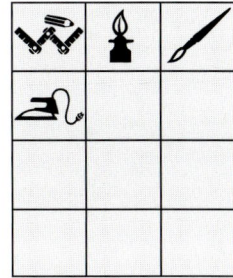

Menge	Bezeichnung	Maße in mm	Material	Kenn-Nr.
1	Stoff		Baumwolle oder Seide	
div.	Farben		Batikfarben	
	Wachs		Batikwachs oder Wachsreste	

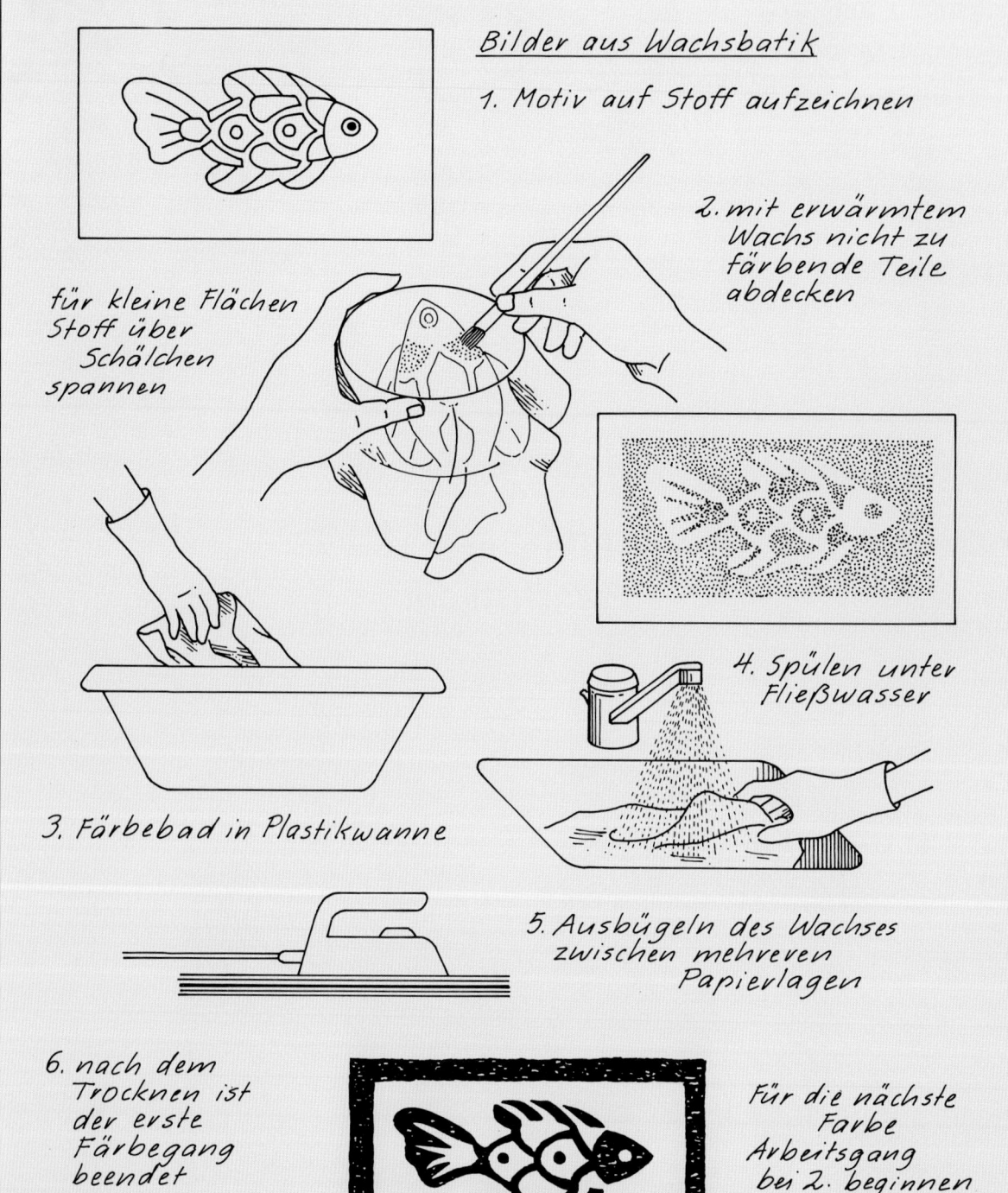

Bilder aus Wachsbatik

1. Motiv auf Stoff aufzeichnen

2. mit erwärmtem Wachs nicht zu färbende Teile abdecken

für kleine Flächen Stoff über Schälchen spannen

3. Färbebad in Plastikwanne

4. Spülen unter Fließwasser

5. Ausbügeln des Wachses zwischen mehreren Papierlagen

6. nach dem Trocknen ist der erste Färbegang beendet

Für die nächste Farbe Arbeitsgang bei 2. beginnen

den ersten Färbedurchgang bereit. Der Stoff wird in die Farbe getaucht. Alle Stellen ohne Wachs nehmen dabei die Farbe an. Ist der gewünschte Farbton erreicht, wird der Stoff unter Fließwasser ausgespült und zum Trocknen aufgehängt. Wenn der Stoff trocken ist, kann erneut Wachs aufgetragen werden und die nächste Einfärbung beginnen. Beim Färben stets mit der hellsten Farbe beginnen. *Achtung:* In dunklere Farben den Stoff etwas kürzer eintauchen. Zum Schluss wird das Wachs aus dem Stoff entfernt, indem man ihn zwischen Zeitungen oder saugfähiges, unbedrucktes Papier legt und darüber bügelt.

Am schönsten sind die Bilder, wenn sie einen farblich passenden Rahmen erhalten.

Batikarbeiten können eingerahmt und als Bilder an die Wand gehängt werden.

VII. Werken mit Metall

Bunter Kerzenhalter

Im Baumarkt, beim Heizungs- und Sanitärfachmann oder im Metallwarenhandel erhält man Metallrohre (Eisen, Kupfer oder Aluminium), deren Innendurchmesser so groß ist, dass ein Teelicht hineinpasst. Mit der Metallsäge werden Rohrabschnitte beliebiger Länge (40 bis 150 mm lang) abgesägt.

Hinweis: Eine genau rechtwinklige Schnittlinie lässt sich mit einem Blatt Papier, das um das Rohr gewickelt wird, anzeichnen.

Die Kanten des Blattes müssen dabei deckungsgleich sein.

Vorsicht: Die Schnittstellen sind scharfkantig. Alle Grate und Unebenheiten entfernt man mit der Feile. Jedes Rohr erhält entsprechend der Abbildung zwei kleine Bohrungen (4,0 mm ø), damit mit kleinen Senkkopfschrauben und den passenden Muttern (M3 x 30 mm) im unteren Rohrteil ein Gipsgewicht festgehalten werden kann.

Achtung: Aus Sicherheitsgründen muss Rundware (Stangen, Rohre) zum Bohren in einen Maschinenschraubstock gespannt oder in eine spezielle Rohrhalterung gelegt

Bunter Kerzenhalter ●●●

Menge	Bezeichnung	Maße in mm	Material	Kenn-Nr.
1	Rohrabschnitt	40 ø innen	Metall (Kupfer, Aluminium, Eisen)	1
1	Rundholzscheibe	40 ø	Holz (Astabschnitt)	2
1	Rundholzstab	4 ø	Dübelholz	3
1	Gipsfüllung	ca. 30 hoch 40 ø	Gips	4
2	Senkkopfschrauben mit Muttern	M3,0 x 30	Eisen	5
1	Teelicht			6

Leim / Lackfarbe

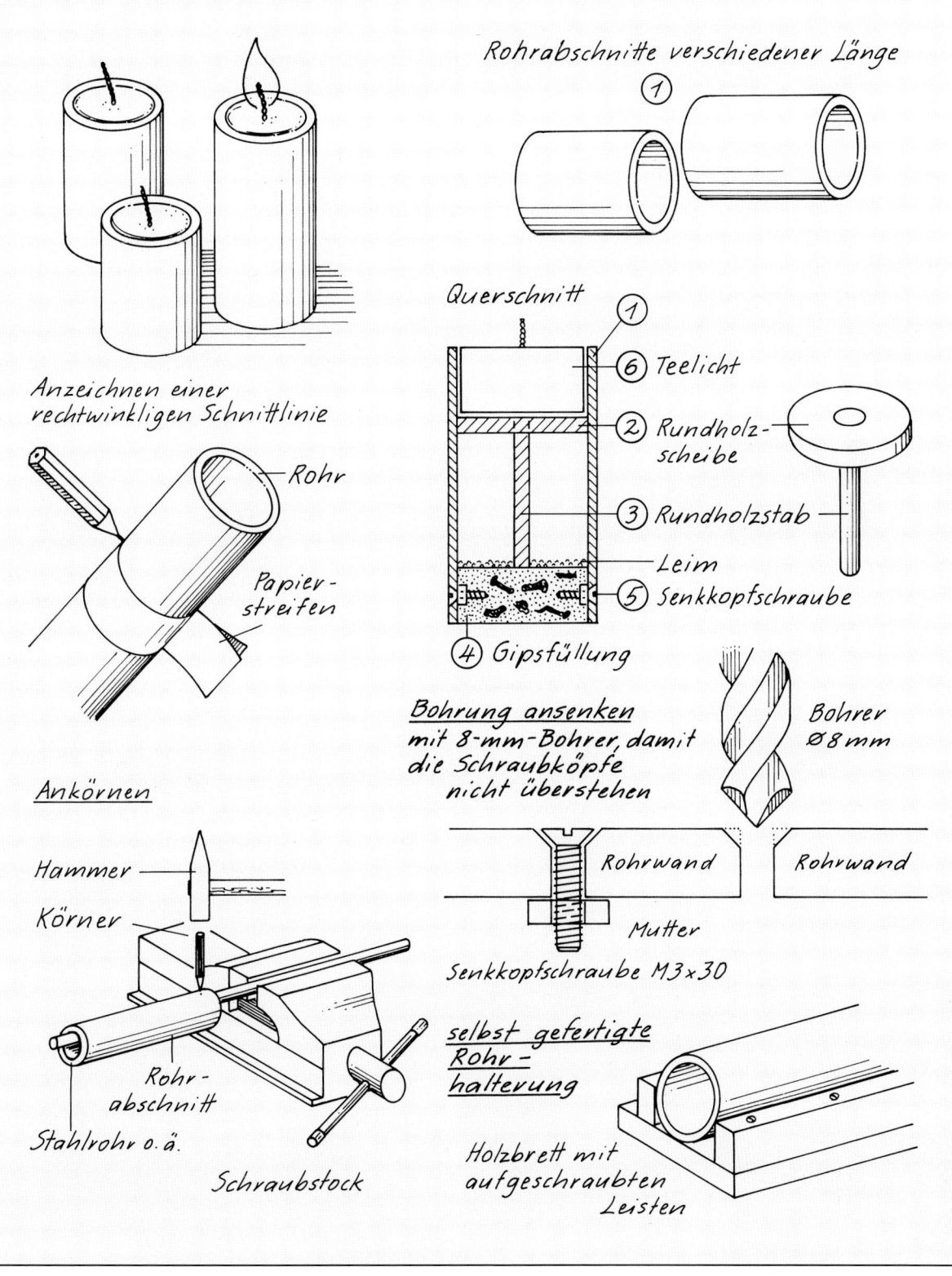

Rohrabschnitte verschiedener Länge

① Querschnitt

① ⑥ Teelicht

② Rundholz-
scheibe

③ Rundholzstab

Leim

⑤ Senkkopfschraube

④ Gipsfüllung

Anzeichnen einer
rechtwinkligen Schnittlinie

Rohr

Papier-
streifen

Bohrung ansenken
mit 8-mm-Bohrer, damit
die Schraubköpfe
nicht überstehen

Bohrer
Ø 8 mm

Rohrwand   Rohrwand

Mutter

Senkkopfschraube M3×30

Ankörnen

Hammer

Körner

Rohr-
abschnitt

Stahlrohr o. ä.

Schraubstock

selbst gefertigte
Rohr-
halterung

Holzbrett mit
aufgeschraubten
Leisten

werden. Die Bohrmittelpunkte markiert man deutlich mit einem Körner, so kann der Bohrer nicht so leicht abrutschen.

Eine Gipsfüllung gibt dem Kerzenhalter eine gute Standfestigkeit. Den Gipsbrei rührt man mit Wasser an und füllt ihn in das Rohr (Karton oder Zeitung unterlegen). Bei höheren Leuchtern werden alte Radgewichte aus der Autowerkstatt, Schrauben oder andere kleine, aber schwere Metallteile mit eingefüllt. Dadurch wird der Gipsblock deutlich schwerer und die Standfestigkeit des Leuchters größer.

Im oberen Teil des Rohres muss eine Stellfläche für das Teelicht angebracht werden.

Dazu wird eine Rundholzscheibe von einem Ast abgesägt und so zugeschliffen, dass sie genau in das Rohr passt.

Ein eingeleimter Rundholzstab verhindert, dass die Holzscheibe zu tief in das Rohr rutscht. Hier muss genau gemessen werden, denn das Teelicht soll nicht über den Rohrrand hinausragen.

Abschließend wird die Holzscheibe mit reichlich Klebstoff (z. B. Leim) im Rohr befestigt.

Mit Spiritus oder Spülmittel wird der Leuchter entfettet und dann mit Metall-Lackfarbe gestrichen.

Kerzenleuchter

Für einen mittelgroßen achtarmigen Kerzenleuchter verwendet man für die Leuchterarme Kupferdraht mit einem Querschnitt von mindestens 10 mm² und einen 1,5 mm² starken Bindedraht.

Zuerst werden die Leuchterarme gebogen, mit Bindedraht zusammengebunden und

Sollen mehrere gleiche Formstücke hergestellt werden, empfiehlt es sich, eine Schablone zu benutzen. Dafür schlägt man einfach eine Reihe dicker Nägel in der entsprechenden Form in einen Balken. Um diese Schablone biegt man dann die Eisenstange. Wenn nötig, wird das Eisen mit ein paar Hammerschlägen ausgerichtet und in der Form stabilisiert.

Nagelschablone

Rundeisenstange

Nägel

Holzdiele

im Schaft verlötet. Dazu benötigt man einen kleinen Gasbrenner (Campingkocher) und Stangenzinn. Ein elektrischer Lötkolben entwickelt für diese Arbeit zu wenig Hitze.

Hinweis: Vor dem Löten muss man darauf achten, dass die zu lötenden Teile blank und fettfrei sind. Die Lötstellen werden deshalb mit einem feinen Schleifpapier gereinigt und mit Lötfett oder Lötwasser bestrichen.

Die Leuchterarme werden nun rechtwinklig ausgerichtet und mit einem Drahtring verbunden. Auch hier wird zuerst alles mit Bindedraht fest zusammengebunden und dann jeder Leuchterarm bis zum Lüsterschaft damit umwickelt und anschließend verzinnt.

Das Auflöten der Kerzenhalter ist der schwierigste Arbeitsabschnitt. Zuerst müssen aus einem Stück Kupferblech die kreisrunden Tropfbleche herausgeschnitten werden. Auf einer weichen Unterlage schlägt man mit einem Vorstecher im Kreismittelpunkt ein Loch in das Blech. Das Loch muss so groß sein, dass sich das Blech stramm auf den Leuchterarm stecken lässt. Der entstehende Grat ist erwünscht, denn er bildet eine stabilere Lötverbindung, wenn das

Man muss nicht gleich bei einem Schmied in die Lehre gehen, wenn man diesen Leuchter herstellen will. Solange das Material nicht zu dick ist, lässt es sich ohne große Mühe kalt verformen.

Kerzenleuchter ●●●●●

Menge	Bezeichnung	Maße in mm	Material	Kenn-Nr.
4	große Leuchterarme	840 lang	Kupferdraht oder Rundeisen, 6 mm ø, 10 mm² Querschnitt	1
4	kleine Leuchterarme	690 lang	"	2
1	Lüsterring groß	360 ø	"	3
1	Lüsterring klein	260 ø	"	4
8	Tropfbleche	ca. 60 ø	Kupferblech oder Sperrholz	5
8	Kerzenhalter	ca. 30 ø 30 hoch	Kupferfitting Schweißmuffe mit Stopfen	6
ca. 10 m Bindedraht		1,5m² Querschnitt, 2 ø	Kupferdraht Eisendraht	7

Lötwasser / Lötzinn / Flüssigwachs (Antikwachs) oder Zaponlack

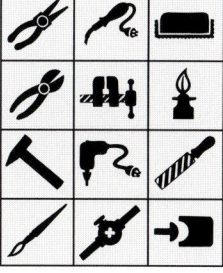

Tropfblech auf den Leuchterarm gesteckt und verlötet wird.

Das Leuchterarmende soll ungefähr 20 mm aus dem Tropfblech ragen. Dieser Dorn verleiht später der Kerze einen sicheren Halt.

Auf die Tropfbleche lötet man als äußere Kerzenhalterung Kupferrohrabschnitte oder entsprechende Verbindungsmuffen (Fittings). Abschließend werden zwei Draht-

enden am oberen Schaftende des Leuchters jeweils zu einer großen Öse gebogen und miteinander verlötet.

Zur Stabilisierung der einzelnen Leuchterarme können noch zusätzliche Stützdrähte eingelötet werden (siehe Abbildung).

Der Leuchter kann auch aus Eisenstäben gebaut werden. Dann werden die einzelnen Teile entweder vom Fachmann miteinander

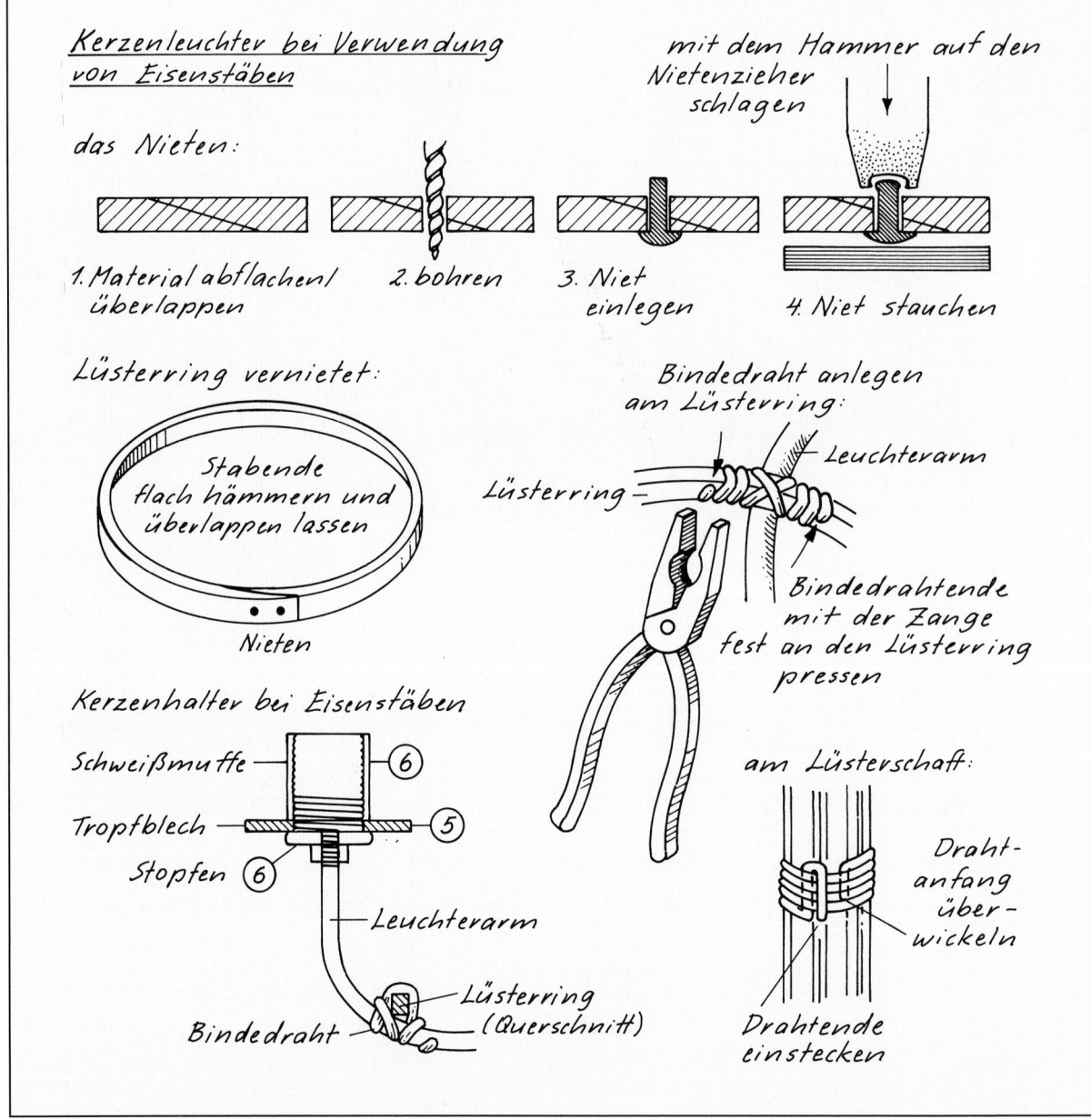

verschweißt oder man verlötet sie. Dabei wird das Metall zuvor mit Lötwasser gereinigt. Zusätzlich umwickelt man den Leuchterschaft mit verzinktem (verzinntem) Bindedraht. Mit Lötzinn lassen sich die einzelnen Eisenstäbe zum Leuchterschaft verbinden.

Die beiden Leuchterringe werden aus schmalem Flacheisen gebogen und an den Enden miteinander vernietet. Dann bindet man sie mit Draht an die Leuchterarme.

Als Kerzenhalter eignen sich Schweißmuffen (vom Heizungsbauer) mit Rohrstopfen. Kreisringe aus Blech oder Sperrholz können, zwischen Stopfen und Muffe gelegt, als Tropfteller dienen.

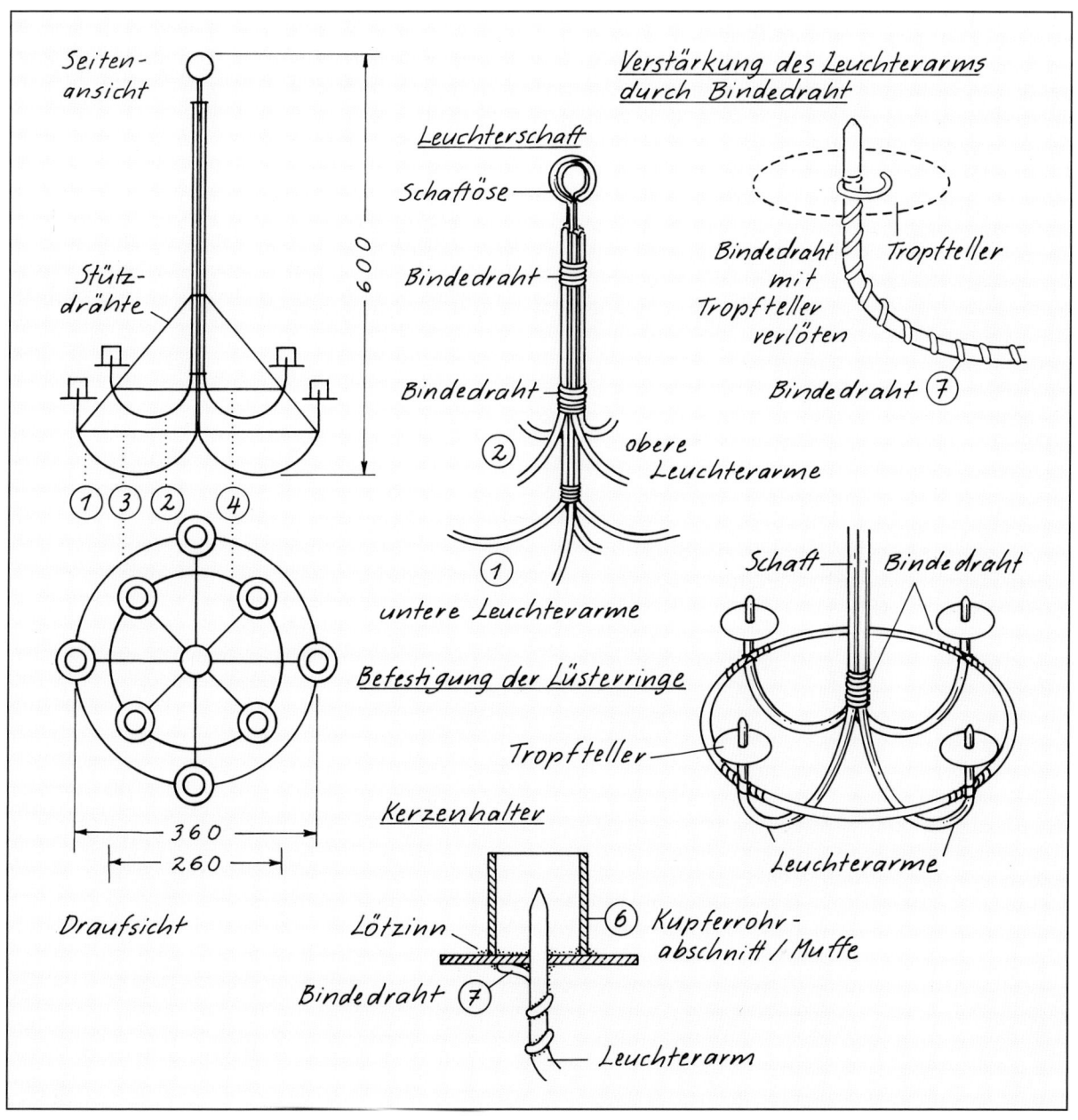

*Auch an einem dickeren
Eisenmaterial können
Ösen gebogen werden.
Dazu wird das Stangen-
ende über einem
Camping-Gasbrenner
rot glühend erhitzt.
Mit einer starken Rund-
zange und dem Hammer
lässt sich das Material
so leichter verformen.
Achtung: Verbrennungs-
gefahr! Metall sorgfältig
mit Wasser abkühlen.*

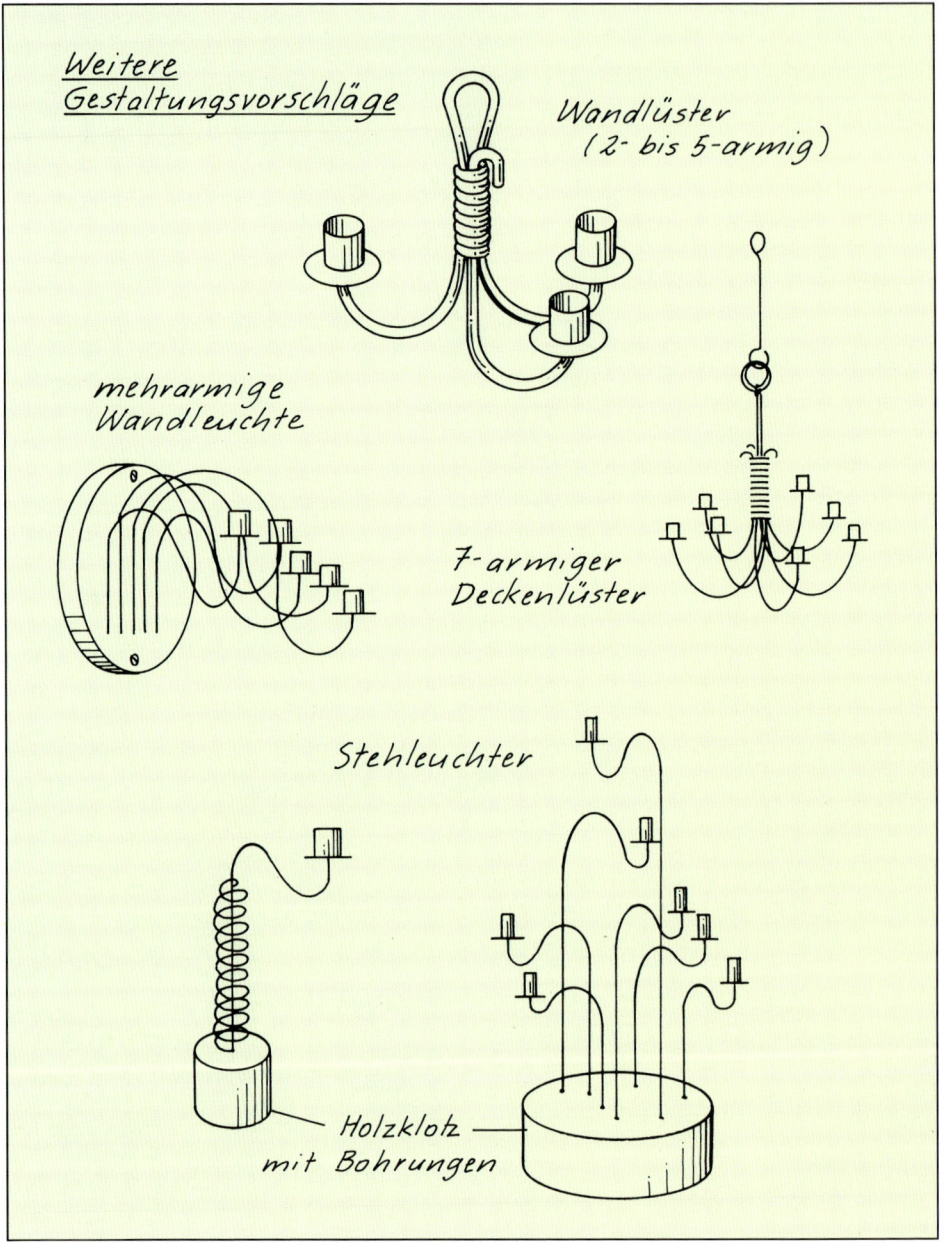

Die Rohrstopfen werden am Kopfende angebohrt und mit einem Innengewinde versehen. Entsprechende Gewindebohrer gibt es in verschiedenen Größen zu kaufen. Das Gewindeschneiden wird auf Seite 171 genau erklärt.

Auf die Enden der Leuchterarme werden im Schraubstock die passenden Außenge-winde geschnitten und die Kerzenhalter aufgeschraubt.

Der Leuchter erhält einen schönen satten Metallglanz, wenn er mit Stahlwolle poliert und mit Wachs abgerieben wird.

Designer-Kerzenleuchter
●●●●●●●●●●●●●●●●●●●●●●●●●●

Man braucht nur wenige Eisen-Halbfertig-waren aus dem Baumarkt oder vom Hei-zungsbauer, um einen schlichten, modernen Kerzenleuchter anzufertigen. Wer will, kann sich gleich mehrere Leuchter bauen, da diese vor allem als Gruppe sehr schön wirken.

Für die Grundplatte verwendet man einen Stanzabfall aus einem metallverarbeitenden Betrieb, ein altes Maschinenteil oder einen quadratischen Abschnitt von einem dicken Flacheisen (erhältlich in einer Schlosserei oder einem Stahlbaubetrieb).

Als Leuchterstab dient ein Rundeisenstab und der Tropfblechhalter wird aus einem Rohrstopfen gefertigt.

Die Zurichtung des Tropfbleches aus einer großen Unterlegscheibe bereitet die größte Mühe, weil die Innenbohrung mit einer Feile so geweitet werden muss, dass der Ring auf den Rohrstopfen passt. Leichter lässt sich das Tropfblech herstellen, das mit einer Laubsäge aus einem Sperrholzbrett (3 mm stark / Hartholz) herausgesägt wird.

Den Kerzenhalter bildet eine Rohrmuffe vom Installateur oder eine Schweißmuffe vom Heizungsbauer.

Genau in die Mitte der Grundplatte und in den Kopf des Rohrstopfens wird unter dem Bohrständer jeweils ein Loch gebohrt (6,5 mm ø) und ein M8-Gewinde einge-schnitten. Gewindebohrer gibt es relativ

Fast alle Teile dieses Leuchters gibt es vor-gefertigt zu kaufen. Die schlichte Form verleiht dem Werkstück seine Ausstrahlung.

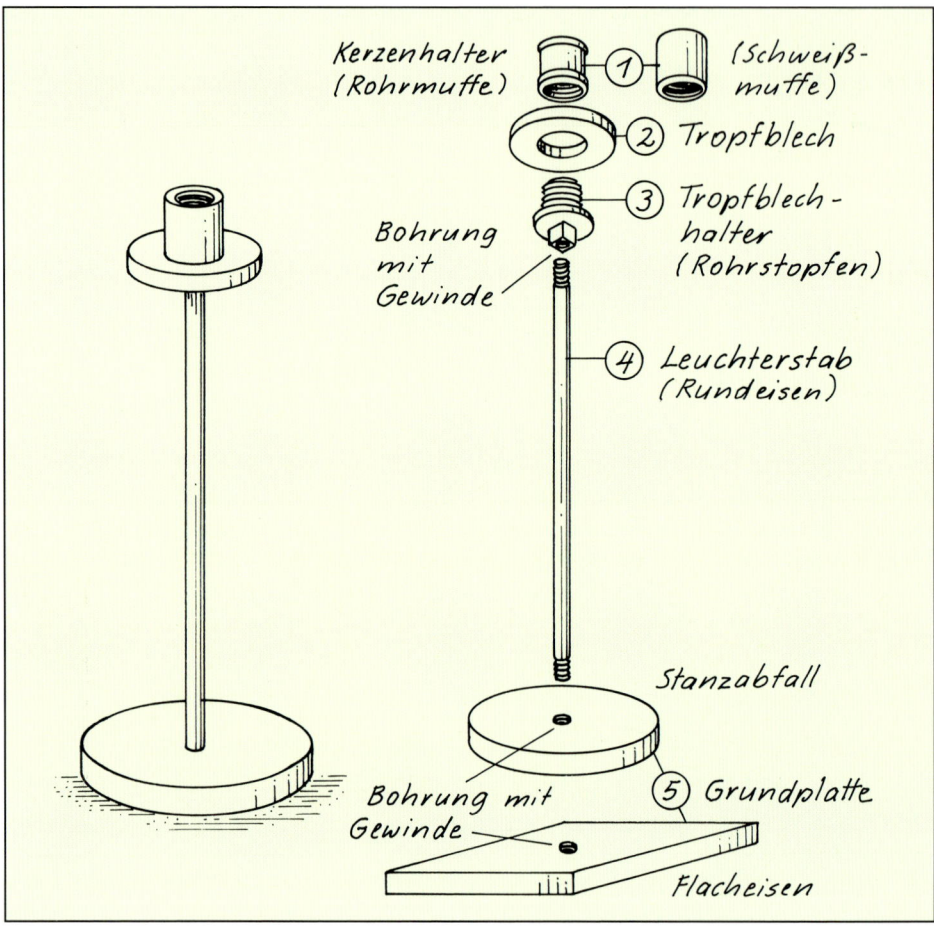

Kerzenhalter (Rohrmuffe) ① (Schweiß-muffe)

② Tropfblech

③ Tropfblech-halter (Rohrstopfen)

Bohrung mit Gewinde

④ Leuchterstab (Rundeisen)

Stanzabfall

Bohrung mit Gewinde

⑤ Grundplatte

Flacheisen

preisgünstig in verschiedenen Größen zu kaufen. Wie man ein Gewinde schneidet, wird auf Seite 171 genauer erklärt.
An den Enden des Leuchterstabes müssen entsprechende M8-Außengewinde angebracht werden. Zusammengeschraubt ergeben diese drei Teile den unteren Leuchter. Wenn der Leuchterstab am Boden der Grundplatte übersteht, muss er abgefeilt werden.

Designer-Kerzenleuchter ●●●

Menge	Bezeichnung	Maße in mm	Material	Kenn-Nr.
1	Kerzenhalter	¾ Zoll	Rohrmuffe oder Schweißmuffe	1
1	Tropfblech	50 ø	Unterlegscheibe oder Sperrholzring	2
1	Tropfblechhalter	¾ Zoll	Rohrstopfen	3
1	Leuchterstab	8 ø beliebig	Rundeisenstab	4
1	Grundplatte	100 ø / ca. 10 dick oder 100 x 100 x 100	Stanzabfall Flachstahlabfall	5

Nun wird das ausgeschnittene Tropfblech auf den Stopfen gelegt und mit der Muffe festgeschraubt.

Kantige und scharfe Stellen am Leuchter kann man mit Feile und Schleifpapier glätten.

Das hölzerne Tropfblech erhält mit Eisenglimmer eine satte Metallfarbe. Die übrigen Eisenteile behalten ihre natürliche Färbung, wenn der ganze Leuchter eingewachst wird (Bodenwachs).

Der Leuchter kann jedoch auch mit Buntlack gestrichen werden.

Vor dem Farbauftrag muss man das Metall mit einem Spülmittel oder mit Spiritus entfetten.

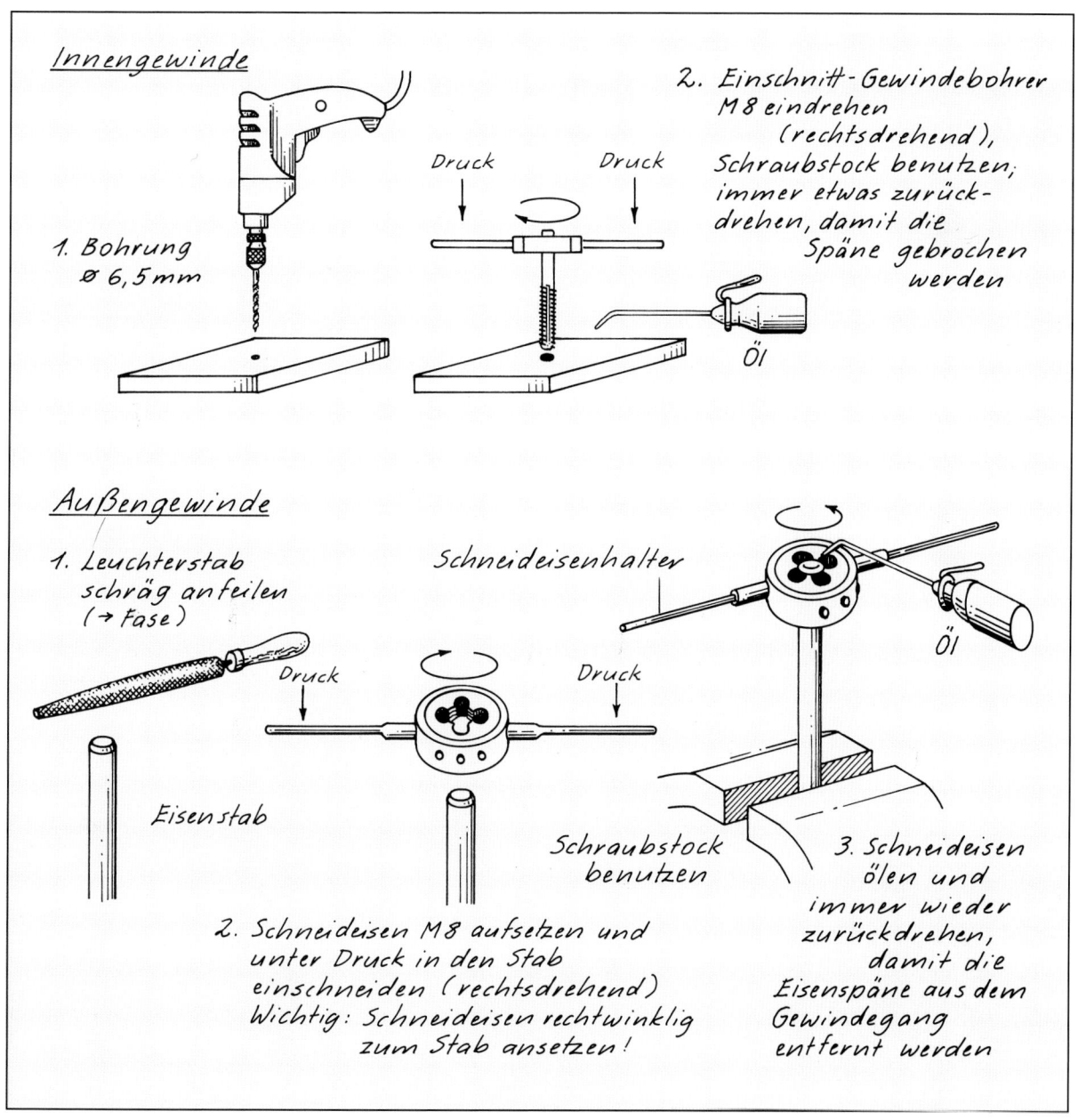

Innengewinde

1. Bohrung Ø 6,5 mm

Druck   Druck

2. Einschnitt-Gewindebohrer M 8 eindrehen (rechtsdrehend), Schraubstock benutzen; immer etwas zurückdrehen, damit die Späne gebrochen werden

Öl

Außengewinde

1. Leuchterstab schräg anfeilen (→ Fase)

Druck

Eisenstab

Schneideisenhalter

Druck

Schraubstock benutzen

Öl

3. Schneideisen ölen und immer wieder zurückdrehen, damit die Eisenspäne aus dem Gewindegang entfernt werden

2. Schneideisen M8 aufsetzen und unter Druck in den Stab einschneiden (rechtsdrehend) Wichtig: Schneideisen rechtwinklig zum Stab ansetzen!

Wichtig: Der umlaufende unbearbeitete Rand soll ca. 150 mm breit sein.

Nun wird um die gearbeitete Form herum der übrige Körperblock aufgezeichnet. Die genauen Maße können der Zeichnung entnommen werden. Mit einer Blechschere schneidet man die Fläche aus.

Über eine in den Schraubstock eingespannte Metallschiene oder ein Abkantgerät werden die Blechseiten an den Abkantlinien umgebogen und zu einem Körper geformt. Die inneren Knickkanten werden zuerst gebogen. Mit leichten Hammerschlägen auf die Knicklinien wird die Form stabilisiert. Insbesondere an den Seitenkanten müssen die Blechteile (Lötflächen) eng aneinander liegen.

Das Verlöten des Schalenkörpers mit einem Gasbrenner oder einem großen Lötkolben ist einfach, wenn die Lötflächen vorher ausreichend mit Lötwasser oder Lötfett gereinigt werden. Wichtig ist auch die richtige Temperatur. Zu starke Hitze lässt das Lot verbrennen oder kochen. Es wird dann locker und bröselt ab. Bei zu geringer Hitze zerfließt das Lot nicht genug und haftet nicht auf dem Metall.

Abschließend kann die Blockschale glänzend poliert und lackiert oder mit Farbe überzogen werden.

Die getriebene Schalenmulde wird von einem geometrischen Körper umschlossen. Die Schale wirkt dadurch massiv und schwer.

Blockschalen aus Blech

Mit dem Treibhammer kaltgeformte Schalen wirken dünn und leicht. Dieser Eindruck wird umgekehrt, wenn die Außenform der Schale durch Abkanten und Verlöten des Bleches blockartig gestaltet wird.

Zuerst formt man die Schalenwanne aus einem Stück Kupferblech (vgl. Dekoschale auf Seite 174).

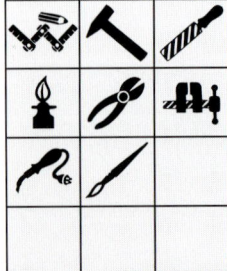

Blockschalen aus Blech ●●●

Menge	Bezeichnung	Maße in mm	Material	Kenn-Nr.
1	Schalenkörper (Netz)	ca. 300 x 500 (0,5 x 0,8 stark)	Kupferblech	
	zusammengesetzt aus:			
	Schalenmulde			1
	Schalenoberseite			2
	Schalenseitenteile			3
	Schalenboden			4

Lötzinn / Lötwasser / Lack / Lackfarbe

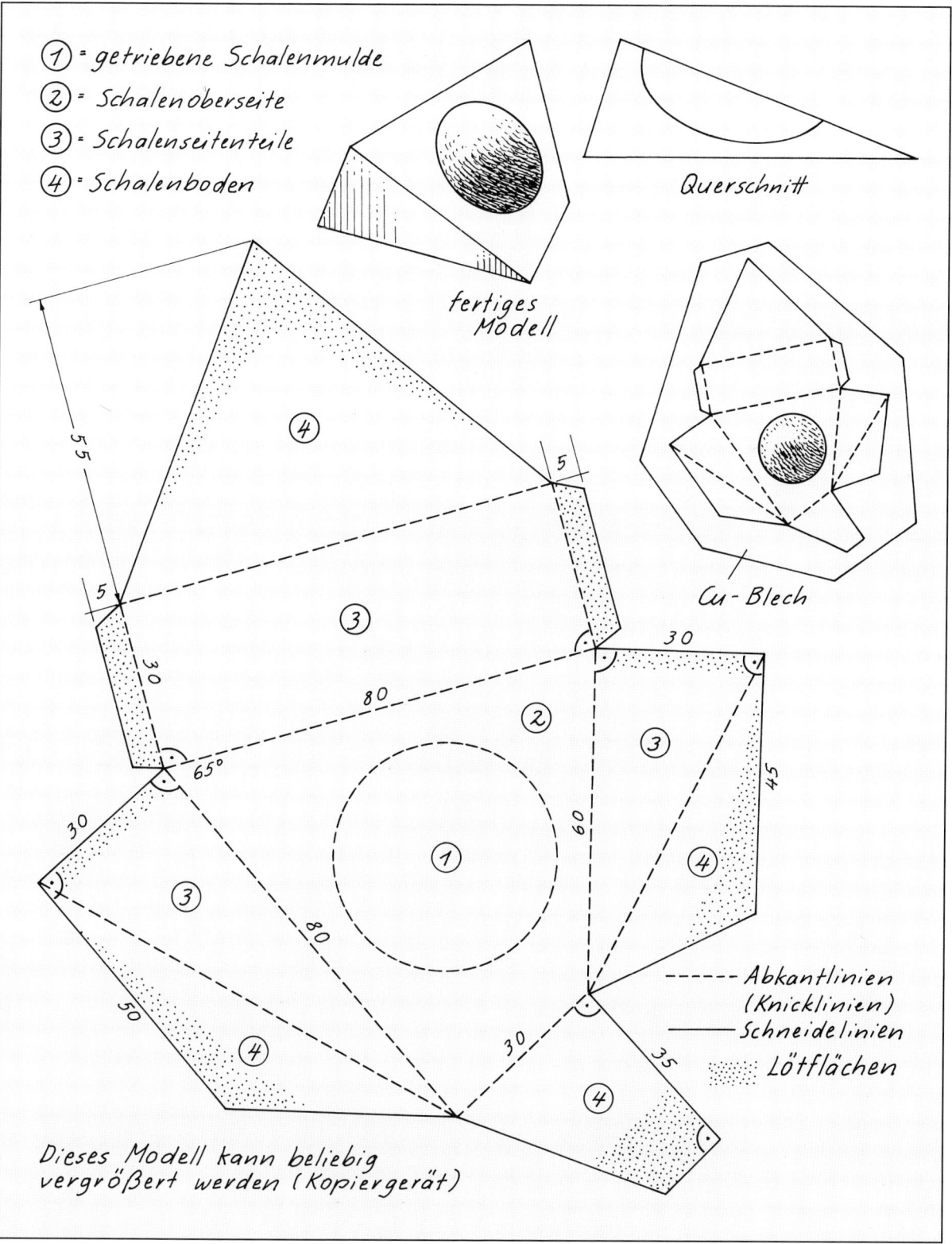

① = getriebene Schalenmulde
② = Schalenoberseite
③ = Schalenseitenteile
④ = Schalenboden

fertiges
Modell

Querschnitt

Cu-Blech

55

5

5

④

③

30

80

65°

30

②

30

③

45

60

①

④

③

80

50

④

30

35

④

- - - - - Abkantlinien
(Knicklinien)
———— Schneidelinien
▒▒▒▒ Lötflächen

Dieses Modell kann beliebig
vergrößert werden (Kopiergerät)

Dekoschalen aus Kupferblech

Eine interessante Eigenschaft des Metalls ist seine Dehnbarkeit. Dadurch können vor allem Aluminium-, Messing- und Kupferbleche mit Hammer und Amboss kalt verformt werden.
Kupfer ist das klassische Treibmetall. Zur Herstellung von kleineren und mittelgroßen Dekoschalen genügen Bleche von 0,5 bis 0,8 mm Dicke.
Um das Blech verformen zu können, benötigen wir einen Treibhammer und einen Hirnholzamboss.

Besonders praktisch ist ein Holzblock mit einer leichten Mulde. Rundungen können damit leichter herausgearbeitet werden.

Im Werkzeughandel gibt es eine Vielzahl von Spezialhämmern und Formeisen für Treibarbeiten.
Kleine und mittelgroße runde Schalen werden aus so genannten Ronden (kreisrunde Blechscheiben) gefertigt.
Mit dem Zirkel zeichnet man die Ausgangsform auf dem Kupferblech an und schneidet sie mit der Blechschere aus.

Hinweis: Einen sauberen Schnitt ohne Absätze erreicht man nur, wenn die Blechschere beim einzelnen Schnitt nicht ganz zugedrückt und das Blech rechtzeitig in das Scherenmaul nachgeschoben wird.

Die ausgebohrten und ausgesägten Muster machen aus den getriebenen Formen schöne Dekoschalen.

Dekoschalen aus Kupferblech ●●●●

Menge	Bezeichnung	Maße in mm	Material	Kenn-Nr.
1	Ronde für Tropfschale	80 ø 0,5–0,8 stark	Kupferblech	1
1	Ronde für Dekoschale	200 ø 0,5–0,8 stark	Kupferblech	1

Poliermittel / Lack / Lackfarbe

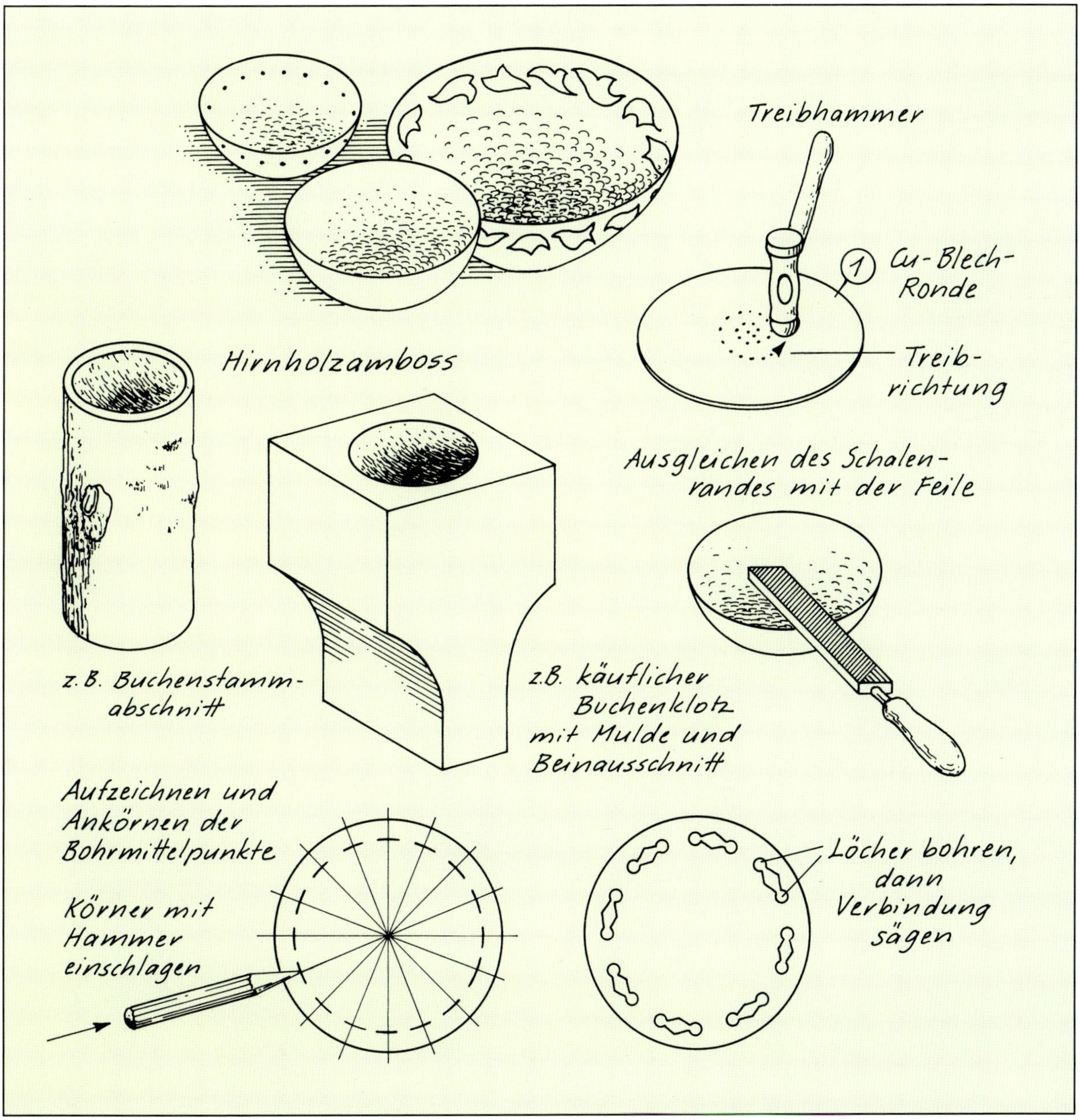

Treibhammer

① Cu-Blech-Ronde

Treib-richtung

Hirnholzamboss

z.B. Buchenstamm-abschnitt

z.B. käuflicher Buchenklotz mit Mulde und Beinausschnitt

Ausgleichen des Schalen-randes mit der Feile

Aufzeichnen und Ankörnen der Bohrmittelpunkte

Körner mit Hammer einschlagen

Löcher bohren, dann Verbindung sägen

Der beim Schneiden entstandene Grat wird, bevor man weiterarbeitet, mit der Feile weggenommen.

Für die eigentliche Treibarbeit, das „Auftiefen", stellt man sich den Hirnholzamboss auf die Oberschenkel. Die Ronde wird auf diesem Holzblock mit dem Treibhammer „ausgebeult". Man beginnt am Mittelpunkt der Blechscheibe und setzt spiralförmig Schlag neben Schlag. Dabei schlägt der Hammer stets auf die gleiche Stelle. Bewegt wird allein das Werkstück. Nur so erreicht man den erforderlichen gleichmäßigen Treibschlag. Unter den einzelnen Hammerschlägen wird das Metall gestreckt und allmählich in eine immer stärker werdende Wölbung gebracht. Sobald man am Rand des Bleches angelangt ist, wird der Spiralgang wiederholt und so die Mulde langsam vertieft.

Manchmal gelingt es nicht, eine gerade Randlinie zu treiben. Dann muss der Schalenrand mit der Feile entsprechend ausgeglichen werden.

Je nach Wunsch können die Schalen weiterbearbeitet werden.

In die kleinen Formen bohrt man im Mittelpunkt ein Loch (5 mm ø). Sie dienen als Tropfschalen für Kerzenleuchter (vgl. Seite 164).

Die größeren Schalen kann man mit dekorativen Mustern verzieren. Einfach ist das Bohren einer Reihe von Löchern als umlaufendes Bandmuster. Dabei müssen die Bohrmittelpunkte besonders sorgfältig angezeichnet und mit einem Körner vorgeschlagen werden (siehe Abbildung).

Achtung: Beim Bohren von Blechen kann der Bohrer einhaken und das Blech einreißen. Deshalb muss das Werkstück gut mit einem Werkstatthandschuh (Schutzhandschuh) festgehalten werden.

Schwieriger ist das Aussägen verschiedener Muster mit dem Laubsägebogen und speziellen Metallsägeblättern. Da das Metall durch den Treibvorgang hart und spröde wurde, muss man es zuerst weich glühen. Dadurch erhält es seine ursprüngliche Geschmeidigkeit zurück. Mit einem Gaskocher oder einer Lötlampe kann die Schale bis zur Rotglut erhitzt werden.

Auf das an der Luft abgekühlte Metall kann man dann das gewünschte Muster aufzeichnen. Mit der Laubsäge wird es ausgeschnitten. Jedes geschlossene Motiv muss jedoch zuvor angebohrt werden, damit man das Sägeblatt einführen kann.

Mit Feile und Schleifpapier entfernt man die entstandenen Grate.

Zum Schluss wird mit feiner Stahlwolle und einer Metallpolitur das Metall auf Hochglanz poliert. Ein farbloser Lacküberzug erhält diesen Glanz.

Soll die Schale bemalt werden, muss sie vor dem Farbauftrag mit einem Fett lösenden Mittel gereinigt werden.

CD-Turm

Diesen Turm kann auch ein wenig geübter Bastler selbst herstellen. Die Kosten für die Bauteile sind kaum höher als der Preis für eine CD.

Für die Standfestigkeit des Regales sorgt ein möglichst schwerer Sockel. Er wird aus einer dicken Eisenplatte oder aus drei pyramidenförmig übereinander geleimten Hartholzbrettern gefertigt. Die Kanten erhalten mit der Feile eine leichte Fase (Abschrägung).

Als Ablagefächer verwendet man rechtwinklig zugeschnittene Bleche (Schwarzblech).

Die Dachhaube wird ebenfalls aus Blech gebogen (siehe Abbildung).

Vorsicht: Scharfkantige Blechränder und Ecken müssen mit der Feile geglättet werden.

Für die Säulen eignen sich Rohrhülsen, die man über Gewindestangen schiebt. Passendes Rohrmaterial wird als Meterware im Metallwarengeschäft oder Baumarkt angeboten.

CDs sind immer griff-bereit, wenn sie im Turmregal aufbewahrt werden.

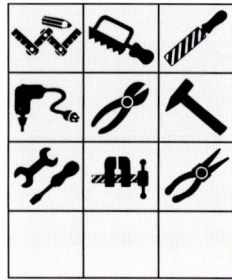

CD-Turm ●●

Menge	Bezeichnung	Maße in mm	Material	Kenn-Nr.
1	Sockel	166 x 174 ca. 60 dick oder ca. 20 dick	Holz Eisen	1
15	Ablagen	156 x 159 1 dick	Eisenblech	2
1	Dachhaube	156 x 186	Eisenblech	3
4	Gewindestangen	M6 x 100	Eisen	4
60	Rohrhülsen	10 ø (außen) 60 lang	Metall	5
4	Hutmuttern	M6	Eisen	6
4	Sechskantmuttern	M6	Eisen	7

Die Bohrungen durch den Sockel, die Ablagen und das Dach können alle nach derselben Bohrschablone durchgeführt werden.

Die Standfestigkeit des Holzsockels wird verbessert, wenn die Muttern (Sechskantmuttern) auf der Unterseite des Sockels in das Holz versenkt werden. Dazu weitet man das Bohrloch mit einem größeren Bohrer ca. 5 mm tief aus (Muttermaß = Bohrerdurchmesser). Wird die Mutter mit dem Hammer

in diese Bohrung geschlagen, sitzt sie verdrehungssicher fest.

Die vorgefertigten Teile werden mit vier Gewindestangen und acht Muttern (Hutmuttern / Sechskantmuttern) verschraubt (siehe Abbildung).

Materialalternativen:

– Für die Ablagen: dünnes Sperrholz (z. B. schwarzes Schalungsholz)
– Für die Rohrhülsen: geschliffene Holunderstöcke ohne Mark oder Bambusrohr.

Achtung: Beim Durchbohren von Blechen hakt der Bohrer leicht ein und reißt das Blech mit. Mit einem Feilkloben kann das Blech sicher gehalten werden. Damit man den Bohrtisch nicht beschädigt, wird das Werkstück auf eine Holzunterlage gelegt.

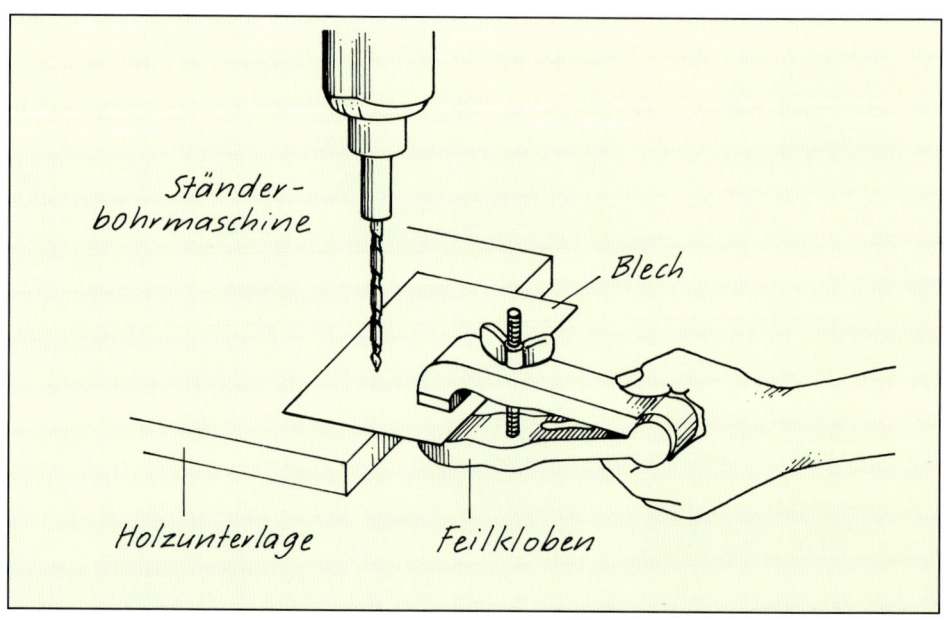

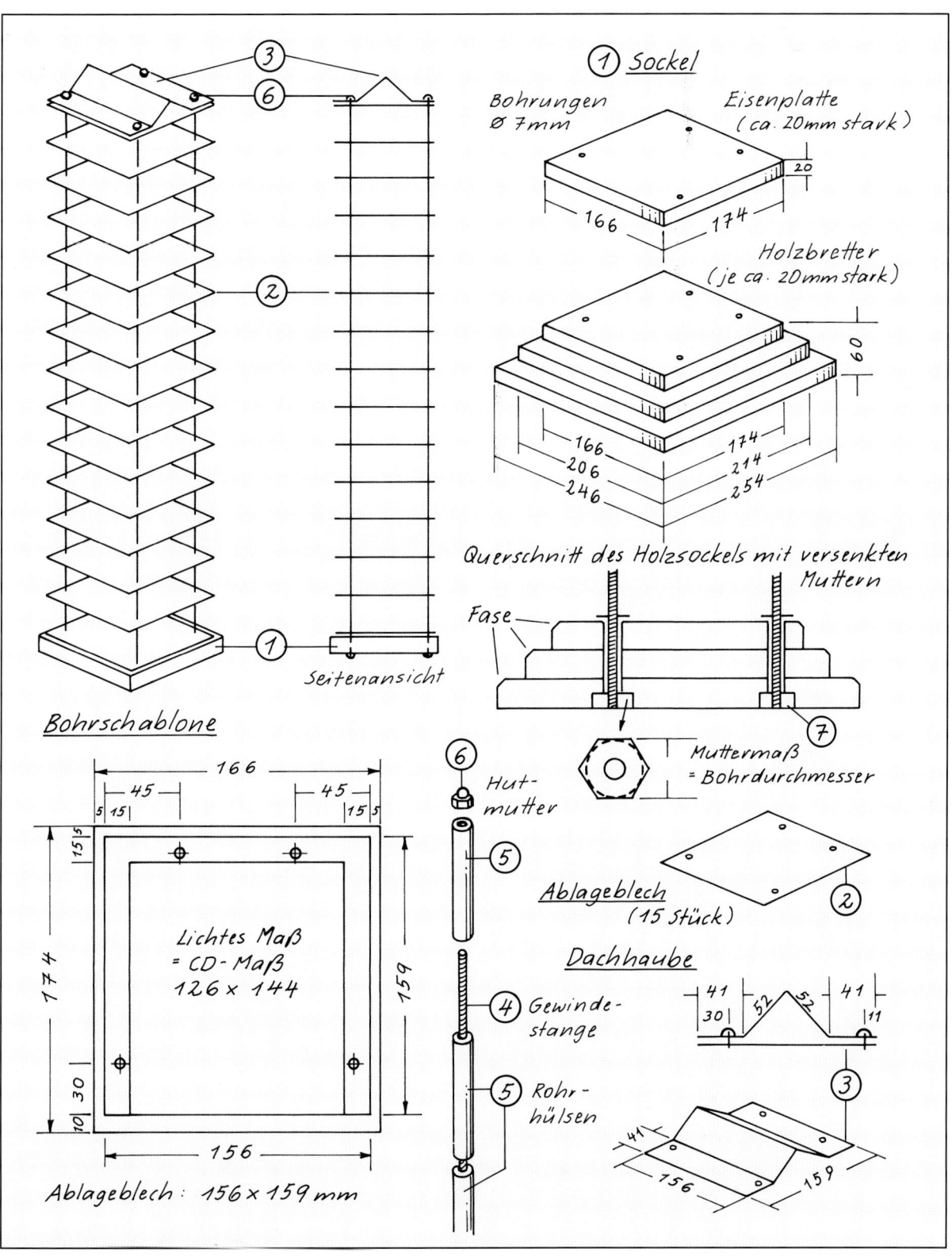

① **Sockel**

Bohrungen Ø 7mm

Eisenplatte (ca. 20mm stark)

166 · 174 · 20

Holzbretter (je ca. 20mm stark)

166 · 174
206 · 214
246 · 254

60

Querschnitt des Holzsockels mit versenkten Muttern

Fase

⑦

Muttermaß = Bohrdurchmesser

⑥ Hut-mutter

⑤

Ablageblech (15 Stück) ②

Dachhaube

41 · 52 · 52 · 41
30 · 11

③

41 · 156 · 159

④ Gewinde-stange

⑤ Rohr-hülsen

Seitenansicht

③ ⑥ ② ①

Bohrschablone

166
45 · 45
5 15 · 15 5

15 5

174

159

30

10

156

Lichtes Maß
= CD-Maß
126 × 144

Ablageblech: 156 × 159 mm

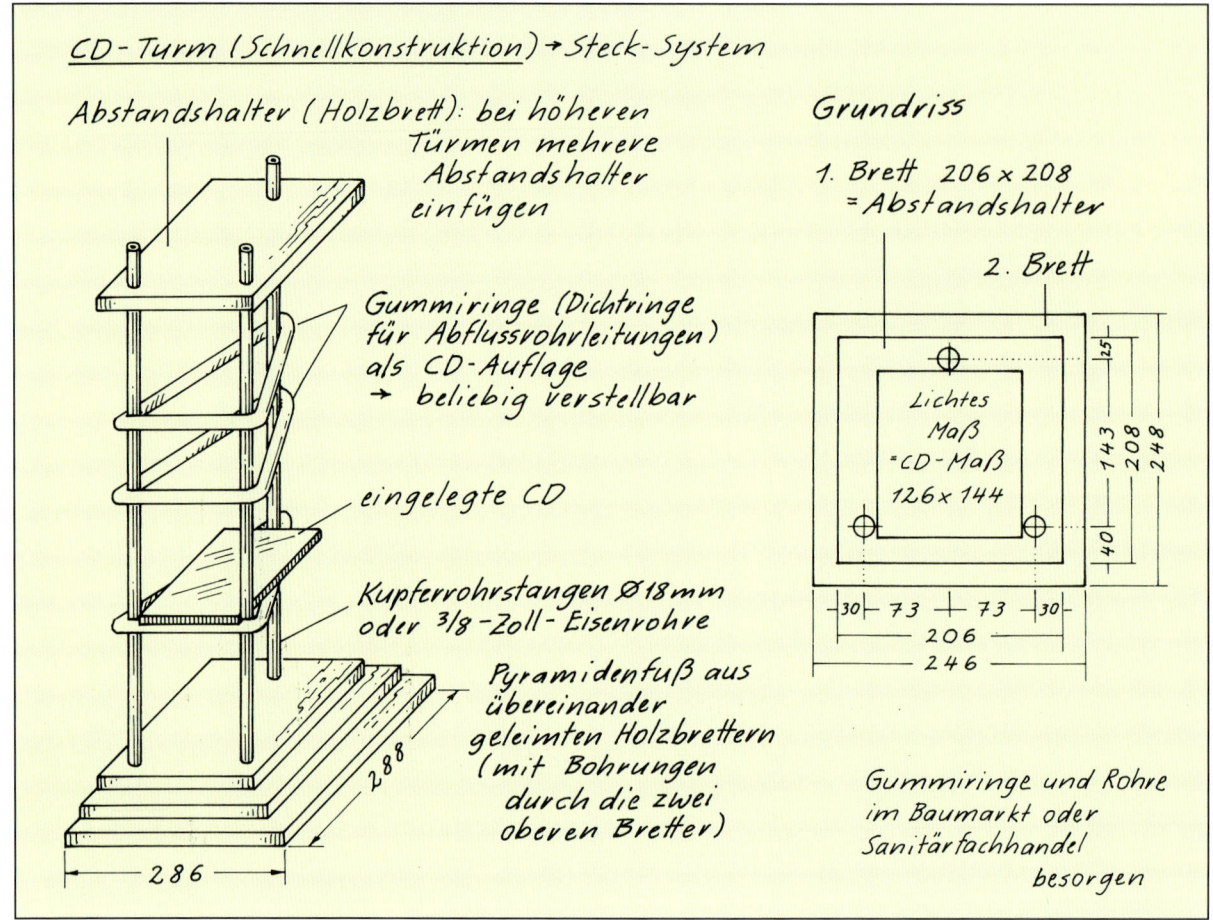

CD-Turm (Schnellkonstruktion) → Steck-System

Abstandshalter (Holzbrett): bei höheren Türmen mehrere Abstandshalter einfügen

Gummiringe (Dichtringe für Abflussrohrleitungen) als CD-Auflage → beliebig verstellbar

eingelegte CD

Kupferrohrstangen Ø 18 mm oder 3/8-Zoll-Eisenrohre

Pyramidenfuß aus übereinander geleimten Holzbrettern (mit Bohrungen durch die zwei oberen Bretter)

286

288

Grundriss

1. Brett 206 x 208 = Abstandshalter

2. Brett

Lichtes Maß = CD-Maß 126 x 144

25 · 143 · 208 · 248 · 40

30 · 73 · 73 · 30
206
246

Gummiringe und Rohre im Baumarkt oder Sanitärfachhandel besorgen

Schlüsselanhänger

Aus Metall können sehr schöne Schlüsselanhänger gefertigt werden. Sie sind stabil und wirken durch ihre einfache, klassische Form wertvoll und schön.

Als Werkmaterial kann man Eisen- oder Aluminiumware (Stabware) verwenden. Diese Metalle sind in Baufachmärkten oder beim Schlosser erhältlich.

Besonders attraktive Werkstücke kann man jedoch aus Messing herstellen.

Ein Schlüsselanhänger, der wie ein Vorhängeschloss aussieht, ist einfach anzufertigen, wenn man eine elektrische Bohrmaschine mit einem Bohrständer besitzt. Als Werkmaterial für den Anhänger verwendet man Flacheisen (30 mm breit / 10 mm stark).

Als Anhängerbügel nimmt man das Oberteil einer großen Seilklemme, die es im Metallwarengeschäft zu kaufen gibt.

Zuerst wird vom Flacheisen ein 28 mm langes Stück abgesägt und auf 26 mm Fertigmaß zugefeilt. So können kleine Unebenheiten und Sägespuren beseitigt werden. In dieses Metallklötzchen werden von der Stirnseite her zwei Löcher gebohrt (6 mm ø).

Hinweis: Damit der Bohrer auf dem glatten Metall nicht ausrutscht, sollte man den Bohrmittelpunkt ankörnen. Bohrtiefe beachten (siehe Abbildung).

Aus Sicherheitsgründen wird das Metallstück zum Bohren in einen Maschinenschraubstock eingespannt.

Genauso wird die seitliche Bohrung mit

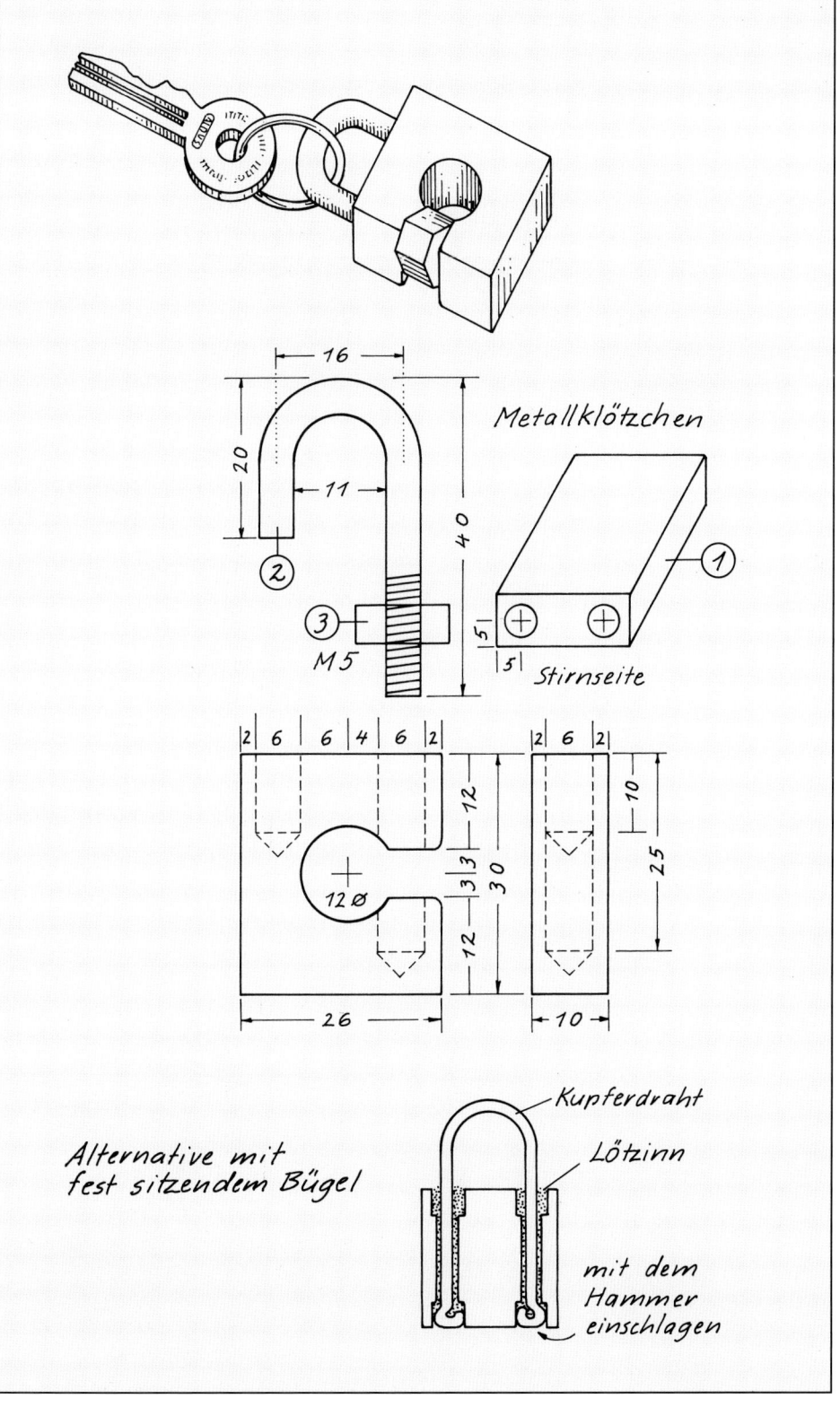

Metallklötzchen

M5

Stirnseite

12 Ø

Alternative mit
fest sitzendem Bügel

Kupferdraht

Lötzinn

mit dem
Hammer
einschlagen

Am Schlüsselanhänger lassen sich mit Stahlfederringen leicht mehrere Schlüssel befestigen.

dem 10-mm-Bohrer durch das Metallstück durchgeführt. Dabei ist zu beachten, dass nur die tiefe Stirnbohrung angeschnitten wird. Mit der Metallsäge schneidet man nun einen 6 mm breiten Spalt heraus und glättet mit einer Schlichtfeile die Oberfläche. Hier wird später die Feststellmutter eingesetzt.
Der Schlossbügel ist schnell hergestellt. Es muss lediglich ein Schenkel des Seilklemmenoberteils mit der Metallsäge gekürzt werden.
Abschließend entfernt man mit einer feinen Schlichtfeile alle Metallgrate und rundet sämtliche Kanten und Ecken ab. Mit Stahlwolle wird der Schlüsselanhänger poliert und mit einem Wachsüberzug (Bodenwachs) versiegelt.
Zu einem persönlichen Geschenk wird der Schlüsselanhänger, wenn mit Schlagbuch-

staben z. B. der Vorname des Besitzers oder der Wohnort eingestanzt wird.

Alternative: Schlüsselanhänger mit festsitzendem Bügel.
Ein quadratisches Metallklötzchen wird an der Stirnseite zweimal durchbohrt (4-mm-Bohrer).
Mit einem 6-mm-Bohrer weitet man die Bohrungen auf (5 mm tief). Der Schlossbügel lässt sich aus einem 10-mm-Kupferdraht biegen und in die Bohrungen stecken. Die Enden des Drahtes werden umgebogen und mit dem Hammer in die Bohrung zurückgeschlagen (siehe Abbildung). Auf der anderen Seite der Bohrung wird der Draht mit Hilfe eines Camping-Gasbrenners in das Metallklötzchen eingelötet.

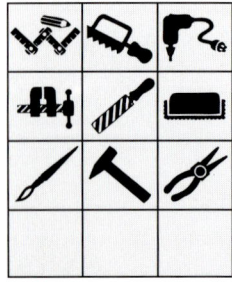

Schlüsselanhänger   ●●

Menge	Bezeichnung	Maße in mm	Material	Kenn-Nr.
1	Anhänger	26 x 30 x 10	Flacheisen	1
1	Anhängerbügel	5 ø	Seilklemme (Eisen)	2
1	Feststellmutter	M5	Schraubenmutter oder Rändelmutter	3

Wippfiguren

Der aufrechte Gang des Menschen erfordert Gleichgewichtssinn.

Bei Spielfiguren, die aufrecht stehen sollen, müssen die physikalischen Gesetze beachtet werden. Der „Schwerpunkt" spielt dabei eine wichtige Rolle.

Solche Wippfiguren lassen sich gut aus Blech oder Blechdosen herstellen.

Die Figuren kann man beliebig formen, wenn folgende Regeln eingehalten werden:

– Die Gesamtfigur setzt sich immer aus einem leichteren Oberteil, einem schwereren Unterteil und einem schmalen Verbindungsstück zusammen.

– Das Oberteil erhält eine möglichst kleine (punktförmige) Auflagefläche.

Die Vorlagen können beliebig vergrößert und als Schablone benutzt werden. Für kleinere Figuren verwendet man Kupferblech, für größere Figuren das billigere und stabilere Eisenblech.

Zum Ausschneiden benötigt man eine Blechschere oder eine Laubsäge mit speziellen Metallsägeblättern.

Die scharfen Blechkanten werden mit der Feile entgratet.

Der untere Figurenteil erhält Metallgewichte. Sie können aus einem Flacheisenstück herausgesägt und mit Schrauben an der Figur befestigt werden.

Das Gewicht kann man jedoch auch aus eingeschmolzenen Bleiresten (z. B. Radgewichte aus der Autowerkstatt) gießen. Dazu braucht man eine entsprechende Form, die leicht mit einem Rundholzstück in einen

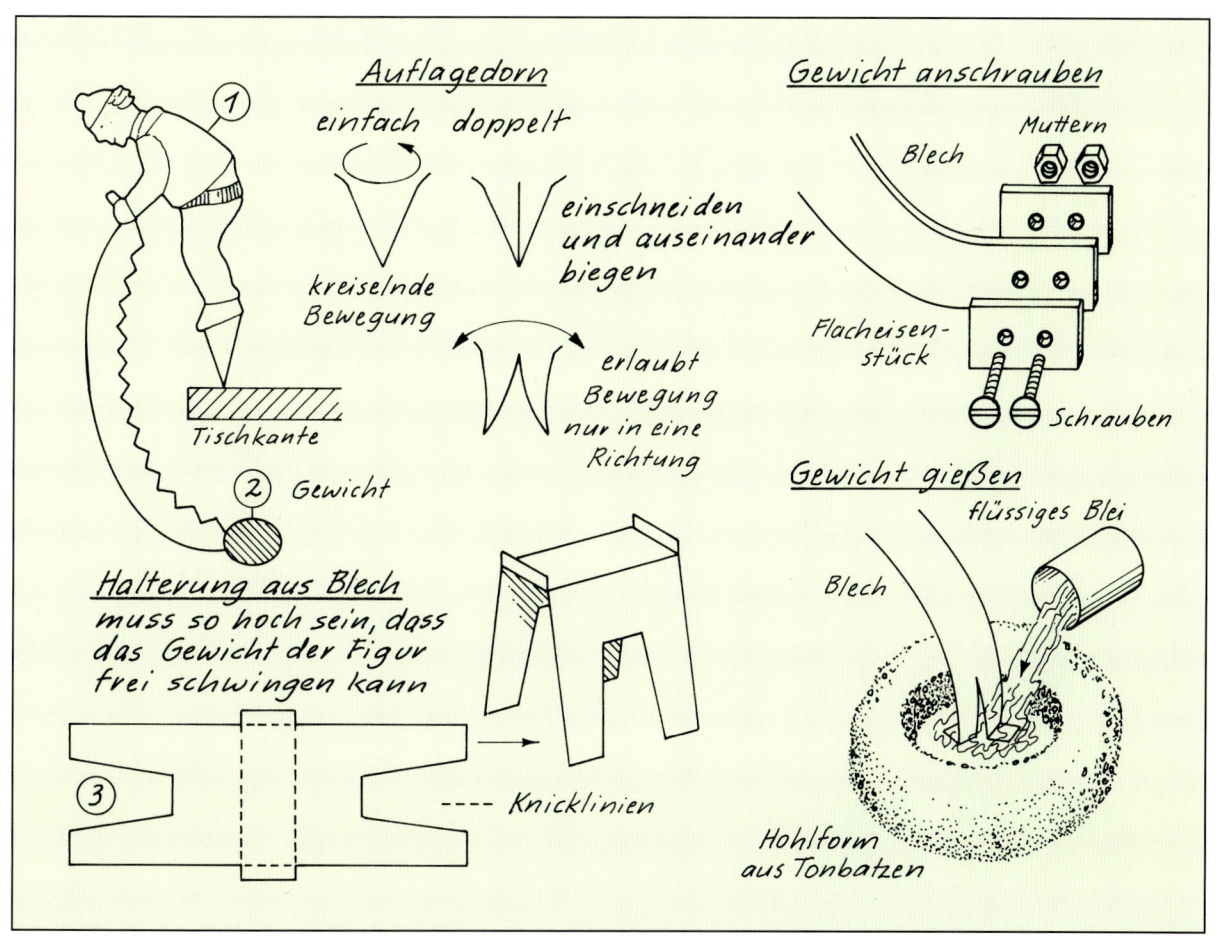

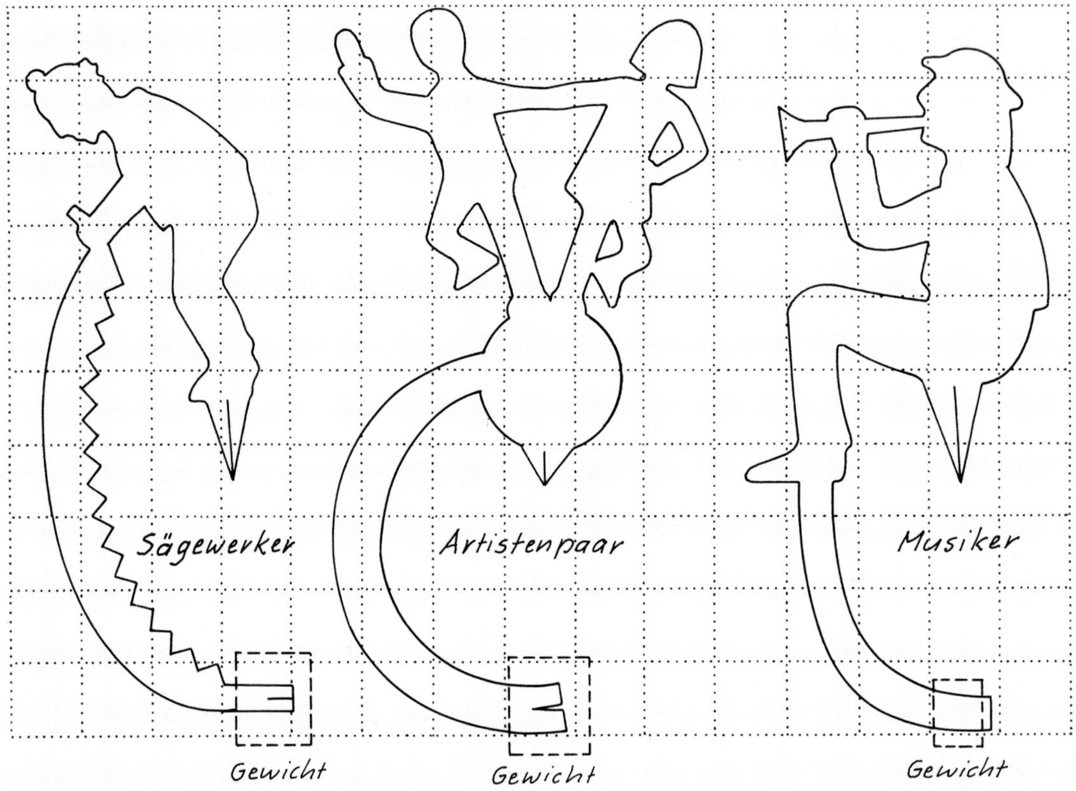

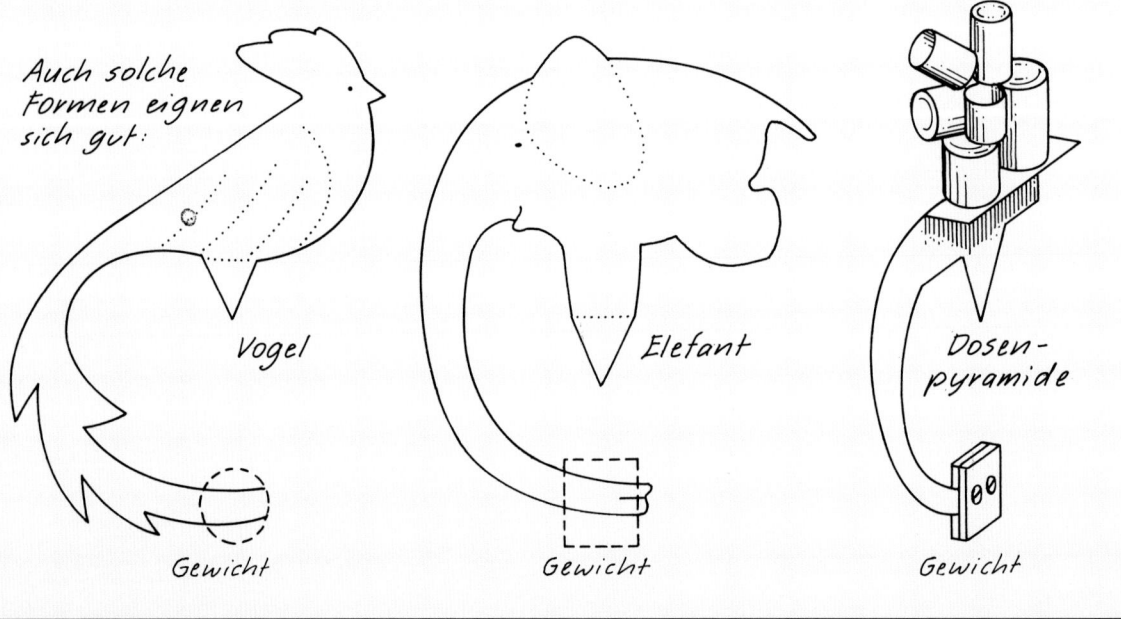

Sägewerker

Artistenpaar

Musiker

Gewicht

Gewicht

Gewicht

Die Originalgröße kann aufgezeichnet werden, wenn die Netzfelder jeweils 15 x 15 mm groß sind.

Auch solche Formen eignen sich gut:

Vogel

Elefant

Dosen-pyramide

Gewicht

Gewicht

Gewicht

Batzen Ton oder lehmige Erde gedrückt werden kann. In diese Hohlform hängt man das untere Ende der Figur und gießt das flüssige Blei dazu.

Hinweis: Das Blech einschneiden und umbiegen. Dadurch hält das Bleigewicht besser.

Anschließend wird das ganze Werkstück bunt bemalt und lackiert.

Hinweis: Die Metalloberfläche vor dem Bemalen mit einem Haushaltsreiniger oder einem anderen Fett lösenden Mittel reinigen. Die Figur kann nun an eine Tischkante oder ein Regalbrett gehängt werden.

Mit einer speziellen Halterung (siehe Abbildung) kann man das Spielzeug auch an anderen Orten aufstellen.

Wippfiguren ●●

Menge	Bezeichnung	Maße in mm	Material	Kenn-Nr.
1	Blechfigur	beliebig 1 mm dick	Blech (Eisen / Kupfer)	1
1	Gewicht	beliebig 1 mm dick	Eisen / Blei	2
1	Halterung	beliebig	Blech (Eisen / Kupfer)	3

Lackfarben / Lack / Schrauben

Drahtmaschine

In der Werkbeschreibung werden nur einzelne Elemente der Drahtmaschine dargestellt, denn die Bauteile sind beliebig kombinierbar.

Erste Erfahrungen im Umgang mit dem Werkmaterial „Draht" sammelt man am besten mit dem leicht verformbaren Kupferdraht. Kupferdrähte lassen sich zudem mit Lötzinn und Lötkolben gut miteinander verbinden. Kupferdrahtreste erhält man relativ preisgünstig beim Elektrohandwerker.

Für größere und belastbarere Drahtmaschinen sollte man jedoch besser Eisendraht verwenden. Mit einem Gasbrenner und unter Verwendung von Lötwasser kann auch dieser Draht verlötet werden.

Rahmen: Mit einem stärkeren Draht (Querschnitt: 6 mm²) wird ein Rahmen für die Maschine gebogen (Quader, Dreiecksäule, Pyramide o. Ä.). Verbindungsstellen umwickelt man mit dünnerem Draht und verlötet sie danach. Der Rahmen dient zur Lagerung der beweglichen Bauteile und zur Befestigung von Führungen und Halterungen.

Sämtliche Maschinen werden mit einer Antriebskurbel in Gang gesetzt. Kleinere Maschinen benötigen am Fuß der Kurbel einen Haltebügel, mit dem man das Objekt, wenn es in Betrieb ist, auf der Unterlage festhält.

Kurbelachse: Die Kurbelachse ist die Antriebseinheit der Maschine. Deshalb sollte diese Achse aus stärkerem Draht gebogen und mehrfach gelagert werden. Die Kraftübertragung erfolgt über Antriebsräder oder eine Kurbelwelle.

Achslagerungen: Die Achsen werden durch Ösen drehbar gelagert. Für diese Ösen verwendet man dünneren Draht (Querschnitt: 1,5 oder 2,5 mm²).

Die Ösen werden fachgerecht mit der Rundzange gebogen (siehe Abbildung).

Den Draht mit der Öse befestigt man mit der Flachzange am Rahmen und verlötet die Verbindung.

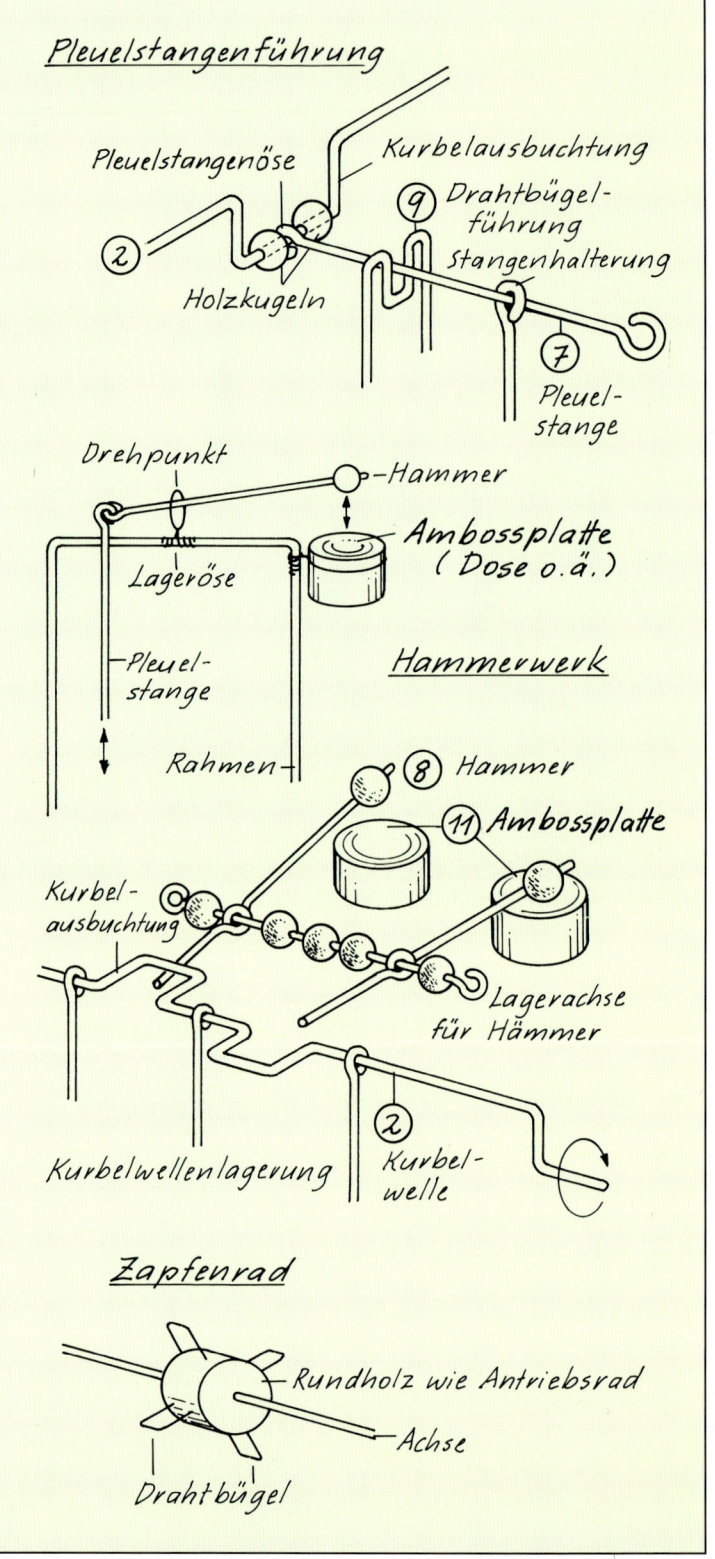

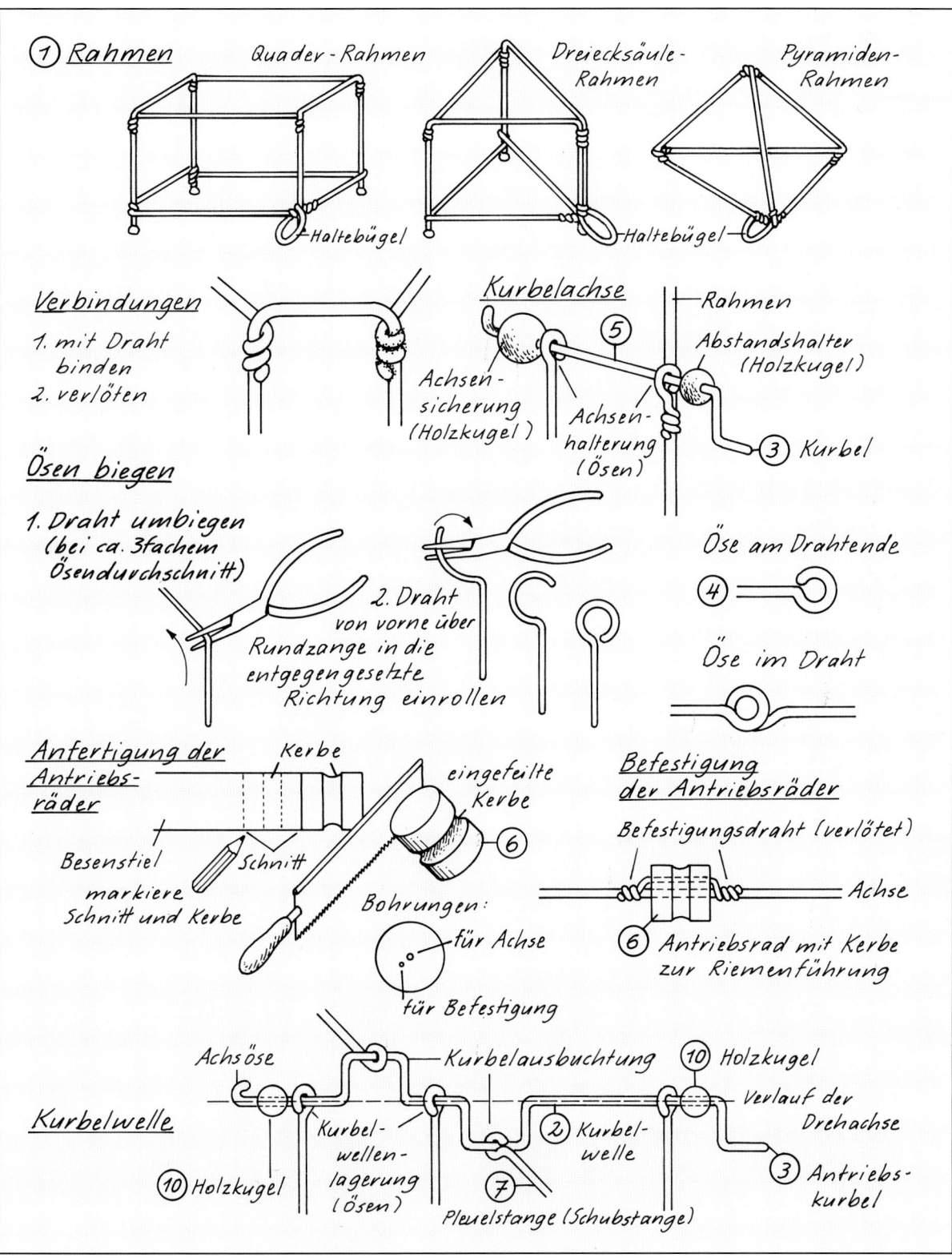

① _Rahmen_

Quader-Rahmen

Dreiecksäule-Rahmen

Pyramiden-Rahmen

—Haltebügel

—Haltebügel

Verbindungen

1. mit Draht binden
2. verlöten

Ösen biegen

1. Draht umbiegen (bei ca. 3fachem Ösendurchschnitt)

2. Draht von vorne über Rundzange in die entgegengesetzte Richtung einrollen

Kurbelachse

—Rahmen

⑤

Abstandshalter (Holzkugel)

Achsensicherung (Holzkugel)

Achsenhalterung (Ösen)

③ Kurbel

Öse am Drahtende

④

Öse im Draht

Anfertigung der Antriebsräder

Kerbe

Besenstiel

markiere Schnitt und Kerbe

Schnitt

eingefeilte Kerbe

⑥

Bohrungen: für Achse für Befestigung

Befestigung der Antriebsräder

Befestigungsdraht (verlötet)

Achse

⑥ Antriebsrad mit Kerbe zur Riemenführung

Kurbelwelle

Achsöse

Kurbelausbuchtung

⑩ Holzkugel

Verlauf der Drehachse

⑩ Holzkugel

Kurbelwellenlagerung (Ösen)

⑦

Pleuelstange (Schubstange)

② Kurbelwelle

③ Antriebskurbel

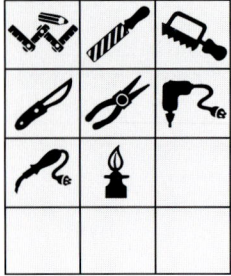

Drahtmaschine ●●●●

Menge	Bezeichnung	Maße in mm	Material	Kenn-Nr.
1	Rahmen	6 Querschnitt	Kupferdraht	1
1	Kurbelwelle mit Antriebskurbel	6 Querschnitt	Kupferdraht	2 3
	Lagerösen	2,5 Querschnitt	Kupferdraht	4
	Achsen	4 Querschnitt	Kupferdraht	5
	Antriebsräder	25 ø	Rundholz	6
	Pleuelstangen	4 Querschnitt	Kupferdraht	7
	Hammerarme	4 Querschnitt	Kupferdraht	8
	Drahtbügel	1,5 Querschnitt	Kupferdraht	9
	Abstandshalter	10 ø	Holzkugeln	10
	Klangkörper	beliebig	kleine Dosen	11

Bindedraht 1,5 mm² Querschnitt (Kupfer) / Lötzinn / Gummiringe

Wichtig: Die Lagerösen für eine Achse müssen alle geradlinig angeordnet werden. Damit die Achsen nicht aus den Lagerösen rutschen, muss man die Achsen sichern. Dazu wird das Achsende einfach zu einer Öse gebogen. Eine auf die Achse gesteckte Holzkugel verhindert, dass sich Lageröse und Achsöse verklemmen.

Antriebsräder: Antriebsräder übertragen die Kraft mit Hilfe von Riemen (Gummiringen). Als Antriebsräder verwendet man Rundholzabschnitte (z. B. von einem Besenstiel). Zuerst wird die Einkerbung für die Riemenführung am entsprechend markierten Besenstiel eingefeilt oder mit dem Messer eingeschnitten. Dann wird das Rad vom Rundholz abgesägt. Zuletzt bohrt man in das Antriebsrad ein Loch für die Achse und ein zweites zur starren Befestigung des Rades auf der Achse (siehe Abbildung).

Kurbelwelle: Die Kurbelwelle wandelt die Drehbewegung in eine lineare Bewegung um (Hin- und Herbewegung). Die Kurbelausbuchtungen können verschieden groß sein und in verschiedene Richtungen zeigen; die zentrale Achsführung muss jedoch immer erhalten bleiben. Außerdem muss die Welle nach jeder Kurbelausbuchtung eine Lagerung erhalten.

Pleuelstangen: Die Pleuelstangen werden mit Ösen an der Kurbelwelle befestigt. Diese Schubstangen müssen zusätzlich durch Halterungen so befestigt und geführt werden, dass sie nicht von den Kurbelwellenausbuchtungen abrutschen können. Dies erreicht man durch zwei kleine Holzkugeln, die links und rechts der Pleuelstangenöse auf die Kurbelwelle gesteckt werden, oder durch Drahtbügel, die die Pleuelstange führen.

Hammerwerk: Ein Hammer kann durch eine Pleuelstange in Bewegung gesetzt werden, indem ein Hebelarm um einen Drehpunkt gekippt wird.

Mehrere Hämmer können auch nebeneinander an eine Achse gehängt werden (Holzkugeln dazwischen aufstecken). Der Drehpunkt des Hammerarmes wird durch eine in den Draht gebogene Öse festgelegt. Dabei muss der Hebelarm mit dem Hammerkopf länger und schwerer sein als der andere Hebelarm.

Die Bewegung der Hämmer erfolgt über eine Kurbelwelle oder über ein Zapfenrad. Unter den Hammerkopf legt man verschiedene Dinge (z. B. kleine Blechdosen, Gläser, Metallstücke o. Ä.). Dadurch entstehen bei Betrieb des Hammerwerkes unterschiedliche Geräusche und Töne.

Bei der Drahtmaschine funktioniert die Technik der Kraftübertragung (Mechanik) auch im Kleinen.

Tricar mit Propeller

Kupferdraht und verzinnte Blechdosen (z. B. Konservendosen/Kondensmilchdosen) oder Kupferblech sind die Werkmaterialien für fantasievolle Lötarbeiten.

Zuerst wird aus Kupferdrahtresten das Fahrgestell zusammengelötet (siehe Abbildung). Das Vorderrad kann mit einer einfachen oder aber mit einer doppelten Halterung befestigt werden. Die Doppelhalterung ist stabiler; bei der einfachen Halterung kann das Rad nachträglich eingesetzt werden.

Die großen Räder des Fahrzeuges werden z. B. aus Boden und Deckel einer Kondensmilchdose (ca. 65 mm ø) gefertigt. Mit einer alten Papierschere oder einer kleinen Drahtschere kann man beide Teile von der Dose abschneiden. Dabei muss der Dosenfalz mit herausgeschnitten werden. Die Räder haben dann eine breitere Lauffläche.

Mit leichten Hammerschlägen biegt man abstehendes und scharfkantiges Blech gegen die Radscheiben. Genau im Zentrum der Räder werden mit einem Nagel Löcher durch das Blech geschlagen (Achsendurchmesser beachten). Hier kann nun die Achse eingelötet werden (Lötwasser oder Lötfett auf die Lötstelle streichen). Diesen Fahrzeugteil hängt man in die Fahrgestellösen ein.

Der drehbare Aufbau besteht aus zusammengelötetem Dosen- und Kupferblech. Die Grundplatten schneidet man mit dem Dosenöffner aus einer Kondensmilchdose (Deckel und Boden) heraus, diesmal ohne Dosenfalz.

Das kleine Dreirad ist aus Blechen und Kupferdrahtresten zusammengelötet. Wenn das Fahrzeug bewegt wird, drehen sich die Propeller.

Für die Propeller werden aus Kupferblech 200 mm lange Streifen (ca. 12 mm breit) geschnitten.

Mit einem Nagel schlägt man die Achslöcher in die Propellerstreifen und die Grundplatte. Zum Verlöten kann man dann den Propeller mit diesem Nagel auf eine Holzplatte heften.

Sind die Propeller aufgesteckt, wird zwischen die senkrechten Achsen ein Blechstreifen eingelötet (siehe Abbildung). Die Propeller können so nicht mehr herausrutschen und der ganze Aufbau wird stabiler.

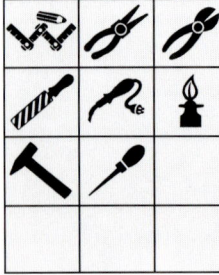

Tricar mit Propeller ●●●

Menge	Bezeichnung	Maße in mm	Material	Kenn-Nr.
2	senkrechte Achsen (Fahrgestell) mit (Achsösen) Fahrgestellösen	160 lang 4 mm Querschnitt	Kupferdraht	1
1	Vorderradhalterung	ca. 200 lang 6 od. 10 mm Querschnitt	Kupferdraht	2
1	Vorderrad	30–40 ø	Blechdose oder Korken	3
1	Querstab (Fahrgestell)	100 lang 10 mm Querschnitt	Kupferdraht	4
1	Achse	115 lang 10 mm Querschnitt	Kupferdraht	5
2	Laufräder	65 ø	Dosendeckel	6
4	Propellerstreifen	12 x 200	Kupferblech	7
1	Propeller-Grundplatte	ca. 60 ø	Dosendeckel	8
1	Querblech	ca. 10 x 110	Dosenblech	9

Lötwasser / Lötzinn

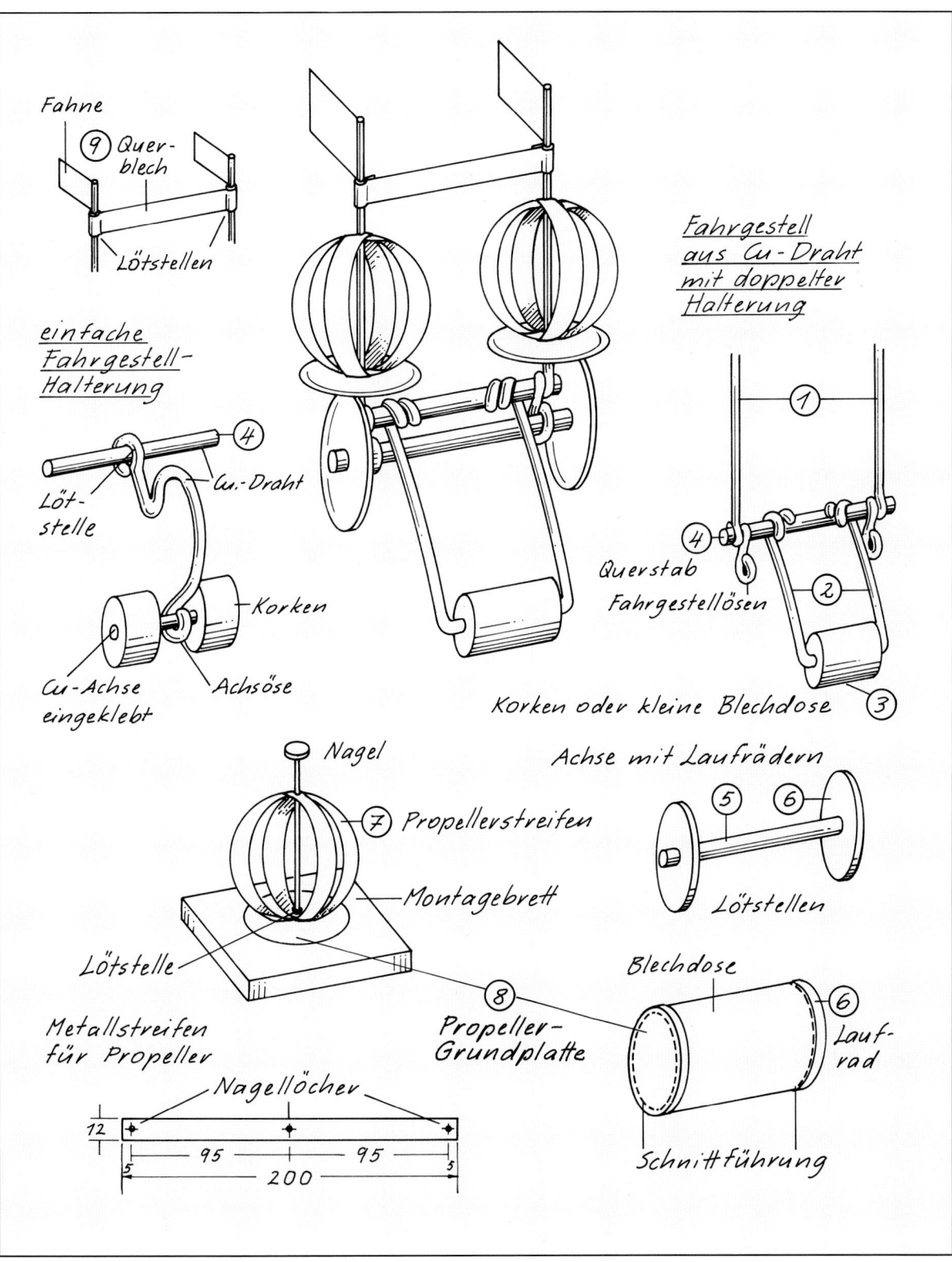

Fahne

⑨ Quer-
blech

Lötstellen

einfache
Fahrgestell-
Halterung

④

Cu.-Draht

Löt-
stelle

Korken

Cu-Achse
eingeklebt

Achsöse

Fahrgestell
aus Cu-Draht
mit doppelter
Halterung

①

④

Querstab
Fahrgestellösen

②

③

Korken oder kleine Blechdose

Nagel

⑦ Propellerstreifen

Montagebrett

Lötstelle

Metallstreifen
für Propeller

⑧ Propeller-
Grundplatte

Achse mit Laufrädern

⑤ ⑥

Lötstellen

Blechdose

⑥ Lauf-
rad

Schnittführung

Nagellöcher

12

95   95

5   200   5

VIII. Praktische Werkstücke

Schlüsselschrank

••••••••••••••••••••••••••••••

Das Schränkchen wird aus Fichtenleimholz (Massivholz) oder Sperrholz gebaut. Die einzelnen Bretter und Leisten werden stumpf verleimt und mit dünnen Drahtstiften zusammengenagelt. Wer keine Metallteile verwenden möchte, kann die Leimverbindungen auch mit Holzdübeln verstärken.

Schrank: Den Rahmen für den Schrank baut man aus den vier Seitenteilen zusammen: An den längeren Brettern Brettstärke anzeichnen; Stirnseiten der kurzen Bretter mit Leim bestreichen; längere Teile auflegen und annageln oder Dübellöcher bohren (4 mm ø) und Holzdübel einschlagen.
Bis der Leim getrocknet ist, setzt man den Schrank in einen Rahmenspanner.
Wichtig: Die Winkel nachprüfen.
Abschließend werden noch eine obere und eine untere Querleiste eingenagelt (*Achtung:* 3 mm einrücken = Rückwandmaß). An ihnen wird später die Rückwand befestigt. Auch die Distanzleisten (sie dienen als Anschlag für die Schranktür) kann man schon rechts oben und rechts unten an die Seitenwand leimen.

In diesem flachen Wandschränkchen sind Schlüssel stets griffbereit.

Schlüsselschrank ●●●●

Menge	Bezeichnung	Maße in mm	Material	Kenn-Nr.
2	Bodenbrett/Deckbrett	12 x 95 x 250	Fichte massiv oder Sperrholz	1
2	Seitenteile	12 x 80 x 320	siehe oben	2
2	Seitenteile	12 x 80 x 196	siehe oben	3
2	Querleisten	10 x 10 x 196	siehe oben	4
2	Distanzleisten	10 x 10 x 50	siehe oben	5
3	Hakenleisten	12 x 30 x 196	siehe oben	6
2	Türleisten lang	12 x 25 x 292	siehe oben	7
2	Türleisten kurz	12 x 25 x 142	siehe oben	8
1	Türfüllung	3 x 190 x 293	Sperrholz oder Plexiglas	9
1	Rückwand	3 x 196 x 296	Sperrholz	10
1	Drehgriff	20 ø	Holzkugel	11
1	Achse	6 ø / 42 lang	Rundholz	12
1	Riegel	6 x 20 x 30	Massivholzleiste	13

2 Aufhängebleche / Schlüsselhaken (Schraubhaken) / Leim / Nägel / Holzdübel / Holzschraube

Abschlussbrettchen: Bodenbrett und Deckbrett werden als oberer bzw. unterer Abschluss aufgeleimt. Die Brettchen sind mit der Hinterkante des Schränkchens bündig und stehen an den anderen drei Seiten 15 mm breit über.

Rückwand: An dieser Sperrholzplatte befestigt man mit Leim und Nägeln die Haken-leisten für die Schlüssel (Maße siehe Abb.).
Hinweis: Nägel immer vom dünnen in das dickere Holz einschlagen!
Zum Einsetzen der Rückwand bestreicht man die Stirnseiten der Hakenleisten und die Querleisten mit Leim. Die Hakenleisten werden mit den Seitenwänden verdübelt oder mit Nägeln verbunden. Jede Hakenleiste erhält drei bis fünf Schlüsselhaken.

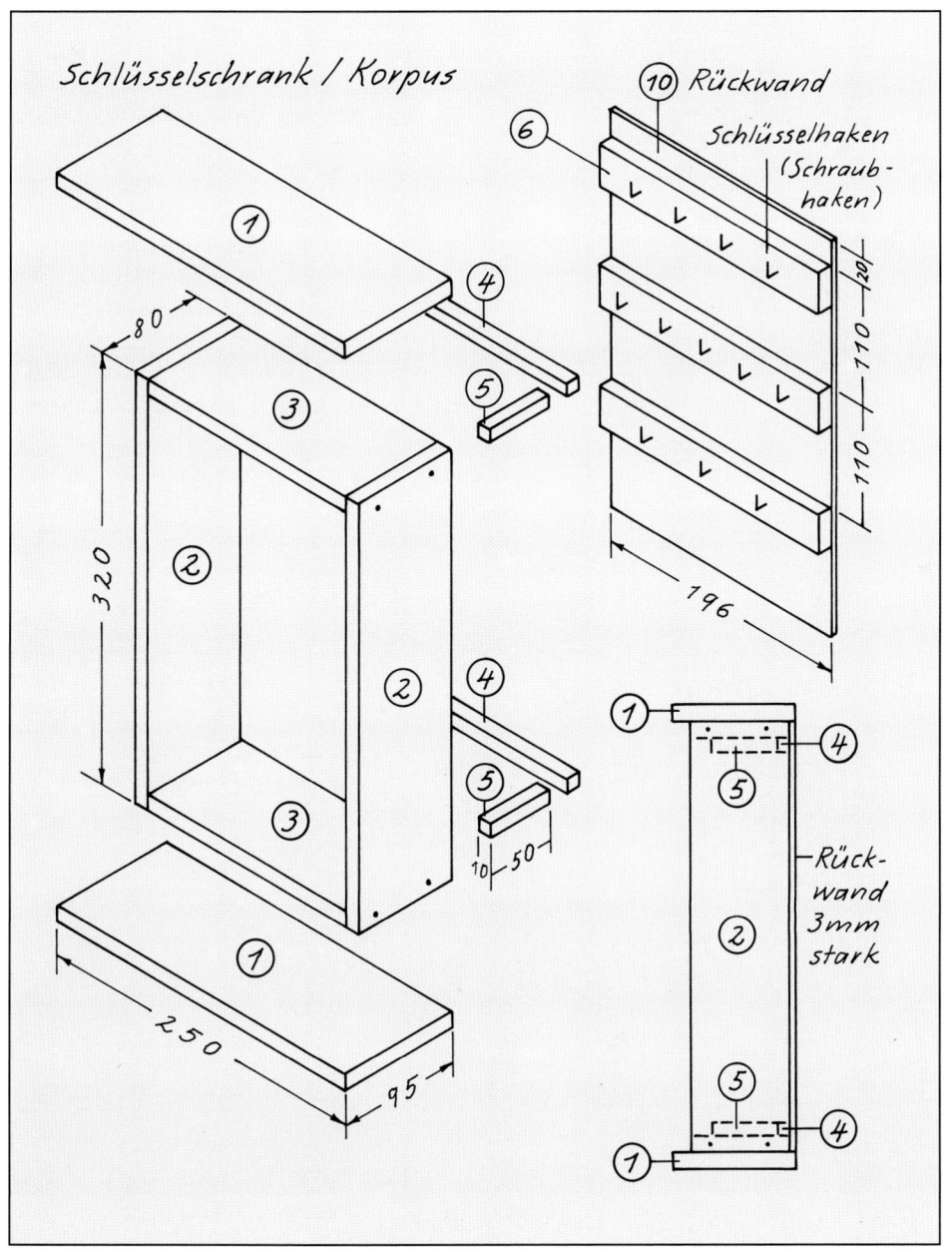

Schranktürchen: Für das Schranktürchen verleimt man 25 mm breite Leisten zu einem Rahmen (siehe Abbildung). Darauf wird die Türfüllung gesetzt (Sperrholzfüllung: Leimen und Nageln / Plexiglasfüllung: Holzschrauben). Die Sperrholzfüllung kann außen mit einer Spiegelfolie bezogen werden; die Plexiglasfüllung gibt dem Schränkchen das Aussehen einer kleinen Vitrine.

Als Scharnier dienen zwei Holzschrauben / Nägel (Drahtstifte), die durch Bohrungen durch den Schrank in das Türchen eingeschraubt oder eingeschlagen werden.
Hinweis: Damit das Holz nicht reißt, muss man die Schraublöcher im Türrahmen vorbohren.
Als Türgriff (Drehgriff) verwendet man eine Holzkugel mit einer Bohrung und als Türver-

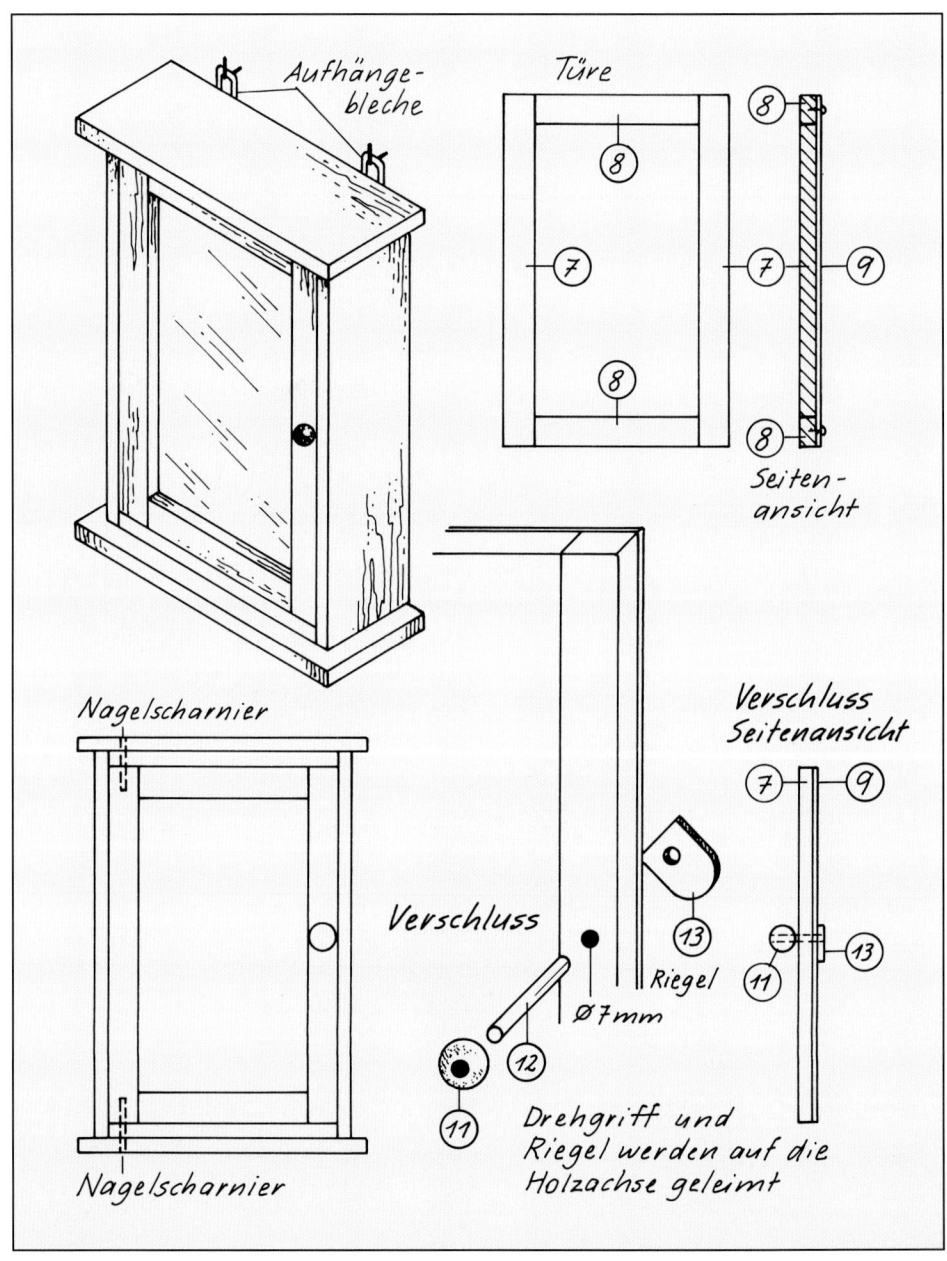

schluss einen abgerundeten und durchbohrten Leistenabschnitt (Riegel). Beide Teile werden auf einen Rundholzstab aufgeleimt und so fest miteinander verbunden. Der Holzstab dagegen wird durch eine ausreichend große Bohrung durch den Türrahmen drehbar gelagert. An der Innenseite der rechten Schrankseite schneidet man auf Riegelhöhe mit dem Messer eine Rille in das Holz. Hier wird der Riegel festgeklemmt.

Oberflächenbehandlung: Abschleifen mit Schleifpapier und Einwachsen mit Bodenwachs. Mit weicher Bürste polieren. <u>Alternative:</u> Streichen mit Wasserlack.

Aufhängung: Dazu werden zwei Aufhängebleche (Bilderaufhänger) an die Rückwand des Schränkchens geschraubt.

Ergonomischer Kniehocker

•••••••••••••••••••••••••••••

Der Hocker besteht aus folgenden Bauteilen:
– Grundrahmen mit Dübelhalterung
– Doppelständer
– Stütze
– Sitzfläche
– Kniepolster

Die einzelnen Bauteile werden aus Fichtenholzleisten und Sperrholzplatten hergestellt und danach zusammengebaut. Die Sitz- und die Kniefläche erhalten eine mit Stoff bezogene Latexschaum-Polsterung.

Zuerst sägt man den Grundrahmen aus einer Sperrholzplatte und verstärkt ihn mit

Der ergonomische Hocker verhilft automatisch zu einer optimalen Sitzhaltung. Der Rücken wird gestreckt und der Sitzwinkel von 90 auf etwa 120 Grad vergrößert. Das Kniepolster verhindert ein Nach-vorne-Rutschen. Die Sitzhöhe ist verstellbar.

Ergonomischer Kniehocker ●●●●●

Menge	Bezeichnung	Maße in mm	Material	Kenn-Nr.
1	Grundrahmen	420 x 500 x 10	Sperrholz	1
2	Grundrahmenleisten	40 x 40 x 460	Fichte massiv	1
1	Grundrahmenleiste	40 x 40 x 420	Fichte massiv	1
6	Haltedübel	12 ø x 70	Hartholzrundstab	1
1	Doppelständerleiste	40 x 40 x 420	Fichte massiv	2
2	Doppelständerleisten	40 x 40 x 560	Fichte massiv	2
1	Doppelständerblende	420 x 120 x 10	Sperrholz	2
1	Abstandsleiste	40 x 40 x 100	Fichte massiv	2
1	Sitzgrundplatte	140 x 200 x 10	Sperrholz	2
1	Stützleiste	40 x 40 x 270	Fichte massiv	3
1	Stützleiste	40 x 40 x 220	Fichte massiv	3
1	Kniepolsterbrett	460 x 230 x 10	Sperrholz	5
1	Sitzpolsterbrett	380 x 250 x 10	Sperrholz	4
4	Sitzflächenschrauben mit Muttern und Unterlegscheiben	M6 x 30	Schlossschrauben	4
4	Kniepolsterschrauben mit Muttern und Unterlegscheiben	M6 x 70	Schlossschrauben	5
1	Kniepolster	460 x 230 x 40	Latexschaumstoff	6
1	Sitzpolster	380 x 250 x 40	Latexschaumstoff	6
1	Rahmenachse	10 ø x 200	Rundeisen	7
1	Stützenachse	10 ø x 100	Rundeisen	7
1	Kniepolsterbezug	660 x 430	Möbelbezugstoff Jeansstoff, Cord starkes Leinen	8
1	Sitzpolsterbezug	580 x 450	Möbelbezugstoff Jeansstoff, Cord starkes Leinen	9

Dübelholz 10 ø / Leim / Senkkopf 5,5 x 60 / Senkkopf 4,5 x 45 / Webband / Wachs / Klebeband / Nägel

Fichtenholzleisten (Leimen und Schrauben). Die Leisten werden miteinander verdübelt. In die freien Rahmenenden bohrt man Löcher zur Befestigung des Kniepolsters und für die Verbindungsachse von Rahmen und Ständer. Die Achsbohrung muss sehr genau ausgeführt werden.

In den unteren Rahmenteil werden dicke Holzdübel als Halterung für die Sitzflächenstütze eingelassen.

Ähnlich wird der Doppelständer zusammengebaut. Nach den Maßangaben der Zeichnung lässt sich der Doppel-T-Rahmen verdübeln und verleimen. Am Fußende erhält er zur Verstärkung eine Sperrholzblende. Zwischen die abgeschrägten Leistenenden muss eine Abstandsleiste eingeleimt werden. Mit zwei durchgehenden Holzdübeln erreicht man eine stabile Verbindung. Mit Feile und Schleifpapier werden die abgeschrägten Leistenenden und die Abstandsleiste sorgfältig überarbeitet und so zu einer ebenen Fläche geschliffen. Dadurch verbessert man die Auflagefläche für die Sitzgrundplatte, die mit kräftigen Holzschrauben (Senkkopf 5,5 x 60) auf den Ständer aufgeschraubt wird. Schraubenspitzen, die eventuell aus dem Brett ragen, werden

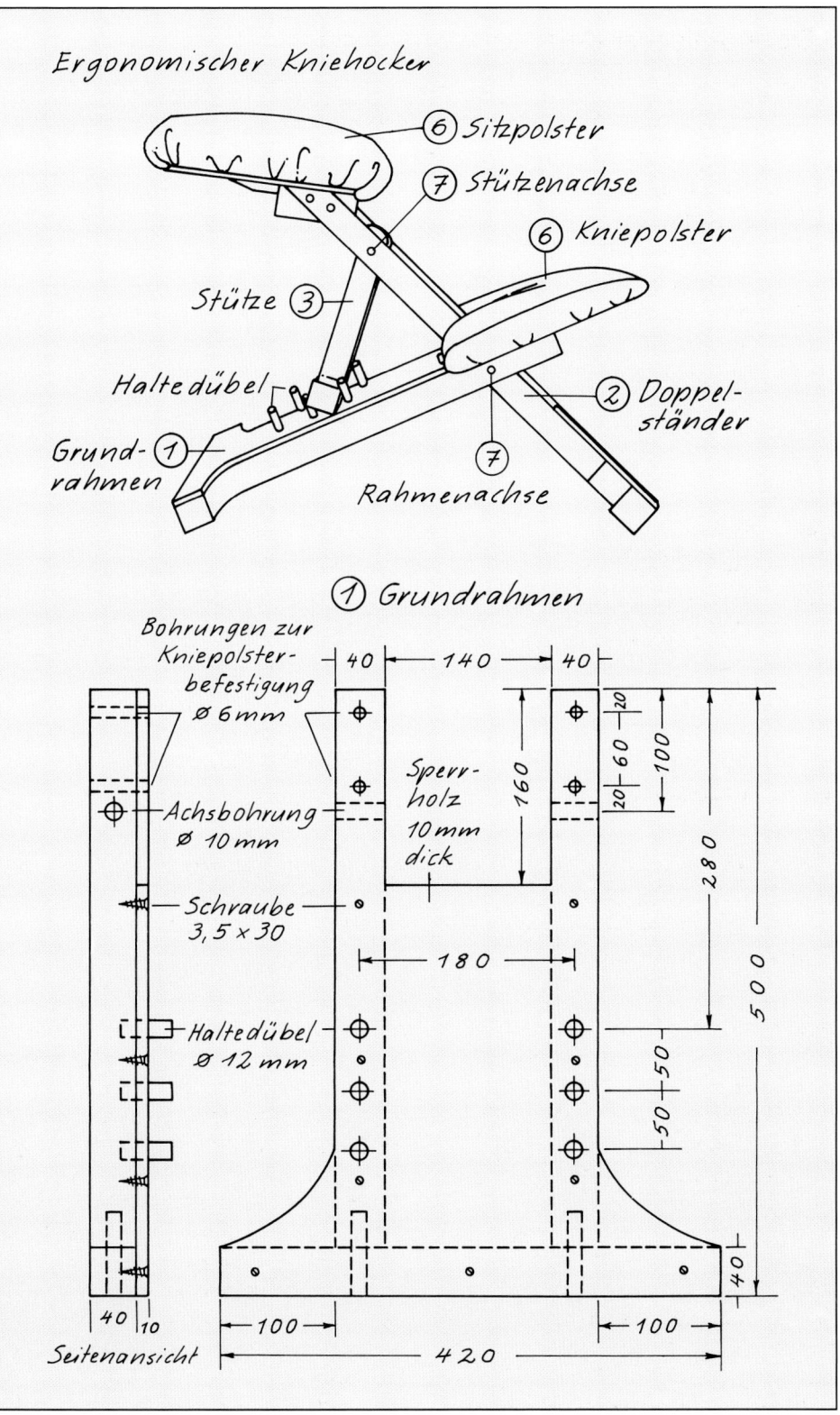

Ergonomischer Kniehocker

⑥ Sitzpolster
⑦ Stützenachse
⑥ Kniepolster
Stütze ③
Haltedübel
Grund- ①
rahmen
② Doppel-ständer
⑦
Rahmenachse

① Grundrahmen

Bohrungen zur
Kniepolster-
befestigung
Ø 6mm

⊢ 40 ⊢ 140 ⊢ 40 ⊢

Achsbohrung
Ø 10 mm

Sperr-
holz
10mm
dick

160

20 60 20

100

280

500

Schraube
3,5 x 30

⊢ 180 ⊢

Haltedübel
Ø 12 mm

50 50

40

40 10

100

100

Seitenansicht

420

abgefeilt! *Achtung:* Leimen nicht vergessen! Abschließend kontrolliert man nochmals die Achsbohrungen (sie müssen genau in der Achslinie liegen).

Die Leisten der T-förmigen Stütze werden aus Stabilisierungsgründen miteinander verplattet. Halbrund ausgefeilte Rillen an der Querleiste verbessern den Halt der Sitzflächenstütze zwischen den Dübeln.

Nach einem gründlichen Feinschliff mit Schleifpapier und Stahlwolle werden die bisher gefertigten Teile eingewachst.

Danach werden Grundrahmen, Doppelständer und Stütze mit den Eisenachsen beweglich verbunden. Da die Achsen nicht bis an den Rand der Holzleisten reichen, können die Achsbohrungen mit eingeleimten Dübelabschnitten abgedeckt werden.

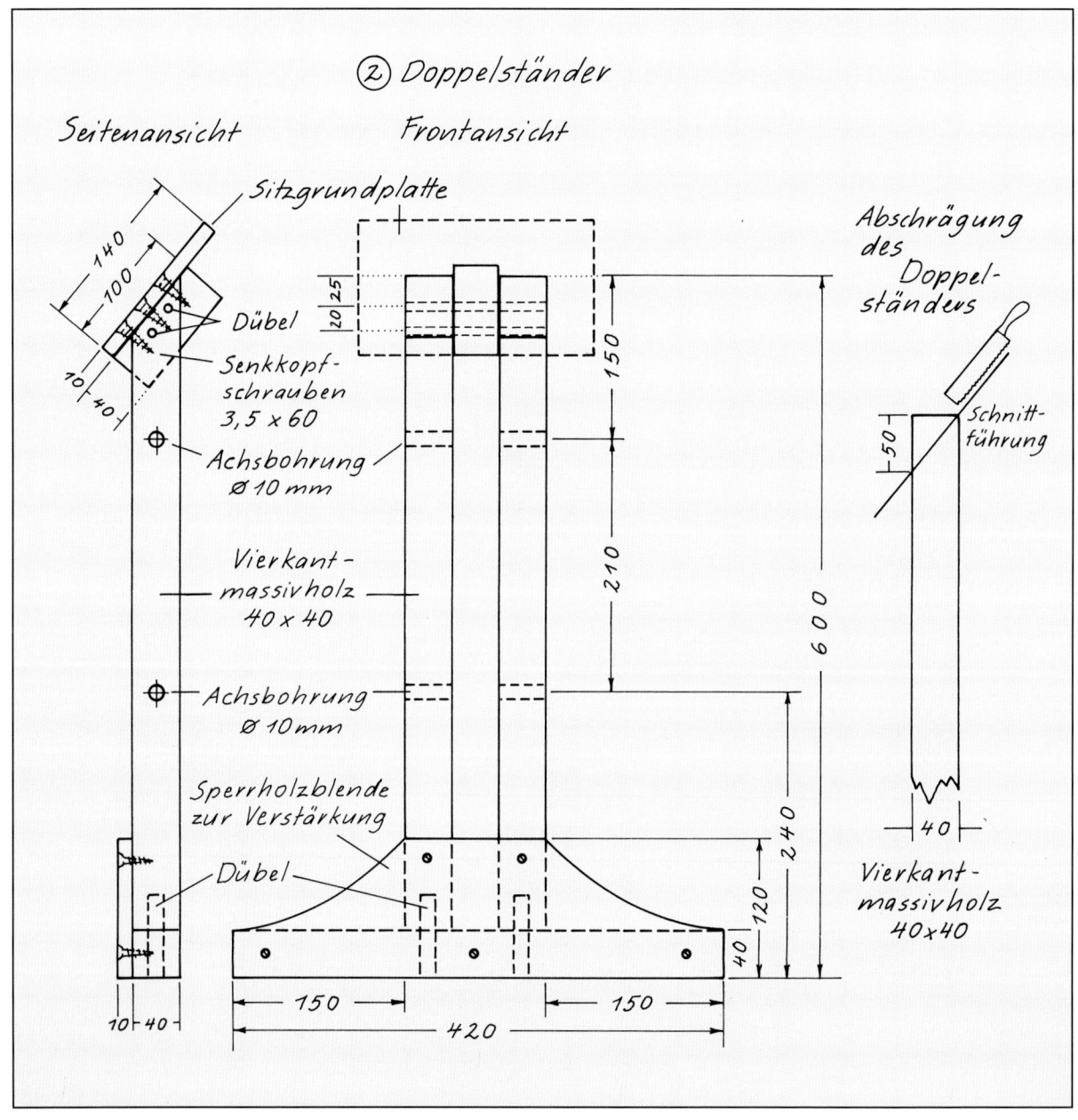

Zum Schluss kommt die Polsterarbeit. Die Knie- und Sitzpolsterflächen werden aus einer Sperrholzplatte herausgesägt und mit Befestigungsbohrungen und den entsprechenden Schlossschrauben versehen.

Hinweis: Damit die Schrauben nicht ständig aus den Brettern rutschen, wird ein Kartonstreifen über die Schraubenköpfe genagelt oder ein Klebeband darüber geklebt.

Als Polstermaterial eignet sich Latex-Schaumstoff, aus dem man mit einem Schneidemesser oder einer großen Schere passende Stücke zuschneidet. Die bereits gefertigten Sperrholzteile dienen als Schablone. Als Bezugstoff verwendet man einen starken, strapazierfähigen Stoff (z. B. Möbelbezugstoff, Jeansstoff, Cord o. Ä.) oder aber den Stoff einer alten Hose.

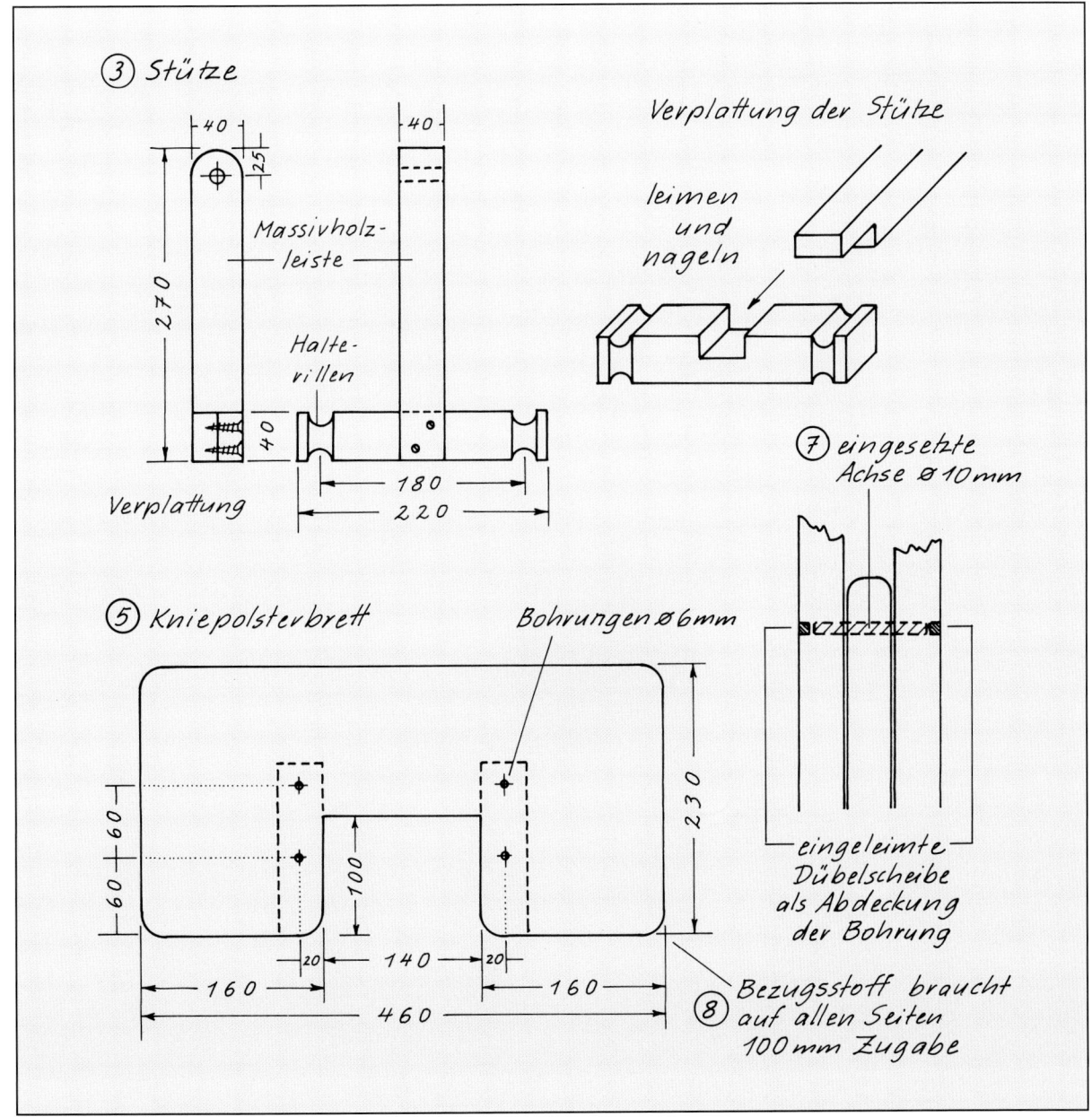

Auch für den Zuschnitt des Stoffes dienen die Sperrholzteile als Schablone. Ringsum muss jedoch ein etwa 10 cm breiter Rand dazugegeben werden (siehe Abbildung). Zum Beziehen legt man Stoff, Schaumstoff und Sperrholzform aufeinander und schlägt den Bezugstoff um die aufgelegten Teile. Mit dem elektrischen Klammerapparat oder mit Polsternägeln wird der Stoff an der Sperr-holzplatte befestigt. Dabei ist darauf zu achten, dass der Stoff gleichmäßig stramm und faltenfrei über die Schaumstoffkanten gezogen wird. Allerdings können bei den Innenkanten des Kniepolsters kleine Falten nicht ganz vermieden werden.

Zum Schluss heftet man ein breites Web-band ringsum über den Stoffrand.

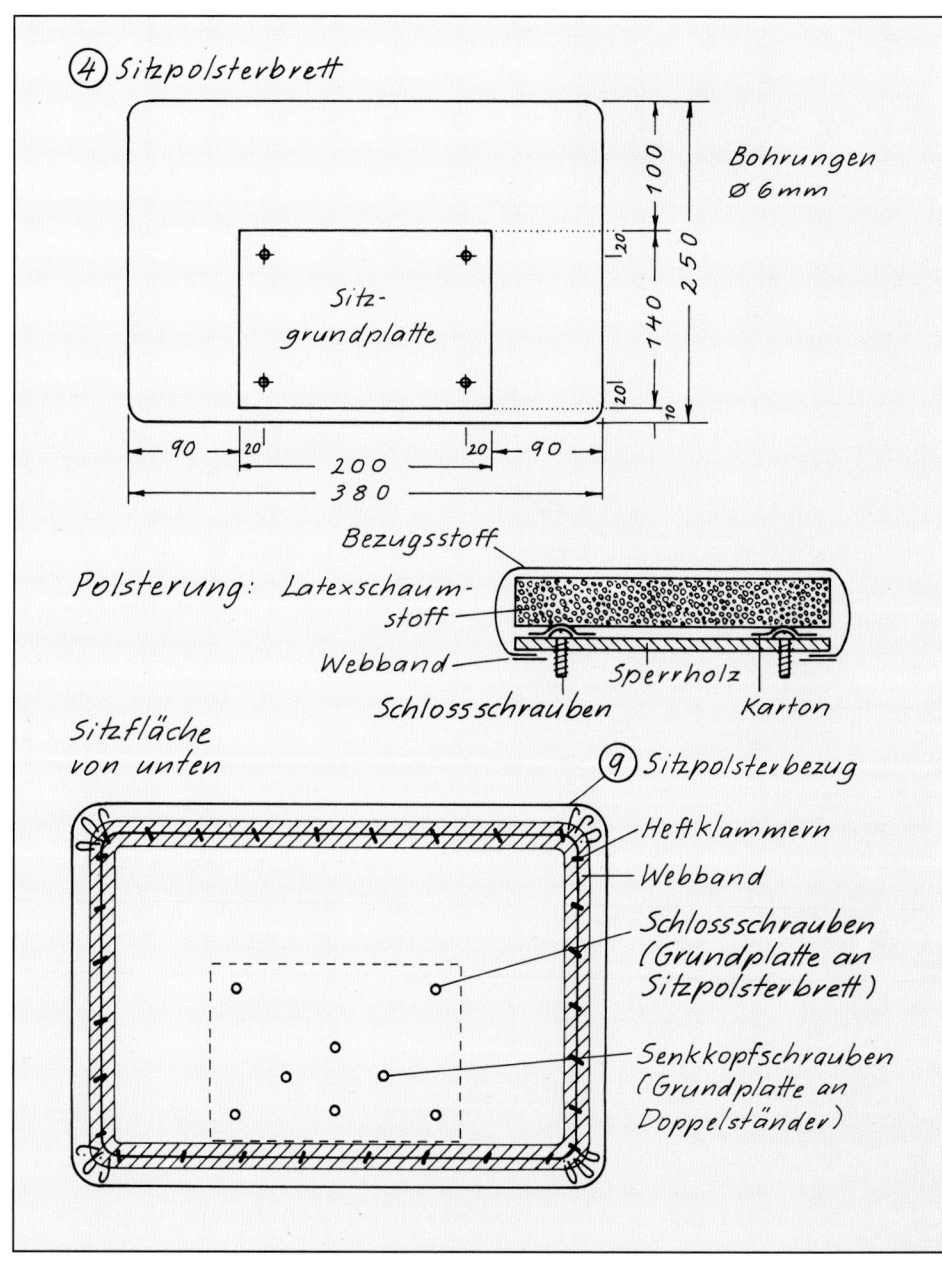

Pappmaschee-Tisch

Zuerst wird eine Fußplatte aus einem dicken Brett ausgesägt. Es können auch mehrere Bretter pyramidenförmig aufeinander geleimt werden.
Als Tischfuß eignet sich ein Laubholzstamm (z. B. Buche, Birke o. Ä.). Das Holz muss tro-cken, abgelagert und entrindet sein. Mit stabilen Holzschrauben und Leim verbindet man Fuß und Fußplatte.

Wichtig: Löcher vorbohren und die Schraubenköpfe versenken.
Zur Auflage der Tischplatte werden zwei rechtwinklig überplattete Holzleisten in den Tischfuß eingelassen (eingeleimt).

Dieser Tisch ist sehr stabil, nicht teuer und nicht schwierig in der Herstellung, aber dennoch ein interessantes und einmaliges Möbelstück.

Pappmaschee-Tisch ●●●●

Menge	Bezeichnung	Maße in mm	Material	Kenn-Nr.
1	Fußplatte	450 ø / 25 dick	Spanplatte oder Massivholz	1
1	Säulenfuß	ca. 180 ø / 600 lang	Laubholzstamm	2
2	Auflageleisten	50 x 50 x 300	Fichtenholzleisten	3
1	Tischplatte	700 ø x 20	Sperrholz	4

Schrauben (Spax) 5,0 x 65 / Leim / Farbe / Zeitungspapier / Maschendraht / Glasaugen / Drahtstifte / Kleister / Filzbelag / Holzschrauben

Achtung: Mit einer Wasserwaage kann überprüft werden, ob die Auflagefläche waagrecht liegt.

Die Tischplatte wird aus einem Sperrholzbrett ausgesägt. In der Form soll sie der Fußplatte entsprechen.

Eine marmorähnliche Bemalung und eine Hochglanzlackierung geben der Platte ein exklusives Aussehen.

Alternative: Tischplatte aus Plexiglas oder Acrylglas (Befestigung mit einer Gewindehülse und einer Senkkopfschraube).

Marmorieren:

1. *Zwei bis drei Dispersionsfarben unvermischt auf die Platte auftragen.*
2. *Folie (z. B. Gefrierbeutel) auf die Farbe legen, leicht andrücken und Folie horizontal abziehen. Dadurch entstehen Mischfarben und Farbschlieren.*

3. *Mit einem dünnen Pinsel werden helle und dunkle Linien in die noch feuchte Farbe eingezogen.*

Bei der Gestaltung des Tischfußes sind der Fantasie keine Grenzen gesetzt. Besonders Tierformen lassen sich gut einarbeiten (z. B. Schlange, Hund, Tiger).

Dazu wird aus Maschendraht ein entsprechender Tierkörper geformt und mit Nägeln am Holzstamm und an der Fußplatte befestigt.

Das gesamte Tischunterteil (Fußplatte, Fuß und Figur) muss nun mit Pappmaschee überzogen werden. Dazu zerreißt man Zeitungspapier in kleinere Stücke, weicht diese in einem Kleisterbrei ein und beklebt damit das Werkstück in mehreren Schichten. Die oberen Papierlagen werden mit Holzleim (Leimwasser) aufgeklebt. Dadurch erhält man eine härtere Oberfläche. Die Fußplatte wird auch auf der Unterseite mit Papier kaschiert. Später kann zusätzlich ein Filzbelag als Kratzschutz für den Fußboden aufgeklebt werden.

Zum Schluss wird das Tischunterteil sorgfältig mit Dispersionsfarben bemalt und mit einem schützenden Lack überzogen.

Dann schraubt man die Tischplatte auf das Unterteil.

Achtung: Auf die richtige Schraubenlänge (5,0 x 65) achten, damit die Platte nicht durchbohrt wird.

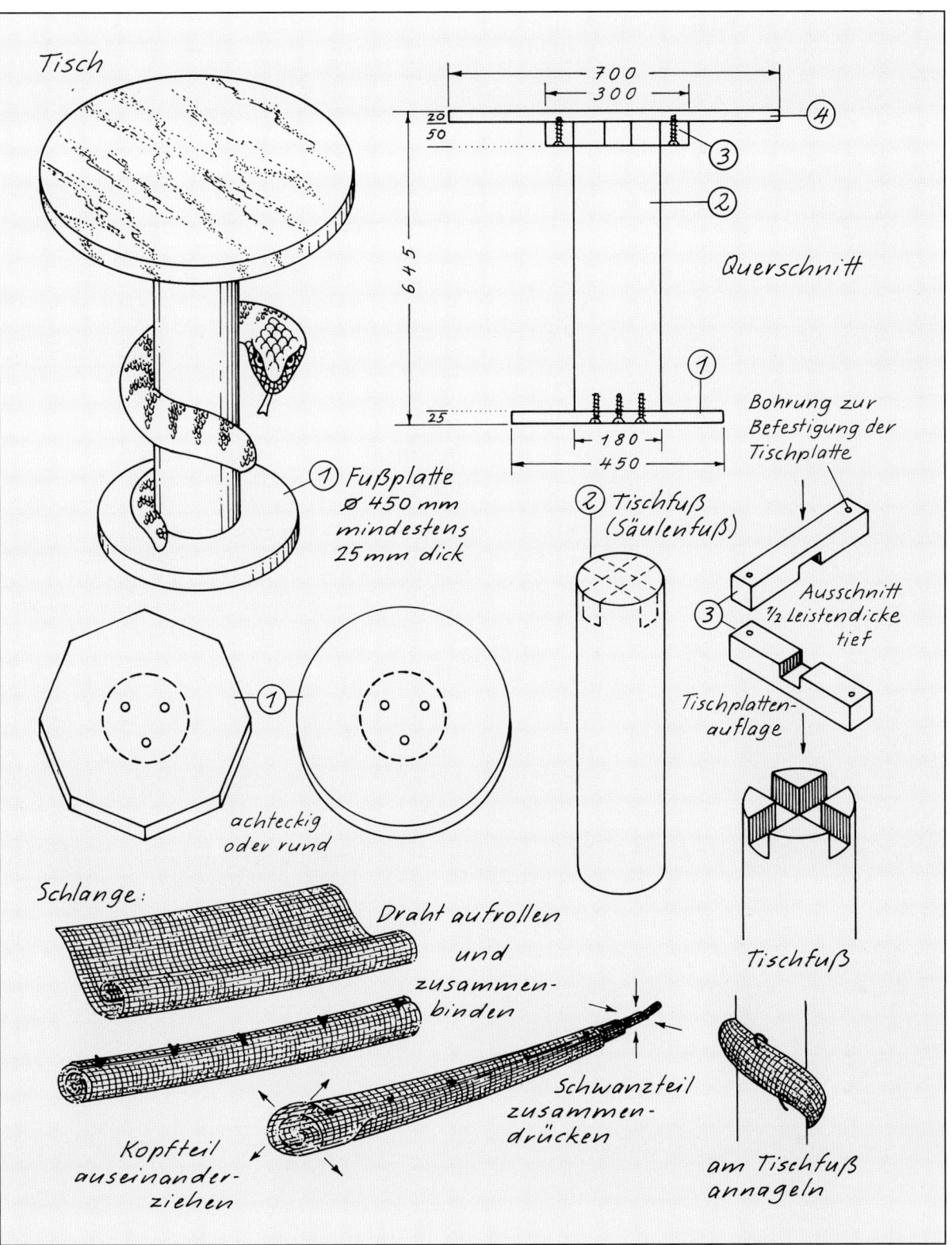

Tisch

700
300
20
50
645
25
180
450

Querschnitt

① Fußplatte
Ø 450 mm
mindestens
25 mm dick

achteckig
oder rund

② Tischfuß
(Säulenfuß)

Bohrung zur
Befestigung der
Tischplatte

Ausschnitt
½ Leistendicke
tief

Tischplatten-
auflage

Tischfuß

Schlange:

Draht aufrollen
und
zusammen-
binden

Schwanzteil
zusammen-
drücken

Kopfteil
auseinander-
ziehen

am Tischfuß
annageln

Spieltisch

• •

Der Spieltisch wird aus Sperrholz oder Spanplatten gebaut. Die achteckige Form des Tisches lässt sich relativ leicht herstellen, wenn man gut mit der Säge umgehen kann. Besonders vorteilhaft ist hier natürlich die Verwendung einer elektrischen Stichsäge.

Der Tisch besteht aus folgenden Bauteilen:

– Standfuß
– Tischsäule
– Tischplatte
– Tischabdeckung

Zuerst wird der Standfuß zusammengebaut. Dazu leimt man drei achteckige Holzplatten pyramidenförmig aufeinander.

Hinweis: Durch jede Platte wird im Mittelpunkt ein Loch gebohrt (10 mm ø). Mit einem Holzdübel, der hier eingeleimt wird, können beim Zusammenbauen des Fußes die Platten genau zentriert werden.
Genauso verbindet man die zwei Teile der Tischplatte. Mit einer Feinsäge oder einer Gehrungssäge müssen nun die Leisten für den Tischrand und den Rand der Tischabdeckung zugeschnitten werden. Der Gehrungswinkel von 22,5 Grad erfordert ein besonders genaues Arbeiten. Bei der Montage der Leisten mit Leim und Holzschrauben (Senkkopf) zeigt sich die Genauigkeit des Zuschnittes. Kleine Spalten können mit Holzkitt ausgefüllt werden.

Zum Schluss leimt und schraubt man die Bretter für die Tischsäule an den Standfuß und an die Tischplatte. Die Säulenbretter brauchen nicht auf Gehrung geschnitten zu werden. In die Zwischenräume leimt man passende Rundholzstäbe ein.

Vor dem Bemalen wird der ganze Tisch mit Schleifpapier und Stahlwolle geglättet und entstaubt.

Mit Wasserlack ohne Lösungsmittel oder wasserfesten Acrylfarben kann man die Holzoberfläche künstlerisch gestalten. Damit lassen sich auch die Spielpläne aufmalen (Tischplatte, Tischabdeckung oben, Tischabdeckung unten). Anstelle der aufgemalten Spielpläne können auch gekaufte, auf Papier oder Karton gedruckte Spielpläne aufgeklebt werden.

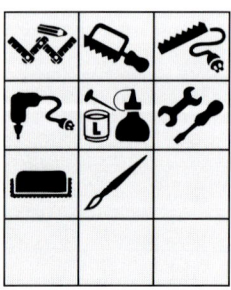

Spieltisch   ● ● ● ● ●

Menge	Bezeichnung	Maße in mm	Material	Kenn-Nr.
1	Standfußplatte groß	440 ø / 25 dick	Spanplatte oder Sperrholz	1
1	Standfußplatte mittel	340 ø / 25 dick	Spanplatte oder Sperrholz	1
1	Standfußplatte klein	200 ø / 25 dick	Spanplatte oder Sperrholz	1
1	Tischplatte groß	660 ø / 20 dick	Spanplatte oder Sperrholz	2
1	Tischplatte klein	200 ø / 25 dick	Spanplatte oder Sperrholz	2
8	Tischrandleisten	15 x 50 x 255	Spanplatte oder Sperrholz	3
1	Tischabdeckplatte	620 ø / 15 dick	Spanplatte oder Sperrholz	4
8	Tischabdeckleisten	15 x 50 x 240	Spanplatte oder Sperrholz	5
8	Tischsäulenbretter	15 x 75 x 600	Spanplatte oder Sperrholz	6
8	Säulenstäbe	600 x 12 ø	Rundholzstab	7

Spax-Holzschrauben 4,0 x 35 / Leim / Dübelholz / Farbe / Spielpläne / Holzkitt

Unter der Tischabde-ckung liegen die Spiel-figuren. Die Tischab-deckung kann umgedreht und in die Tischplatte gestellt werden. So ste-hen drei verschiedene Spielflächen zu Ver-fügung.

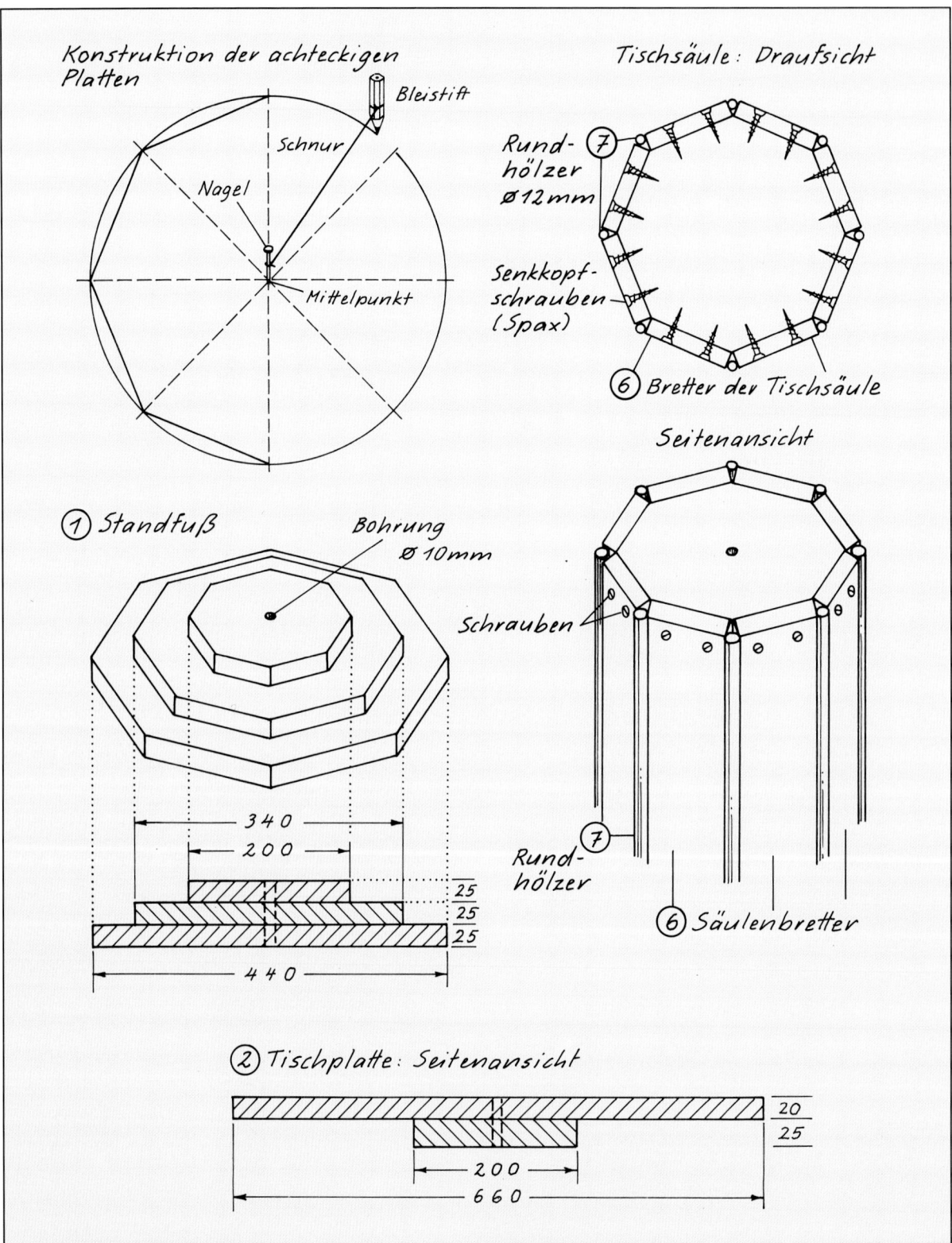

Konstruktion der achteckigen Platten

Bleistift

Schnur

Nagel

Mittelpunkt

Tischsäule: Draufsicht

Rund-
hölzer
Ø12mm ⑦

Senkkopf-
schrauben
(Spax)

⑥ Bretter der Tischsäule

Seitenansicht

Schrauben

⑦ Rund-
hölzer

⑥ Säulenbretter

① Standfuß

Bohrung
Ø 10mm

340

200

25
25
25

440

② Tischplatte: Seitenansicht

20
25

200

660

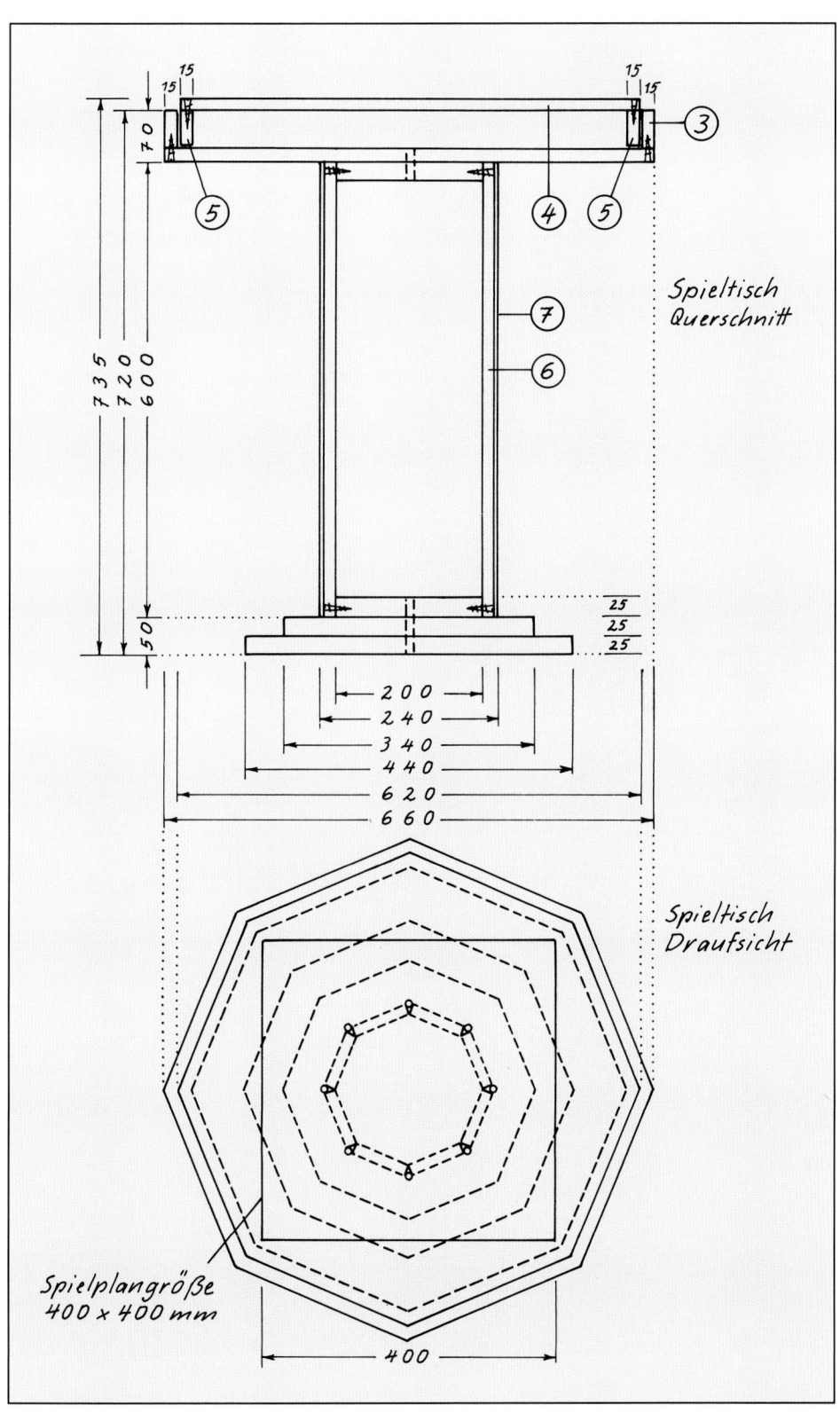

15 15
70

③

5 4 5

Spieltisch
Querschnitt

735 720 600

7

6

50

25
25
25

200
240
340
440
620
660

Spieltisch
Draufsicht

Spielplangröße
400 x 400 mm

400

Schreibtischlampe

Als Standfuß verwendet man eine dicke Holzplatte (kreisförmig, quadratisch, achteckig oder dreieckig).

Sechs 200 mm lange Massivholzleisten bilden den kranartigen Lampenarm. Schlossschrauben und Flügelmuttern verbinden die Leisten beweglich miteinander.

Das unterste Leistenpaar wird in den Standfuß eingeleimt. Mit dem Stemmeisen müssen dafür sorgfältig die passenden Löcher (Lochtiefe: 25 mm / Abstand: 15 mm) in die Fußplatte gestochen werden. Das Holz lässt sich leichter herausnehmen, wenn man mit der Bohrmaschine mehrmals vorbohrt.

Damit das Anschlusskabel eingeführt und angeklemmt werden kann, muss auf der Unterseite der Fußplatte eine Vertiefung angebracht werden (Topfbohrer 35 mm ø oder Stemmeisen).

Weitere Bohrungen (siehe Abbildung) dienen der Kabelführung durch den Standfuß bis zur Lampenfassung. Mit Schraubösen kann man das Kabel zusätzlich befestigen. Für die Elektroarbeiten verwendet man genormte Elektrobauteile (Kabel mit Stecker und Kabelschalter sowie Isolierfassung).

Gläserne Lampenschirme kann man im Elektrofachhandel kaufen. Es ist jedoch auch eine reizvolle Aufgabe, den Schirm selbst herzustellen (z. B. aus einer Blechdose, einem Küchensieb oder einer Schöpfkelle).

Schreibtischlampe ●●●●

Menge	Bezeichnung	Maße in mm	Material	Kenn-Nr.
1	Standfuß	180 ø / 40 dick	Massivholzplatte oder Tischplatte	1
6	Armleisten	15 x 20 x 200	Massivholz oder Sperrholz	2
3	Schlossschrauben	M4 x 55	Schlossschrauben	3
1	Anschlusskabel mit Stecker und Kabelschalter	3 x 0,75 (ca. 2 m lang)	flexibles Kabel	4
1	Lampenkabel mit Fassung E27	3 x 0,75 (ca. 1 m lang)	flexibles Kabel Isolierfassung	5
1	Lampenschirm		z. B. Weißblechdose	6

Lampenbefestigungsset (Gewinderöhrchen und Sechskantmutter) / Schraubösen / Lüsterklemmen / Leim / Glühbirne 60 Watt

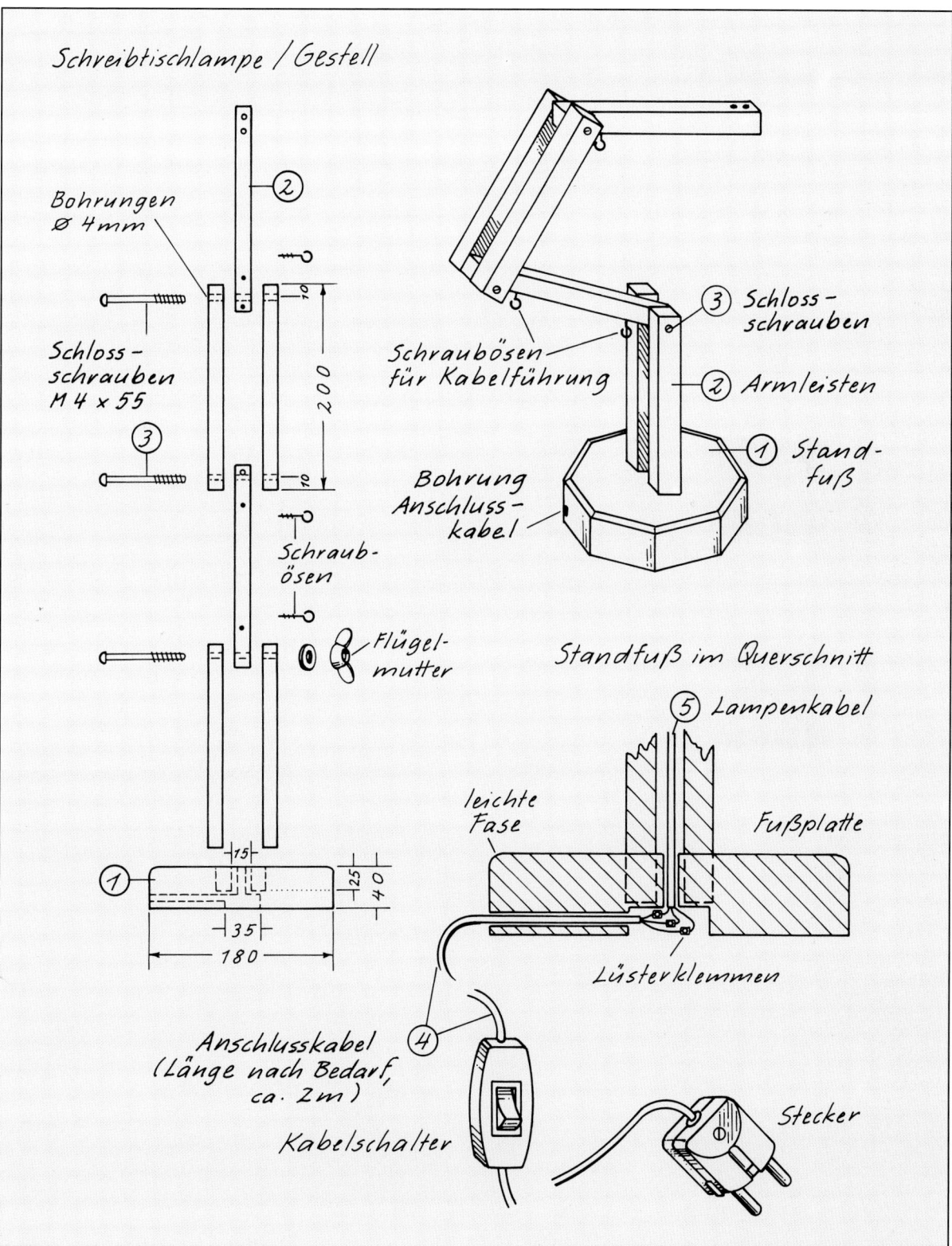

Schreibtischlampe / Gestell

Bohrungen Ø 4mm

Schloss-schrauben M 4 x 55

Schraub-ösen

Flügel-mutter

Schraubösen für Kabelführung

Bohrung Anschluss-kabel

③ Schloss-schrauben

② Armleisten

① Stand-fuß

Standfuß im Querschnitt

⑤ Lampenkabel

leichte Fase

Fußplatte

Lüsterklemmen

Anschlusskabel (Länge nach Bedarf, ca. 2m)

Kabelschalter

Stecker

Bei der Montage ist zu beachten, dass die abisolierten Drahtenden unbedingt verzinnt werden müssen und dass nur so weit abisoliert wird, wie unbedingt nötig ist. Mit Hilfe der Lüsterklemmen werden die Drahtenden befestigt. Dabei müssen die kleinen Klemmschrauben fest angezogen, jedoch nicht überdreht werden.

Besteht die Lampe in allen Teilen aus elektrisch nicht leitenden Materialien, genügt ein zweiadriges Anschlusskabel (Farbe der einzelnen Drähte: Braun und Blau).

Bei einer Metallfassung und einem Metallschirm müssen die Metallteile mit dem Schutzleiter verbunden werden. Man benötigt deshalb ein dreiadriges Kabel.

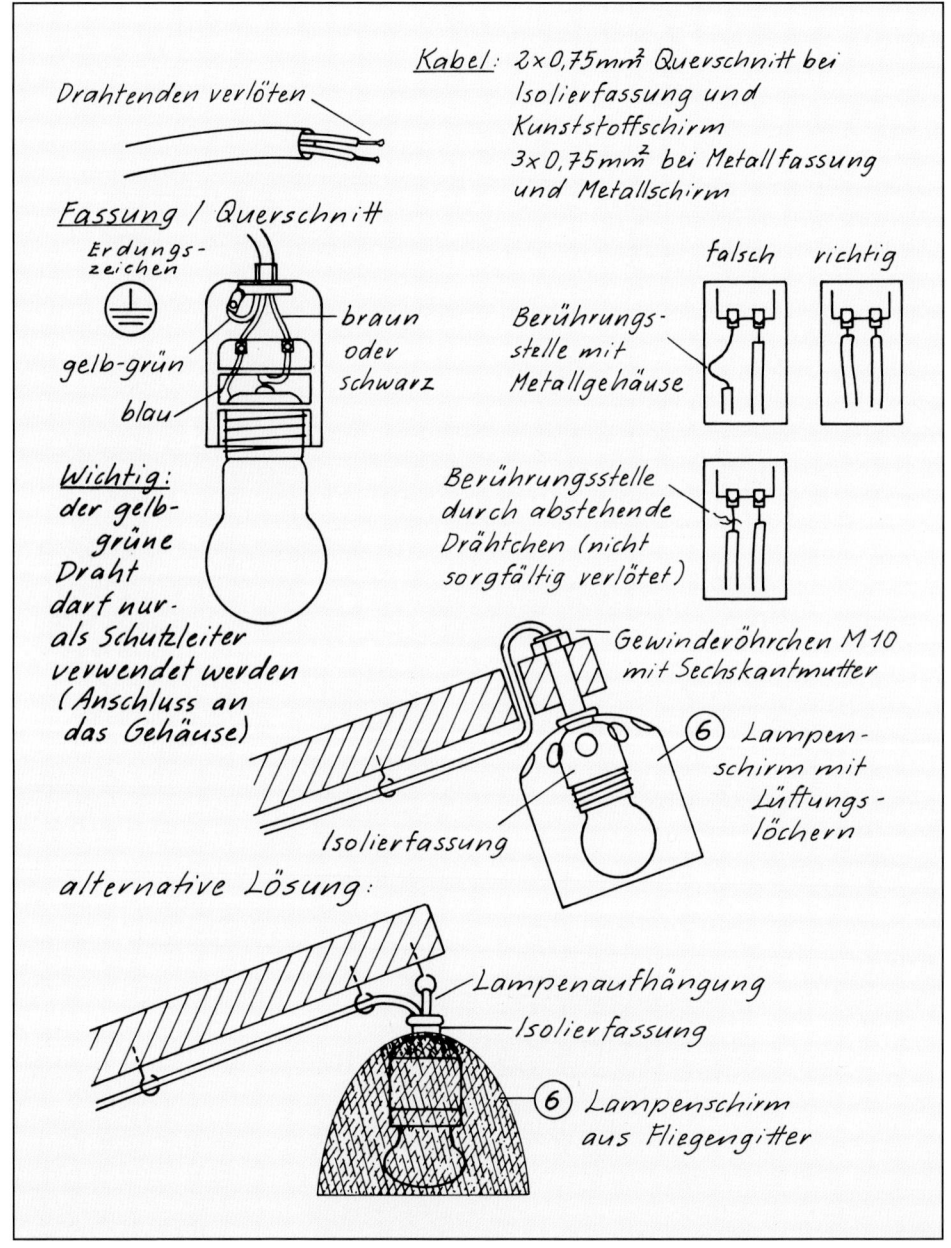

Drahtenden verlöten

Kabel: 2x0,75mm² Querschnitt bei
Isolierfassung und
Kunststoffschirm
3x0,75mm² bei Metallfassung
und Metallschirm

Fassung / Querschnitt

Erdungs-zeichen

braun
oder
schwarz

gelb-grün

blau

falsch   richtig

Berührungs-stelle mit
Metallgehäuse

Wichtig:
der gelb-
grüne
Draht
darf nur
als Schutzleiter
verwendet werden
(Anschluss an
das Gehäuse)

Berührungsstelle
durch abstehende
Drähtchen (nicht
sorgfältig verlötet)

Gewinderöhrchen M 10
mit Sechskantmutter

⑥ Lampen-
schirm mit
Lüftungs-
löchern

Isolierfassung

alternative Lösung:

Lampenaufhängung

Isolierfassung

⑥ Lampenschirm
aus Fliegengitter

Der Schutzleiter wird immer mit den Farben Gelb und Grün gekennzeichnet. In die Anschlussklemme für den Schutzleiter ist meist das Erdungszeichen eingeprägt.

Wichtig: Zwischen dem Schutzleiter und den stromführenden Drähten dürfen keine leitenden Verbindungen bestehen.

Achtung: Aus Sicherheitsgründen müssen die Elektroarbeiten vom Fachmann kontrolliert werden. Strom (Netzstrom) kann lebensgefährlich sein.

Verzinnen:

1. *Isolierung ca. 8 mm mit dem Messer oder einer Abisolierzange vom Draht abziehen;*
2. *Drahtende zwischen Daumen und Zeigefinger verdrillen;*
3. *Lötfett auftragen;*
4. *Zinn (Lot) auf der Lötspitze schmelzen lassen und über das abisolierte Drahtstück verteilen; Drahtende dabei gut erhitzen;*
   Achtung: Vorsicht beim Umgang mit dem Lötkolben (Verbrennungsgefahr).

Uhren

Pendeltischuhr

Eine schöne Tischuhr kann mit einem Penduhrwerk gebaut werden.

Für die vordere und hintere Gehäusewand verwendet man 3 mm starkes Sperrholz; für die Seitenteile, das Dach und den Boden 10 mm starke Bretter. Da diese Teile nicht rechtwinklig miteinander verleimt werden, müssen die Bretter an den Stirnseiten sorgfältig abgeschrägt werden (Gehrung schneiden).

Alternative: Stirnseiten nicht abschrägen und in die entstehenden Spalten passende Rundhölzer einleimen.

Fenster in der vorderen Gehäusewand: Bilderrahmenglas (3 mm stark) oder Plexiglas. Kleine eingeleimte Holzleisten halten das Fenster.

Fenster in der hinteren Gehäusewand: Durch diesen Ausschnitt kann man das Uhrwerk einbauen, das Pendel einhängen und die Batterie wechseln.

Zifferblatt: Entweder aus Sperrholz anfertigen und mit Dispersionsfarben bemalen

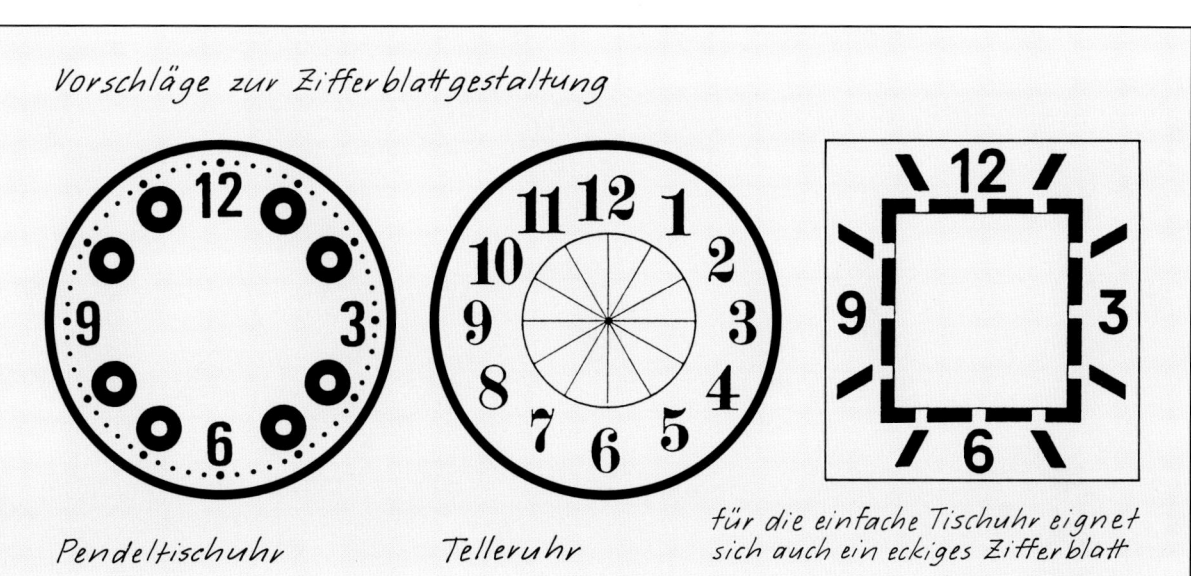

Vorschläge zur Zifferblattgestaltung

Pendeltischuhr   Telleruhr   für die einfache Tischuhr eignet sich auch ein eckiges Zifferblatt

Das umfangreiche Angebot an Uhrwerken und Uhrenzubehör macht es leicht, selbst Uhren zu entwerfen und zu bauen. Bezugsmöglichkeiten für Uhrwerke und Uhrenteile sind Bastelgeschäfte, Uhrenfachhandel oder der Fachversandhandel.

oder eine Zifferblattfolie kaufen und aufkleben.

Mit einer Schraubhülse verbindet man das Zifferblatt mit dem Uhrwerk. Uhrwerk und Zifferblatt werden in ein Zwischenbrett im Uhrengehäuse eingeschraubt.

Hinweis: Je nach Uhrwerkgröße, Zifferblattdurchmesser und Pendellänge müssen die angegebenen Maße für das Uhrengehäuse verändert werden.

Pendeltischuhr ●●●●

Menge	Bezeichnung	Maße in mm	Material	Kenn-Nr.
1	Gehäusewand vorne	3 x 240 x 440	Sperrholz 3 mm dick	1
1	Gehäusewand hinten	3 x 240 x 440	Sperrholz 3 mm dick	1
1	Boden	10 x 100 x 216	Sperrholz 10 mm dick	2
2	Seitenteile	10 x 100 x 380	Sperrholz 10 mm dick	3
2	Dachteile	10 x 100 x 85	Sperrholz 10 mm dick	4
1	Rundholz	15 ø x 106	Rundholz	5
2	Rundhölzer	10 ø x 106	siehe oben	6
1	Plexiglasfenster	3 x 215 / 140 x 380	Plexiglas 3 mm dick	7
2	Halteleisten	5 x 5 x 350	Fichtenholzleiste	8
1	Zwischenbrett	ca. 180 x 190 x 12	Sperrholz 12 mm dick	9
1	Abdeckung (Gehäuse hinten)	3 x 140 ø	Sperrholz	10
1	Uhrwerk mit Zeiger, Zifferblatt und Pendel			11
3	Befestigungsriegel	3 x 15 x 30	Sperrholz	12

Leim / Messingstifte / Holzschrauben / Senkkopfschrauben M4 x 50 / Farbe / Lack

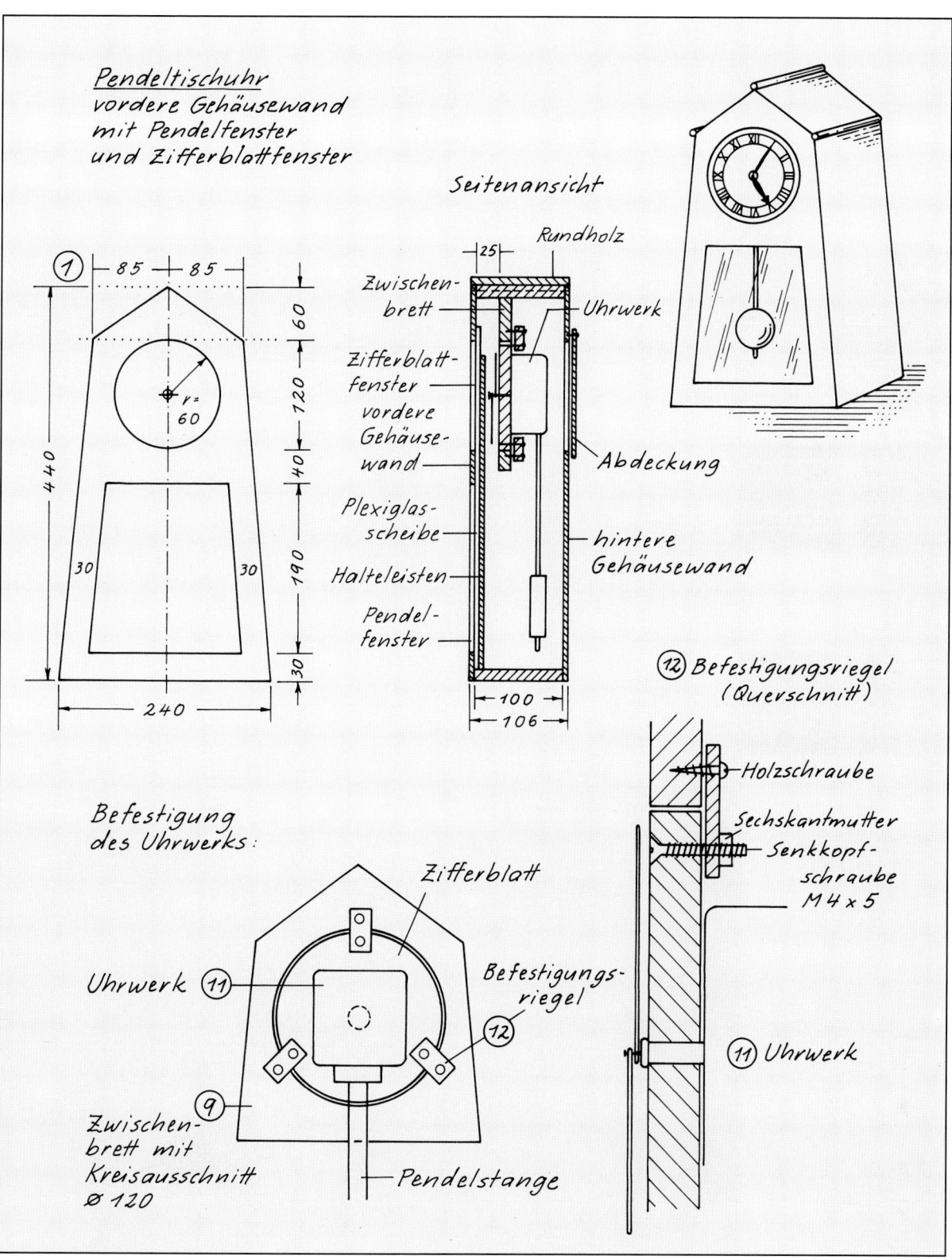

Pendeltischuhr
vordere Gehäusewand
mit Pendelfenster
und Zifferblattfenster

Seitenansicht

① 85 · 85
60
120
40
190
30
440
30 · 30
240

25
Rundholz
Zwischen-
brett
r =
60
Uhrwerk

Zifferblatt-
fenster
vordere
Gehäuse-
wand

Abdeckung

Plexiglas-
scheibe
Halteleisten
Pendel-
fenster

hintere
Gehäusewand

100
106

⑫ Befestigungsriegel
(Querschnitt)

Holzschraube

Sechskantmutter
Senkkopf-
schraube
M 4 x 5

Befestigung
des Uhrwerks:

Zifferblatt

Uhrwerk ⑪

Befestigungs-
riegel

⑫

⑪ Uhrwerk

Zwischen-
brett mit
Kreisausschnitt
Ø 120

Pendelstange

⑨

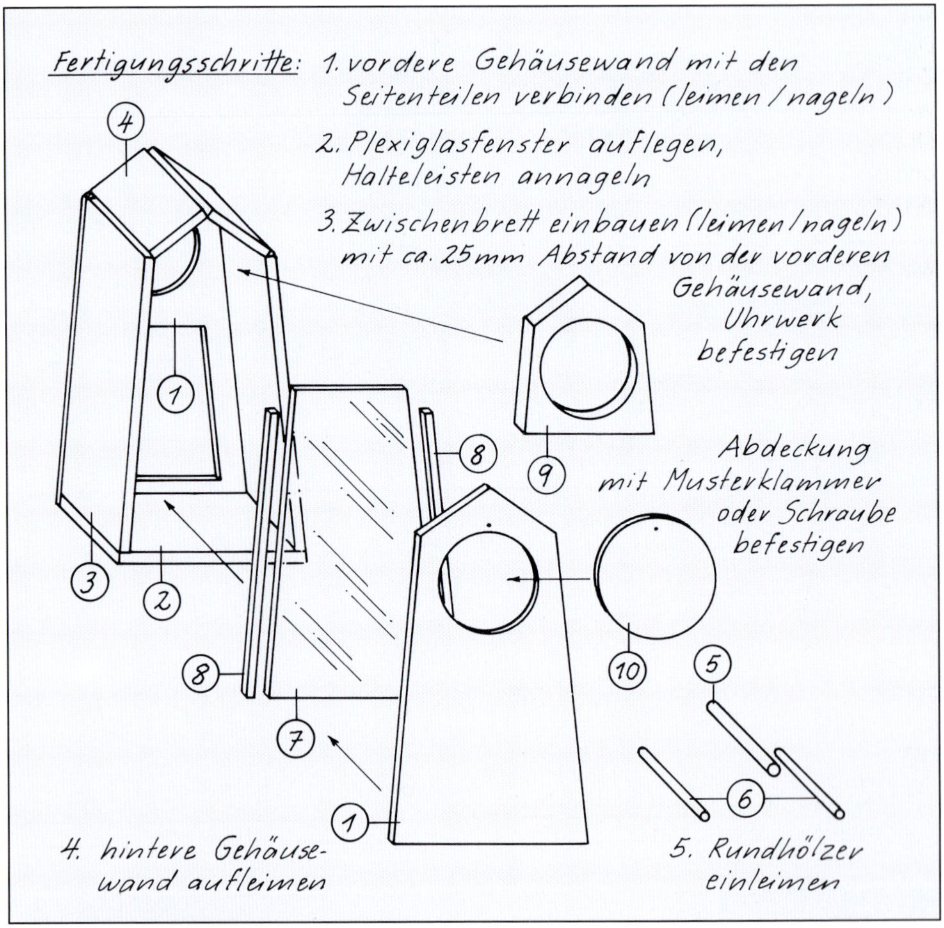
Fertigungsschritte: 1. vordere Gehäusewand mit den Seitenteilen verbinden (leimen / nageln)
2. Plexiglasfenster auflegen, Halteleisten annageln
3. Zwischenbrett einbauen (leimen/nageln) mit ca. 25 mm Abstand von der vorderen Gehäusewand, Uhrwerk befestigen
Abdeckung mit Musterklammer oder Schraube befestigen
4. hintere Gehäusewand aufleimen
5. Rundhölzer einleimen
1
2
3
4
5
6
7
8
9
10

Das Interessante an der Glashaubenuhr sind die kleinen Figuren, die durch die Zeiger bewegt werden.

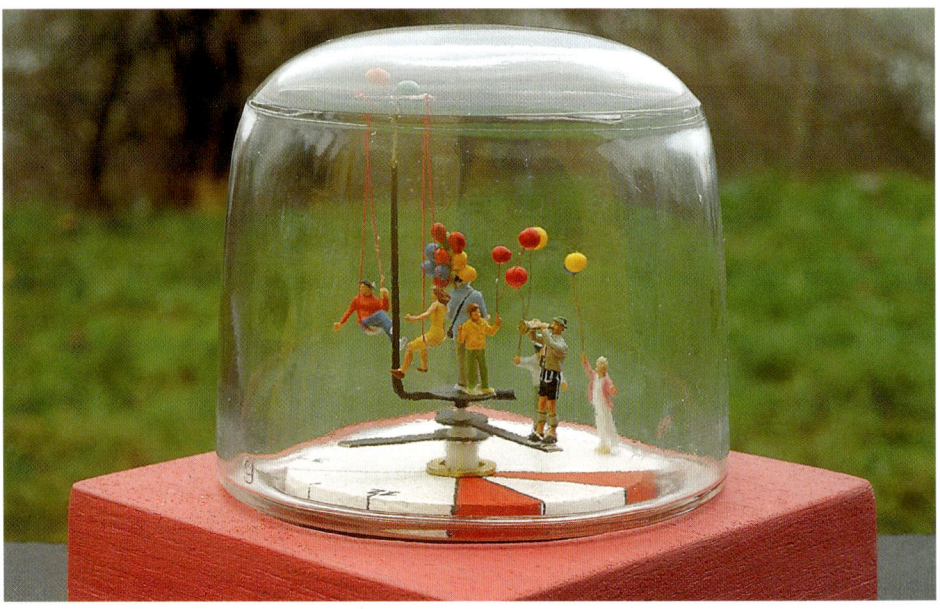

Glashaubenuhr

Die Uhr unter der Glashaube ist nicht nur ein Zeitmesser, sie ist auch ein kleines Kunstwerk.

Eine Miniaturwelt tummelt sich unter Glas und wird durch die Zeiger bewegt.

Als Antrieb dient ein elektrisches Quarz-Uhrwerk, das in einen Sockel eingebaut wird. Das Zifferblatt kann kreativ gestaltet werden. Auch die Zeiger lassen sich verbiegen, bemalen und bekleben.

Daneben können dann die Figuren, Fahrzeuge oder Maschinen aufgeklebt werden, die durch die Zeiger bewegt werden.

Eine Glashaube (aus dem Bastelladen oder ein Ersatzglas für Feuchtraumlampen beim Elektrofachhandel) schützt das ganze kleine Kunstwerk.

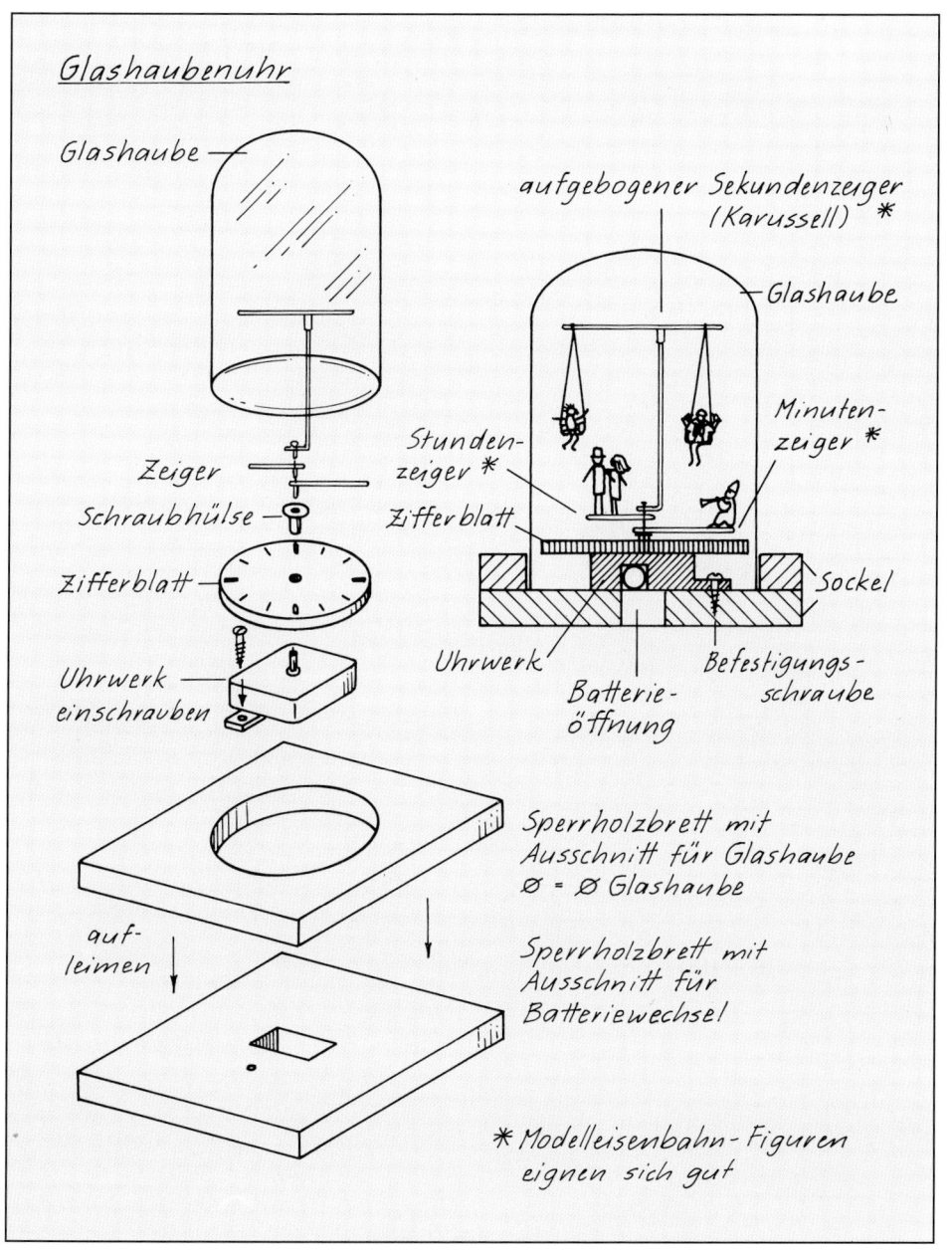

Glashaubenuhr

Glashaube

Zeiger

Schraubhülse

Zifferblatt

Uhrwerk einschrauben

aufgebogener Sekundenzeiger (Karussell) *

Glashaube

Stunden-zeiger *

Zifferblatt

Minuten-zeiger *

Sockel

Uhrwerk

Batterie-öffnung

Befestigungs-schraube

auf-leimen

Sperrholzbrett mit Ausschnitt für Glashaube Ø = Ø Glashaube

Sperrholzbrett mit Ausschnitt für Batteriewechsel

* Modelleisenbahn-Figuren eignen sich gut

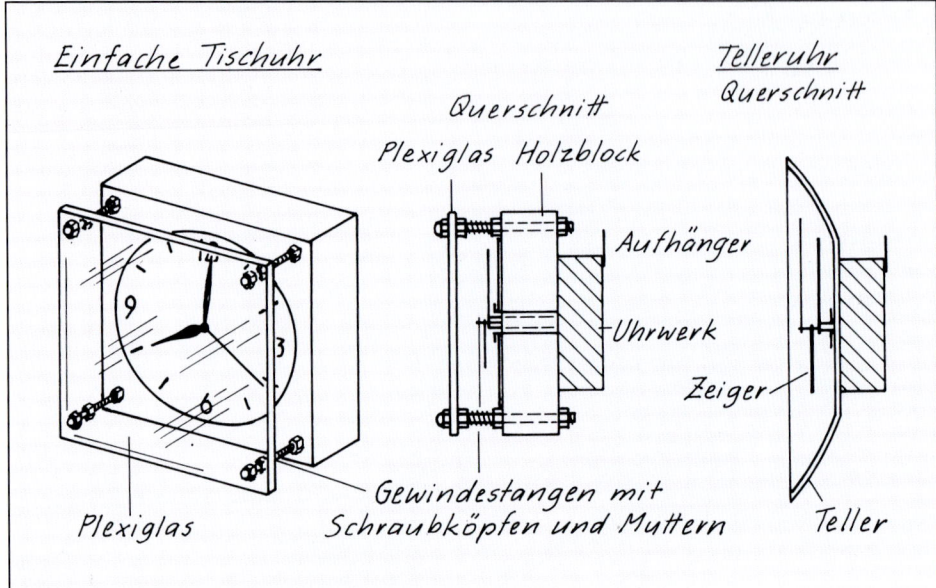

Einfache Tischuhr

Querschnitt
Plexiglas Holzblock

Aufhänger
Uhrwerk
Zeiger

Gewindestangen mit
Schraubköpfen und Muttern

Plexiglas

Telleruhr
Querschnitt

Teller

Eine solche Uhr ist schnell und einfach gemacht.

Einfache Tischuhr

Für das Uhrengehäuse werden lediglich zwei Platten mit Abstandsschrauben (Gewindestangen) zusammengeschraubt. Die vordere Platte wird aus Plexiglas gefertigt; sie schützt die Zeiger und das Zifferblatt. Die hintere Platte aus Sperrholz trägt das Zifferblatt und das Uhrwerk.

Passend zu der Zeigerlänge gibt es entsprechende Zifferblätter zu kaufen. Es ist jedoch eine reizvolle Werkaufgabe, das Zifferblatt selbst zu gestalten.

Hinweis: Die Maße für die Tischuhr müssen auf das Uhrwerk und die Zeigerlänge abgestimmt werden.

Telleruhr

Quarz-Uhrwerke mit einer Aufhängvorrichtung können an einen Porzellanteller geschraubt werden. Dazu muss der Teller mit einem Steinbohrer (ø 10 mm) und der elektrischen Bohrmaschine (ohne Schlageinstellung) genau in der Mitte durchbohrt werden.

Mit speziellen Porzellanfarben können dann die Ziffern aufgemalt und der ganze Teller nach Belieben künstlerisch gestaltet werden.

Ordner für Kassetten

Die Konstruktion eines Kassettenordners besteht lediglich aus drei Bauteilen:

– Aktenordner-Einband
– Ausfachung zum Einstecken der Kassetten
– Sicherungsrahmen

Als Einband kann man einen Aktenordner ohne Heftmechanik verwenden. So ein Schutzumschlag kann aber auch aus Blech oder Sperrholz gebaut werden.

Insbesondere dünne Sperrholzschalplatten oder Hartfaserplatten sind sehr gut dazu geeignet.

Ein Ordner für Kassetten – übersichtlich und schnell griffbereit können so die Musikkassetten einfach ins Regal gestellt werden.

Bauanleitung
für einen Ordner aus Sperrholz:

Zuerst sägt man die zwei Seitenteile und das Rückenteil des Einbandes aus einer Sperrholzplatte. Die Seiten werden mit Klavierbändern (Bandscharnier) am Rückenteil befestigt (siehe Abbildung).

Zum Anzeichnen der Bohrlöcher legt man die Einbandteile an eine gerade Montageleiste an. So erreicht man einen rechtwinkligen Ansatz der Scharniere.

Der Abstand zwischen den Holzteilen wird durch den Scharnierkopf festgelegt (Abstand = Scharnierkopfmaß). Zum Bohren nimmt man einen 3,5-mm-Bohrer (für Senkkopfschrauben M3 x 10). Damit die Schraubenköpfe genau mit der Holzoberfläche abschließen, werden sämtliche Bohrungen auf der Außenseite der Einbanddecke angesenkt (mit einem Senker oder einem Metallbohrer mit 8 mm Durchmesser).

Wichtig: Die Schrauben werden von außen durchgesteckt und die Scharniere von der Innenseite des Ordners mit Sechskantmuttern gegen die Sperrholzteile geschraubt.

Werden längere Schrauben verwendet, muss man die Schraubenüberstände mit einer kräftigen Beißzange abnehmen und mit einer Feile wieder glätten.

Auf das rechte Seitenteil der aufgeschlagenen Ordnerdecke kann man nun die Kassettenfächer setzen. Dabei dient das Sperrholzbrett als Kastenboden.

An der unteren Ordnerseite reicht der Kasten bis zum Rand. Dadurch erhält der Kassettenordner eine größere Standfestigkeit. An den übrigen drei Seiten wird ein 15 mm breiter Rand eingehalten. Das unterstreicht die Buchform und macht den Ordner gefälliger im Aussehen (siehe Abbildung).

Zum Bau des Kastens verwendet man 10 mm starke Sperrholzleisten. Sie werden zu einem Kastenrahmen verschraubt und verleimt und erst dann auf dem Kastenboden befestigt (Leim und Senkkopfschrauben oder Nagelstifte).

Das linke Seitenteil des Ordnerdeckels erhält einen zweiten, schmalen Rahmen aus Sperrholzleisten.

Wichtig: Beide Holzrahmen müssen bei geschlossenem Ordner genau aufeinander liegen.

In den rechten Kasten werden die Kassetten eingesetzt; der linke Deckel mit den schmalen Leisten wird als Sicherungsrahmen übergestülpt.

Zum gefahrlosen Transport des Ordners ist ein einfacher und stabiler Verschluss notwendig. Ein Lederriemen als Verschlussfalle und eine eingedübelte Holzkugel als Halterung verschließen den Kassettenordner sicher (siehe Abbildung).

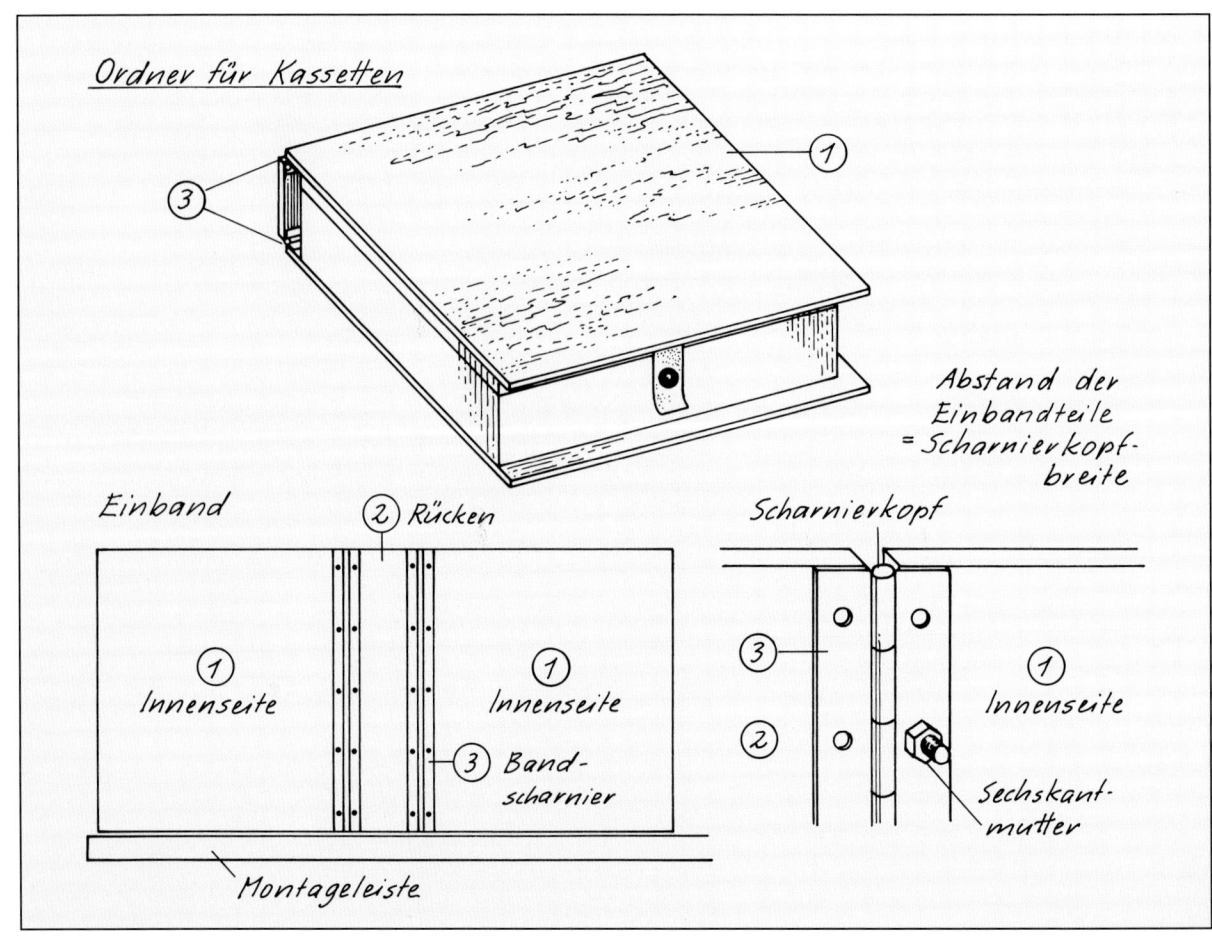

Ordner für Kassetten ●●●

Menge	Bezeichnung	Maße in mm	Material	Kenn-Nr.
2	Einbandseiten	3 x 275 x 310	Hartfaserplatte	1
1	Einbandrücken	3 x 66 x 310	Hartfaserplatte	2
2	Scharniere	15 x 310	Bandscharnier (Messing)	3
2	Kastenseitenteile	10 x 55 x 295	Sperrholz	4
4	Kastenteile	10 x 55 x 255	Sperrholz	5
2	Rahmenseitenteile	10 x 15 x 295	Sperrholz	6
2	Rahmenseitenteile	10 x 15 x 225	Sperrholz	7
1	Lederverschluss	25 x 65	Leder	8
1	Verschlusshalterung	10 ø	Holzkugel	9
1	Dübel	4 ø	Holzdübel	10

Senkkopfschrauben mit Muttern / Unterlegscheiben M3 x 10 und 2 Stück M3 x 15 (für den Verschluss) / Leim / Nagelstifte

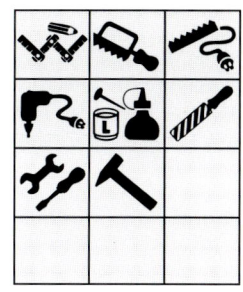

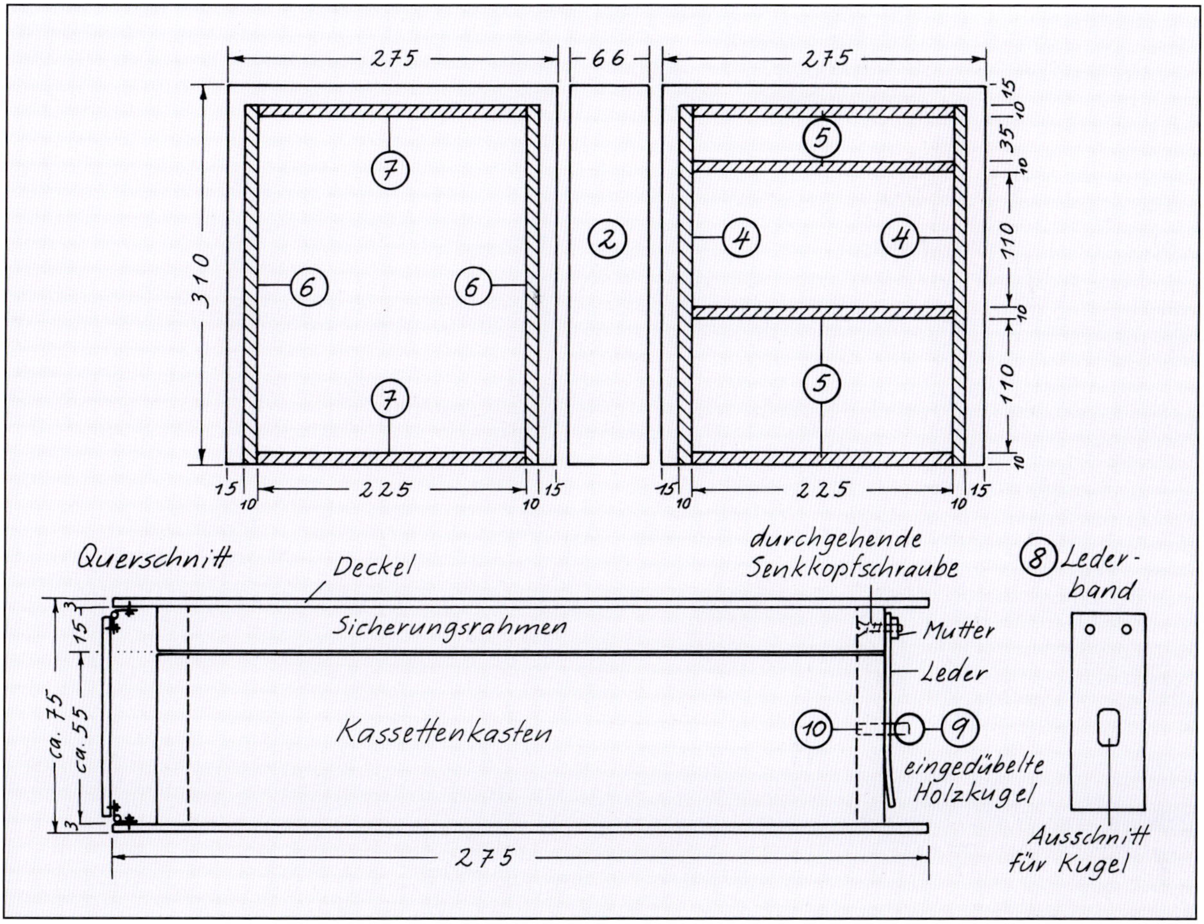

275 — 66 — 275

35 10 15

110

110

310

(7) (5) (2) (4) (4) (6) (6) (5) (7)

15 225 15 / 15 225 15
10 10 10 10

Querschnitt

Deckel

Sicherungsrahmen

durchgehende Senkkopfschraube

Mutter

Leder

Kassettenkasten

(10) (9)

eingedübelte Holzkugel

ca. 75 ca. 55 15

3 3

275

(8) Leder-band

Ausschnitt für Kugel

Kleiner Koffer

••••••••••••••••••••••••••••

Der Koffer ist so groß wie ein üblicher Aktenkoffer, stabil verarbeitet und dennoch angenehm leicht.

Man arbeitet ihn am besten aus Massivholz (Kiefer, Lärche, Pappel o. Ä.), doch auch leichtes Sperrholz ist dazu geeignet.
Die meiste Arbeit erfordert der Zusammenbau des Kofferoberteiles und -unterteiles. Dabei werden die Seitenteile miteinander verzinkt (gerade Zinken). Dies ergibt bei genauer Arbeit eine schöne und stabile Eckverbindung. Die Zinken werden auf die Bretter aufgezeichnet und mit der Laubsäge oder Dekupiersäge herausgeschnitten. Man kann die Ausschnitte zwischen den Säge-

schnitten auch mit einem scharfen Stemmeisen herausarbeiten.
Das Brett wird mit dem Stemmeisen von einer Seite nur halb durchgetrennt, das Brett gewendet und das Holz von der anderen Seite ganz abgestochen.

Zusammenbau des Oberteiles / Unterteiles:
1. Zinken und Ausschnitte mit Leim bestreichen und die Seitenteile zusammenstecken. Mit einem Rahmenspanner lassen sich die Bretter leicht zusammenhalten (Winkel anlegen und Rechtwinkligkeit prüfen).
2. Deckel aufleimen und mit Messingstiften annageln. Ausreichend beschweren, bis der Leim getrocknet ist.
3. Mit Holzkitt Nagelstellen überdecken. Bei beiden Teilen Ecken und Kanten mit

Koffer ●●●●●

Menge	Bezeichnung	Maße in mm	Material	Kenn-Nr.
2	Oberteilseiten	12 x 30 x 330	Massivholz (Kiefer, Pappel) oder Sperrholz	1
2	Oberteilseiten	12 x 30 x 430	Massivholz oder Sperrholz	1
2	Unterteilseiten	12 x 70 x 330	Massivholz oder Sperrholz	2
2	Unterteilseiten	12 x 70 x 430	Massivholz oder Sperrholz	2
1	Deckel	5 x 330 x 430	Massivholz oder Sperrholz	3
1	Boden	5 x 330 x 430	Sperrholz	3
3	Scharniere		Messing oder Eisen	4
4	Gummifüße	ca. 10 ø	Gummi	5
1	Tragegriff		Leder/Holz	6
2	Verschlussriemen	ca. 15 x 80	Leder	7
2	Holzkugeln	ca. 10 ø	Holz	8
2	Dübel	6 ø	Rundholz	8
2	Deckelsicherungen	ca. 10 x 100	Leder	9

Senkkopfschrauben M4 x 15 mit Muttern / Leim / Nagelstifte / Holzschrauben 3,5 x 16 mit Unterlegscheiben / Holzkitt / Messingstifte / Lack

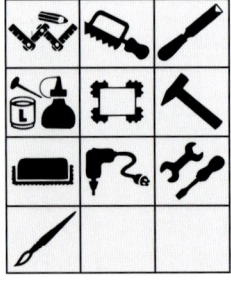

Schleifpapier abrunden. Grundierlack (Schnellschliffgrund) auftragen und nachschleifen.

4. Mit durchgehenden Senkkopfschrauben (M4 x 15) und Sechskantmuttern mindestens zwei Messingscharniere von außen aufschrauben (vorbohren).

Im Lederwarenfachhandel gibt es schöne Tragegriffe aus Leder zu kaufen. Auch ein Schubladengriff aus Holz eignet sich gut als Tragegriff (Baumarkt).

Der Griff wird an das breitere Unterteil des Koffers montiert.

Einfache und stabile Verschlüsse lassen sich aus einem Lederriemen (Ledergürtel) als Verschlussfalle und einer eingedübelten Holzkugel als Halterung herstellen (siehe Abbildung).

Für alle, die handwerklich angefertigte Einzelstücke schätzen, ist dieser Koffer ein besonderes Geschenk.

Lederriemen eignen sich auch sehr gut als Deckelsicherung. Sie werden jeweils mit zwei Holzschrauben (3,5 x 16) und Unterlegscheiben (Halbrundkopf) an den Seitenteilen befestigt.

Damit der Koffer beim Abstellen nicht beschädigt wird, schraubt man vier kleine Gummifüße (Baumarkt / Metallfachhandel) gegen die Stellfläche.

Oberflächenbehandlung: Anstrich mit Hochglanzlack (vor der Montage der Lederteile) oder umweltfreundlich mit Antikwachs (Bienenwachs).

Naturbelassen wirkt der Koffer zeitlos und schön. Wer ihn jedoch bunt anmalen will, sollte umweltfreundliche Acrylfarben verwenden. (Eine zusätzliche Lackierung ist dann nicht mehr notwendig.)

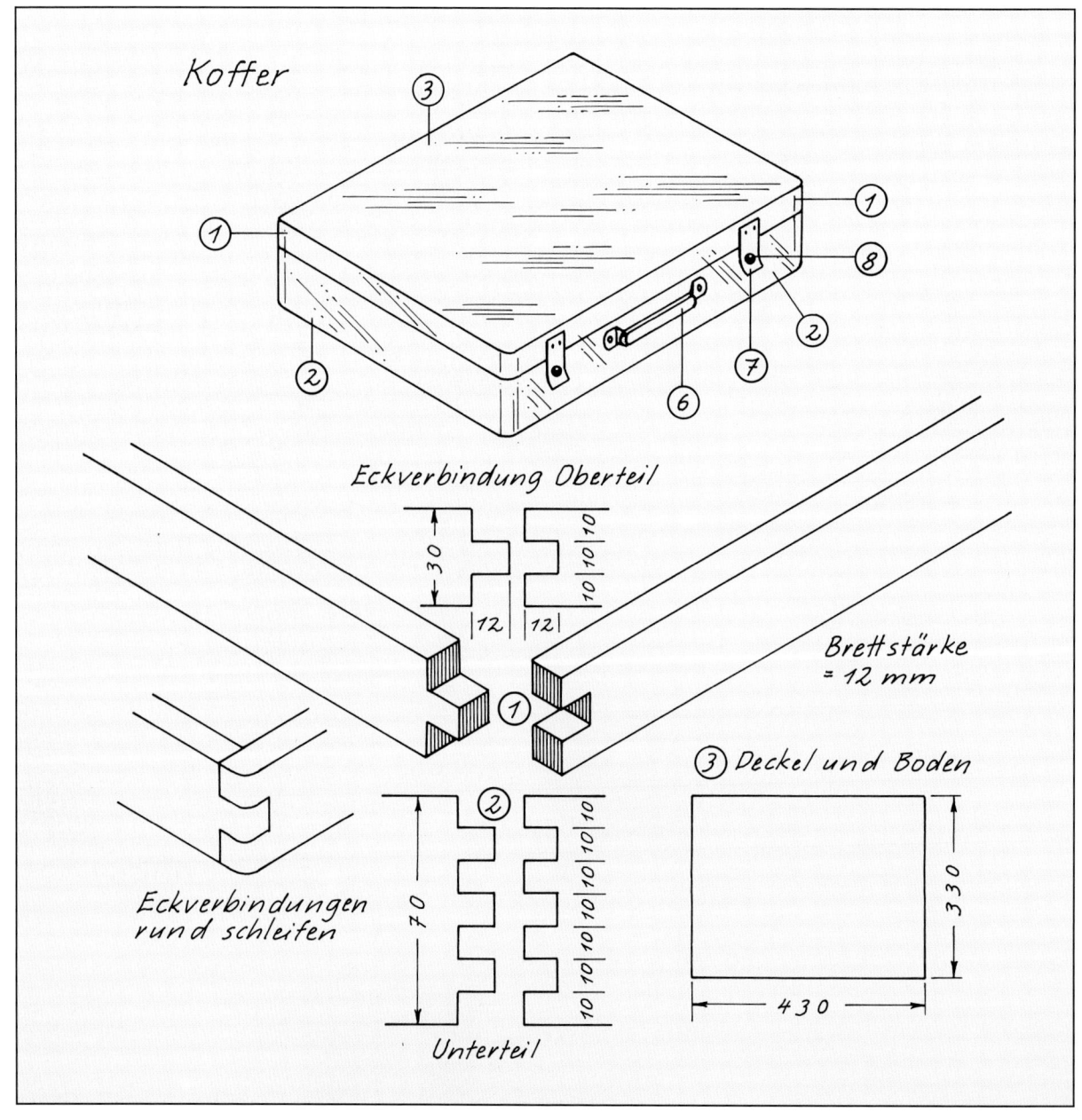

Koffer

Eckverbindung Oberteil

Brettstärke = 12 mm

Eckverbindungen rund schleifen

③ Deckel und Boden

Unterteil

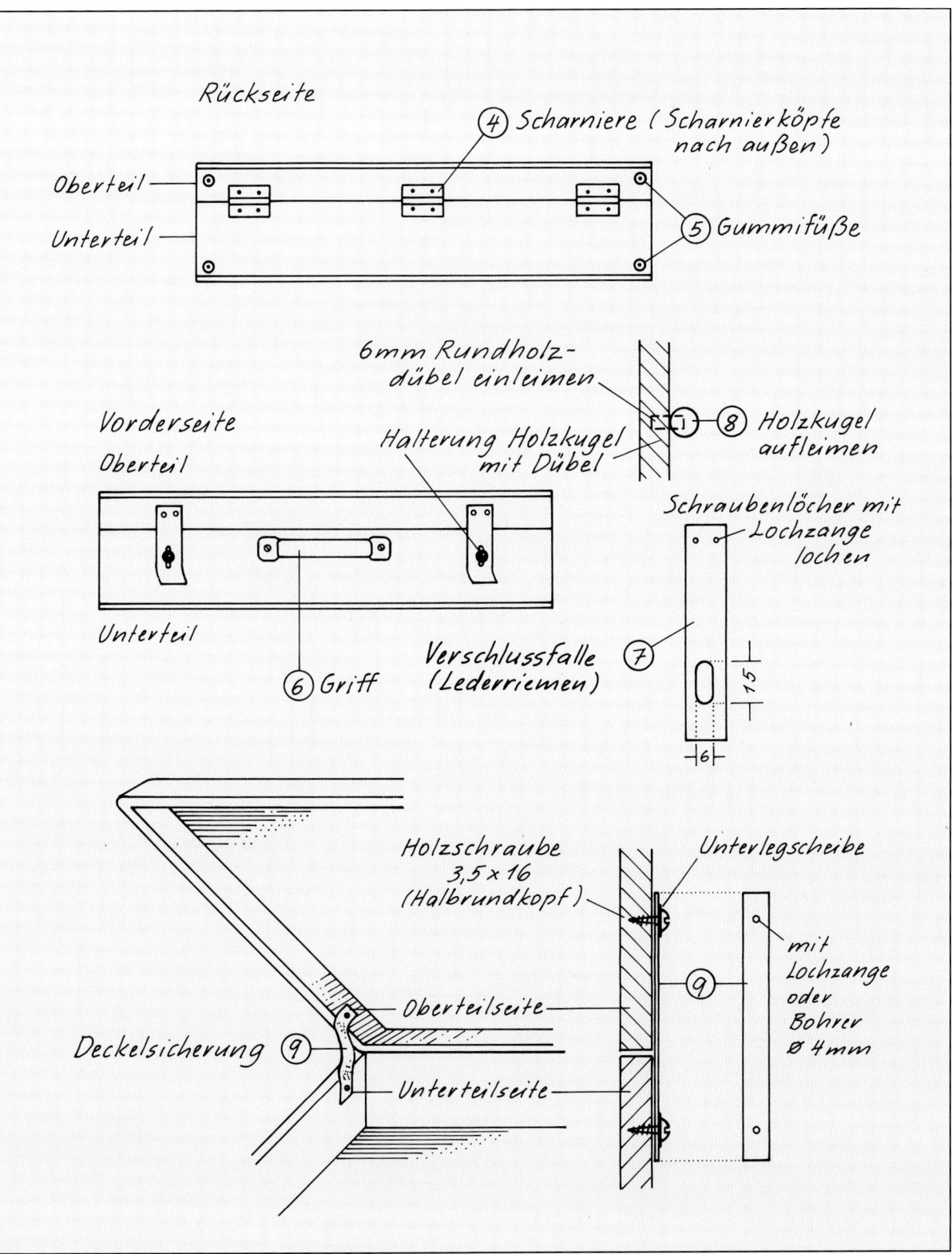

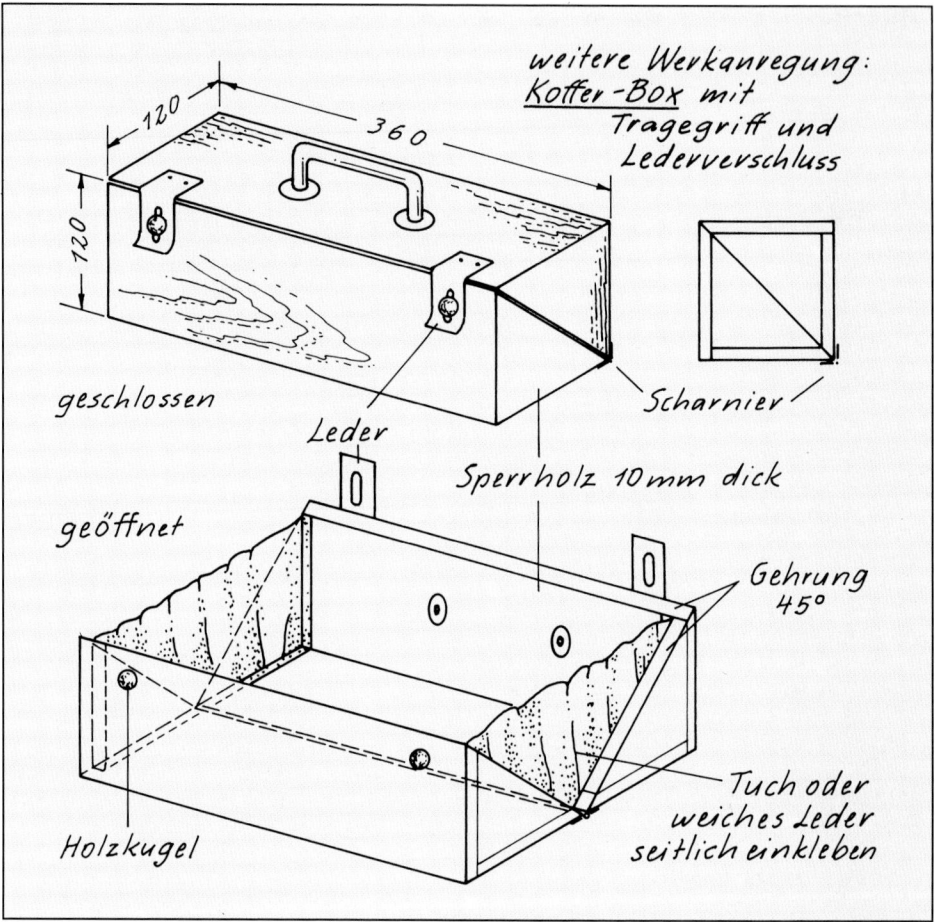

weitere Werkanregung:
Koffer-Box mit Tragegriff und Lederverschluss

120

360

120

geschlossen

Leder

geöffnet

Scharnier

Sperrholz 10mm dick

Gehrung 45°

Holzkugel

Tuch oder weiches Leder seitlich einkleben

Klapphocker
und Regiestuhl

Klapphocker

Für die Sitzfläche benötigt man einen strapazierfähigen Stoff (z. B. Markisen- oder Jeansstoff). Dieser Bezug wird zuerst auf der Nähmaschine gefertigt (siehe Abbildung).

Der Klapphocker wird einfach aus zwei Rahmen zusammengesetzt (schmaler Innenrahmen / breiter Außenrahmen). Man verwendet dafür astfreie Fichtenholzleisten oder Hartholzleisten, die mit 10 mm starken Gewindestäben stabil verschraubt werden (Bohrlochmittelpunkt: 20 mm Randabstand).

Die Leistenenden rundet man halbkreisförmig ab. In die Mitte der Rahmenhölzer bohrt man Löcher (10 mm ø) für die Drehzapfen, die das Zusammenklappen des Hockers ermöglichen. Die Drehzapfen (10-mm-Buchenholzdübel) werden nur in einem Sitzrahmen festgeleimt, im anderen müssen sie sich drehen können.

Die Holzteile müssen vor dem Zusammenbau abgeschliffen und lackiert oder gewachst werden.
Mit Hutmuttern außen, Unterlegscheiben und Sechskantmuttern innen, schraubt man die Rahmenhölzer mit den Gewindestangen zusammen. Dabei wird der Sitzbezug zwischen die oberen Gewindestangen gehängt. Durch die schmalere Konstruktion wirft der Stoff am Innenrahmen kleine

Klapphocker und Klapp-stuhl sind ideale zusätz-liche Sitzplätze. Sie lassen sich auch leicht transportieren und sind deshalb praktisch bei verschiedenen Hobby-tätigkeiten (Malen, Angeln).

Klapphocker

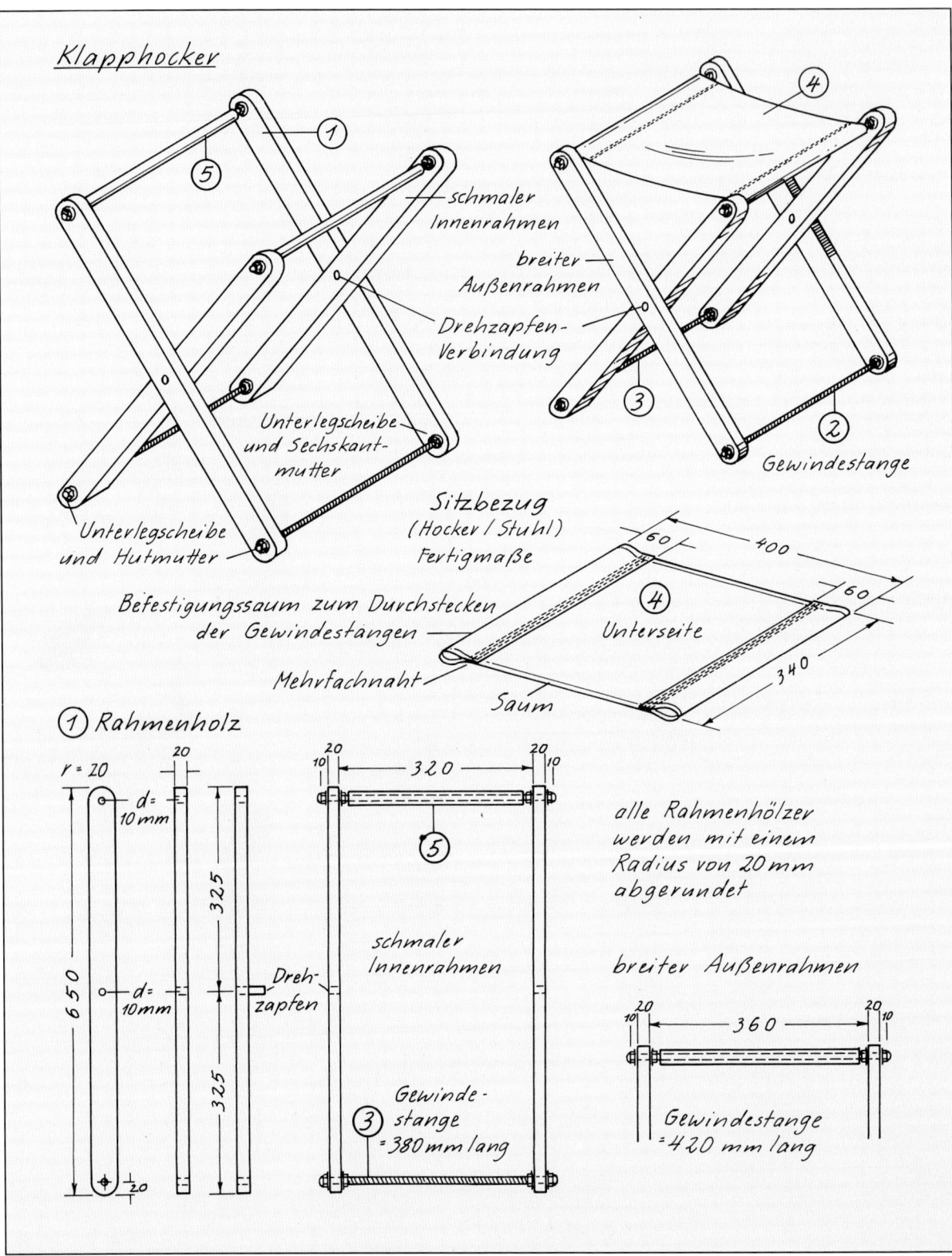

schmaler Innenrahmen

breiter Außenrahmen

Drehzapfen-Verbindung

Unterlegscheibe und Sechskant-mutter

Unterlegscheibe und Hutmutter

Gewindestange

Sitzbezug
(Hocker / Stuhl) Fertigmaße

Befestigungssaum zum Durchstecken der Gewindestangen

Mehrfachnaht

Saum

④ Unterseite

60 · 400 · 60 · 340

① Rahmenholz

r = 20
20
d = 10 mm
325
650
d = 10 mm
Drehzapfen
325
20

20 · 10 · 320 · 20 · 10
⑤
schmaler Innenrahmen

③ Gewinde-stange = 380 mm lang

alle Rahmenhölzer werden mit einem Radius von 20 mm abgerundet

breiter Außenrahmen

20 · 10 · 360 · 20 · 10

Gewindestange = 420 mm lang

Falten, der Außenrahmen bietet dagegen reichlich Platz für den Bezug.

Hinweis: Über die obere Gewindestange wird eine Schutzhülle (Kabelschlauch / PVC-Schlauch) gesteckt, damit der Sitzbezug nicht beschädigt wird.

Regiestuhl

Der Klapphocker lässt sich zum bequemen Regiestuhl erweitern, indem einfach eine Lehne angebaut wird. Dazu muss man einige Bauteile des Hockers abändern:
Damit die Lehnenhölzer senkrecht angesetzt werden können, müssen auf den schmalen Hockerrahmen Abstandhölzchen aufgeleimt werden.
Die Gewindestangen müssen länger sein, damit die Lehnenhölzer daran befestigt werden können.
Die unteren Befestigungslöcher bohrt man mit einem stirnseitigen Randabstand von 20 mm (Bohrerdurchmesser 10 mm) in die Leistenmitte.

Etwas Mühe bereitet das Anbringen der 10 mm breiten Schlitze in die senkrechten Lehnenhölzer. Diese Führungen sind 200 mm lang. Sie werden mit einem Spiralbohrer durch Bohren einer Reihe von Löchern hergestellt und mit einer Feile und Schleifpapier geglättet.
Diese Lehnenhölzer schraubt man mit passenden Unterlegscheiben und selbstsichernden Sechskantmuttern oder Hutmuttern an das fertige Sitzgestell.

Wichtig: Die Schraubverbindungen müssen locker sein, damit der Stuhl zusammengeklappt werden kann. Abschließend wird zwischen die Lehnenhölzer ein Stoffbezug gespannt und mit Polsternägeln oder Heftklammern (Tucker) befestigt.

Hinweis: Zur Zugentlastung werden die Stoffenden einmal um die Holzleiste gewickelt.

Klapphocker und Regiestuhl ●●●●

Menge	Bezeichnung	Maße in mm	Material	Kenn-Nr.
Klapphocker:				
4	Rahmenhölzer	20 x 40 x 650	Massivholzleiste	1
2	Gewindestangen	10 ø / 420 lang	Gewindestangen	2
2	Gewindestangen	10 ø / 380 lang	Gewindestangen	3
1	Sitzbezug	400 x 340	Möbelbezugstoff	4
2	Schutzhüllen	12 ø	Gummischlauch	5
Regiestuhl:				
4	Rahmenhölzer	20 x 40 x 650	Massivholzleiste	1
1	Sitzbezug	400 x 340	Möbelbezugstoff Leinenstoff / Segeltuch	4
2	Schutzhüllen	12 ø	Gummischlauch	5
2	Abstandhölzchen	20 x 40 x 50	Massivholzleiste	6
2	Gewindestangen	M10 / 455 lang	Gewindestangen	7
2	Gewindestangen	M10 / 435 lang	Gewindestangen	8
2	Lehnenhölzer	35 x 50 x 850	Massivholzleiste	9
1	Lehnenbezug	200 x 620	Möbelbezugstoff	10

Hutmuttern / Sechskantmuttern / Unterlegscheiben / Polsternägel / Holzdübel 10 mm ø

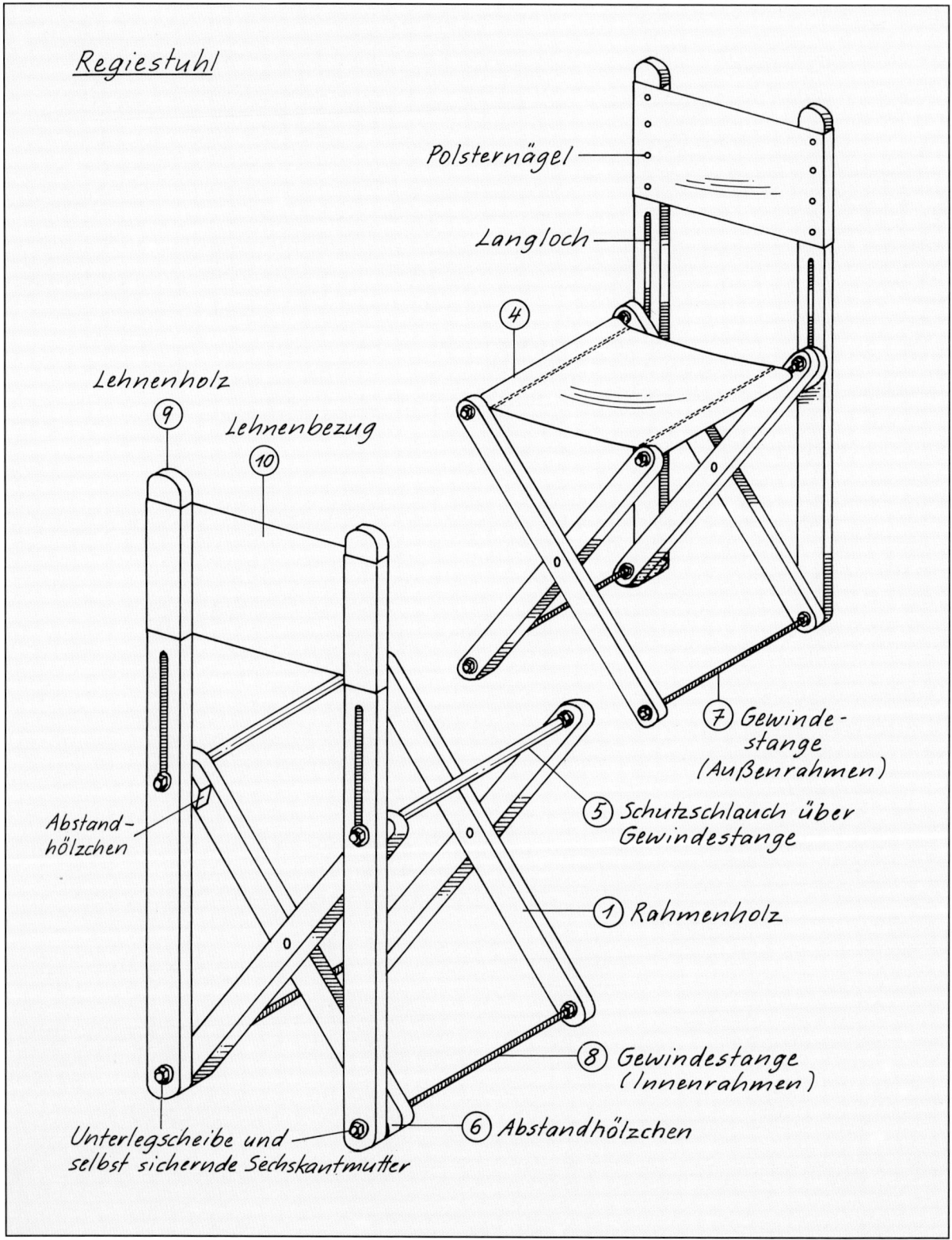

Regiestuhl

Polsternägel

Langloch

④

⑨ Lehnenholz

⑩ Lehnenbezug

Abstand-
hölzchen

⑦ Gewinde-
stange
(Außenrahmen)

⑤ Schutzschlauch über
Gewindestange

① Rahmenholz

⑧ Gewindestange
(Innenrahmen)

⑥ Abstandhölzchen

Unterlegscheibe und
selbst sichernde Sechskantmutter

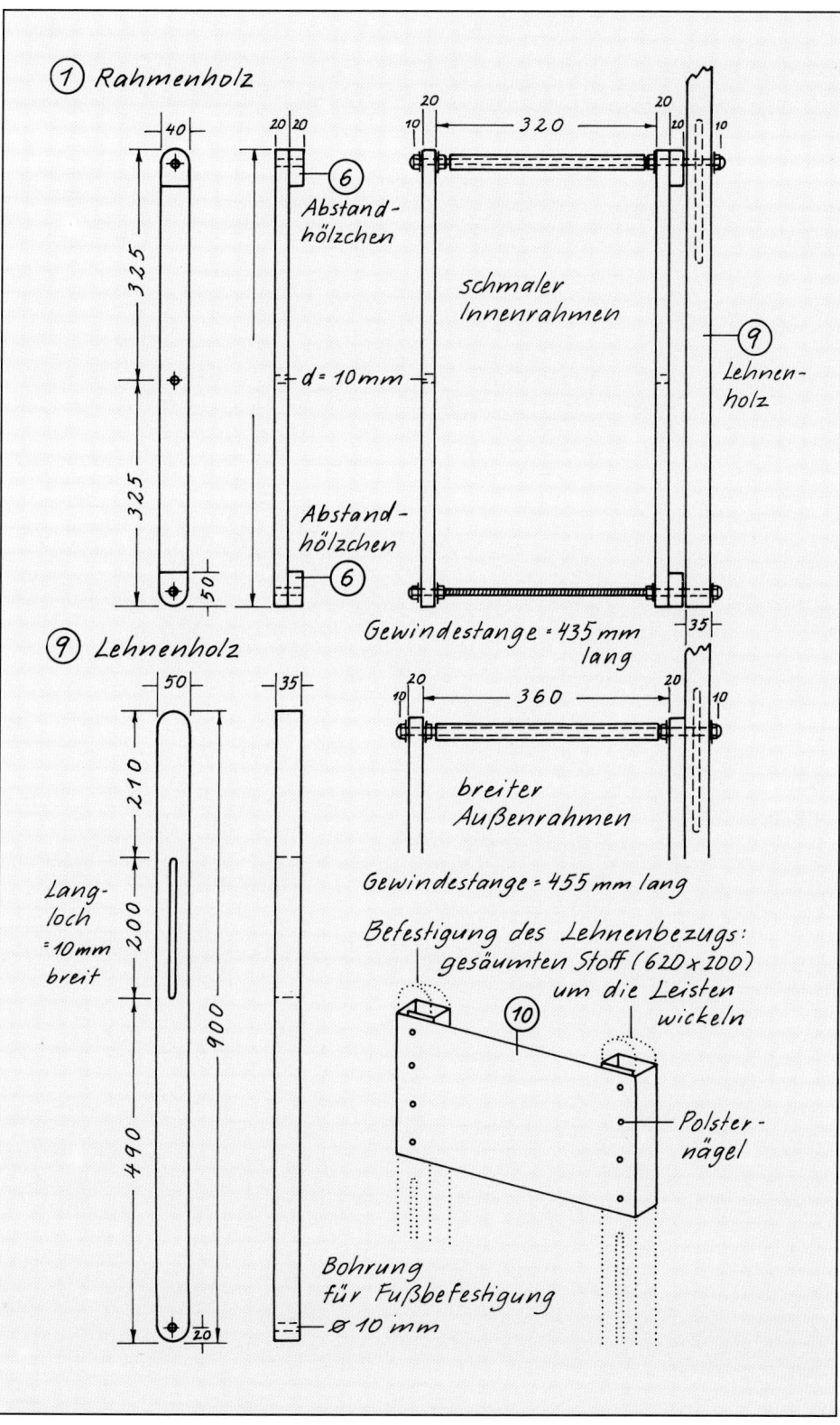

① Rahmenholz

⑥ Abstand-
hölzchen

d = 10mm

Abstand-
hölzchen
⑥

schmaler
Innenrahmen

⑨ Lehnen-
holz

Gewindestange = 435 mm
lang

breiter
Außenrahmen

Gewindestange = 455 mm lang

⑨ Lehnenholz

Lang-
loch
= 10mm
breit

Befestigung des Lehnenbezugs:
gesäumten Stoff (620 x 200)
um die Leisten
⑩ wickeln

Polster-
nägel

Bohrung
für Fußbefestigung
= ∅ 10 mm

IX. Kreative Werkstücke

Masken aus Gipsbinden

Aus Gipsbinden, die es in der Apotheke gibt, kann man leicht schöne Gesichtsmasken (Halb- und Vollmasken) modellieren.

Dazu muss man jedoch zu zweit sein, denn man benötigt ein Modell.

Der Arbeitsplatz muss gut mit Tüchern, Papier oder Folie abgedeckt werden. Das Modell kann sich bequem in einem Stuhl zurücklehnen und den Hinterkopf auf die Stuhllehne stützen. Haare und Kleidung werden sorgfältig abgedeckt.

Damit der Gips nicht festklebt, muss auf das ganze Gesicht eine dicke Schicht Hautcreme aufgetragen werden. Als einfacheres Trenn-

mittel kann man jedoch auch eine Lebensmittelfolie verwenden. Sie wird einfach übers Gesicht gelegt. Durch dicke Trinkhalme, die man sich zwischen die Lippen steckt, wird geatmet. Bei Halbmasken bleibt der Mundbereich frei.

Die Gipsbinden zerschneidet man in 5 bis 8 cm lange Stücke, weicht sie kurz in Wasser ein und überzieht damit in mehreren Schichten das abgedeckte Gesicht. Der Gipsbelag wird vorsichtig angedrückt.

So kann man die einzelnen Gesichtsteile deutlich herausmodellieren. Die oberste Gipsschicht wird sorgfältig glatt gestrichen. Die Gipsmasse härtet schnell aus. Die Maske kann dann vorsichtig abgenommen werden. Mit einer Schere lässt sich der Maskenrand ausgleichen. Auch Augen-, Nasen-, Mundöffnung und Befestigungslöcher kann man

Die Maskenränder werden durch zusätzliche Gipsbindenauflagen verdickt; so reißen die Befestigungslöcher nicht aus.

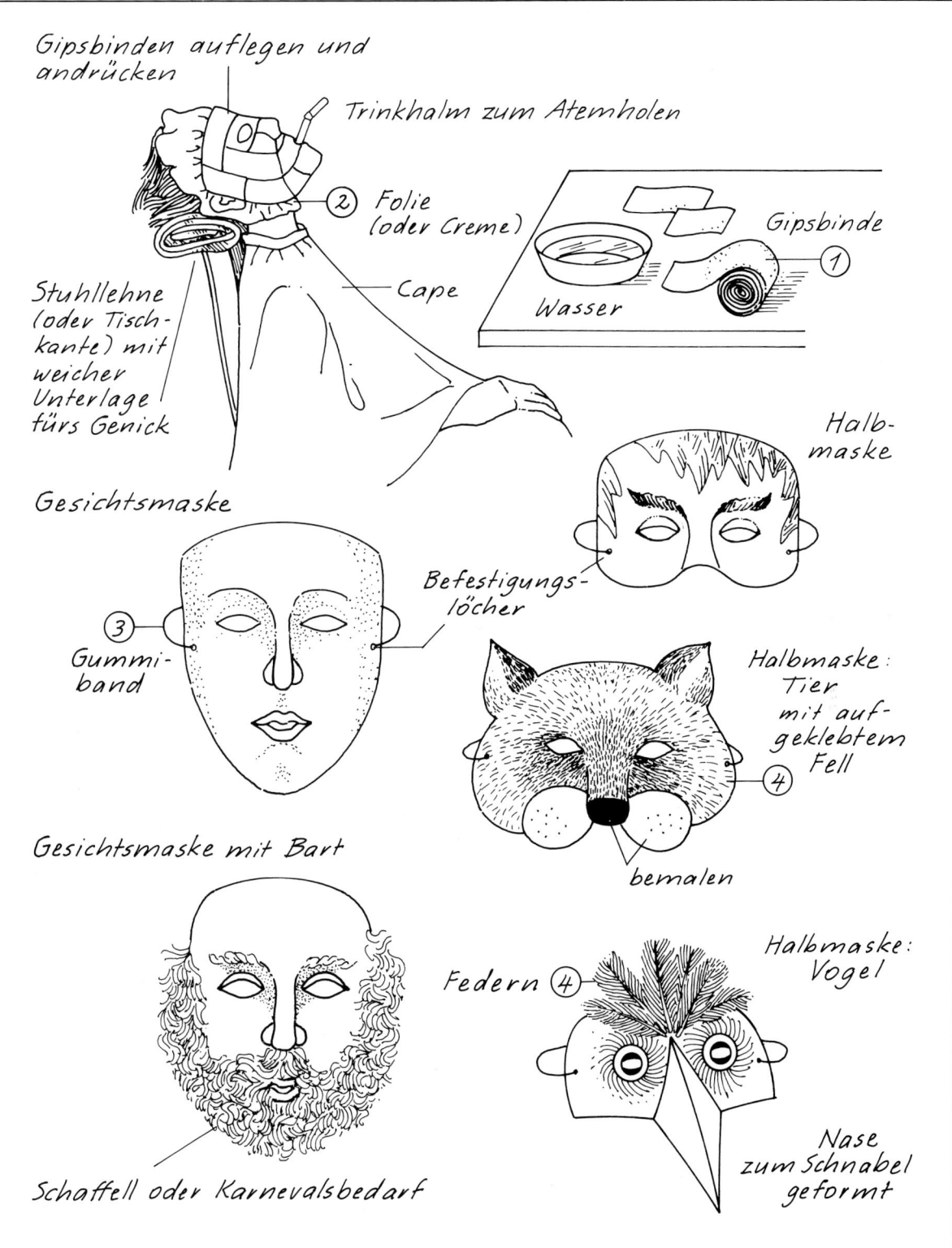

Gipsbinden auflegen und andrücken

Trinkhalm zum Atemholen

② Folie (oder Creme)

Cape

Gipsbinde

①

Wasser

Stuhllehne (oder Tischkante) mit weicher Unterlage fürs Genick

Halbmaske

Gesichtsmaske

Befestigungslöcher

③ Gummiband

Halbmaske: Tier mit aufgeklebtem Fell

④

bemalen

Gesichtsmaske mit Bart

Federn ④

Halbmaske: Vogel

Schaffell oder Karnevalsbedarf

Nase zum Schnabel geformt

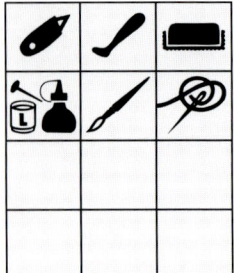

Masken aus Gipsbinden ••

Menge	Bezeichnung	Maße in mm	Material	Kenn-Nr.
3–4	Gipsbinden		Gipsbinden	1
1	Trennmittel		Folie	2
1	Befestigungsband	ca. 300	Gummiband	3
div.	Dekorationsmaterial		Federn / Fell / Wolle Folie / Perlen u. a.	4

Klebstoff / Dispersionsfarben oder Deckfarben / Lack / Trinkhalme

jetzt leicht herausschneiden und eventuell mit Gipsmasse nachbessern.

Bis zum vollständigen Aushärten und Austrocknen sollte die Maske ein bis zwei Tage ruhen.

Erst dann wird sie fantasievoll bemalt, lackiert und mit verschiedenen Dingen beklebt. Besonders die Halbmasken eignen sich für Applikationen.

Masken aus Papier und Pappe
••••••••••••••••••••••••••••

Man braucht nur Pappe, Kleisterpapier und etwas Fantasie und schon können die verrücktesten Masken entstehen.

Zuerst zerlegt man einen Pappkarton und zeichnet den Maskenumriss (Netz) entsprechend der Vorlage auf. Das zugeschnittene Netz wird aufgebogen bzw. eingeklappt und mit Klebstoff oder Paketklebeband zu einer wannenförmigen Maskenrohform zusammengeklebt.

Diese Form zieht man nun vorsichtig über den Kopf und probiert so, ob die Größe passt. Wenn die Maske zu weit ist, kann später mit Papier ausgepolstert werden; ist sie zu eng, müssen die entsprechenden Klebeverbindungen nochmals gelöst und neu verklebt werden.

Gleichzeitig kann man auch die Öffnungen für Mund und Augen festlegen. Dazu markiert man einfach mit feuchten oder mit Wasserfarben eingefärbten Fingerspitzen die Lage der Augen und des Mundes auf der Außenseite der übergezogenen Maske, indem man blind mit den Fingerspitzen auf die entsprechende Stelle drückt. Der Augenabstand muss meistens noch etwas korrigiert werden; er sollte ca. 40 mm betragen. Mit einer Schere oder dem Schneidemesser lassen sich die Öffnungen herausschneiden. Für die Nasenöffnung wird ein T-förmiger Einschnitt angebracht; die dreieckigen Seitenteile klappt man hoch.

Die Teile der Maske, an denen später die Befestigungsbänder angebracht werden,

Masken aus Papier und Pappe ••

Menge	Bezeichnung	Maße in mm	Material	Kenn-Nr.
1	Rohform	ca. 150 x 250	Karton	1
3	Verstärkungsbänder	ca. 50 x 100	weiche Lederstücke	2
diverse	Klebebänder		Paketklebeband	3
2	Befestigungsbänder	ca. 25 x 250	Gummiband	4

Klebstoff / Leim / Kleister / Zeitungspapier / Dispersionsfarbe / Wolle / Fellreste / Lack / Sicherheitsnadel

Eine Riesenmaske für die Faschingszeit. Schon das Herstellen und Gestalten einer solchen Maske macht viel Spaß.

können mit Leder- oder Stoffstückchen verstärkt werden.

Nun kann die eigentliche Modellierarbeit beginnen. In der Kaschiertechnik klebt man mehrere Schichten Zeitungspapier mit Kleister außen und innen über die ganze Maske. Mit Kleister getränkte Papierwülste werden als Augenbrauen, Wangenknochen, Stirn, Nase, Lippen, Backen und Kinn aufgesetzt

und mit Papierstückchen so überklebt, dass man die Ansatzstellen nicht sieht.

Wichtig: Eine Maske lebt vom Prinzip der Übertreibung, das heißt, wichtige Gesichtsteile muss man besonders groß und auffallend gestalten.

Die letzten Papierschichten klebt man unter Zugabe von Holzleim auf und versucht, durch sorgfältiges Anreiben des Papiers eine glatte Oberfläche zu erreichen.

Nach dem Trocknen der Maske (1–2 Tage) werden die Schlitze für die Befestigungsbänder mit einem Schneidemesser herausgeschnitten. Dann wird die Maske mit Dispersionsfarben bemalt und lackiert.

Abschließend klebt man mit Wollfäden oder Fellstücken Haare bzw. Bart auf und

zieht die Befestigungsbänder (breites Webband oder Gummiband) ein. Die richtige Bandlänge findet man am besten bei einer „Anprobe" heraus. Deshalb wird das Band an einer Seite noch nicht vernäht, sondern lediglich mit einer Sicherheitsnadel zusammengeheftet. Bei Bedarf steckt man es weiter oder enger. Erst dann werden die Bandteile sorgfältig aneinander genäht.

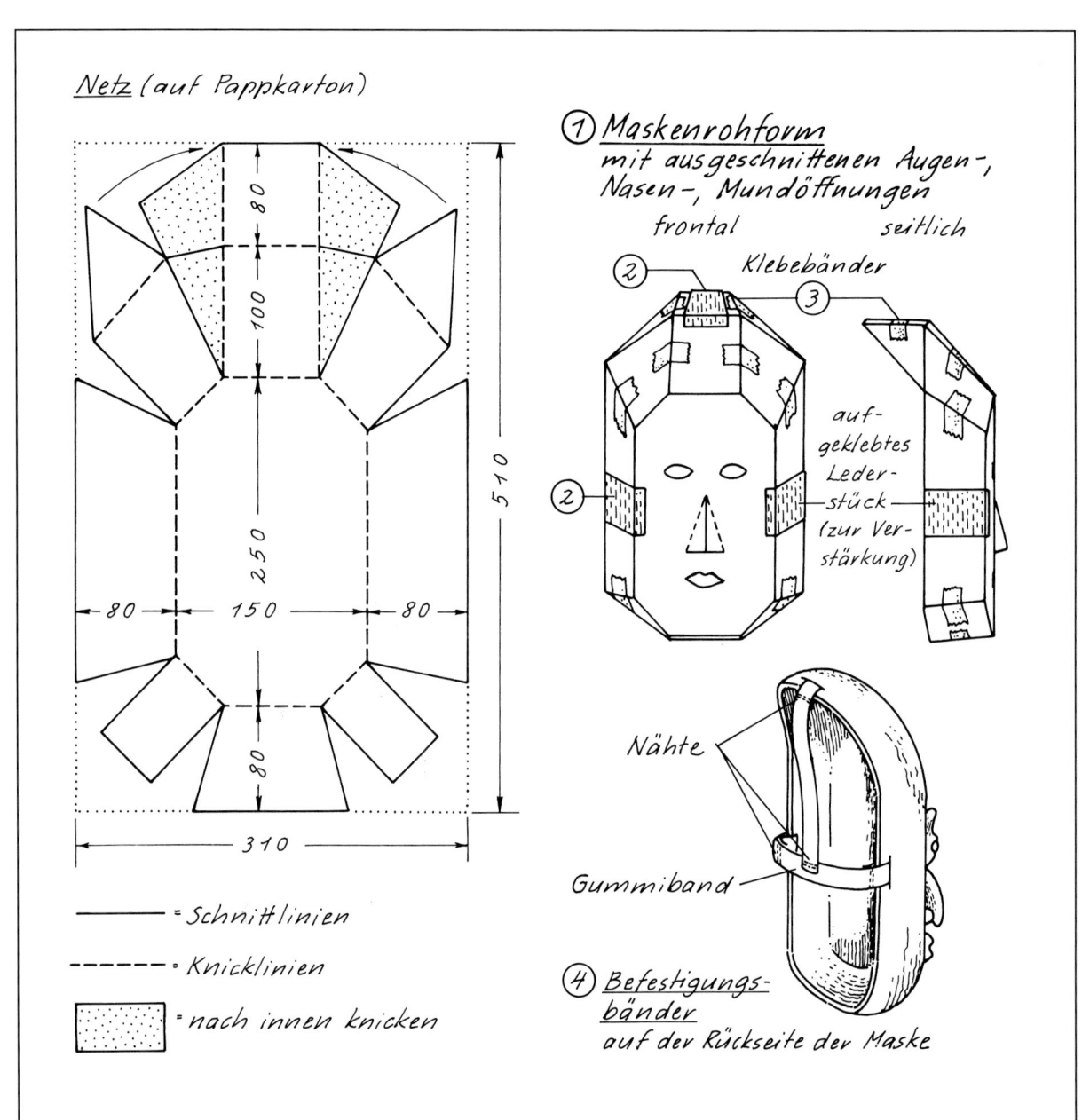

Handpuppen aus Pappmaschee
• •

Das Handpuppenspiel gehört wohl zu den ursprünglichsten Spielen der Menschen. Trotz geringem Aufwand gibt es eine Fülle von Ausdrucks- und Identifikationsmöglichkeiten für Spieler und Zuschauer.

In jeder Familie sollte das Puppenspiel als bewusste Ergänzung zu den modernen Medien gepflegt werden und in jeden Kindergarten und in jede Schule gehört ein Puppentheater.

Das einfachste Handpuppenspiel ist die Darstellung von Figuren mit der unverkleideten Hand. Die Finger oder die Hand werden mit Gesichtern bemalt oder es wird einfach ein Tuch um die Hand geschlungen. Auch ein Strumpf oder eine Socke über die Hand gezogen ergibt eine einfache Puppe. Besondere Freude bereitet jedoch das Spiel mit selbst modellierten Charakterköpfen.

Aus Pappmaschee und mit der Papierkaschiertechnik kann man wunderschöne Figuren herstellen.

Als Modellierhilfe benötigt man einen Formstab, über dem der Puppenkopf aufgebaut wird. Mit Klebeband kann man den Stab an einem Topf oder einem Holzklotz befestigen (andere Befestigungsmöglichkeiten: Holzklotz mit Bohrung oder Schraubstock).

Zunächst wickelt man einige nur mit Wasser befeuchtete Zeitungspapierstücke um den Holzstab. Sie dienen als Trennschicht zwischen Holz und Kleisterpapier.

Darüber formt man mit zerknäultem und leicht mit Kleister bestrichenem Zeitungspapier den eiförmigen Kern des Kopfes (ca. 80–100 mm ø).

Für den weiteren Aufbau verwendet man Kleister und Leim als Bindemittel.

Mit Pappmaschee oder mit gut durchfeuchteten Papierknäueln und -wülsten werden die einzelnen Gesichtsbereiche herausmodelliert (Stirn, Augenbrauen, Augen, Wangenknochen, Nase, Backen, Lippen, Kinn).

Wichtig: Ein Puppengesicht lebt von der Übertreibung, das heißt einzelne, für die Figur wichtige Gesichtsmerkmale gestaltet man besonders groß; dadurch erhält die Puppe ihren ganz besonderen Charakter.

Sehr wichtig ist es, am unteren Ende des Halses einen breiten Wulst aufzusetzen, über den später das Kleid der Puppe gebunden wird.

Ganz zum Schluss wird mit dünnem Papier, das man in Stücke reißt und mit Leim übereinander klebt, eine mehrschichtige glatte Oberfläche aufgetragen.

Ist der Kopf völlig durchgetrocknet, kann man ihn mit Sandpapier bearbeiten und mit Dispersionsfarben bemalen. Die trockene Farbe bekommt einen Schutzüberzug aus Lack. Nun kann auch der Formstab herausgezogen und die Halsöffnung an die Spielfinger (Zeigefinger und Mittelfinger) angepasst werden.

Aufgeklebte Wollfäden, Hanf oder Fellstücke ergeben Haare und Bart.

Die im Kimonoschnitt gefertigten Kleider der Puppe sollten sehr einfach sein und in den Maßen an die Spannweite der spielenden Hand angepasst werden. Sie müssen

Handpuppen aus Pappmaschee ●●

Menge	Bezeichnung	Maße in mm	Material	Kenn-Nr.
1	Formstab	ca. 400 x 30 ø	Rundholz	1
1	Puppenkleid		weicher Stoff	2

Papierschnitzel / Kleister / Leim / Klebeband / Dispersionsfarben / Wollfäden / Lack / Band

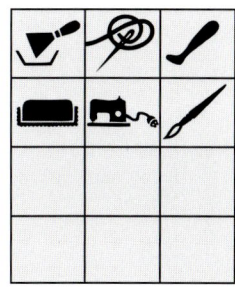

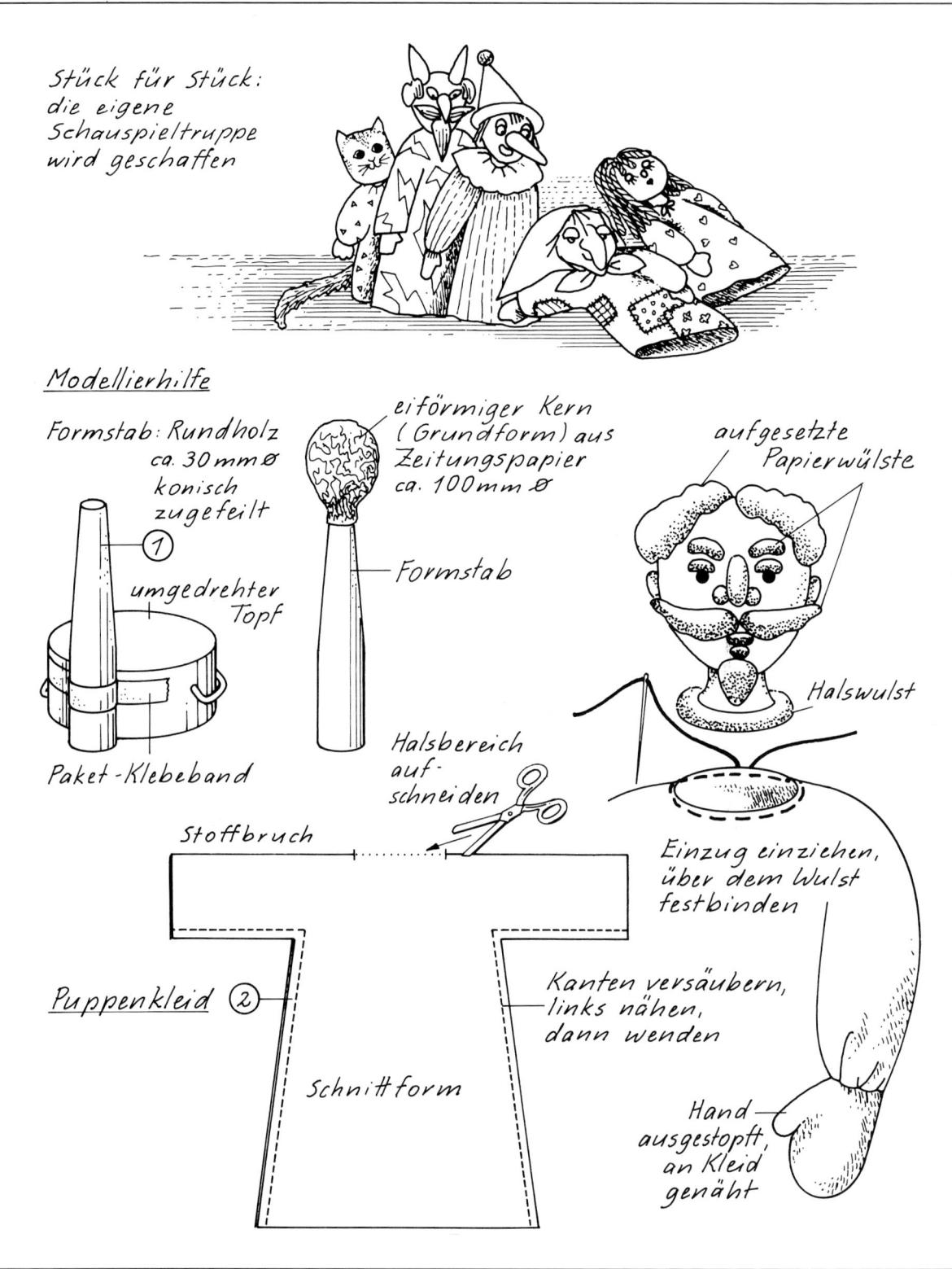

Stück für Stück: die eigene Schauspieltruppe wird geschaffen

Modellierhilfe

Formstab: Rundholz ca. 30 mm Ø konisch zugefeilt

① umgedrehter Topf

Paket-Klebeband

eiförmiger Kern (Grundform) aus Zeitungspapier ca. 100 mm Ø

Formstab

aufgesetzte Papierwülste

Halswulst

Halsbereich auf- schneiden

Einzug einziehen, über dem Wulst festbinden

Stoffbruch

Puppenkleid ②

Schnittform

Kanten versäubern, links nähen, dann wenden

Hand ausgestopft, an Kleid genäht

Die Charakterköpfe der Handpuppen sind aus Papier und Kleister modelliert.

weit und lang genug sein, damit sie locker über den Arm des Spielers fallen. Außerdem benötigen alle Kleidungsstücke am Halsausschnitt ein durchgezogenes Band, mit dem sie über den Halswulst um den Puppenkopf gebunden werden können.

Sehr dekorativ, jedoch nicht unbedingt notwendig sind Hände. Man kann sie entweder aus Pappmaschee formen oder – wenn sie besonders schön sein sollen – aus Holz schnitzen und bemalen.

Am einfachsten und schnellsten gehen aber Stoffhände. Sie werden einfach links auf links zusammengenäht (am Ärmel offen lassen), gewendet und mit Wolle ausgestopft. Anschließend näht man sie in die Ärmel ein.

Briefbeschwerer

Speckstein oder Stealit lässt sich leicht bearbeiten und eignet sich deshalb hervorragend zum plastischen Gestalten. Mit Säge, Raspel und Feile, mit Messer, Schaber und Stichel wird der Stein in Form gebracht und mit Schleifpapier, Stahlwolle und Poliertuch geglättet und poliert.

Besonders reizvoll ist die Nachbildung eines weichen Gegenstandes. In Stein nachgeschnittene Falten einer Stofftasche lassen zum Beispiel den an sich schweren Werkstoff überraschend leicht aussehen.
Ein aus Speckstein nachgebildetes Schreibmäppchen eignet sich sehr gut als Briefbeschwerer. Dazu sägt man zuerst mit einer alten Feinsäge einen entsprechenden Quader aus einem Stealitbrocken.

Hinweis: Wenn ein feuchtes Tuch unter das Werkstück gelegt wird, kann verhindert werden, dass der Arbeitsplatz durch den entstehenden Steinstaub unnötig verschmutzt wird.
Mit der Raspel wird die grobe Form des Mäppchens herausgearbeitet.
Details wie zum Beispiel den Reißverschluss oder Nähte und kleine Falten schneidet man mit einem spitzen Messer aus. Die Oberfläche des Steines kann man gut mit Schleifpapier und Stahlwolle glätten; man muss aber darauf achten, dass wichtige Strukturen nicht abgeschliffen werden.
Das fertige Werkstück wird mit klarem Wasser abgespült und so von Staubresten

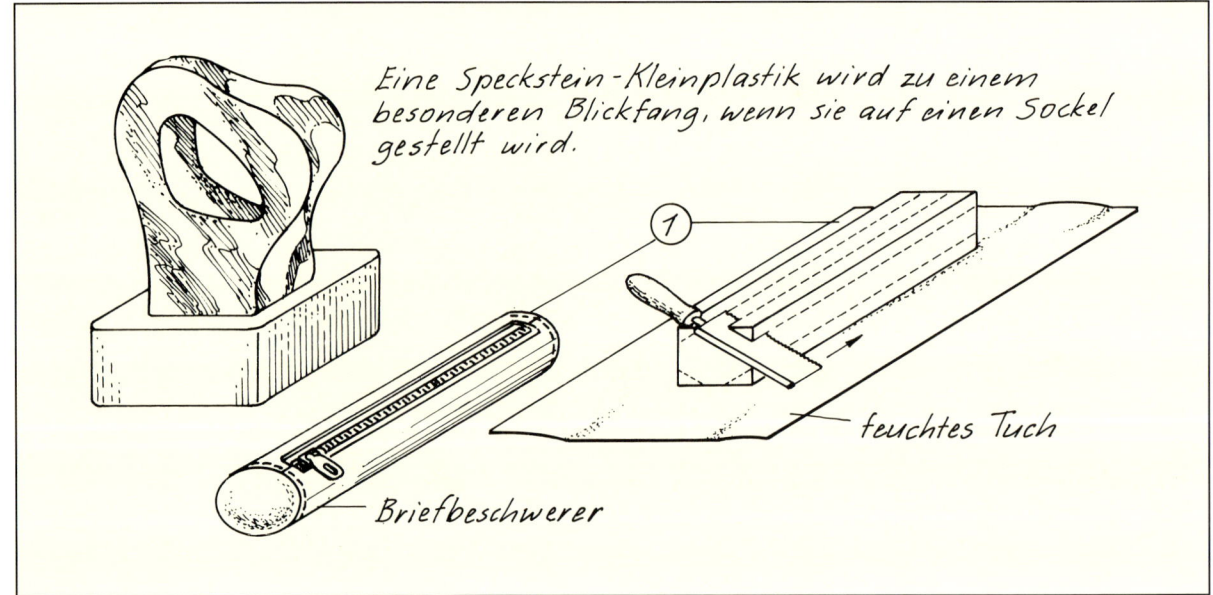

Eine Speckstein-Kleinplastik wird zu einem besonderen Blickfang, wenn sie auf einen Sockel gestellt wird.

① feuchtes Tuch

Briefbeschwerer

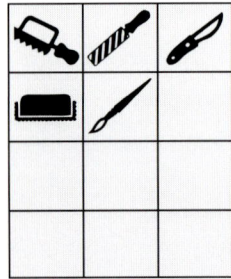

Briefbeschwerer ●●●

Menge	Bezeichnung	Maße in mm	Material	Kenn-Nr.
1	Briefbeschwerer		Speckstein	1

Öl / Klarlack

befreit. Mit Öl eingerieben oder mit Klarlack überzogen, erhält der Briefbeschwerer einen dauerhaften und edlen Glanz.

Anregung: Aus kleineren Specksteinstückchen können schöne Schmuckstücke hergestellt werden (z. B. Broschen, Gemmen, Ohrgehänge). Diese kleinen Werkstücke kann man durch Erhitzen im Herd oder Brennofen härten und farblich verändern. Die richtige Temperatur muss man durch Experimentieren herausfinden.

Aus Speckstein lassen sich auch schöne Schmuckdosen herstellen: Dazu wird der Stein quaderförmig zugesägt (z. B. Würfel, Rechteckquader), vorsichtig mit dem Messer ausgehöhlt, geglättet und poliert.

Bei der Gestaltung einer abstrakten Plastik ist natürlich etwas Fantasie gefordert; bei der Nachbildung eines Gegenstandes sollte dagegen maß- und detailgenau gearbeitet werden.

Säulen aus Gips

Mit ein wenig handwerklichem Geschick kann man aus Gips wunderschöne Säulen formen. Für die ebenmäßige Säulenform benötigt man einen Drehkasten.
Er wird aus vier Brettern zusammengeschraubt und trägt die Kurbelachse und die Formschablone (siehe Abbildung). Die Kurbelachse lässt sich aus einem Rundeisenstab (Baustahl) biegen; die Formschablone wird aus einer wasserfesten Sperrholzplatte oder einer Kunststoffplatte herausgesägt. Auch eine Schablone aus Eisenblech eignet sich sehr gut. Bei größeren Schablonen muss in den Drehkasten eine Stützleiste eingebaut werden, damit die Schablone bei der Ausfor-

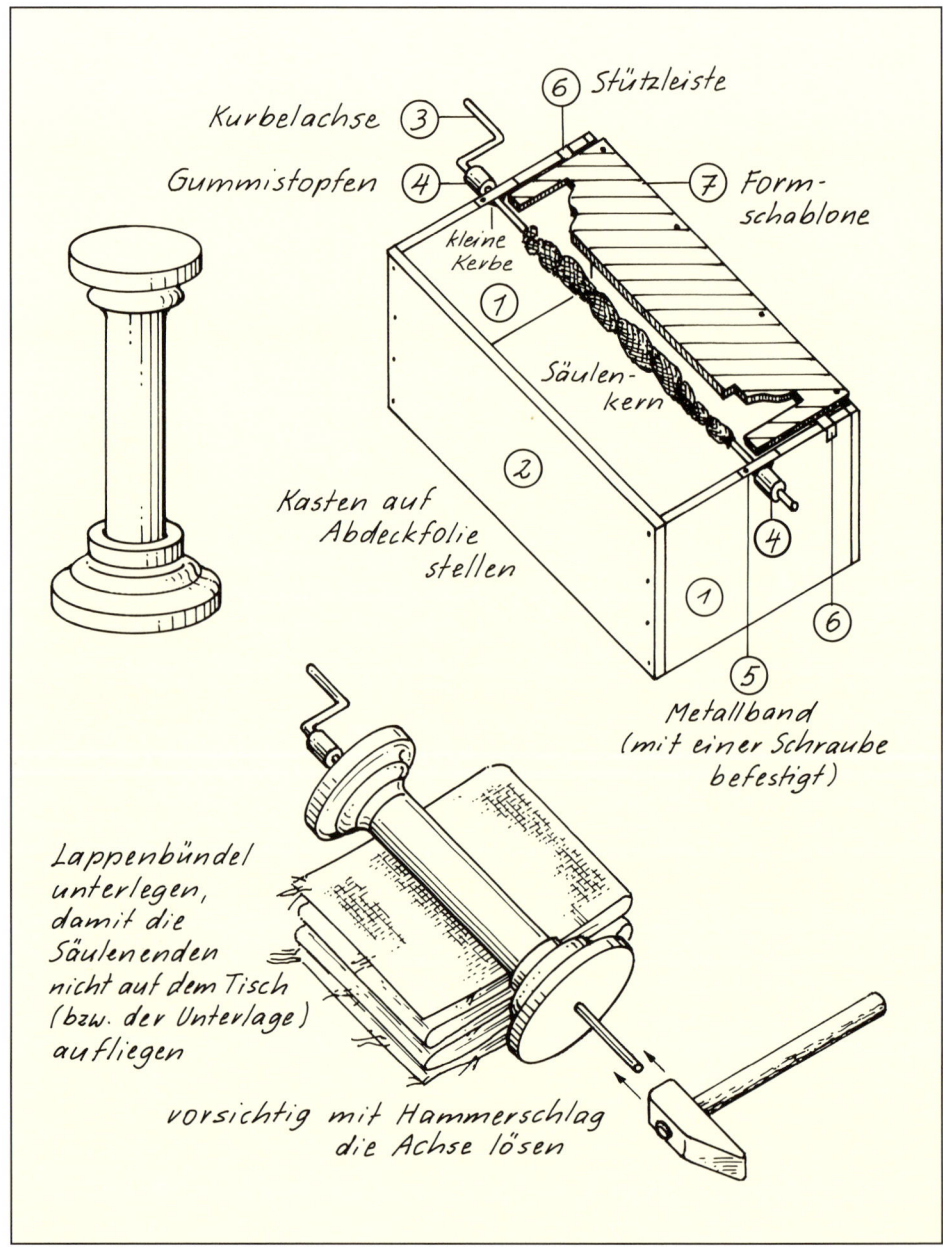

Kurbelachse ③
Gummistopfen ④
kleine Kerbe
① ②
Kasten auf Abdeckfolie stellen

⑥ Stützleiste
⑦ Formschablone
Säulenkern
④
①
⑥
⑤
Metallband (mit einer Schraube befestigt)

Lappenbündel unterlegen, damit die Säulenenden nicht auf dem Tisch (bzw. der Unterlage) aufliegen

vorsichtig mit Hammerschlag die Achse lösen

Säulen aus Gips ●●●●

Menge	Bezeichnung	Maße in mm	Material	Kenn-Nr.
2	Kastenbretter kurz	15 x 250	Sperrholz	1
2	Kastenbretter lang	15 x 250	Sperrholz	2
1	Kurbelachse	10 ø	Rundeisen	3
2	Gummihalterungen	30 ø	Gummistopfen	4
2	Metallhalterungen	ca. 50 lang	Metallband	5
1	Stützleiste	20 x 30	Holzleiste	6
versch.	Formschablonen		Kunststoff oder Sperrholz oder Blech	7

Bindedraht / Rupfen / Gips

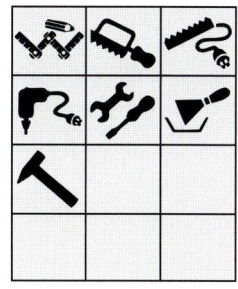

mung der Säule von der Gipsmasse nicht weggedrückt wird. Auch die Kurbelachse wird mit zwei Gummistopfen und zwei Metallbändern gesichert, damit sie beim Drehen nicht verrutscht. Zuerst wird der Säulenkern mit Jute oder Rupfen und Bindedraht auf die Kurbelachse gewickelt. Dann gibt man den Gipsbrei auf die Stange und dreht dabei langsam die Kurbel. Es muss zügig gearbeitet werden, denn der Gips wird

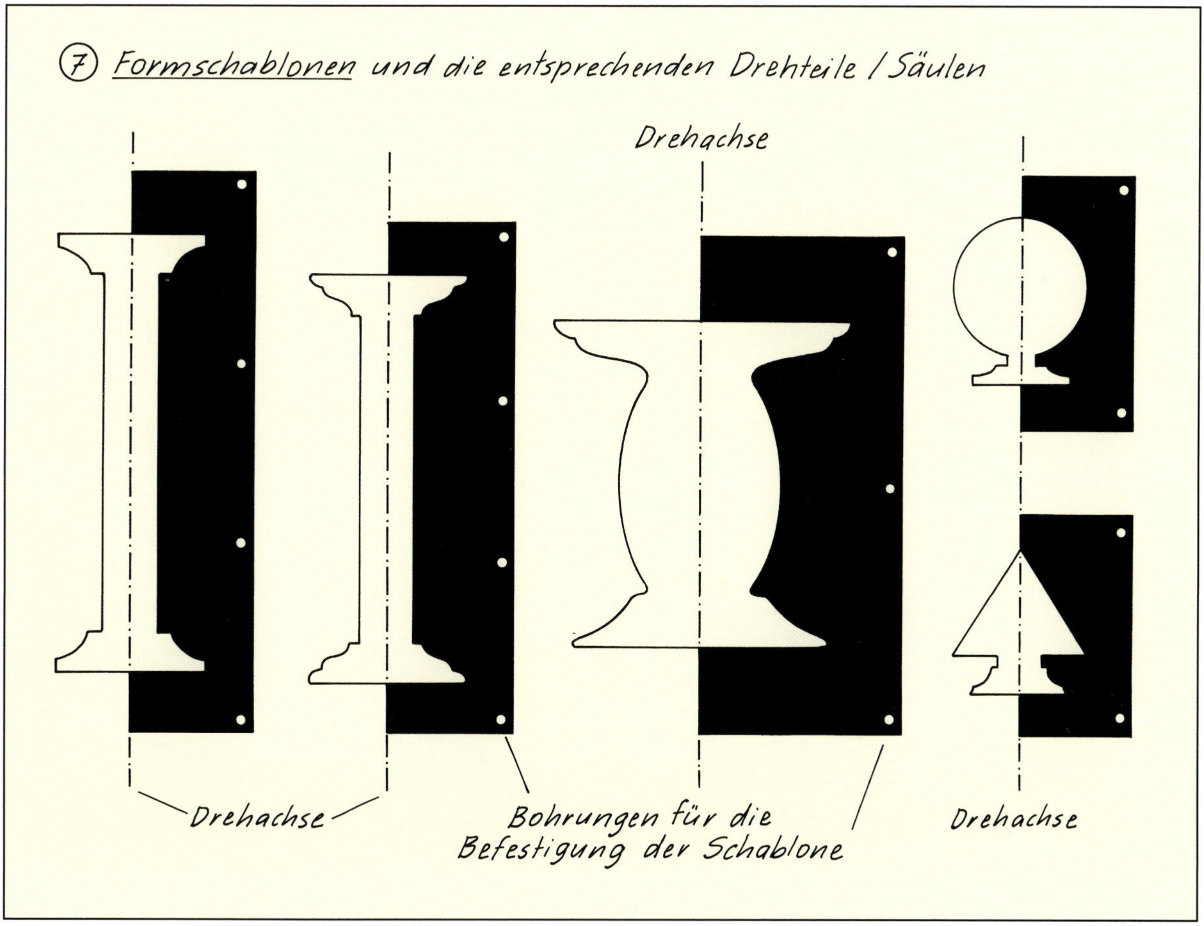

⑦ *Formschablonen und die entsprechenden Drehteile / Säulen*

Drehachse

Drehachse

Bohrungen für die
Befestigung der Schablone

Drehachse

Säulen haben in der Architektur immer eine tragende Funktion. Sie verkörpern aber zugleich auch eine natürliche, ideale Form.

schnell fest. Erst wenn die Gipsmasse das Metallprofil berührt, beginnt die eigentliche Ausformung der Säule. Durch die Drehbewegung der Achse werden die Stellen sichtbar, wo noch Gips aufgetragen werden muss. Die letzten Unebenheiten lassen sich nur mit sehr flüssigem Gipsbrei bedecken. Die beiden Enden der Säulen müssen besonders sorgfältig bearbeitet werden.

Ist die Säule ausgeformt und wird die Oberfläche nicht mehr glatter, nimmt man das Werkstück aus dem Kasten. Auf einer weichen Unterlage lässt sich die Eisenstange durch einen Hammerschlag auf das Stangenende lösen und aus der Säule ziehen. Um völlig durchzuhärten, benötigt der Gips mehrere Stunden.

Schmuck aus technischen Gegenständen

• •

Aus technischen Gegenständen kann man hervorragend Schmuck herstellen. Passende Bauteile dafür findet man in der Elektrotechnik, der Elektronik und der Metallverarbeitung. Auch Gebrauchsgegenstände aus dem Alltag und dem Haushalt können zu Schmuckstücken verarbeitet werden.

Die notwendigen Schmuckverschlüsse, Anstecknadeln, Klammern oder Schrauben können meist aus Edelmetalldraht selbst gebogen werden. Einfacher ist es jedoch, die passenden Fertigteile im Bastelladen zu kaufen.

In Elektronikgeschäften oder aber beim Radio- und Fernsehtechniker erhält man elektronische Bauteile, die gut miteinander verlötet werden können. Auch in einem defekten Radio- oder Fernsehgerät findet man viele geeignete Teile: elektronische Widerstände, Kondensatoren, Transistoren, Dioden und Platinen. Auch Schrauben oder Bleche kann man in Schmuckstücke einbauen.

Relativ leicht kann man eine Kette aus Widerständen herstellen. Dazu werden die Anschlussdrähte auf etwa 10 mm gekürzt und zu einer Öse gebogen. Eine Öse am Widerstand kann man jeweils verlöten; die zweite Öse wird in eine bereits verschlossene eingehängt und erst dann verlötet.

Achtung: Die ineinander gehängten Ösen dürfen nicht „zusammenbacken".

Am Kettenende lötet man den Kettenverschluss ein. Lange Ketten brauchen keinen Verschluss, denn sie werden über den Kopf gezogen. Sehr kurze Kettchen trägt man am Handgelenk.

Eine schöne Alternative ist auch eine Halskette mit hängenden Widerständen. Die mit Ösen versehenen Widerstände werden dabei an einer Öse abwechselnd mit Glas-

Durch die besonderen Formen und schönen Farben eignen sich die elektronischen Bauteile besonders gut zur Herstellung von Schmuck. Außerdem lassen sich die Einzelteile gut verlöten.

Schmuck aus technischen Gegenständen ● ● ● ●

Menge	Bezeichnung	Maße in mm	Material	Kenn-Nr.
diverse	Schmuckelemente		elektr. Widerstände	1
			Dioden/LED, Kondensatoren, Transistoren	2
			Platinen	3

Silberdraht 0,75 / 1,0 mm² Querschnitt / Lötzinn / selbstklebendes Kupferband / Kleber

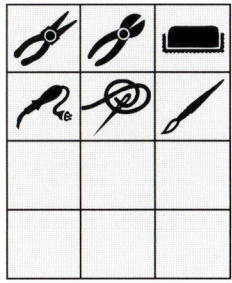

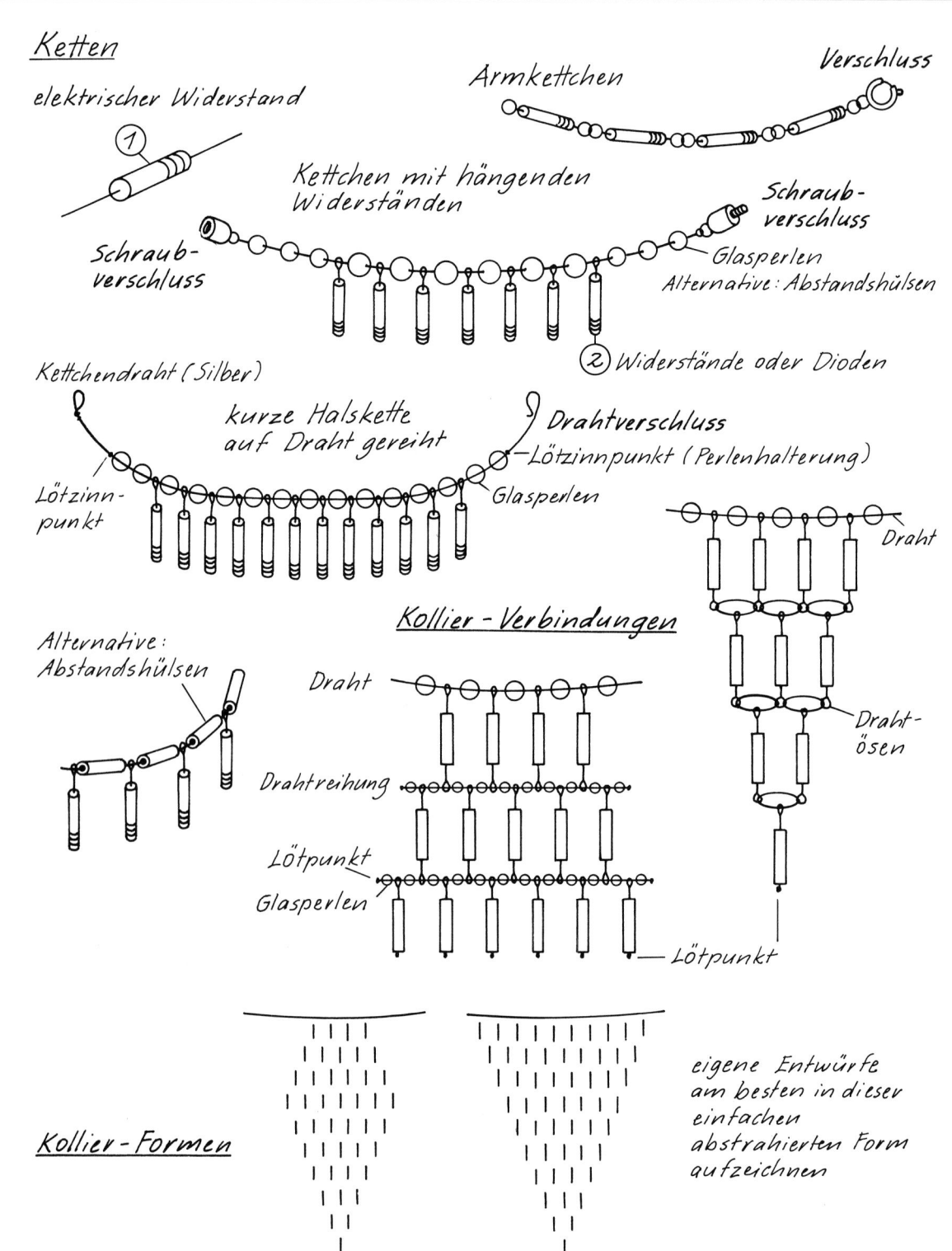

Ketten

elektrischer Widerstand

①

Armkettchen

Verschluss

Kettchen mit hängenden Widerständen

Schraub-verschluss

Schraub-verschluss

Glasperlen
Alternative: Abstandshülsen

② Widerstände oder Dioden

Kettchendraht (Silber)

kurze Halskette auf Draht gereiht

Drahtverschluss
— Lötzinnpunkt (Perlenhalterung)

Lötzinn-punkt

Glasperlen

Draht

Alternative: Abstandshülsen

Kollier - Verbindungen

Draht

Draht-ösen

Drahtreihung

Lötpunkt
Glasperlen

Lötpunkt

Kollier - Formen

eigene Entwürfe am besten in dieser einfachen abstrahierten Form aufzeichnen perlen oder Isolierhüllen auf eine Schnur gefädelt. An den Schnurenden knüpft man einen Schraubverschluss an.

Die hängenden Widerstände können mit weiteren Teilen zu einem „Collier" ergänzt werden. Die Kettchenschnur muss dann jedoch durch einen Silberdraht ersetzt werden.

Mit den Elektronikbauteilen kann man auch fantasievolle Anhänger gestalten. Sie werden an fertige Kettchen angehängt. An eine moderne Grafik erinnern Anhänger aus Leiterplatten (Platinen).

Mit der Laubsäge werden passende Stücke herausgesägt und mit einem selbstklebenden Kupferband eingefasst. Dies lässt sich leicht verzinnen und mit einer Aufhängeöse versehen.

Sehr schöne Anhänger ergeben Materialkombinationen, insbesondere von technischen und natürlichen Bauteilen. In ein Holzstück oder ein Knochenstück werden kleine Löcher gebohrt (1,5 mm ø). Hier kann man Widerstandsdrähte durchstecken und einlöten. Auch buntes Glas lässt sich sehr gut mit den Elektronikbauteilen verarbeiten. In der Tiffany-Methode wird das Glas mit Kupferklebeband sorgfältig eingefasst, verzinnt und mit den Teilen verlötet.

Bei Broschen werden an die Schmuckstücke eine Broschenplatte oder eine Anstecknadel montiert (anlöten oder ankleben).

Aus Silberdraht biegt man mit mehreren Drähten eine kreisrunde oder ovale Form. Die Drähte werden an wenigen Stellen zusammengelötet. Quer über diese Grundform lötet man verschiedene elektronische Bauteile. Die überstehenden Drahtenden werden abgeschnitten; man kann sie jedoch auch als dekoratives Element stehen lassen. Nun kann die ganze Umrandung mit Lötzinn gleichmäßig aufgefüllt werden.

Auf die Rückseite der Brosche lötet man eine Broschenplatte.
Scharfe Kanten und Spitzen sollten mit der Feile geglättet werden.

Lackblechanhänger

Dieser geometrische Anhänger, der auch als Brosche oder Krawattenklammer konstruiert werden kann, ist ein Einzelschmuckstück. Zur Herstellung benötigt man lediglich dünnes Blech (z. B. Getränkedose), das in schmale Streifen geschnitten wird.

Vorsicht: Die Blechstreifen haben scharfe Kanten, die abgeschliffen werden müssen. Mit Metall-Lack (z. B. Autolack) lackiert man die Streifen in zwei verschiedenen Farben. Da Metallfarben oft sehr lange Trocknungszeiten haben, kann meist erst nach einigen Tagen weitergearbeitet werden. Aus den Metallstreifen fertigt man ein Flechtwerk, das an den Kreuzungspunkten der Bleche miteinander verklebt wird.

Die Größe des Metallgeflechtes richtet sich nach der gewünschten Schmuckstückform. Mit der lackierten Fläche nach unten schlägt man die Metallstreifen an einer Linealkante entlang nach rückwärts und glättet den Umbruch sorgfältig (Papier unterlegen).

Die Metallenden werden auf der Rückseite festgeklebt und mit Lack bestrichen. Auch die Umbruchkanten streicht man nach, wenn Lackschäden erkennbar sind.

Abschlussarbeiten: Loch für die Aufhängung bohren, Öse einlöten und das Kettchen einziehen.

Steine fassen

Oft findet man besonders schöne Steine und Glasstücke. Manche Fundstücke sind Erinnerungsstücke, die man gerne in ein Schmuckstück einarbeiten möchte. Dazu muss der Stein gefasst werden.

Mit Kupferklebeband und Lötzinn lassen sich Schmucksteine leicht befestigen. Eine randumgreifende Fassung ist besonders wichtig; dabei muss der Stein an der breitesten Stelle ein Zinnband erhalten.

In Bastelgeschäften gibt es selbstklebende Kupferbänder in verschiedenen Breiten. Diese werden an der breitesten Stelle um den Stein geklebt. Auch die Unterseite des

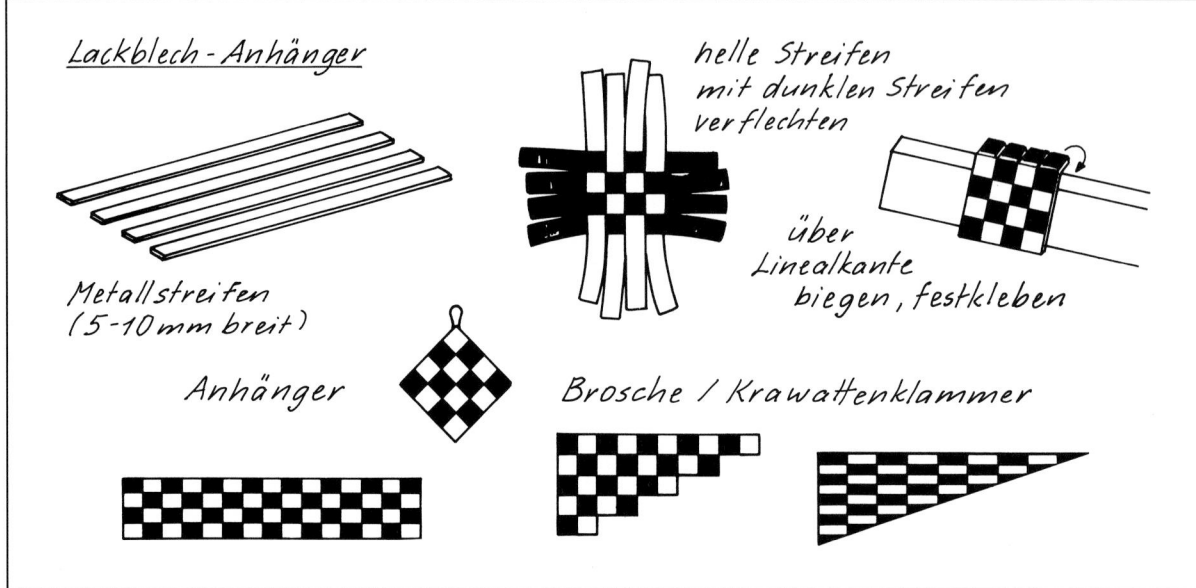

Lackblech-Anhänger

helle Streifen mit dunklen Streifen verflechten

über Linealkante biegen, festkleben

Metallstreifen (5-10 mm breit)

Anhänger

Brosche / Krawattenklammer

Steines klebt man damit ab. Mit dem Lötkolben erhitzt man Lötzinn und überzieht damit die Kupferfläche. An den so gefassten Stein lassen sich dann leicht eine Aufhängeöse, eine Broschenplatte oder ein Ringrohling anlöten.

Sehr eigenwillig ist auch eine dreidimensionale Steinfassung. Dazu überklebt man den Stein mit Kupferband an den Polen oder im Gürtelbereich. Hier können dann mit Lötzinn Silberdrähte angesetzt werden, die den Stein mit mehr oder weniger Abstand umfassen.

Hinweis: Schöne Glassteine für Ringe oder Broschen kann man aus bunten Glasmurmeln herstellen. Die Glaskugel wird in ein Tuch eingeschlagen und mit dem Hammer zertrümmert. Passende Bruchstücke sortiert man aus. Das Tuch muss sorgfältig ausgeschüttelt werden, damit man sich nicht an den Glassplittern verletzt.

Wer von der Arbeit mit Speckstein (siehe Seite 242) noch kleine Stücke übrig hat, kann daraus schöne Schmucksteine formen. Mit Schleifpapier rund schleifen und anschließend fassen. Durch Erhitzen lassen sich die Steine noch farblich verändern.

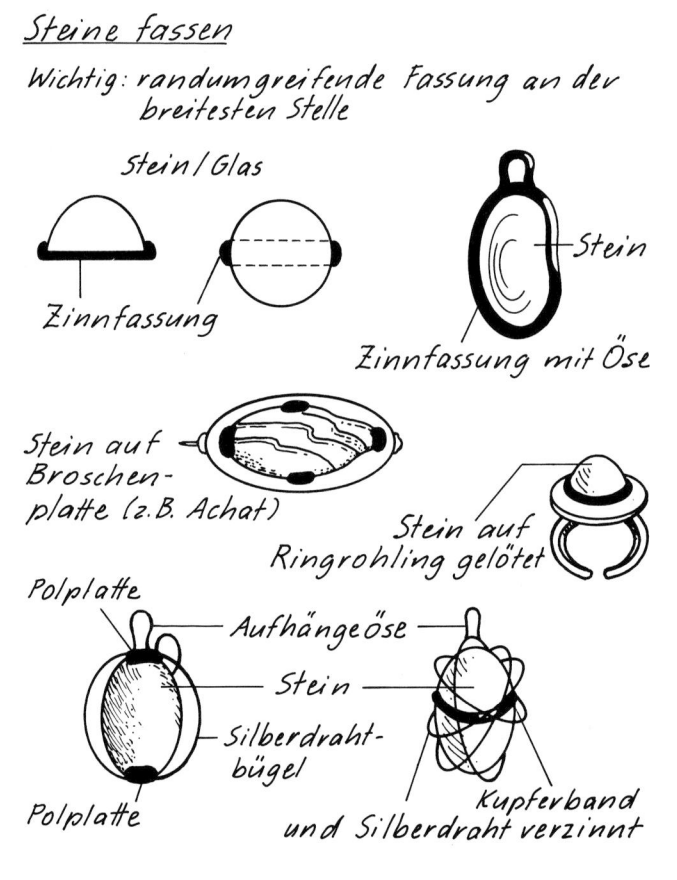

Steine fassen

Wichtig: randumgreifende Fassung an der breitesten Stelle

Stein/Glas

Zinnfassung

Zinnfassung mit Öse

Stein

Stein auf Broschenplatte (z.B. Achat)

Stein auf Ringrohling gelötet

Polplatte

Aufhängeöse

Stein

Silberdrahtbügel

Polplatte

Kupferband und Silberdraht verzinnt

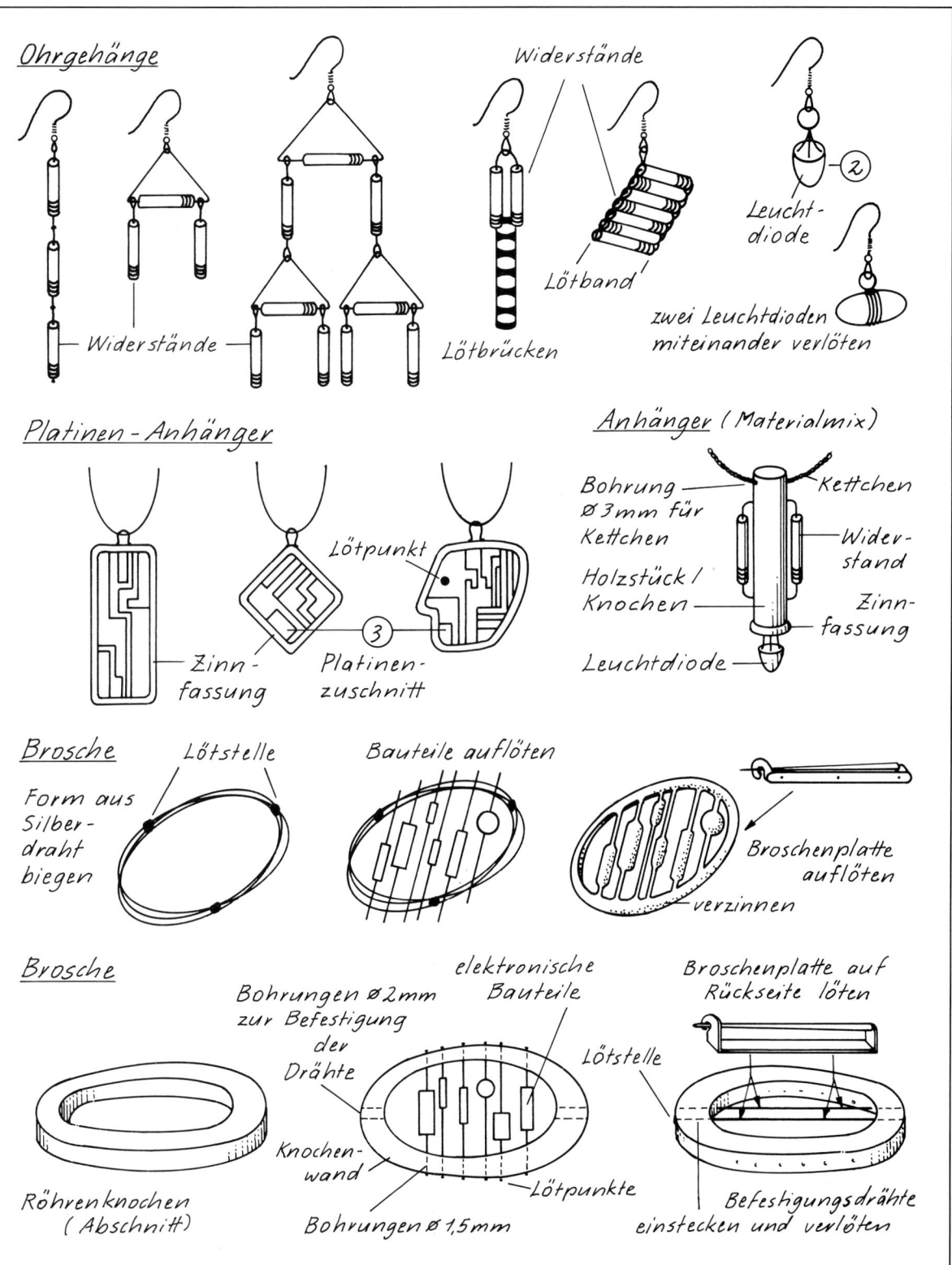

Ohrgehänge

Widerstände

Widerstände

Lötband

Leucht-
diode

②

zwei Leuchtdioden
miteinander verlöten

Lötbrücken

Platinen-Anhänger

Lötpunkt

③

Zinn-
fassung

Platinen-
zuschnitt

Anhänger (Materialmix)

Bohrung
Ø 3 mm für
Kettchen

Kettchen

Holzstück /
Knochen

Wider-
stand

Zinn-
fassung

Leuchtdiode

Brosche

Lötstelle

Form aus
Silber-
draht
biegen

Bauteile auflöten

Broschenplatte
auflöten

verzinnen

Brosche

Bohrungen Ø 2 mm
zur Befestigung
der
Drähte

elektronische
Bauteile

Broschenplatte auf
Rückseite löten

Lötstelle

Knochen-
wand

Röhrenknochen
(Abschnitt)

Lötpunkte

Bohrungen Ø 1,5 mm

Befestigungsdrähte
einstecken und verlöten

Einen ganz besonderen Reiz haben Schmuck-stücke, die aus einfachen Naturmaterialien ge-arbeitet werden.

Schmuck aus Naturmaterialien

Mit dünnem Kupfer- oder Silberdraht, selbstklebendem Kupferband (Tiffany-band) und Zinn kann man Fundstücke fassen und daraus Broschen, Anhänger, Ohrhänger oder Fingerringe herstellen.

Kleine, rundliche Teile müssen mit einem dünnen 2-mm-Bohrer durchbohrt und auf Draht gefädelt werden. Längliche Teile kann man auch mit Draht umwickeln.

Mit dem Lötkolben werden die Drahtstücke verzinnt. Dadurch wird das Schmuckstück sehr stabil. Genauso verwendet man das selbstklebende Kupferband, mit dem man besonders gut kantenumgreifende Einfassungen herstellen kann (siehe Abbildung).

Anhänger und Ohrhänger brauchen kleine Ösen zur Befestigung. Sie lassen sich leicht aus Draht biegen und anlöten.

Für Broschen und Krawattenschmuck gibt es in Bastelgeschäften passende Ansteck-nadeln zu kaufen. Sie werden an das Schmuckstück angelötet oder einfach angeklebt.

Hinweis: Besonders zerbrechlicher Natur-schmuck wird stabiler, wenn er in Leimwas-ser getaucht wird.

Mit Holzbeize kann man die Schmuckstücke oder Teile davon einfärben.

Schmuck aus Naturmaterialien ●●

Menge	Bezeichnung	Maße in mm	Material	Kenn-Nr.
diverse	Fundstücke		Naturmaterialien	1
	Ösen / Bindungen		Silberdraht/Kupferdraht	2
	Fassungen		Kupferklebeband	3
	Anstecknadeln, Broschennadeln, Ohrhänger, Kettchen, Verschlüsse			

Lötzinn / Lötwasser / Holzbeize / Zinn / Leimwasser

Anhänger / Ohrgehänge

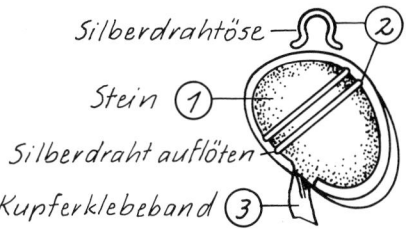

Silberdrahtöse — ②
Stein ①
Silberdraht auflöten
Kupferklebeband ③

① Holzscheiben von Ast abgesägt

Bohrung

Jahresringe mit Tuschestift nachgezeichnet

flache Steine, Brettchen u. ä. fassen: mit Kupferklebeband kantenumgreifend einfassen und verzinnen; Ösen anlöten

Frucht durchbohren, Silberdraht durchstecken und mit Ösen sichern

große Öse

① Mohnkapsel

kleine Öse — Glasperle

Variante:
— Drahtbügel
— Öse einkleben
— Blütenstand
kleine Haselnuss

— Drahtbügel

Drahtöse einkleben

kleine Nuss oder Holzperle

① bunte Feder (z. B. Eichelhäher, Wellensittich)

Armspange

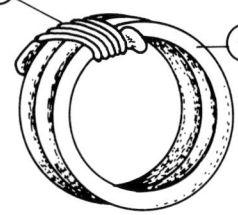

① Wurzel oder gewundener Zweig einer Knöterich- pflanze

jeweils trocknen, entrinden, schleifen, beizen, lackieren

wie gewachsen

Armreif

② Silberdraht (verlötet)

① Knöterichtrieb mit Draht zusammen- gebunden

Brosche

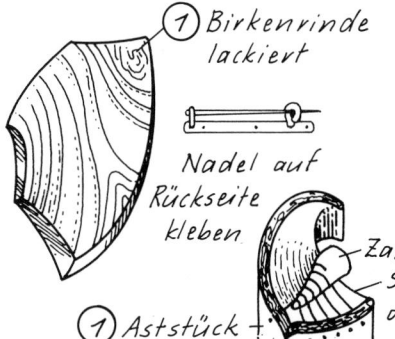

① Birkenrinde lackiert

Nadel auf Rückseite kleben

Zahn Silber- drähte verlötet

① Aststück

Anhänger

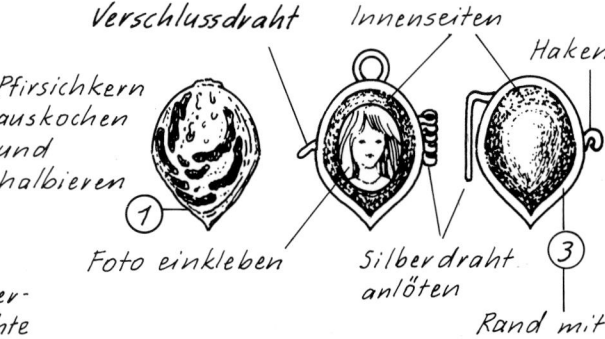

Verschlussdraht

Innenseiten

Haken

Pfirsichkern auskochen und halbieren

① Foto einkleben

Silberdraht anlöten

③

Rand mit Kupferband umkleben und verzinnen

X. Altbekannte Werkstücke

Marionette

Das Marionettenspiel entführt den Zuschauer in die Welt des Märchenhaften und Fantastischen. Das gesprochene Wort wird zur Nebensache; die Bewegung ist die Sprache der Marionette. Künstlerisch wird man dieser Anforderung nur durch geduldiges Üben gerecht.

Bei der Gestaltung aller Puppen spielt die Übertreibung der Proportionen eine wichtige Rolle. Die Kopfgröße sollte etwa ein Sechstel der Gesamtfigur ausmachen. Den Kopf kann man leicht und billig aus Papier in der Kaschiertechnik herstellen. Dazu umhüllt man ein Knäuel aus Zeitungspapier mit einer dünnen Folie (Lebensmittelfolie oder Gefrierbeutel). Die Folie dient als Trenn-

Der Kopf der Puppe muss so aufgehängt werden, dass er in Ruhestellung leicht nach vorne kippt. Der Bewegungsspielraum wird dabei durch die Größe der Halsöffnung geregelt.

schicht, damit später das Zeitungspapier wieder entfernt werden kann. Über diesen Modellierkern klebt man mehrere Schichten Leimpapier (in Leimwasser eingeweichte Papierstücke). Dicke Papierwülste werden in Leimwasser getaucht und auf den Kopf aufgesetzt. So modelliert man Augenbrauen, Augen, Wangenknochen, Nase, Lippen, Backen und Kinn. Mit weiteren Papierschichten wird die Oberfläche des Gesichtes geglättet.

Wenn das Leimpapier durchgetrocknet und ausgehärtet ist, können der Papierkern und die Folie mit einer Spitzzange oder einer Schere entfernt werden. Der Durchmesser der Halsöffnung sollte ca. 60 mm betragen. Für die Kopfaufhängung werden hinter den Ohren zwei Löcher durch die Papierform gestochen. Hier steckt man ein Drahtstück

(Schweißdraht) durch und hängt dabei einen Rundholzstab für den Hals mit ein. An beide Drahtenden biegt man Aufhänge-ösen.

Nun kann der Kopf bemalt und mit Haaren (Wolle oder Fellstücke) beklebt werden.

Der Körper der Marionette wird aus Vierkant- und / oder Rundholzleisten gebaut (siehe Abbildung).

Für die Ösengelenke dreht man Schraubösen in das Holz (Hals, Oberarm); Ellbogen- und Kniegelenke werden mit Ledergelenken ausgestattet. Die Lederstücke leimt man einfach in einen Sägespalt ein und sichert sie mit kleinen Nägeln. In der Beugerichtung müssen die Stäbe abgeschrägt werden – am Ellbogengelenk vorne und am Kniegelenk hinten.

Für die Handgelenke leimt man Lederröhrchen oder eine Lederschnur in entsprechende Bohrungen (5 mm ø).

Das Hüftgelenk ist ein einfaches Drehgelenk und wird mit einer Holzschraube gebildet, die das Oberschenkel-Rundholz drehbar lagert.

Das Beckengelenk wird aus Eisendraht gebogen (siehe Abbildung) und verbindet den Körper mit den Beinen.

Marionette ●●●●

Menge	Bezeichnung	Maße in mm	Material	Kenn-Nr.
1	Puppenkopf	ca. 120 ø	Pappmaschee	1
1	Hals-Rundholz	15–20 ø ca. 100 lang	Rundholz	2
1	Schulterholz	20 x 40 x 120	Vierkantholz	3
1	Körperholz	15–20 ø ca. 170 lang	Rundholz	4
1	Beckenholz	20 x 30 x 80	Vierkantholz	5
2	Oberarmhölzer	15–20 ø 100 lang	Rundholz	6
2	Unterarmhölzer	15–20 ø 100 lang	Rundholz	7
2	Oberschenkelhölzer	15–20 ø 130 lang	Rundholz	8
2	Unterschenkelhölzer	15–20 ø 120 lang	Rundholz	9
2	Hände	20 x 60 x 100	Lindenholz	10
2	Füße / Schuhe	50 x 45 x 100	Lindenholz	11
2	Röhrchengelenke	20 x 30	weiches Leder	12
4	Ledergelenke	20 x 30	weiches Leder	13
6	Scharnierösen	2,0 x 25	Schraubösen	14
3	Drahtgelenke	ca. 3 mm² Querschnitt	Eisendraht	15
2	Drehgelenke	3,5 x 35	Halbrundkopf Holzschrauben	16
1	Aufhängedraht für den Kopf	ca. 3 mm² Querschnitt	Schweißdraht	17
Spielkreuz:				
1	Zentralholz	20 x 20 x 300	Vierkantholz	18
3	Schulter- / Kopf- / Kniestab	10 x 150 ø	Rundholz	19
1	Handstab	10 x 150 ø	Rundholz	20
1	Kniestaböse	2,0 x 25	Schrauböse	21

Papier / Leim / Kleister / Dispersionsfarben / Lack / Nägelchen / Faden / Polstermaterial / Puppenkleidung

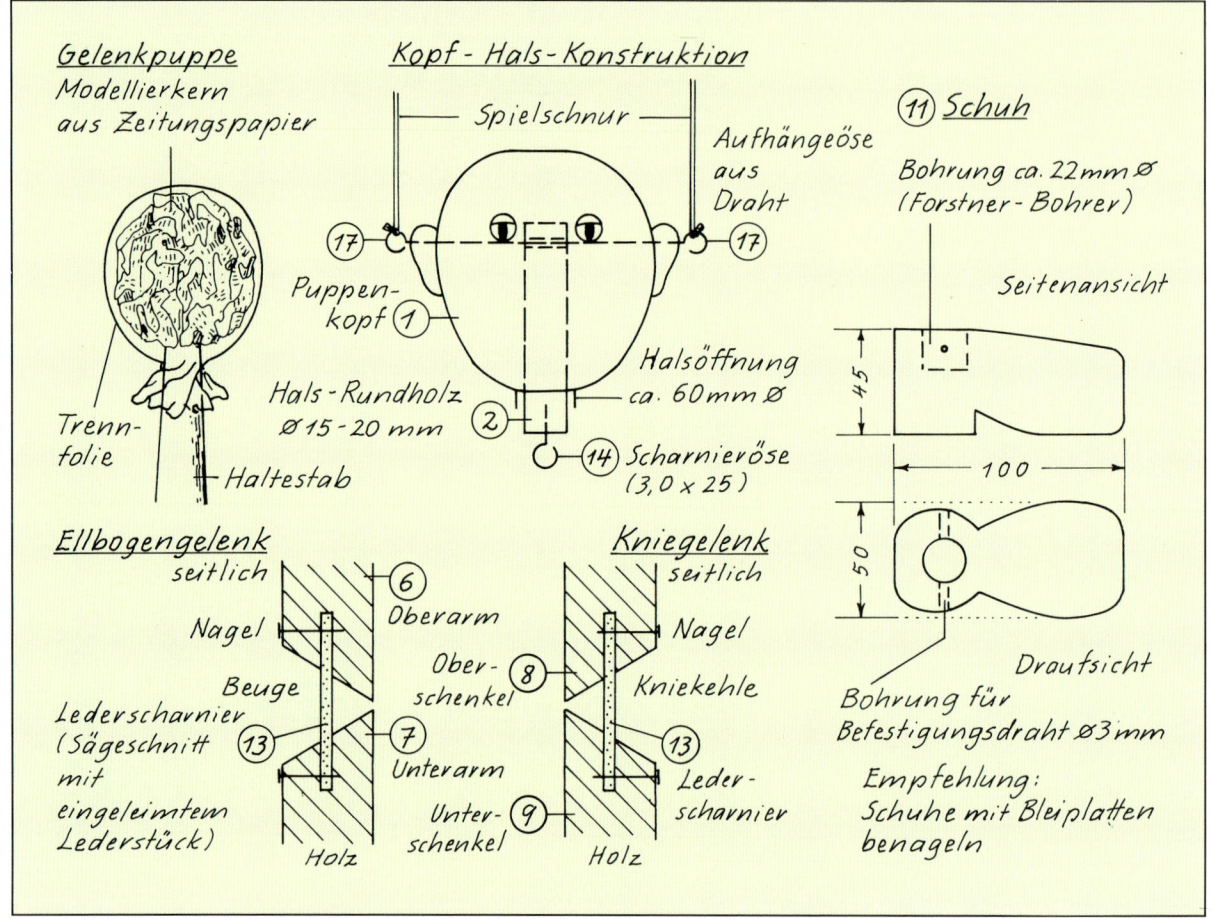

Das Fußgelenk ist in den Schuh eingesetzt. Durch eine Querbohrung werden Bein und Fuß (Schuh) mit einem Draht beweglich miteinander verbunden.

Die Marionette wirkt besonders schön, wenn man Hände und Schuhe aus Lindenholz schnitzt. Im Bastelwarengeschäft oder bei einem Schreiner erhält man entsprechende Holzstücke. Die grobe Form wird mit der Feinsäge (oder Dekupiersäge) zugeschnitten. Dann bohrt man sämtliche Löcher und arbeitet anschließend mit dem Schnitzmesser die weitere Form und Details heraus. Die Füße müssen beim Gehen fest auftreten und dürfen nicht zu leicht sein. Deshalb besohlt man die Holzschuhe am besten mit Bleiplatten vom Dachdecker. Diese werden mit kleinen Nägeln am Holz befestigt.

Das Spielkreuz verleiht der Marionette ihre Beweglichkeit. Es wird aus einem Vierkantholz (20 x 20 x 300 mm) und verschiedenen Rundhölzern (10 ø x 150 mm) zusammengebaut (siehe Abbildung).

Für den Spielanfänger ist eine einfache Aufhängung mit möglichst wenig Schnüren (Kopf, Schulter, Hand und Knie) leichter zu handhaben. Wer jedoch anspruchsvollere Bewegungsabläufe möchte, muss weitere Fäden anbringen (z. B. für Füße, Unterarme und Becken).

Bekleidung

Schulter-, Brust- und Beckenbereich werden mit Stoffresten umwickelt und nach Belieben aufgepolstert.

Die Beweglichkeit der Gelenke darf jedoch nicht behindert werden.

Gelenk-Körper

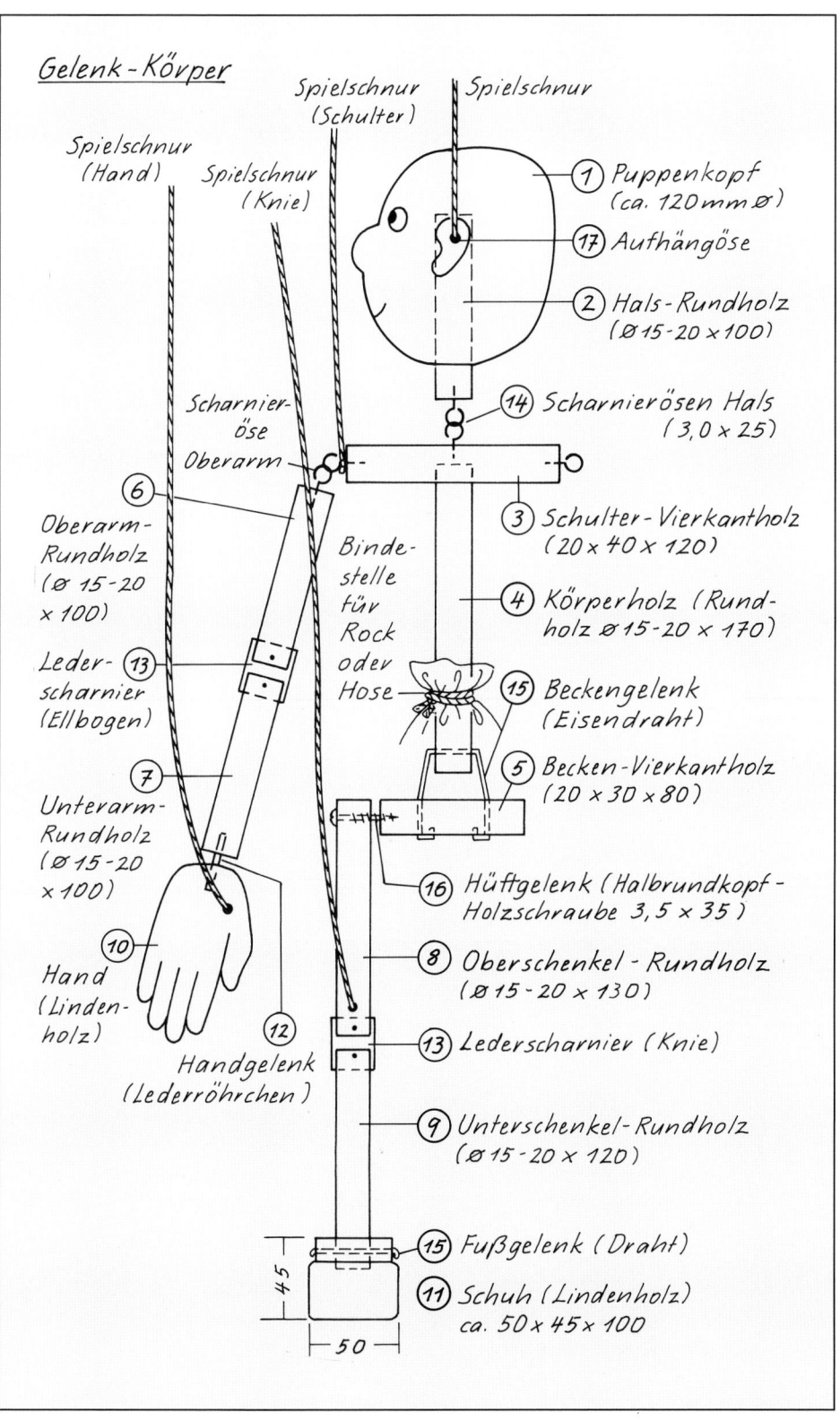

Spielschnur (Schulter)

Spielschnur

Spielschnur (Hand)

Spielschnur (Knie)

① Puppenkopf (ca. 120 mm ⌀)

⑰ Aufhängöse

② Hals-Rundholz (⌀ 15-20 × 100)

⑭ Scharnierösen Hals (3,0 × 25)

Scharnier-öse Oberarm

⑥ Oberarm-Rundholz (⌀ 15-20 × 100)

③ Schulter-Vierkantholz (20 × 40 × 120)

④ Körperholz (Rund-holz ⌀ 15-20 × 170)

Binde-stelle für Rock oder Hose

⑬ Leder-scharnier (Ellbogen)

⑮ Beckengelenk (Eisendraht)

⑤ Becken-Vierkantholz (20 × 30 × 80)

⑦ Unterarm-Rundholz (⌀ 15-20 × 100)

⑯ Hüftgelenk (Halbrundkopf-Holzschraube 3,5 × 35)

⑧ Oberschenkel-Rundholz (⌀ 15-20 × 130)

⑩ Hand (Linden-holz)

⑬ Lederscharnier (Knie)

⑫ Handgelenk (Lederröhrchen)

⑨ Unterschenkel-Rundholz (⌀ 15-20 × 120)

⑮ Fußgelenk (Draht)

⑪ Schuh (Lindenholz) ca. 50 × 45 × 100

45

50

Die Kleidung anzufertigen, erfordert etwas Näherfahrung. Besonders schön wirken möglichst originalgetreue Kleidungsstücke. Doch auch einfache Umhänge und um die Figur geschlungene Stoffbahnen haben ihren Reiz. Puppen- und Babykleidung kann ebenfalls verwendet werden.

Wenn die Puppe angezogen ist, können die Spielfäden befestigt werden. Es brauchen

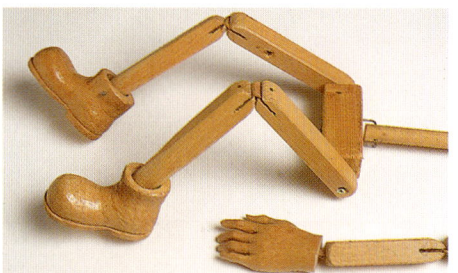

nicht unbedingt unsichtbare Kunststoffschnüre sein, auch reißfeste Baumwollfäden sind sehr reizvoll.

Mit einer Nadel zieht man die Schulter- und Kniefäden durch die Kleidung und knotet die Schnüre an den Schraubösen fest.

Die Kopfschnüre werden an die Drahtösen hinter den Ohren gebunden und für die Handschnüre muss ein kleines Loch (2 mm ø) durch den Daumenballen der Hand gebohrt werden.

Am Spielkreuz werden zuerst die Schulterfäden befestigt. Sie tragen das Hauptgewicht der Puppe. Alle anderen Schnüre orientieren sich an dieser Aufhängung.

Am waagrecht aufgehängten Spielkreuz richtet man die Fadenlängen so aus, dass die Figur eine stehende Haltung einnimmt.

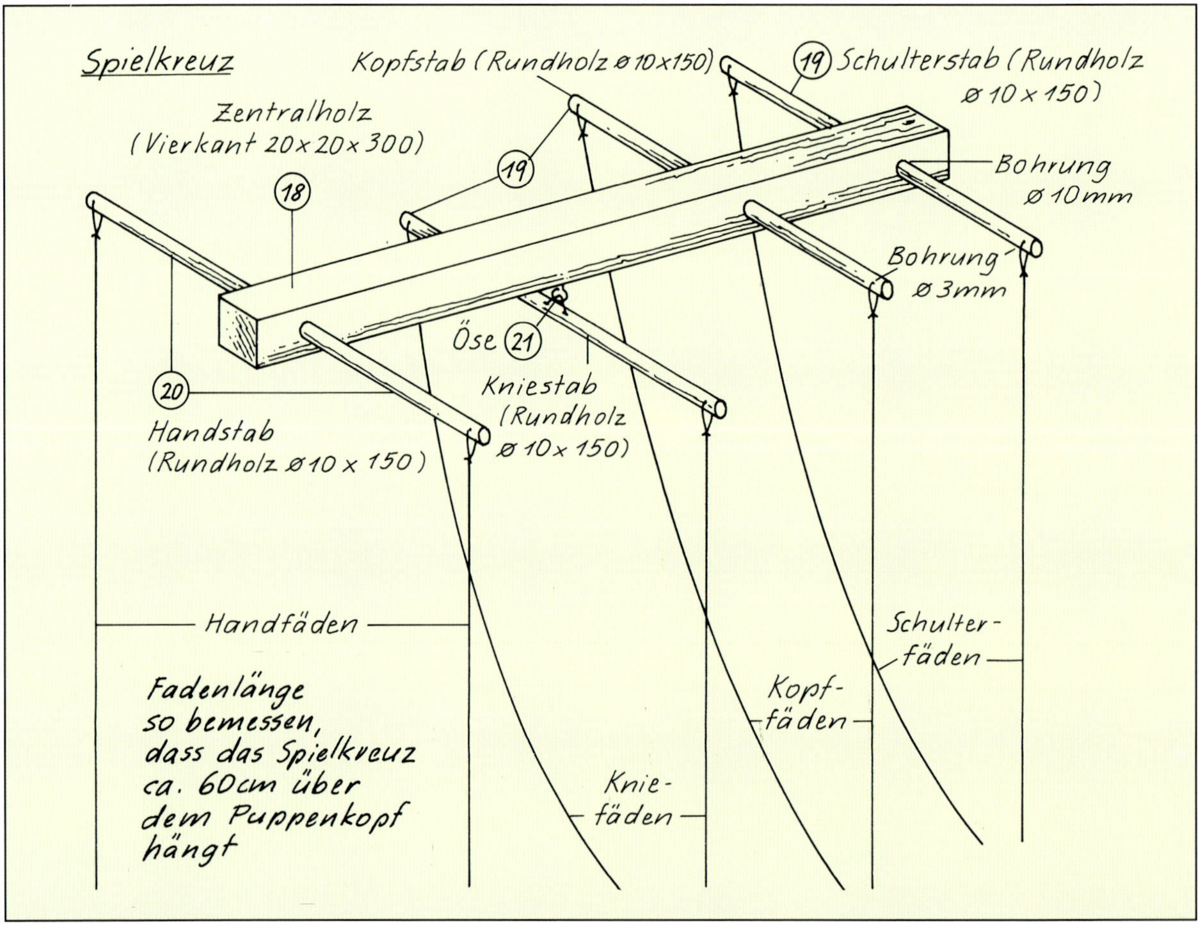

Spielkreuz

Kopfstab (Rundholz ø 10 x 150)

(19) Schulterstab (Rundholz ø 10 x 150)

Zentralholz (Vierkant 20 x 20 x 300)

(18)

(19)

Bohrung ø 10 mm

Bohrung ø 3 mm

Öse (21)

Kniestab (Rundholz ø 10 x 150)

(20)

Handstab (Rundholz ø 10 x 150)

Handfäden

Fadenlänge so bemessen, dass das Spielkreuz ca. 60 cm über dem Puppenkopf hängt

Knie-fäden

Kopf-fäden

Schulter-fäden

Tiermarionette

••

Die Besonderheit dieser Marionette liegt in der Zweiteilung des Körpers (Kopfteil und Hinterteil).

Die beiden Bauteile können aus Ton geformt und gebrannt oder aus Lindenholz geschnitzt werden. In die Tonform muss man vor dem Brennen Befestigungslöcher einstechen (siehe Abbildung). In eine Holzfigur können Schraubösen eingedreht und entsprechende Befestigungslöcher gebohrt werden.

Zusätzlich benötigt man vier Füße aus Ton oder Holz. Sie werden zweimal durchbohrt, damit man sie wie einen Knopf annähen kann.

Alle so vorgefertigten Teile bemalt man sorgfältig mit Dispersionsfarben. Für den nötigen Glanz sorgt ein Lacküberzug.

Kopfteil und Hinterteil verbindet man mit einem kurzen Holzstöckchen und einer dünnen Schnur beweglich miteinander. Durch die Schnur kann sich im Spiel die Körperlänge des Tieres verändern, je nachdem, ob die Schnur straff gehalten wird oder durchhängt.

Die Spielfäden knüpft man an den vorgesehenen Bohrungen ein. Sie müssen genau im Schwerpunkt des Kopfes und des Hinterteiles liegen.

Ein schlauchartig zusammengenähtes Stoffstück bildet den eigentlichen Körper. Es wird über den Holzstab geschoben und an den Kopf und das Hinterteil geklebt.

Damit man die Naht nicht sieht, muss der Stoff für den Körper links auf links zusammengenäht und dann gewendet werden.

Für die Beine näht man einen Stoffstreifen zu einer dünneren Röhre zusammen (links nähen und wenden). Mit wenigen Stichen werden diese Röhren an den Tierkörper angenäht. Nun steckt man von unten die Füße in die Beinröhren und näht sie durch die Fußlöcher an, damit sie nicht mehr herausrutschen können.

Hinweis: Der Stoff muss vor dem Nähen bemalt werden, denn dann kann man die Stofffarben problemlos einbügeln.

Abschließend knüpft man die Spielfäden an das Spielholz. An der Befestigungsschlaufe kann die ganze Figur aufgehängt werden.

Diese einfache Marionette wird nur durch zwei Fäden bewegt und ist deshalb einfach nachzubauen.

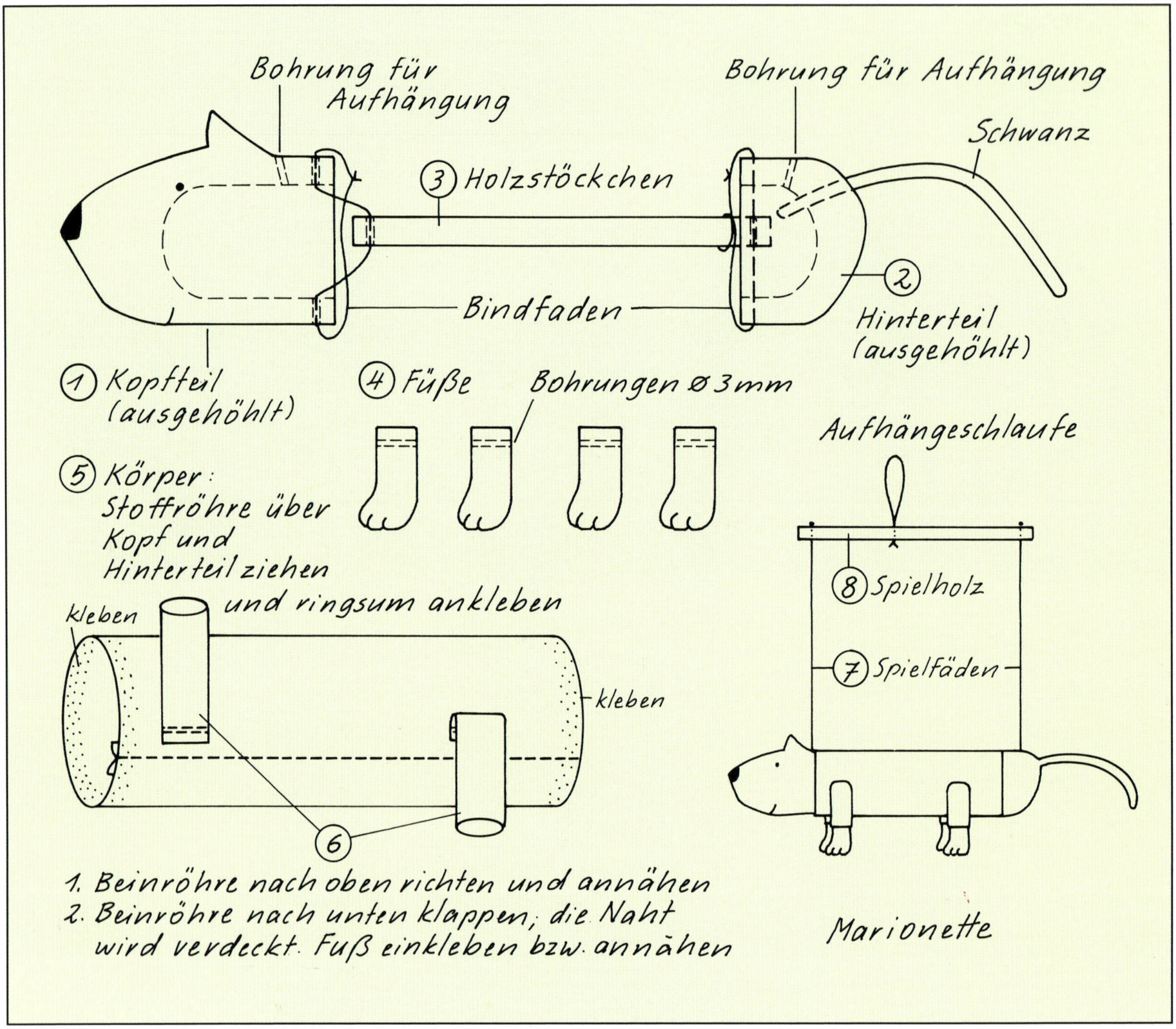

Bohrung für
Aufhängung

Bohrung für Aufhängung

Schwanz

③ Holzstöckchen

Bindfaden

② Hinterteil
(ausgehöhlt)

① Kopfteil
(ausgehöhlt)

④ Füße

Bohrungen ⌀ 3mm

Aufhängeschlaufe

⑤ Körper:
Stoffröhre über
Kopf und
Hinterteil ziehen
und ringsum ankleben

⑧ Spielholz

⑦ Spielfäden

kleben

kleben

⑥

Marionette

1. Beinröhre nach oben richten und annähen
2. Beinröhre nach unten klappen; die Naht
   wird verdeckt. Fuß einkleben bzw. annähen

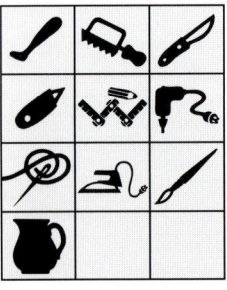

Tiermarionette ●●

Menge	Bezeichnung	Maße in mm	Material	Kenn-Nr.
1	Kopf	beliebig	Ton	1
1	Hinterteil	beliebig	Ton	2
1	Verbindungsholz	beliebig	Holzstöckchen	3
4	Füße	beliebig	Ton	4
1	Körper	beliebig	Stoff	5
4	Beinröhren	beliebig	Stoff	6
2	Spielfäden	beliebig	Schnur	7
1	Spielholz	beliebig	Holzstöckchen	8

Klebstoff / Tonglasur oder Dispersionsfarben / Lack / Bindfaden

Laufvogel

Auch der Laufvogel ist eine Marionette, die einfach zu bauen und zu spielen ist.
Er ist an einem Spielkreuz aufgehängt und wird mit vier Fäden bewegt.
Aus einem Holzklotz (ca. 50 x 50 x 80 mm) wird ein Kopf mit einem Schnabel heraus-gesägt oder geschnitzt. Es genügt, die wichtigsten Merkmale wie den großen Schnabel und zwei große Augen herauszuarbeiten. Es können auch Glasaugen aufgeklebt werden. Für den Halsfortsatz und eine Spielschnur müssen zwei Löcher (5 mm ø / 2 mm ø) gebohrt werden.
Ein weiterer gleich großer Holzklotz dient als Körper.

Durch abwechselndes Kippen des Spielkreuzes nach links oder rechts und einer gleichzeitigen Vorwärtsbewegung schreitet der Vogel majestätisch über die Bühne.

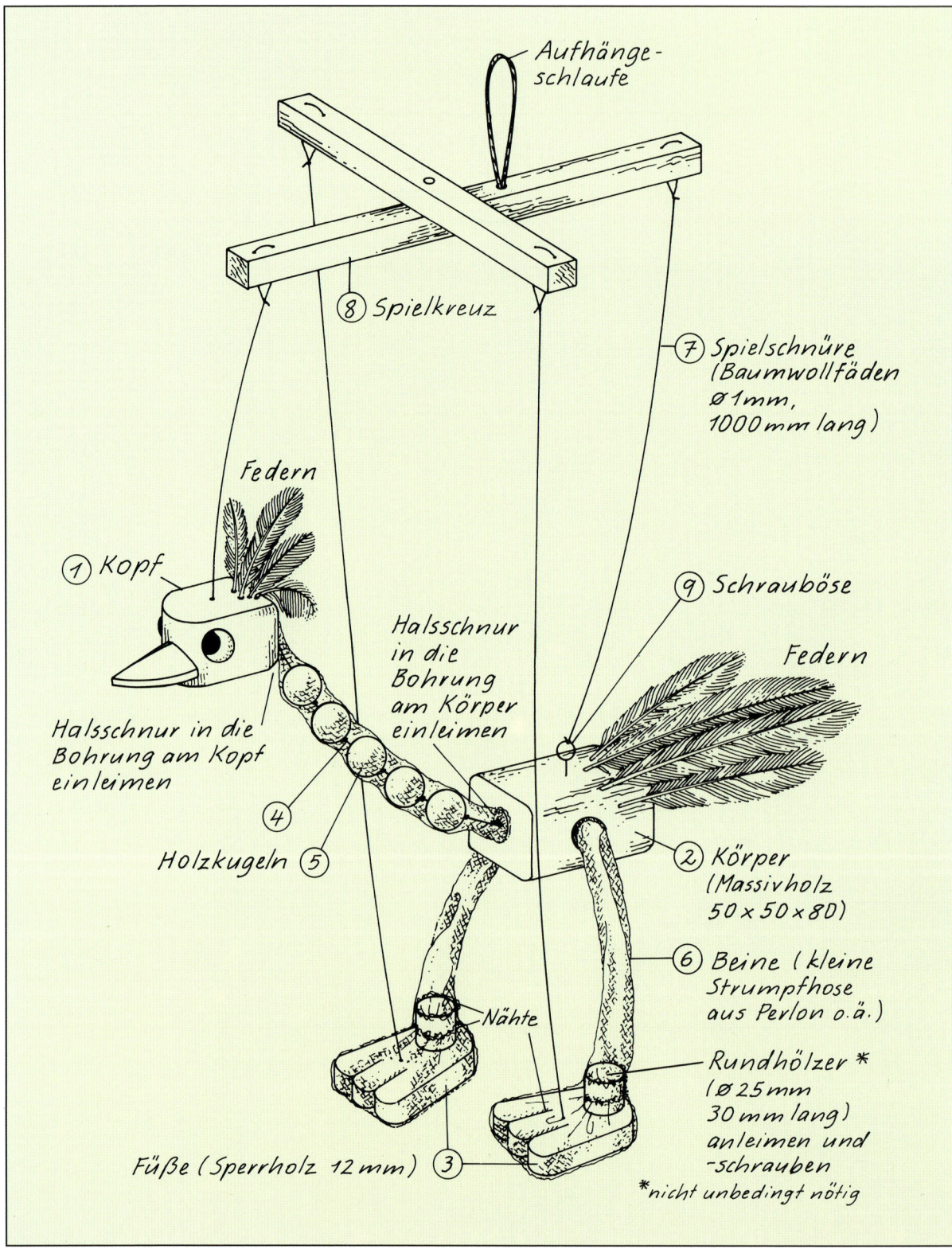

Aufhänge-
schlaufe

⑧ Spielkreuz

⑦ Spielschnüre
(Baumwollfäden
ø 1mm,
1000 mm lang)

Federn

① Kopf

⑨ Schrauböse

Halsschnur
in die
Bohrung
am Körper
einleimen

Federn

Halsschnur in die
Bohrung am Kopf
einleimen

④

Holzkugeln ⑤

② Körper
(Massivholz
50 x 50 x 80)

Nähte

⑥ Beine (kleine
Strumpfhose
aus Perlon o.ä.)

Rundhölzer *
(ø 25 mm
30 mm lang)
anleimen und
-schrauben

Füße (Sperrholz 12 mm) ③

*nicht unbedingt nötig

Laufvogel ●●

Menge	Bezeichnung	Maße in mm	Material	Kenn-Nr.
1	Kopf	50 x 50 x 80	Massivholzleiste	1
1	Körper	50 x 50 x 80	Massivholzleiste	2
2	Füße	12 dick	Sperrholz	3
1	Halsschnur	ca. 400 lang/ 3 ø	Kunststoffschnur	4
6–8	Holzkugeln	ca. 25 ø	Holzkugeln	5
2	Beine		Strumpfhose	6
4	Spielschnüre	1 ø / Länge ca. 100	Baumwollfäden	7
1	Spielkreuz	ca. 300 x 200	Vierkanthölzer	8
1	Schrauböse	15 x 15 oder 3,0 x 20	Schrauböse	9

Federn / Wollfäden / Dispersionsfarbe / Lack / Klebstoff / Leim

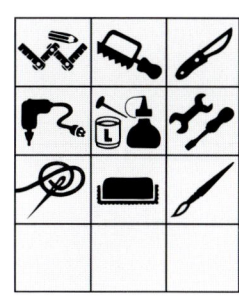

In die eine Bohrung (5 mm ø) leimt man eine Schnur ein. Sie dient mit den aufgefädelten Holzkugeln als Hals und wird am Kopf und am Körper befestigt. Zusätzlich kann ein Nylonstrumpf über die Halsschnur gezogen werden.

Durch eine größere, quer durch den Körper führende Bohrung (15 mm ø) wird als Beine eine alte Nylonstrumpfhose gezogen (oder: dicke Kordel, Stoffbänder, ein dünner Fahrradschlauch).

Zur Befestigung der Spielschnur, die den Körper trägt, wird eine Schrauböse in den Rücken eingedreht.

Die Füße sägt man aus einem Brettstück aus und setzt darauf (mit Leim und einer Holzschraube) einen kurzen Rundholz-Abschnitt (Besenstiel / 25 mm ø / Länge 30 mm). Die Füße lassen sich leicht befestigen: Sie werden einfach in die Strumpfhose gesteckt und so umnäht, dass das Holz nicht mehr verrutschen kann.

Im Schwerpunkt der Füße bohrt man je ein Loch (2 mm ø) und befestigt daran die Spielschnüre.

Das Spielkreuz besteht aus zwei zusammengeschraubten Leisten. An den Leistenenden bohrt man jeweils zwei Löcher und bindet die Spielschnüre an.

Bunt bemalt und mit Federn oder Wollfäden beklebt, kann dieser Vogel in jedem Marionettenspiel eine besondere Rolle spielen.

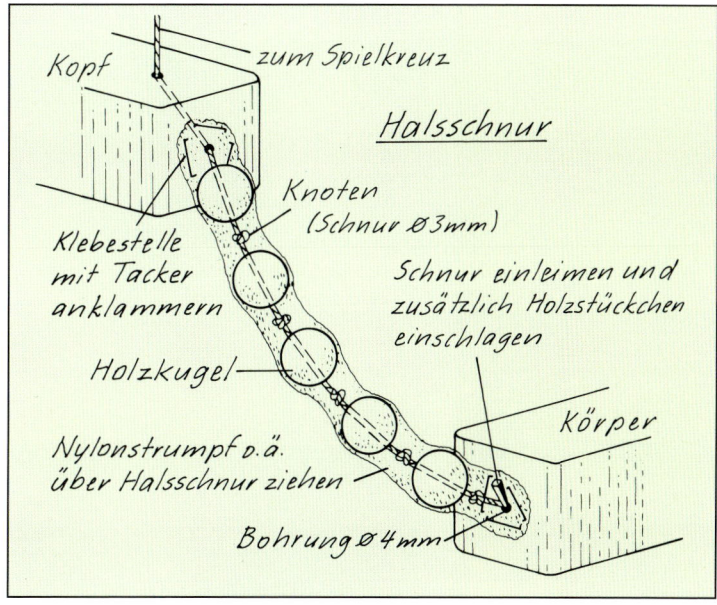

Kopf — zum Spielkreuz

Halsschnur

Knoten (Schnur Ø3mm)

Schnur einleimen und zusätzlich Holzstückchen einschlagen

Klebestelle mit Tacker anklammern

Holzkugel

Körper

Nylonstrumpf o.ä. über Halsschnur ziehen

Bohrung Ø4mm

Improvisierte Bühnen

Papierschablone ergibt auseinander geklappt eine symmetrische Vorlage (Bühnenfront)

Kleine Handpuppenbühne

Handpuppen kann man auch auf improvisierten „Bühnen" sehr wirkungsvoll auftreten lassen: Für eine kleine Show genügt schon ein über den Unterarm gehängtes Tuch. Für ein Spiel mit mehreren „Schauspielern" wird eine Schnur gespannt und eine Decke darüber gehängt. Wer jedoch seine Liebe zu Handpuppen entdeckt hat, der möchte über kurz oder lang eine richtige Spielbühne haben.

Bauanleitung:
Für die Bühnenfront benötigt man fünf Rahmenteile (zwei Seiten- und drei Zwischenteile) und eine Frontplatte mit einem Spielbrett. Zuerst wird der Rahmen zusammengebaut (Holzschrauben / Leim) und mit der Frontplatte verleimt und verschraubt.

Wichtig: Auf Rechtwinkligkeit achten!
Mit der Stichsäge wird danach der Bühnenausschnitt herausgesägt und mit Holzfeile und Schleifpapier sorgfältig nachgearbeitet. Damit der obere, geschwungene Rand sym-

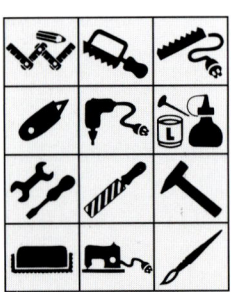

Kleine Handpuppenbühne ●●●

Menge	Bezeichnung	Maße in mm	Material	Kenn-Nr.
1	Frontplatte	10 x 1000 x 1200	Sperrholz	1
2	Rahmen-Seitenteile	18 x 80 x 1200	Massivholz, z. B. Fichtenleimholz	2
3	Rahmen-Zwischenteile	18 x 80 x 964	Massivholz	3
1	Spielbrett mit Stützen	18 x 80 x 630 18 x 60 x 60	Massivholz Massivholz	4
1	Vorhangstab	15 ø x 960	Rundholz	5
2	Stabhalterungen	3,0 x 35	Schraubhaken	6
2	Seitenflügel	20 x 490 x 1200	Tischlerplatte	7
2	Scharniere	15 x 1200	Klavierband (Bandscharnier)	8
2	Vorhänge	400 x 550	Baumwollstoff	9
1	Verschlussfalle / Haken		Eisen	10
5–6	Haltestäbe	10 ø x 250	Rundholz	11

Dispersionsfarben / Wasserlack / Leim / Holzkitt / Holzschrauben Senkkopf (Spax) 3,0 x 35 / 3,0 x 25 / 2,0 x 15

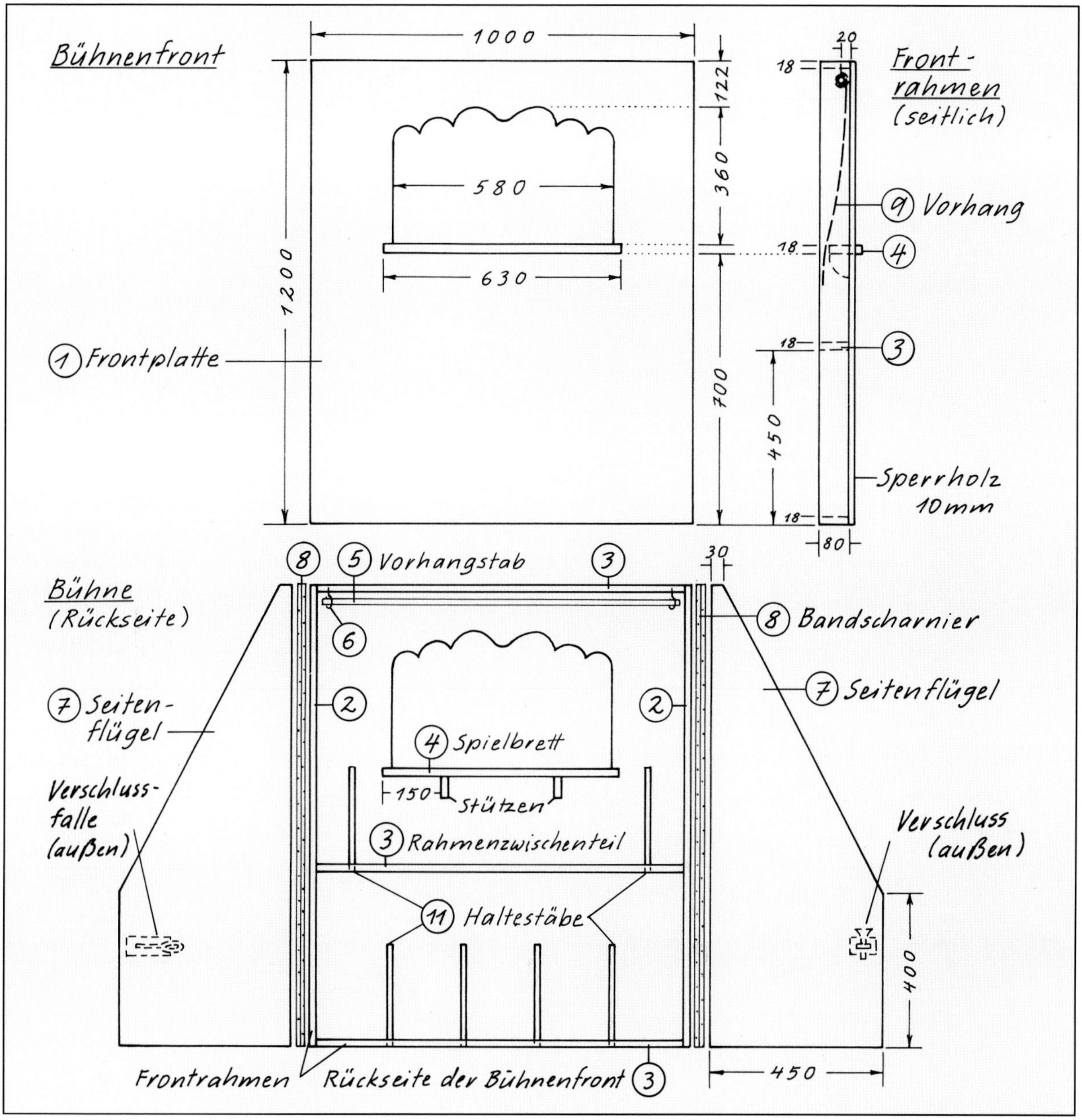

Bühnenfront

1000

122

360

580

630

700

450

1200

① _Frontplatte_

⑨ _Vorhang_
④

③

_Front-
rahmen_
(seitlich)

20

18

18

18

18

18

80

_Sperrholz
10mm_

Bühne
(_Rückseite_)

⑧ ⑤ _Vorhangstab_ ③ 30

⑥

⑧ _Bandscharnier_

② ②

④ _Spielbrett_

150 _Stützen_

③ _Rahmenzwischenteil_

⑪ _Haltestäbe_

⑦ _Seiten-
flügel_

_Verschluss-
falle
(außen)_

⑦ _Seitenflügel_

_Verschluss
(außen)_

400

450

Frontrahmen _Rückseite der Bühnenfront_ ③

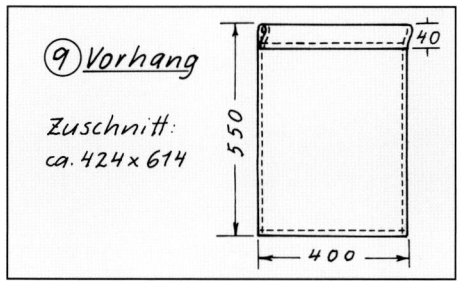

⑨ _Vorhang_

_Zuschnitt:
ca. 424 × 614_

550

40

400

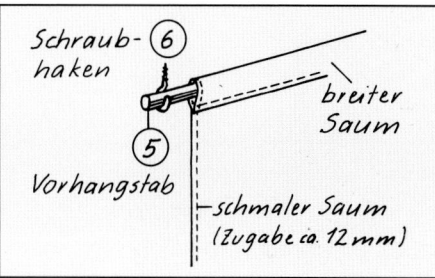

Schraub- ⑥
haken

⑤

Vorhangstab

_breiter
Saum_

_schmaler Saum
(Zugabe ca. 12 mm)_

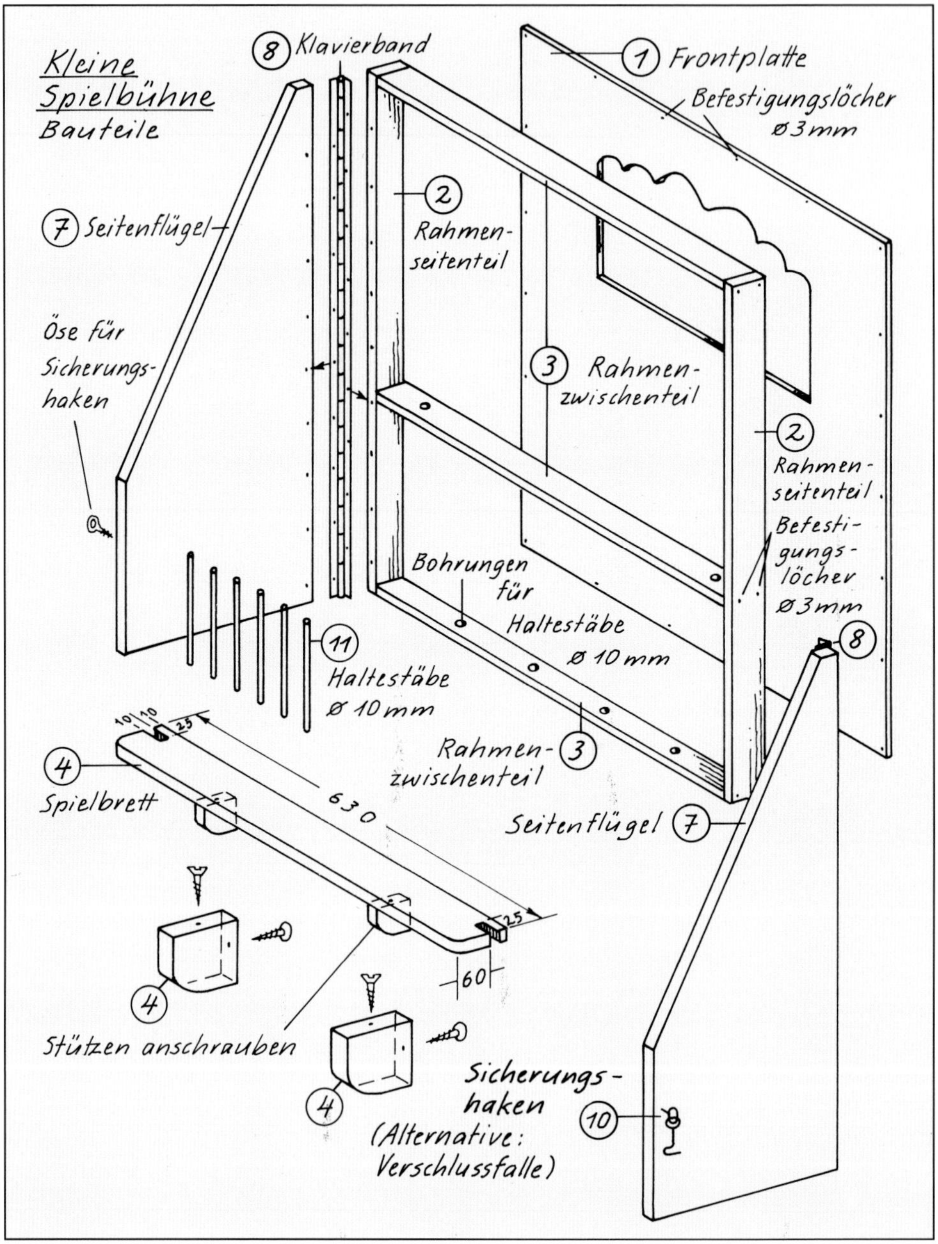

Kleine
Spielbühne
Bauteile

(8) Klavierband

(1) Frontplatte
Befestigungslöcher
Ø3mm

(7) Seitenflügel

(2)
Rahmen-
seitenteil

Öse für
Sicherungs-
haken

(3) Rahmen-
zwischenteil

(2)
Rahmen-
seitenteil
Befesti-
gungs-
löcher
Ø3mm

Bohrungen
für
Haltestäbe
Ø 10 mm

(11)
Haltestäbe
Ø 10 mm

Rahmen- (3)
zwischenteil

(8)

(4)
Spielbrett

630

Seitenflügel (7)

2.5

60

Stützen anschrauben

(4)

Sicherungs-
haken
(Alternative:
Verschlussfalle)

(10)

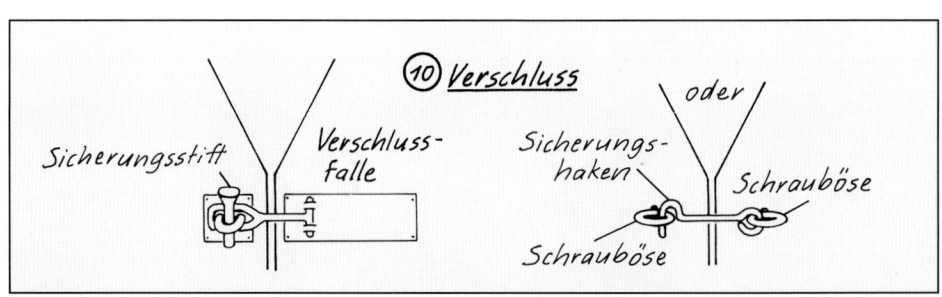

(10) _Verschluss_   oder

Sicherungsstift   Verschlussfalle

Sicherungs-
haken   Schrauböse

Schrauböse

metrisch wird, fertigt man dafür eine Papierschablone an.

Auf den unteren Rand setzt man ein Spielbrett. Die Ausschnitte müssen genau gearbeitet sein, damit sich das Brett leicht einpassen und verleimen lässt. Zur Absicherung werden innen zwei Holzstützen angeschraubt.

Zusätzliche Ausstattung:

1. Vorhang: Mit zwei Schraubhaken wird am oberen Rahmenzwischenteil ein Vorhangstab befestigt. Den zweigeteilten Vorhang zieht man mit einem breiten Saum über diesen Holzstab.

2. Haltestäbe: Sie dienen als Ablage für die Puppen. Die Rundholzstäbe werden einfach in die unteren Rahmenzwischenteile eingeleimt (Bohrung 10 mm ø).

Damit die Bühnenfront nicht umkippt, müssen zwei Stellbretter (Seitenflügel) angeschraubt werden.

Die Seitenflügel sollen durch ihr Gewicht auch die Standfestigkeit der Spielbühne erhöhen. Deshalb verwendet man dafür etwas dickeres Holz (z. B. eine Tischlerplatte). Mit Bandscharnieren (Klavierband) verbindet man diese Teile mit der Bühnenfront.

So kann die Spielbühne nach der Vorstellung zusammengeklappt und mit einer Verschlussfalle oder einem Sicherungshaken verschlossen werden.

Außerdem sind die Handpuppen auf den Haltestäben gut aufgeräumt und vor Beschädigung geschützt.

Hinweis: Bei der Aufführung sollten die Puppen mit einer Lampe angestrahlt werden.

Die kleine Handpuppenbühne ist einfach zu bauen und leicht zu handhaben. Sie benötigt nicht viel Platz und kann nach dem Spiel rasch zusammengeklappt und zur Seite gestellt werden.

Vom Frühjahr, wenn die Säfte in den Pflanzen wieder steigen, bis zum Frühsommer lassen sich aus Weidenstöcken Pfeifchen, Fiepen und Hörner herstellen. Als Werkzeug benötigt man lediglich ein Messer mit einem glatten Schaft.

Pfeifchen, Fiepe, Horn

Weidenpfeifchen

Von einer etwa fingerdicken, saftigen Weidenrute schneidet man ein 150 mm langes Stück ab. Ein 60 bis 80 mm langer Abschnitt muss knospenfrei sein. Er wird mit einem sauberen Messerschnitt vorne abgeschrägt und wie in der Abbildung eingekerbt. Am Ende des Abschnittes durchschneidet man ringsum die Rinde. Der Holzkern selbst wird nicht durchtrennt.

Die Rinde muss nun gleichmäßig mit dem Messerrücken auf dem Oberschenkel weich geklopft werden. Dies geht sehr leicht, wenn das Weidenstöckchen immer wieder befeuchtet wird oder vorher mehrere Stunden im Wasser lag.

Mit einer leichten Drehung des Holzkernes kann dann die Rindenröhre abgezogen werden. Vom abgeschrägten Ende des Kernholzes schneidet man ein kurzes Stück

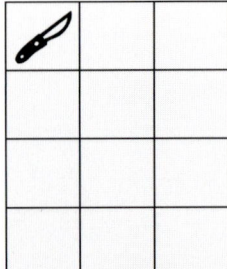

Pfeifchen, Fiepe, Horn ●●

Menge	Bezeichnung	Maße in mm	Material	Kenn-Nr.
Weidenpfeifchen:				
1	Mundstück	ca. 15 ø / 15 lang	Weidenstöckchen	1
1	Rindenröhre	ca. 15 ø / 80 lang	Weidenstöckchen	2
1	Bodenverschluss	ca. 15 ø / 80 lang	Weidenstöckchen	3
Fiepe:				
1	Rindenröhre	5–10 ø	Weidenrute	4
Horn:				
1 (oder mehrere)	Rindenband	50 breit / 1000 lang	Weide	5
ca. 25	Stacheln	ca. 30 lang	Schlehdorn	6
1	Fiepe	40 lang	Weide	7

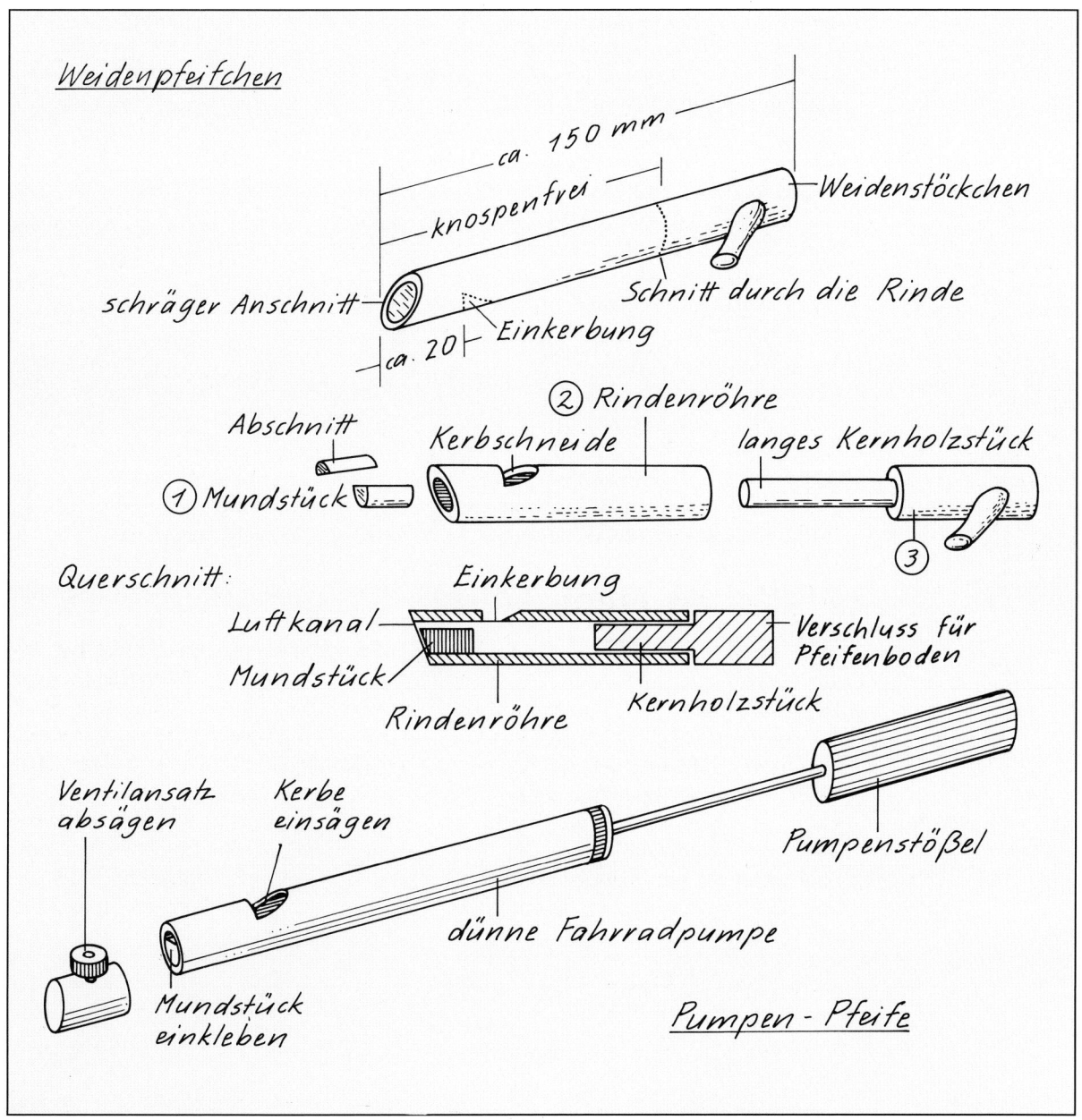

Weidenpfeifchen

ca. 150 mm
knospenfrei
Weidenstöckchen
schräger Anschnitt
Schnitt durch die Rinde
ca. 20
Einkerbung

② Rindenröhre
Abschnitt
Kerbschneide
langes Kernholzstück
① Mundstück
③

Querschnitt:
Einkerbung
Luftkanal
Verschluss für
Pfeifenboden
Mundstück
Rindenröhre
Kernholzstück

Ventilansatz
absägen
Kerbe
einsägen
Pumpenstößel
dünne Fahrradpumpe
Mundstück
einkleben
Pumpen - Pfeife

(ca. 15 mm) weg und flacht es an der langen Seite 2–3 mm ab. Dieses Mundstück regelt den Luftdurchlass und wird vorne in die Rindenröhre gesteckt. Der Luftstrom muss genau auf die Schneide der Kerbe treffen. Den Pfeifenboden verschließt man mit dem langen Kernholzstück. Durch dieses Holzstöckchen lässt sich die Pfeifenlänge und damit die Tonhöhe verändern.

Anmerkung: Auch mit Metall- und Kunststoffröhren und passenden Rundholzstöckchen können in der beschriebenen Bauweise Pfeifchen hergestellt werden.
Eine interessante Pfeife kann man so auch aus einer Fahrrad-Luftpumpe herstellen. Mit dem Pumpenstößel wird dabei die Tonhöhe variiert.

Fiepe

Eines der einfachsten Blasinstrumente ist die Rehfiepe. Man kann damit einen gleichmäßigen fiependen oder schnarrenden Ton erzeugen. Die Tonhöhe ist abhängig von Länge und Durchmesser des Blasröhrchens. Eine dünne, vollsaftige Weidenrute wird so abgeschnitten, dass man ein 30 bis 60 mm langes knospenfreies Stück erhält. Mit einem zweiten umlaufenden Messerschnitt durchtrennt man die Rinde am anderen Ende; der Holzkern wird nicht abgeschnitten.

Ringsum muss die Rinde mit dem Messerrücken weich geklopft werden. Dann lässt sich mit einer leichten Drehung des Kernholzes die Rindenröhre abziehen.

Sie wird an einem Ende flach zusammengedrückt, sodass man mit dem Messer die äußere Rinde abziehen kann (5 bis 10 mm breit).

Nur zwei dünne Basthäutchen bleiben stehen. Wenn man durch das Röhrchen bläst, beginnen sie zu schwingen und erzeugen den vibrierenden Ton.

Die Rindenröhre wird dabei mit den Lippen festgehalten und so weit in die Mundhöhle gesteckt, dass die Basthäutchen beim Blasen frei schwingen können. Damit die Häutchen elastisch bleiben, müssen sie immer wieder gut angefeuchtet werden.

Im Herbst, wenn das Schilfrohr oder der Gartenbambus trocken und verholzt sind, lässt sich ein ganz ähnlich funktionierendes Zungenblasinstrument herstellen.

Man schneidet sich ein etwa 250 mm langes und 8–10 mm dickes Rohr zurecht. An einer Seite muss das Rohr durch den Rohrknoten

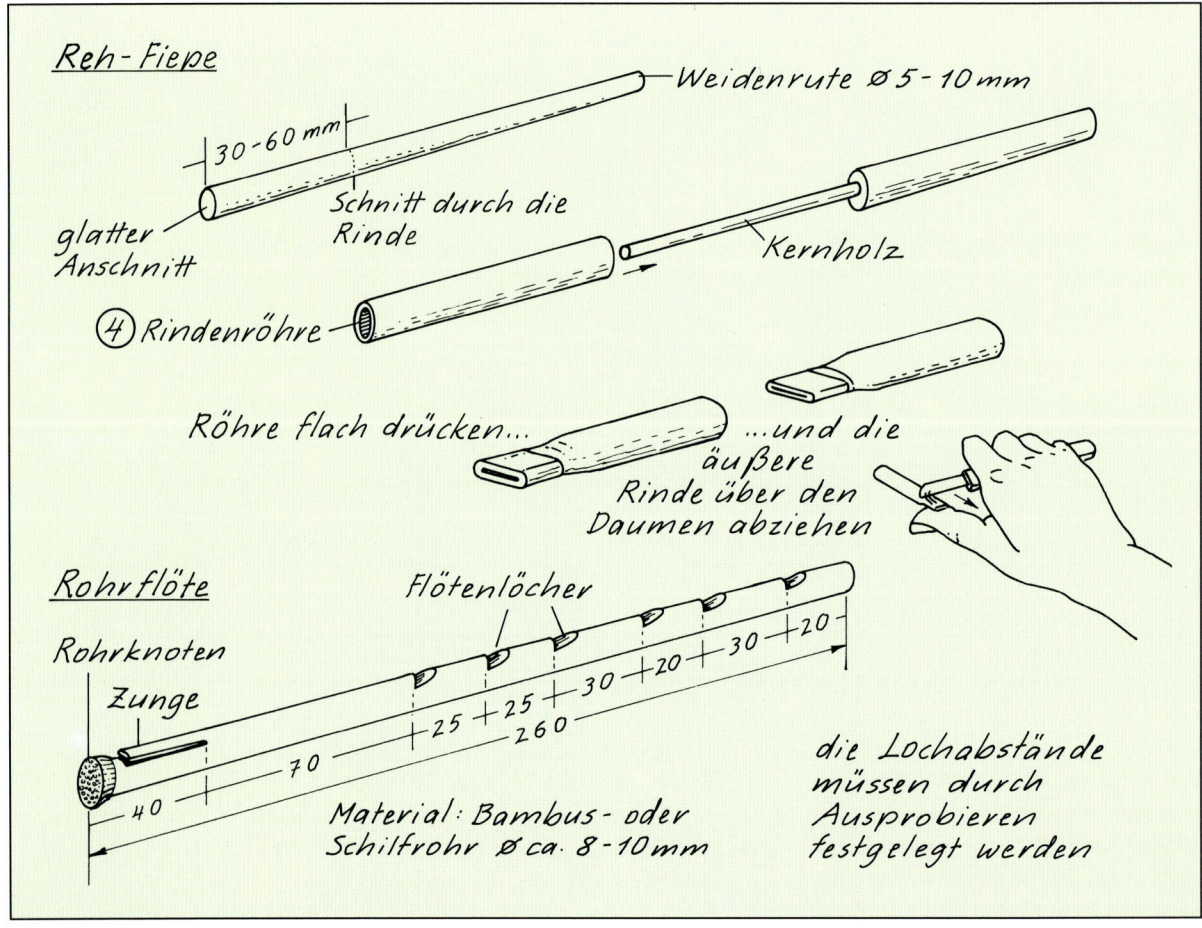

Reh-Fiepe

Weidenrute Ø 5-10 mm

30-60 mm

Schnitt durch die Rinde

glatter Anschnitt

Kernholz

④ Rindenröhre

Röhre flach drücken... ...und die äußere Rinde über den Daumen abziehen

Rohrflöte

Flötenlöcher

Rohrknoten

Zunge

25 + 25 + 30 + 20 + 30 + 20
260
70
40

Material: Bambus- oder Schilfrohr Ø ca. 8-10mm

die Lochabstände müssen durch Ausprobieren festgelegt werden verschlossen sein. Hier wird mit dem Messer die Rohrwand etwa 40 mm weit geöffnet, sodass eine dünne, leicht bewegliche Zunge entsteht. Unter Umständen muss noch etwas Holz von der Zungenoberseite abgeschnitten werden.

Das Rohr wird wie die oben beschriebene Fiepe geblasen. Das Zungenblatt muss frei in der Mundhöhle schwingen können.

Wenn man in das Rohr eine Lochreihe einschneidet, kann das Instrument wie eine Flöte gespielt werden.

Waldhorn

Mit dem Waldhorn kann man einen schaurig-schönen Ton erzeugen. Dabei wird lediglich der Ton der Fiepe durch ein trichterförmiges Rohr verstärkt.

Zuerst stellt man eine tief tönende Fiepe her (siehe oben).

Für das Trichterrohr benötigt man die Rinde von einem dickeren astfreien Weidenstock (ca. 30–40 mm ø / Länge 500–800 mm). Damit sich die Rinde leichter ablösen lässt, wird dieser Stock über Nacht in Wasser gelegt. Die Rinde wird den ganzen Stock entlang spiralförmig bis zum Holz durchgeschnitten (Abstand ca. 40 mm). Durch leichtes Klopfen mit dem Messerrücken lässt sie sich lockern. Besonders sorgfältig muss der Bereich um Knospen bearbeitet werden.

Dann wird das Rindenband vorsichtig abgezogen und zu einem Trichter zusammengerollt. Mit dünnen Holzstacheln vom Weißdorn / Schlehdorn kann man die Rinde gut zusammenheften. In das Mundstück des Trichters wird die Rehfiepe gesteckt. Sie darf nicht zu locker sitzen. Durch den Einsatz verschiedener Fiepen können die Tonhöhen verändert werden.

Das Waldhorn funktioniert lange, wenn es ständig feucht gehalten wird (z. B. über Nacht ins Wasser legen oder in ein feuchtes Tuch einschlagen).

Alternativ kann das Horn auch aus einem langen, stabilen Papierstreifen gewickelt und geklebt werden.

Wenn man das Papierhorn in Leimwasser taucht, wird es sehr stabil und haltbar.

Ein Waldhorn klingt sehr urtümlich. Es zu spielen macht deshalb besonders Spaß.

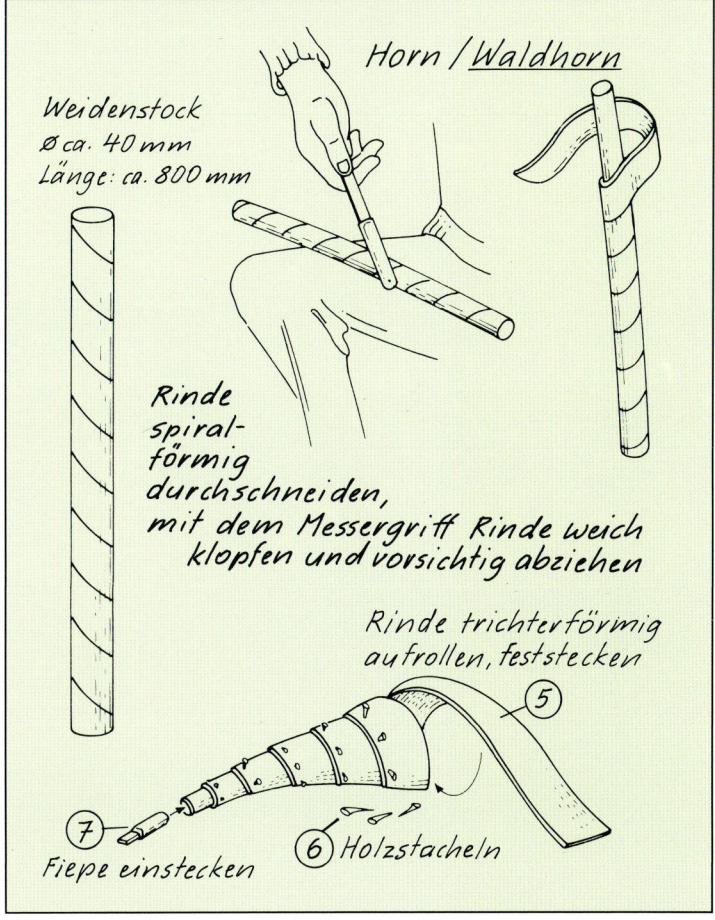

Horn / Waldhorn

Weidenstock
ø ca. 40 mm
Länge: ca. 800 mm

Rinde spiralförmig durchschneiden, mit dem Messergriff Rinde weich klopfen und vorsichtig abziehen

Rinde trichterförmig aufrollen, feststecken ⑤

⑦ Fiepe einstecken

⑥ Holzstacheln

Wasserräder

Wasserräder zu bauen ist nicht schwer. Einfachstes Material, ein wenig handwerkliches Geschick und ein Messer (eventuell noch Hammer, Säge und Bohrer) genügen.

Einfaches Wasserrad

Man benötigt für die Radachse einen dickeren Haselnuss- oder Weidenstock (ca. 600 mm lang) und als Antriebsschaufeln dünne, schmale Brettchen (Kistenholzbrettchen).

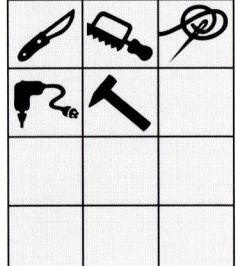

Wasserrad ●●

Menge	Bezeichnung	Maße in mm	Material	Kenn-Nr.
1	Radachse	25 ø / 600 lang	Weiden- oder Haselnussstock	1
2	Antriebsschaufeln	60 x 340	Kistenbretter	2
2	Lagergabeln	15 ø	Astgabel	3
2	Sicherungspflöcke	20 ø	Weidenpflöcke	4

Schnüre / Draht / Nägel

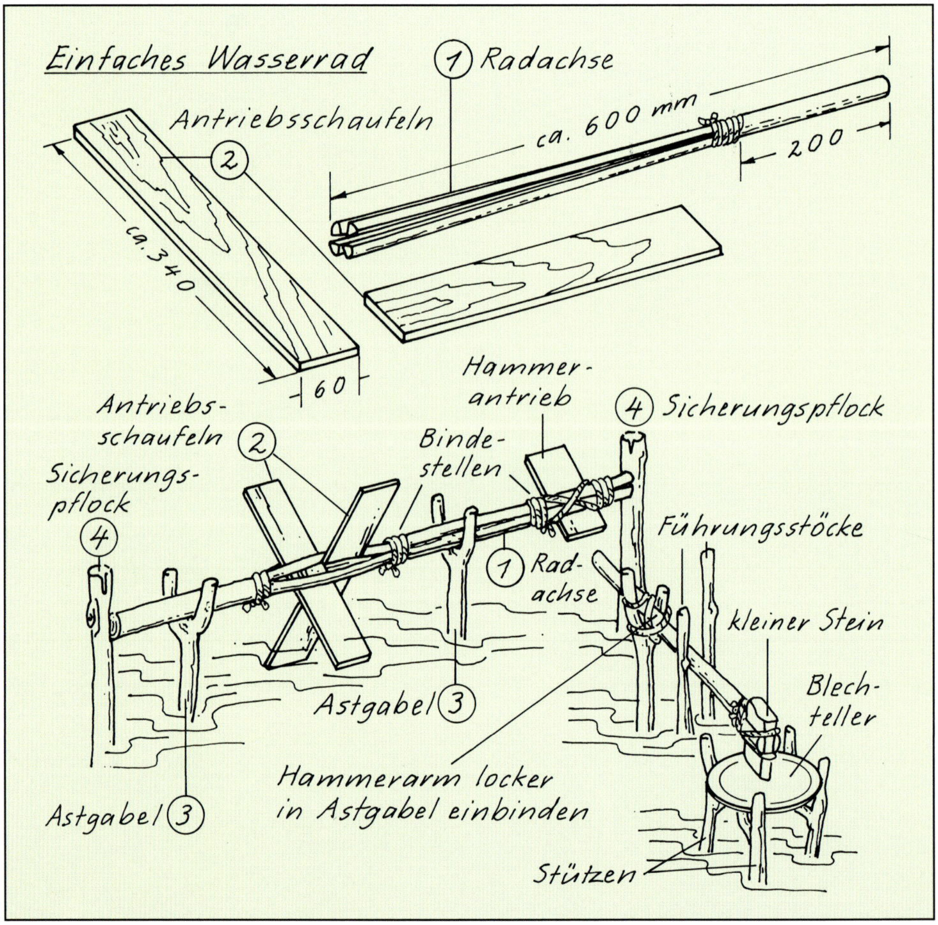

Einfaches Wasserrad ① Radachse

Antriebsschaufeln ②

ca. 600 mm

200

ca. 340

60

Antriebsschaufeln ②

Sicherungspflock ④

Hammerantrieb

Bindestellen

④ Sicherungspflock

① Radachse

Führungsstöcke

kleiner Stein

Blechteller

Astgabel ③

Astgabel ③

Hammerarm locker in Astgabel einbinden

Stützen

Da Holz im Wasser aufquillt, werden die einzelnen Bauteile nicht verleimt, sondern miteinander verkeilt und mit Schnüren oder Draht zusammengebunden.

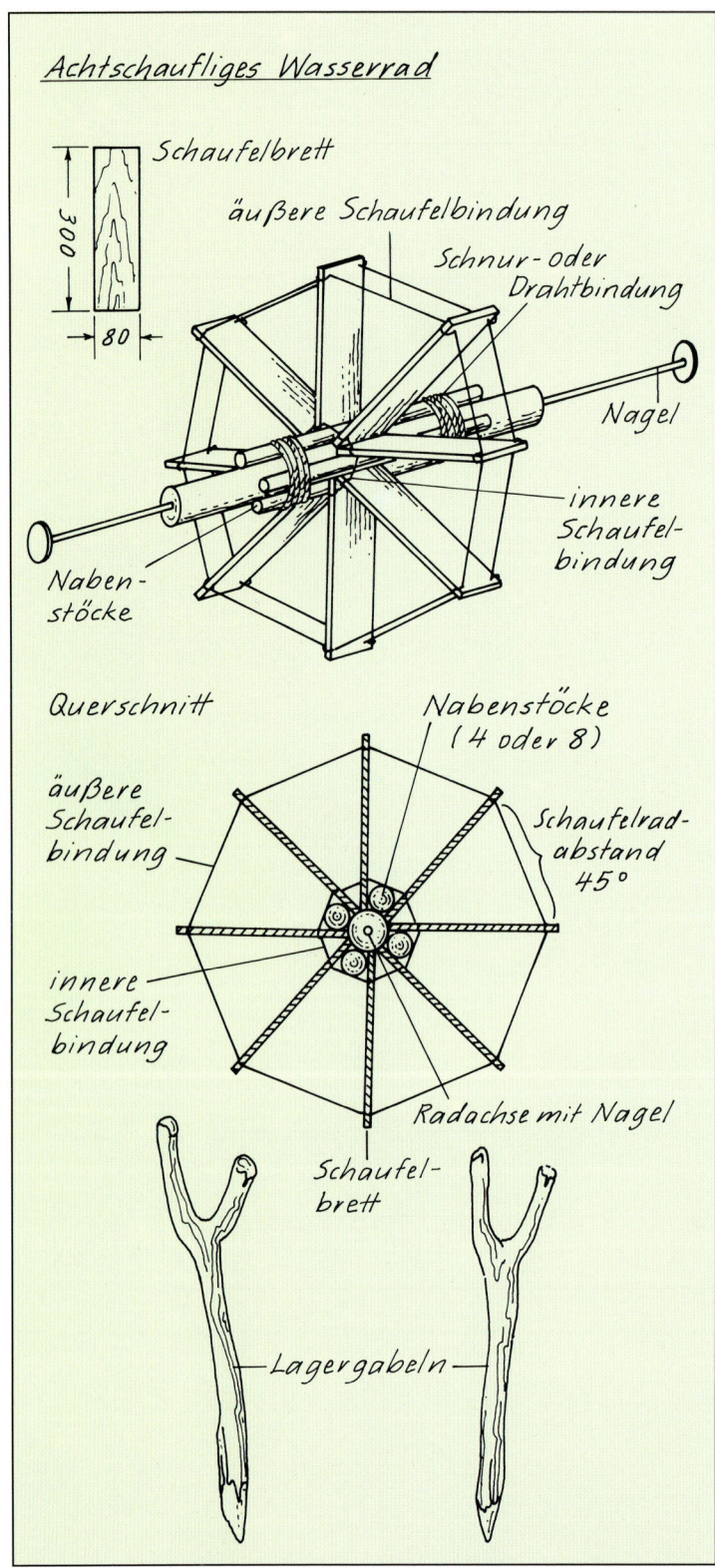

Achtschaufliges Wasserrad

Schaufelbrett

300

80

äußere Schaufelbindung

Schnur- oder Drahtbindung

Nagel

innere Schaufelbindung

Naben-stöcke

Querschnitt

Nabenstöcke (4 oder 8)

äußere Schaufelbindung

Schaufelrad-abstand 45°

innere Schaufelbindung

Radachse mit Nagel

Schaufel-brett

Lagergabeln

Zuerst umwickelt man den Holzstab auf einer Seite fest mit Draht oder einer kräftigen Schnur.

Mit dem Messer wird dann der Achsenstock von der anderen Seite zweimal längs gespalten, sodass vier Einzelstäbe entstehen. Dazwischen steckt man kreuzweise die Brettchen und bindet den Stock auch an diesem Ende gut ab.

In der gleichen Weise kann noch ein kurzes Brettchen für ein Hammerwerk eingefügt werden.

Mit Hilfe einiger Astgabeln stellt man das Schaufelrad in den Bach. Sicherungspflöcke an den Außenseiten der Astgabeln halten das Wasserrad in den Lagern.

Eine Blechdose oder eine Schüssel dient als Amboss für das Hammerwerk.

Hinweis: Das vierschauflige Wasserrad muss tief in das Wasser eintauchen, damit es sich gleichmäßig dreht. Die Wasserkraft wirkt dann am besten, wenn der Achsstock nur wenige Zentimeter über der Wasseroberfläche liegt.

Achtschaufliges Wasserrad

Wesentlich mehr Kraft besitzt das achtschauflige Wasserrad. Es wird mit Draht und Schnüren zusammengebunden. Dies gelingt leichter, wenn die Kistenbretter durchbohrt werden (siehe Abbildung). Um die Lagerreibung zu verringern, werden in die Radachse Nägel eingeschlagen. Dadurch kann das Wasserrad auch nicht mehr seitlich aus den Astgabeln rutschen.

Die Antriebsschaufeln können auch direkt in eine dickere Lagerachse eingesetzt werden. Dazu müssen jedoch Löcher, ähnlich wie bei einer Radnabe, in die Achse gebohrt werden. Die Antriebsschaufeln schnitzt man aus 8–10 mm dicken Massivholzleisten. Auch mit diesem Rad lassen sich kleine Maschinen antreiben (z. B. Hammerwerk, Karussell).

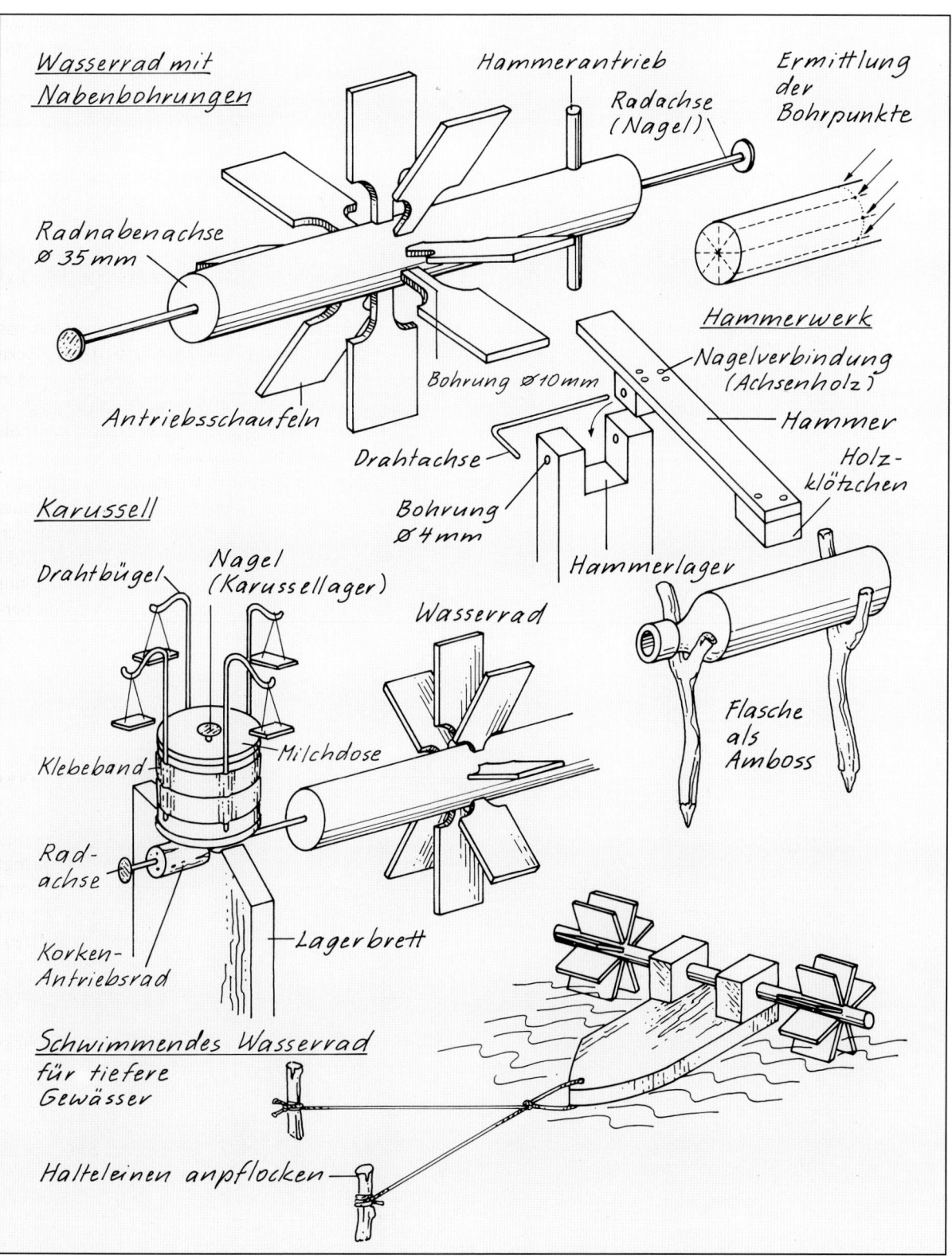

Wasserrad mit Nabenbohrungen

Hammerantrieb

Radachse (Nagel)

Ermittlung der Bohrpunkte

Radnabenachse Ø 35 mm

Antriebsschaufeln

Bohrung Ø 10mm

Drahtachse

Hammerwerk

Nagelverbindung (Achsenholz)

Hammer

Holzklötzchen

Bohrung Ø 4mm

Hammerlager

Karussell

Drahtbügel

Nagel (Karussellager)

Wasserrad

Flasche als Amboss

Klebeband

Milchdose

Radachse

Korken-Antriebsrad

Lagerbrett

Schwimmendes Wasserrad für tiefere Gewässer

Halteleinen anpflocken

Buddelschiff

•••••••••••••••••••••••••••••

Alle Materialien, die zum Bau eines Buddelschiffes benötigt werden, sind Dinge, die auch früher auf einem Segelschiff vorrätig waren: Holzreste, Kitt, Farbe, Zwirn (Nähseide) und natürlich eine Flasche.

Zur Arbeitserleichterung verwenden wir noch zusätzlich Klebstoff, dünnen Draht und Papier.

Bei der Flasche muss man darauf achten, dass das Glas beim Hindurchblicken keine zu starken Verzerrungen verursacht. Das Glas selbst braucht nicht unbedingt völlig farblos zu sein; auch leicht grünlich gefärbte Flaschen haben eine interessante Wirkung. Für den Einbau des Modells ist es wichtig, dass der Flaschenhals nicht zu lang und zu eng ist.

Die meisten Werkzeuge, die zum Bau eines Buddelschiffes benötigt werden, kann man sich selbst herstellen.

Zuerst legt man eine Bauzeichnung an, die sich an den Maßen der Flasche orientiert, damit das Modell später in der Flasche sicher Platz hat.

Die Flaschenweite wird mit einem Hölzchen, das an zwei Fäden in die Flasche gesenkt wird, ausgemessen und auf der Bauzeichnung markiert; ebenso die Weite des Flaschenhalses und die Länge der Flasche. Nun können das Modell, die Fadenverläufe und die Bohrlöcher aufgezeichnet werden.

Zuerst schnitzt man den Schiffsrumpf aus einem Holzstück. Breite und Höhe betragen etwa 15 mm, die Länge 80 bis 135 mm.

Am Bug wird zum Schluss noch ein Loch gebohrt und der Bugmast (Bugspriet) eingeleimt. Nun steckt man den Rumpf einmal probeweise durch den Flaschenhals und stellt so fest, ob er schlank genug ist und ob

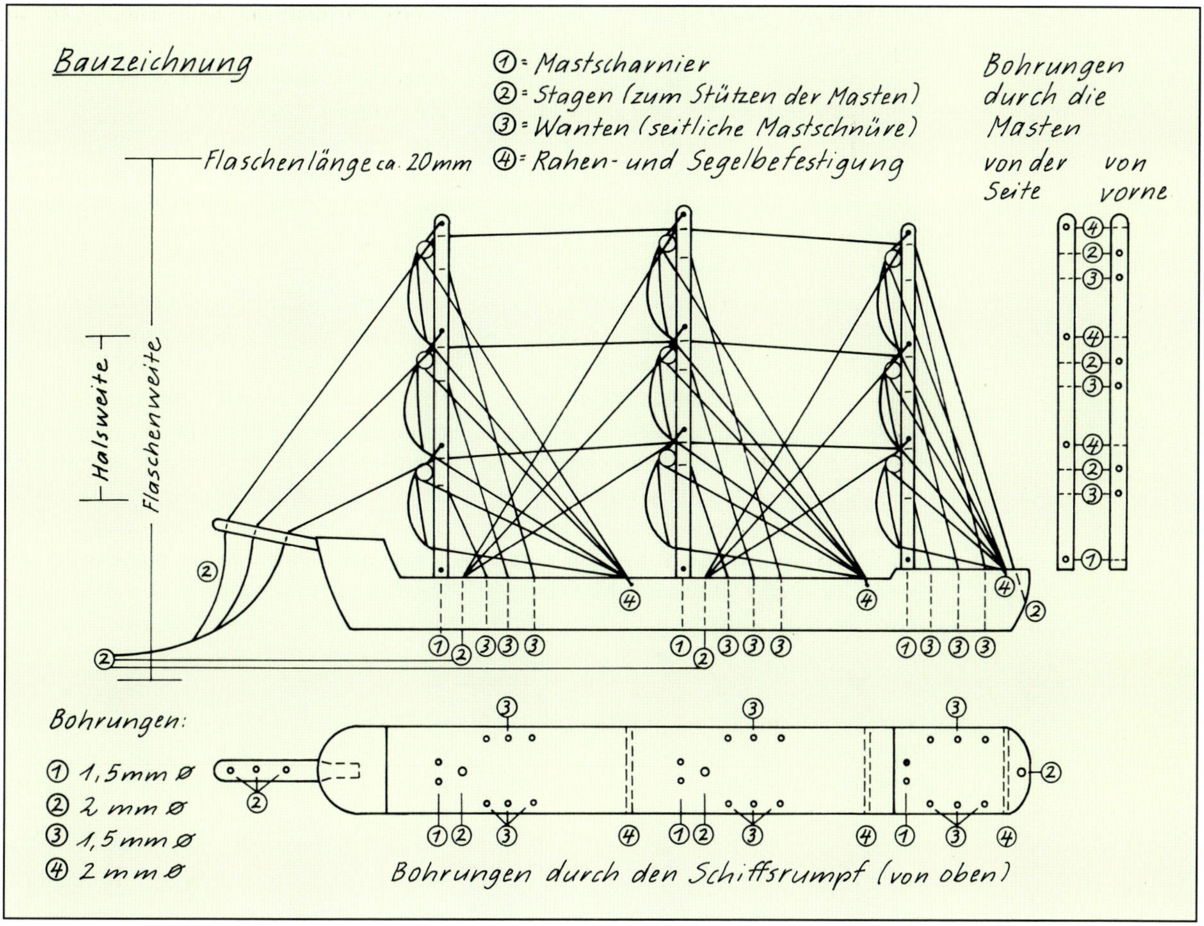

Bauzeichnung

① = *Mastscharnier*
② = *Stagen (zum Stützen der Masten)*
③ = *Wanten (seitliche Mastschnüre)*
④ = *Rahen- und Segelbefestigung*

Bohrungen durch die Masten von der Seite von vorne

Flaschenlänge ca. 20 mm

Halsweite
Flaschenweite

Bohrungen:

① 1,5 mm ⌀
② 2 mm ⌀
③ 1,5 mm ⌀
④ 2 mm ⌀

Bohrungen durch den Schiffsrumpf (von oben)

über ihm auch genügend Raum für die Masten, Rahen und Segel bleibt.

In den Rumpf müssen zahlreiche Löcher gebohrt werden zur Befestigung der Masten und zur Führung und Befestigung der Schnüre. Die Bohrpunkte entnimmt man der Bauzeichnung.

In die Mittellinie des Schiffes werden jeweils zwei Löcher für die Mastscharniere aus Draht gebohrt, die zum Umklappen und

Buddelschiff ●●●●

Menge	Bezeichnung	Maße in mm	Material	Kenn-Nr.
1	Buddel	beliebig	Glasflasche	1
1	Flaschenständer	entsprechend der Glasflasche	Holz	2
1	Schiffsrumpf	ca. 150 x 150	Holzleiste	3
div.	Masten und Rahen	entsprechend der Flasche	Bambusrohr	4
div.	Takelage	Nr. 40	Nähfaden (schwarz / weiß)	5

Draht / Farbe / Lack / Kitt / Papier / Klebstoff / Leim

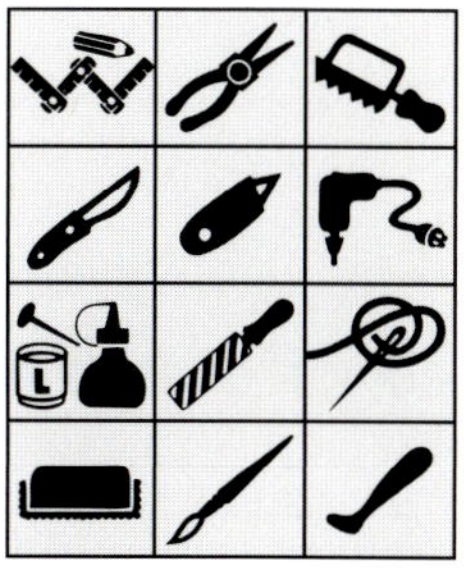

Aufrichten der Masten dienen. Durch die Bohrungen hinter diesen Doppellöchern laufen die nach vorne führenden Verstrebungen der Masten, die Stagen. Auch der Bugmast erhält drei Stagenbohrungen. Mit den Stagen werden später die Masten wieder aufgestellt.

Die Bohrung im Heck nimmt die nach hinten laufende Verstrebung des letzten Mastes auf. Die seitlichen Bohrungen benötigt man für die Wantenbespannung (seitliche Mastbefestigung). Quer durch den Schiffsrumpf gehen die Löcher für die Rahen- bzw. Segelbefestigung. Der so präparierte Rumpf kann nun bemalt und lackiert werden.

Die Masten und Rahen fertigt man aus Bambusrohr, das sich leicht in dünne Hölzchen spalten lässt.

Entsprechend der Bauzeichnung werden auch diese Teile durchbohrt.

Auftakeln des Schiffes

Die weitere Arbeit lässt sich leichter durchführen, wenn das Schiff auf einer Unterlage befestigt wird. Man nimmt dazu ein Brett, durch das zwei dünne Nägel geschlagen werden. Der Schiffsrumpf wird auf die Nagelspitzen gedrückt und ist damit von allen Seiten zugänglich.

Zuerst werden die Masten mit Draht so befestigt, dass man sie umklappen kann.

Danach zieht man die Stagen ein. Sie werden am Heck und an den senkrecht gestellten Masten festgeklebt (Express-Holzleim). Durch die nach vorne führenden Löcher müssen die Fäden frei gleiten können, damit man die Masten umlegen bzw. aufstellen kann. (*Wichtig:* Stagenschnüre nicht zu kurz abschneiden!) Sicherheitshalber probiert man das Umlegen und Aufstellen der Masten mehrmals außerhalb der Flasche aus.

Nun kann man die Wanten einziehen und die Rahen befestigen. Die Fäden werden in die Löcher eingeleimt.

Wer Segel anbringen möchte, klebt kleine, gewölbte Papierflächen an die Rahen. Zuletzt zieht man durch die Querlöcher die Rahen- und Segelschnüre und klebt sie fest.

Flaschenhalterung

Bevor das Modell in die Flasche eingebracht wird, muss eine entsprechende Flaschenhalterung gebaut werden.

Dazu werden zwei Auflagebretter entsprechend der Flaschengröße aus einer Leimholzplatte gesägt und mit zwei Rundholzstäben verbunden.

Modell einsetzen

Das fertige Modell wird mit Fensterkitt in die Flasche geklebt. Der Kitt dient außerdem als Dekoration: Wasser und andere Landschaftselemente können damit angedeutet werden. Dazu kann man den Kitt mit Öl- oder Lackfarben entsprechend einfärben.

Mit einem langen, selbst gefertigten Spatel bringt man diese klebrige Masse in die Flasche. Die Glaswände dürfen dabei nicht verschmiert werden. Kleinere Farbreste kann man mit einem Papierwischer beseitigen. Dieser kann leicht selbst hergestellt werden. Dazu biegt man das Endstück eines dickeren Drahtes (z. B. Schweißdraht) mit der Zange um und klemmt ein Stück eines Papiertaschentuches dazwischen.

Die Wellen lassen sich gut mit einem langen Borstenpinsel modellieren und die Schaumkronen werden mit weißer Farbe (Deckweiß) angedeutet.

Mit einer aus Draht gebogenen zangenartigen Halterung schiebt man das zusammengeklappte Modell in die Flasche und drückt es vorsichtig in den Kitt. Dabei werden die aus der Flasche hängenden Stagenschnüre angespannt und so die Masten aufgerichtet. Unter Umständen muss mit einem Drahthaken ein wenig nachgeholfen werden.

Sind alle Teile ausgerichtet und befestigt, schneidet man die Stagenschnüre möglichst kurz ab und drückt die Fadenenden in den Kitt. So kann das Modell nicht mehr zusammenklappen.

Die Flasche muss nun mehrere Tage oder Wochen geöffnet bleiben, damit der Kitt gut austrocknen kann. Erst dann wird der Flaschenhals mit einem Korken verschlossen und eventuell mit einer Schnurbindung verziert.

Weitere Bauanregungen:

– Landschaft in der Flasche (mit Modellbaufiguren);
– Gebäude in der Flasche (bemalter Ton
  oder Holzbauteile);
– Maschinen in der Flasche (mit Solaran-
  trieb);
– Miniatureisenbahn in der Flasche.

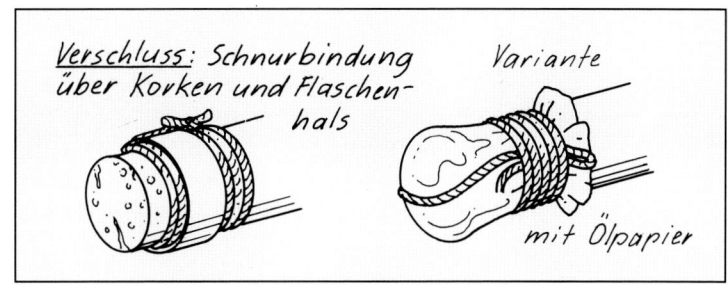

Verschluss: Schnurbindung
über Korken und Flaschen-
hals

Variante

mit _Ölpapier_

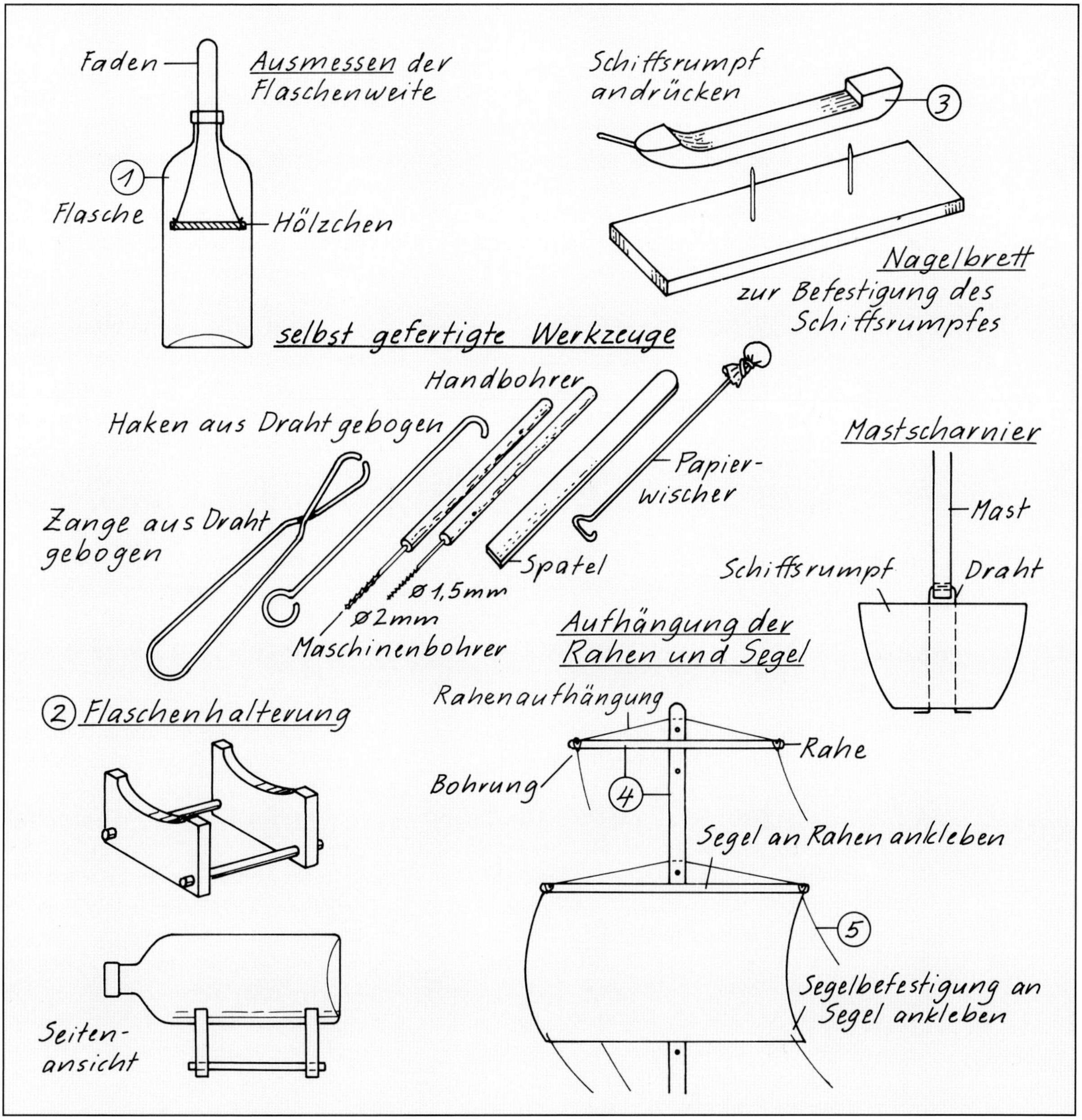

Faden — _Ausmessen_ der
Flaschenweite

① Flasche

Hölzchen

Schiffsrumpf
andrücken ③

Nagelbrett
zur Befestigung des
Schiffsrumpfes

selbst gefertigte Werkzeuge

Handbohrer

Haken aus Draht gebogen

Mastscharnier

Zange aus Draht
gebogen

Papier-
wischer

Spatel

Ø 1,5 mm

Ø 2 mm

Maschinenbohrer

_Aufhängung der
Rahen und Segel_

Mast

Schiffsrumpf

Draht

② _Flaschenhalterung_

Rahenaufhängung

Bohrung

④

Rahe

Segel an Rahen ankleben

⑤

Seiten-
ansicht

Segelbefestigung an
Segel ankleben

Tipps und Tricks

1. Abziehen (Schleifen) der Werkzeuge: Abziehstein gut nass halten! In kreisenden Bewegungen bei 25 Grad Anstellwinkel die Schneide nachlaufen lassen.

2. Beizen: In der Drogerie oder dem Farbenfachhandel gibt es Fertigbeizen oder entsprechende Farbpulver, die nach Gebrauchsanweisung angerührt werden. Mit einem Pinsel oder Lappen wird die Holzfläche überstrichen. Keine Tropfen fallen lassen! Sie bleiben sichtbar.

3. Bohren (Kunststoffe): Zum Bohren von Kunststoff benötigt man einen spitzeren Bohrer als für Metall.

4. Drahtösen biegen: Je nach Ösendurchmesser ein etwa 2 cm langes Drahtende mit der Rundzange im Winkel von etwa 40 Grad abbiegen. Von der Drahtspitze ausgehend bis zum Ösengrund mit der Rundzange den Draht in umgekehrter Richtung zur Öse biegen.

5. Gips: Zum Formen von Reliefs, Figuren u. a. (Baugips / Stuckgips / Modellgips). Man rührt immer den Gips in das Wasser, nicht umgekehrt! Es gibt weniger Knötchen und er zieht nicht so rasch an.

6. Glas bohren: Mit speziellem Glasbohrer, aber auch mit Hartmetallbohrer möglich! Terpentinöl auf die Bohrstelle geben!

7. Glas schneiden: Scheibe gut aufliegen lassen. Mit Stahlrädchen oder Diamantschneider gut anritzen und mit einem Ruck über die Tischkante brechen.

8. Glasröhren: Abschneiden mit Glasrohrschneider oder mit Dreikantfeile gut anritzen und rasch abbrechen. Scharfe Ränder unter ständigem Drehen über einer Gasflamme abschmelzen.

Biegen: Drehend über eine Flamme halten und bei Rotglut abbiegen.
Durch Ausziehen bilden sich Spitzen.

9. Holz anstreichen: Farbige Lackanstriche sind deckend, d. h. die Holzstruktur verschwindet. Arbeitsschritte: Abschleifen, Grundieren, Abschleifen, Lackieren.

10. Holz wachsen und einlassen: Holzwerkstück mit feuchtem Lappen abreiben und trocknen lassen. Mit feinem Schleifpapier nachschleifen und Wachs mit Lappen auftragen (Bohnerwachs / Bienenwachs / Antikwachs). Unter Einlassen versteht man den Auftrag von Leinöl auf das fein geschliffene Werkstück. Lange Trocknungszeit. *Vorsicht:* Ein leinölgetränkter Lappen kann sich bei dichter Lagerung selbst entzünden. Im Schraubglas aufbewahren.

11. Kleister: Käufliche Kleister nach Gebrauchsanweisung anrühren. Durch Einrühren von wasserlöslichen Farben erhält man Kleisterfarben. Mit Kaliumbichromat werden die Farben wasserbeständig.

12. Kleisterpapier: Zum Beziehen von Deckeln, Kästchen u. a. Kleisterfarbe anrühren und auf Papier auftragen. Mit Schwamm, Kamm, Karton o. a. Strukturen einzeichnen. Nach dem Trocknen mit einem Wachslappen abreiben.

13. Körnen: Mit Hilfe eines Körners kann man in Metalloberflächen kleine Vertiefungen eindrücken. Dies dient z. B. zur Zentrierung der Bohrerspitze beim Anbohren.

14. Leim: Gebrauchsfertigen Holzleim mit Pinsel oder Spachtel auftragen. Abbindezeit von der Temperatur abhängig. Während der Abbindezeit Pressung notwendig. Expressleim hat eine kurze Abbinde- und Presszeit. Eingedickter Leim kann mit Wasser verdünnt werden.

15. Löten: Weichlöten mit dem Lötkolben (Lötpistole) bei einer Arbeitstemperatur unter 450 Grad. Alle Flächen blank feilen und auch die Lötspitze säubern (Feile / Salmiakstein). Flussmittel (Lötfett) auftragen und die zu verlötenden Teile erhitzen. Lötzinn aufschmelzen und erkalten lassen.
Sicherheit beim Löten: Stecker und Kabel des Lötkolbens auf schadhafte und angeschmorte Stellen prüfen. Lötkolben immer in dem Lötkolbenständer ablegen. Gelötete Teile nicht sofort anfassen. Mit den Augen nicht zu nahe an die zu verlötende Stelle kommen (Fett oder Zinn können abspritzen). Entstehende Dämpfe können gesundheitsschädlich sein. Deshalb für gute Entlüftung sorgen.

16. Nageln: Senkkopf-, Stauchkopf-, Rundkopfnagel. Ein Spalten des Holzes wird verhindert, wenn die Nagelspitze mit dem Hammer gestaucht wird. In Hirnholz müssen Nägel schräg eingeschlagen werden. Stauchkopfnägel mit einem Nageltreiber versenken und die entstandenen Vertiefungen mit Holzkitt verspachteln. Herausragende Nagelspitzen über ein Rundeisen umschlagen und klammerartig in das Holz zurücktreiben. Krumm geschlagene Nägel mit der Beißzange herausziehen; dabei zwischen Werkstück und Zange ein Holzstück legen, damit keine Abdrücke entstehen.

17. Oberflächenbehandlung von Holz:
Transparente Schutzanstriche belassen die Naturfarbe des Werkstückes. Käuflichen Transparentlack ohne FCKW mehrmals auftragen. Trocknungszeiten zwischen den Anstrichen beachten. Die Mattierung ist ein schnell trocknender Überzug. Das geschliffene Holz wird mit einem Schnellschliffgrund oder einer Grundierung behandelt, dann wird die Mattierung mit einem weichen Pinsel oder Stoffballen aufgetragen. Nach dem Auftrag der Grundierung wird die Holzoberfläche rau. Deshalb vor dem nächsten Anstrich mit feinem Schleifpapier oder sehr feiner Stahlwolle nachschleifen.

18. Oberflächenbehandlung von Metall:
Vor allem Messing- und Kupferarbeiten oxidieren sehr rasch. Abhilfe: Metall mit verdünnter Schwefelsäure reinigen und abspülen (Vorsicht, ätzend!). Wer keine Säure verwenden will, kann auch mit Stahlwolle scheuern. Dann polieren und mit Zaponlack anstreichen.

19. Pappmaschee: Für Reliefs, Figuren, Möbel u. A. alte Zeitungen fein zerreißen und mehrere Stunden einweichen. Man kann der Masse auch Gips oder Sägespäne zusetzen. Als Bindemittel Kleister oder Leim unterrühren. Nach Belieben wasserlösliche Farben zugeben.

20. Pausen: Entweder Kohlepapier verwenden oder Vorlage im Gegenlicht (Fenster / Lichttisch) nachzeichnen.
Transparentpapier auf die Zeichnung legen und nachfahren; dann die durchgedrückten Linien auf der Rückseite mit einem weichen Bleistift schwärzen. Durch erneutes Nachfahren der Zeichnung das Motiv auf den Zeichenbogen übertragen.

21. Schrauben (Senk-, Halbrund-, Linsenkopf-Holzschraube): Für Spanplatten spezielle Holzschrauben (Spaxschrauben) verwenden. Vorbohren, damit das Holz nicht gesprengt wird. Die Schraube lässt sich leichter eindrehen, wenn das Gewinde zuvor mit Wachs oder Seife eingeschmiert wurde.

22. Versenken: Der Senker gehört zu den Bohrern. Er wird für das Ausreiben ausgefranster Bohrungen oder das Ausfräsen für Senkholzschrauben verwendet.

Die Piktogramme

	Biegen, formen, festhalten
	Glätten, abschaben, hobeln
	Sägen von Hand
	Sägen mit der Maschine
	Spannen
	Glas schneiden
	Blech, Kunststoffe schneiden
	Holz schneiden, schnitzen
	Papier, Stoff schneiden
	Gewinde schneiden
	Bohren mit der Maschine
	Nageln, leimen, kleben, dübeln
	Mit Schrauben verbinden
	Feilen, raspeln, hobeln
	Einspannen, pressen
	Löten

Piktogramm	Bedeutung
	Ausstemmen, einpassen
	Erhitzen, schmelzen, brennen
	Abschöpfen, ablegen
	Falzen, falten
	Ritzen, modellieren
	Zurichten, treiben, hämmern
	Verknoten, binden, nähen
	Nieten, börteln, falzen
	Schleifen, glätten
	Rühren, mischen, spachteln
	Nähen, steppen (mit der Maschine)
	Bügeln
	Vorstechen, durchstechen
	Zeichnen, messen
	Lackieren, bemalen
	Walzen, eindrücken
	Glasieren

Register